Guttentag'sche Sammlung
Nr. 7. Deutscher Reichsgesetze. Nr. 7.
Text-Ausgaben mit Anmerkungen.

Die Deutsche Post- und Telegraphen-Gesetzgebung.

Nebst den Weltpostverträgen, dem Internationalen Telegraphenvertrag und dem Internationalen Funkentelegraphenvertrag.

Text-Ausgabe mit Anmerkungen und Sachregister

von

Dr. P. D. Fischer,
Wirklicher Geheimer Rat.

Fortgeführt von

Dr. jur. M. König,
Geheimer Ober-Postrat und vortragender Rat im Reichs-Postamt,
Mitglied des Preuß. Abgeordnetenhauses.

Sechste Auflage.

Berlin 1908.
J. Guttentag, Verlagsbuchhandlung,
G. m. b. H.

Vorbemerkung.

Die Erweiterung, welche die Deutsche Post- und Telegraphengesetzgebung durch die Novelle zum Telegraphengesetz in Verbindung mit dem Internationalen Funkentelegraphenvertrag erfahren hat, der Abschluß eines neuen Weltpostvertrags und der Erlaß einer neuen Telegraphenordnung sowie die inzwischen eingetretenen zahlreichen Änderungen der Postordnung und der Ausführungsbestimmungen zur Fernsprechgebühren-Ordnung haben das Erscheinen einer Neuauflage notwendig gemacht. Eine Erweiterung ist insofern eingetreten, als auch die Nebenverträge zum Weltpostvertrag sowie der Internationale Funkentelegraphenvertrag und eine Zusammenstellung auf das Post- und Telegraphenwesen bezüglicher gerichtlicher Entscheidungen Aufnahme gefunden haben.

Berlin, April 1908.

Dr. König.

Inhalt.

Fernsprechwesen.

Funkentelegraphenwesen.

Abkürzungen.

ABl. = Amtsblatt des Reichs-Postamts.
ADA. = Allgemeine Dienstanweisung für Post und Telegraphie.
BG. = Bundesgesetz.
BGB. = Bürgerliches Gesetzbuch.
BGBl. = Bundesgesetzblatt.
BV. = Verfassung des Norddeutschen Bundes.
FGO. = Fernsprechgebühren-Ordnung.
G. = Gesetz.
HGB. = Deutsches Handelsgesetzbuch.
JFTV. = Internationaler Funkentelegraphenvertrag.
JTV. = Internationaler Telegraphenvertrag.
PostGN. = Postgesetznovelle.
PO. = Postordnung.
PrGS. = Preußische Gesetzsammlung.
RG. = Entscheidungen des Reichsgerichts in Zivilsachen.
RGSt. = Entscheidungen des Reichsgerichts in Strafsachen.
RGBl. = Reichs-Gesetzblatt.
RPA. = Reichs-Postamt.
RV. = Verfassung des Deutschen Reichs.
StB. = Stenographische Berichte des Reichstages.
StrGB. = Deutsches Strafgesetzbuch.
Tel. = Telegraphie.
TG. = Telegraphengesetz.
TGN. = Telegraphengesetznovelle.
TO. = Telegraphenordnung.
WPV. = Weltpostvertrag.
ZBl. = Zentralblatt für das Deutsche Reich.

I.

Verfassung des Deutschen Reichs

vom 16. April 1871.

Abschnitt VIII. Post- und Telegraphenwesen.

RGBl. S. 76—78.

Ausgegeben zu Berlin den 20. April 1871.

In Elsaß-Lothringen eingeführt durch Verordnung vom 14. Oktober 1871.

(GBl. für Elsaß-Lothringen S. 347).

Art. 48. Das Postwesen und das Telegraphenwesen werden für das gesamte Gebiet des Deutschen Reichs als einheitliche Staatsverkehrsanstalten eingerichtet und verwaltet.

Die im Artikel 4 vorgesehene Gesetzgebung des Reichs in Post- und Telegraphenangelegenheiten erstreckt sich nicht auf diejenigen Gegenstände, deren Regelung nach den in der Norddeutschen Post- und Telegraphenverwaltung maßgebend gewesenen Grundsätzen der reglementarischen Festsetzung oder administrativen Anordnung überlassen ist.

a. Das Post- und Telegraphenwesen unterliegt, nach Art. 4 Nr. 10 der RV., der Beaufsichtigung und der Gesetzgebung des Reichs, jedoch in Bayern und Württemberg nach Maßgabe der Bestimmung im Art. 52.

b. Die Mitwirkung des Bundesrates bei Ausübung der dem Reich bezüglich des Post- und Telegraphenwesens zustehenden Befugnisse regelt sich nach den allgemeinen Vorschriften in Art. 6—10 der RV. Gemäß Art. 8 Nr. 5 besteht im Bundesrat ein dauernder Ausschuß für Eisenbahnen, Post und Telegraphen.

c. Die Verwaltung des Reichspost- und Telegraphenwesens, welche kraft Erl. v. 18. Dez. 1867 (BGBl. S. 328) unter Leitung des Reichskanzlers vom Kaiserlichen Generalpostamt und von der Kaiserlichen Generaldirektion der Telegraphen geführt wurde, war durch Erl. v. 22. Dez. 1875 (RGBl. S. 379) v. 1. Jan. 1876 ab zu einem einheitlichen Ressort unter der Leitung des Generalpostmeisters verbunden worden, unter dem die Postangelegenheiten vom Generalpostamt, die Telegraphenangelegenheiten vom Generaltelegraphenamt verwaltet wurden. Nach dem Erl. v. 23. Febr. 1880 (RGBl. S. 25) führt die oberste Post- und Telegraphenbehörde die Bezeichnung: „Reichs-Postamt", der Generalpostmeister den Titel: „Staatssekretär des Reichs-Postamts". Wegen der Vertretung des Reichskanzlers durch den Staatssekretär vgl. G. v. 17. März 1878 (RGBl. S. 7).

Art. **49.** Die Einnahmen des Post- und Telegraphenwesens sind für das ganze Reich gemeinschaftlich. Die Ausgaben werden aus den gemeinschaftlichen Einnahmen bestritten. Die Überschüsse fließen in die Reichskasse (Abschnitt XII).

Art. **50.** Dem Kaiser gehört die obere Leitung der Post- und Telegraphenverwaltung an. Die von ihm bestellten Behörden haben die Pflicht und das Recht, dafür zu sorgen, daß Einheit in der Organisation der Verwaltung und im Betriebe des Dienstes, sowie in der Qualifikation der Beamten hergestellt und erhalten wird.

Dem Kaiser steht der Erlaß der reglementarischen Festsetzungen und allgemeinen administrativen Anordnungen, sowie die ausschließliche Wahrnehmung der Beziehungen zu anderen Post- und Telegraphenverwaltungen zu.

Sämtliche Beamte der Post- und Telegraphenverwaltung sind verpflichtet, den Kaiserlichen Anordnungen Folge zu leisten. Diese Verpflichtung ist in den Diensteid aufzunehmen.

Die Anstellung der bei den Verwaltungsbehörden der Post und Telegraphie in den verschiedenen Bezirken erforderlichen oberen Beamten (z. B. der Direktoren, Räte, Oberinspektoren), ferner die Anstellung der zur Wahrnehmung des Aufsichts- usw. Dienstes in den einzelnen Bezirken als Organe der erwähnten Behörden fungierenden Post- und Telegraphenbeamten (z. B. Inspektoren, Kontrolleure) geht für das ganze Gebiet des Deutschen Reichs vom Kaiser aus, welchem diese Beamten den Diensteid leisten. Den einzelnen Landesregierungen wird von den in Rede stehenden Ernennungen, soweit dieselben ihre Gebiete betreffen, behufs der landesherrlichen Bestätigung und Publikation rechtzeitig Mitteilung gemacht werden.

Die anderen bei den Verwaltungsbehörden der Post und Telegraphie erforderlichen Beamten, sowie alle für den lokalen und technischen Betrieb bestimmten, mithin bei den eigentlichen Betriebsstellen fungierenden Beamten usw. werden von den betreffenden Landesregierungen angestellt.

Wo eine selbständige Landespost- resp. Telegraphenverwaltung nicht besteht, entscheiden die Bestimmungen der besonderen Verträge.

a. Vgl. Anm. c zu Art. 48. Sämtliche Post- und Telegraphenbehörden sind Reichsbehörden und werden als Kaiserliche Post- bzw. Telegraphenbehörden bezeichnet. Erl. v. 3. Aug. 1871 (RGBl. S. 318).

b. Nach RG. v. 31. März 1873, betr. die Rechtsverhältnisse der Reichsbeamten, § 2 sind die Post- und Telegraphenbeamten sämtlich Reichsbeamte. Zur Herstellung der Einheit in der Qualifikation der Beamten dienen die „Vorschriften über die Annahme, Ausbildung und Prüfung der Anwärter für den höheren Dienst der Reichs-Post- und Telegraphenverwaltung" v. 18. April 1908 (ABl. S. 125 ff.) sowie die Vorschriften über die Annahme und Anstellung von Anwärtern für die mittlere Laufbahn im Post- und Telegraphendienste v. 1. Jan. 1900 nebst den Anweisungen für die Assistenten- u. Sekretärprüfung (ABl. 1900 S. 2 ff.).

c. Insoweit Postverträge mit fremden Staaten sich auf solche Gegenstände beziehen, die nach Art. 4 Nr. 10 u. Art. 48 Abs. 2 der RV. in den Bereich der Reichsgesetzgebung gehören, ist nach Art. 11 zu ihrem Abschluß die Zustimmung des Bundesrates und zu ihrer Gültigkeit die Genehmigung des Reichstages erforderlich. Vgl. Posttax-G. (Nr. V) § 11, Anm. a u. b. Beim Abschluß der Telegraphenverträge findet gemäß Art. 48 RV. eine Mitwirkung des Bundesrates und des Reichstages nicht statt.

d. Der Diensteid aller Reichsbeamten, deren Anstellung vom Kaiser ausgeht, ist durch V. v. 29. Juni 1871 (RGBl. S. 303) auf Grund des Art. 18 RV. normiert worden. Für die Beamten in Elsaß-Lothringen schreibt das G., betr. die Vereidigung der Staatsbeamten vom 20. Sept. 1871 (GBl. f. Elsaß-Lothringen 339) die Form des Diensteides vor.

e. Gemäß der im letzten Abs. gedachten Verträge übte Preußen das Postregal aus in Hessen, den Thüringischen Staaten mit Ausnahme von Altenburg, in Anhalt, Waldeck und beiden Lippe; die Verwaltung des Postwesens in Altenburg stand der Krone Sachsens zu. — Die Ausübung der Telegraphie stand Preußen vertragsmäßig zu in Sachsen, Hessen, Braunschweig, Anhalt, den Fürstentümern Schwarzburg, Waldeck, Lippe und Reuß ä. L. Von denjenigen Bundesstaaten, welche eine selbständige Post- und Tel.-Verwaltung besaßen, hat Oldenburg das Anstellungsrecht aus Art. 50 an das Reich übertragen; in Sachsen, Baden, beiden Mecklenburg und Braunschweig ist die Ausübung dieses Rechts durch besondere Vereinbarungen geregelt; in Altenburg ist nach Aufhebung des mit Sachsen bestandenen Vertrages das Anstellungsrecht ebenfalls dem Reiche übertragen worden. In den Hansestädten werden auf Grund des Art. 51 BV. alle Post- und Telegraphenbeamten vom Kaiser angestellt.

Art. 51. **Bei Überweisung des Überschusses der Postverwaltung für allgemeine Reichszwecke (Art. 49) soll, in Betracht der bisherigen Verschiedenheit der von den Landes-Postverwaltungen der einzelnen Gebiete erzielten Reineinnahmen, zum Zwecke einer entsprechenden Ausgleichung während der unten festgesetzten Übergangszeit folgendes Verfahren beobachtet werden.**

Aus den Postüberschüssen, welche in den einzelnen Postbezirken während der fünf Jahre 1861 bis 1865 aufgekommen sind, wird ein durchschnittlicher Jahresüberschuß berechnet, und der Anteil, welchen jeder

einzelne Postbezirk an dem für das gesamte Gebiet des Reichs sich danach herausstellenden Postüberschusse gehabt hat, nach Prozenten festgestellt.

Nach Maßgabe des auf diese Weise festgestellten Verhältnisses werden den einzelnen Staaten während der auf ihren Eintritt in die Reichs-Postverwaltung folgenden acht Jahre die sich für sie aus den im Reiche aufkommenden Postüberschüssen ergebenden Quoten auf ihre sonstigen Beiträge zu Reichszwecken zugute gerechnet.

Nach Ablauf der acht Jahre hört jene Unterscheidung auf, und fließen die Postüberschüsse in ungeteilter Aufrechnung nach dem im Artikel 49 enthaltenen Grundsatz der Reichskasse zu.

Von der während der vorgedachten acht Jahre für die Hansestädte sich herausstellenden Quote des Postüberschusses wird alljährlich vorweg die Hälfte dem Kaiser zur Disposition gestellt zu dem Zwecke, daraus zunächst die Kosten für die Herstellung normaler Posteinrichtungen in den Hansestädten zu bestreiten.

Die Übergangsbestimmung des Art. 51 ist, nachdem die in der Nordd. Bundesverfassung angeordneten, mit dem 1. Jan. 1868 begonnenen acht Jahre Ende 1875, für Baden 1879, abgelaufen waren, außer Kraft getreten.

Art. 52. Die Bestimmungen in den vorstehenden Artikeln 48 bis 51 finden auf Bayern und Württemberg keine Anwendung. An ihrer Stelle gelten für beide Bundesstaaten folgende Bestimmungen.

Dem Reiche ausschließlich steht die Gesetzgebung über die Vorrechte der Post und Telegraphie, über die rechtlichen Verhältnisse beider Anstalten zum Publikum, über die Portofreiheiten und das Posttaxwesen, jedoch ausschließlich der reglementarischen und Tarifbestimmungen für den internen Verkehr innerhalb Bayerns, beziehungsweise Württembergs, sowie, unter gleicher Beschränkung, die Feststellung der Gebühren für die telegraphische Korrespondenz zu.

Ebenso steht dem Reiche die Regelung des Post- und Telegraphenverkehrs mit dem Auslande zu, ausgenommen den eigenen unmittelbaren Verkehr Bayerns, beziehungsweise Württembergs mit seinen dem Reiche nicht angehörenden Nachbarstaaten, wegen dessen Regelung es bei der Bestimmung im Artikel 49 des Postvertrages vom 23. November 1867 bewendet.

An den zur Reichskasse fließenden Einnahmen des Post- und Telegraphenwesens haben Bayern und Württemberg keinen Teil.

a. Diese Sonderstellung beruht auf den Versailler Verträgen mit Bayern v. 23. Nov. 1870 zu III § 4 (BGBl. 1871 S. 9) und mit Württemberg v. 25. Nov. 1870 Art. 2 Nr. 4 (BGBl. 1870 S. 654).

b. Wegen Regelung des Verkehrs mit dem Auslande vgl. Art. 50 u. Anm. c daselbst.

c. Der Postvertr. zwischen dem Nordd. Bunde, Bayern, Württemberg u. Baden v. 23. Nov. 1867 (BGBl. 1868 S. 41) bestimmt im Art. 49 Abs. 2 ff.

„Bei dem Abschlusse von Postverträgen mit fremden Regierungen wird, wenn zwei oder mehrere der Teilnehmer des gegenwärtigen Vertrages mit einem und demselben ausländischen Staate in unmittelbarem Postverkehr stehen oder in solchen eintreten wollen, diejenige Postverwaltung, welche den Abschluß eines neuen Vertrages beabsichtigt, den anderen beim direkten Postverkehr mit dem betreffenden Lande beteiligten Postverwaltungen von ihrer Absicht Kenntnis geben zum Zwecke der Herbeiführung einer Verständigung über das in dem Verhältnisse zu dem fremden Lande einzuhaltende übereinstimmende Verfahren und der Geltendmachung der bezüglich des Deutschen Postwesens bestehenden gemeinsamen Interessen.

Insoweit als eine solche Verständigung stattgefunden hat, werden die dabei beteiligten Postverwaltungen sich bemühen, den Abschluß der neuen Verträge in Gemeinschaft zu bewirken, wobei eine Bevollmächtigung eines der kontrahierenden Teile durch den anderen nicht ausgeschlossen ist.

In allen Fällen wird durch die Verträge dahin Vorsorge getroffen werden, daß die Erleichterungen, welche dem Postverkehr des betreffenden Auslandes mit dem Gebiet der vertragschließenden deutschen Verwaltung zu teil werden, in gleicher Weise und unter denselben Bedingungen auch auf den durch diese Verwaltung stückweise vermittelten Korrespondenzverkehr anderer deutscher Postgebiete mit dem betreffenden Auslande zur Anwendung gelangen.

Die Annahme der in den Verträgen mit dem Auslande vereinbarten Bestimmungen soll für alle Teilnehmer des gegenwärtigen Vertrages obligatorisch sein, sobald bei den Festsetzungen über den Portobezug nicht unter das interne deutsche Porto heruntergegangen ist. Hat in besonderen Fällen ein niedrigeres Porto vereinbart werden müssen, so bleibt die Teilnahme an den Bestimmungen des bezüglichen Vertrages dem Ermessen der einzelnen Postverwaltungen anheimgestellt."

II.

Gesetz

über das Postwesen des Deutschen Reichs.

Vom 28. Oktober 1871.

RGBl. S. 347—358.

Ausgegeben zu Berlin den 1. Nov. 1871.

Gesetzeskraft mit dem 1. Januar 1872 (§ 52).

In Elsaß-Lothringen eingeführt durch G. v. 4. Nov. 1871. (GBl. f. Elsaß-Lothringen S. 348—360), in Helgoland durch Verordnung v. 22. März 1891 (RGBl. S. 21) am 1. April 1891.

---

a. Das PostG. ist abgeändert durch das Eisenbahn-PostG. v. 20. Dez. 1875 (Nr. III) und die PostGN. v. 20. Dez. 1899 (Nr. VIII).

b. Zum Gesetz über das Postwesen des Deutschen Reichs sind zwei ausführliche Kommentare erschienen: Aschenborn, Das Gesetz über das Postwesen des Deutschen Reichs, Berlin 1908 bei Springer, und Dambach-v. Grimm, Das Postgesetz v. 28. Oktober 1871, 6. Aufl., Berlin 1901 bei Schötz.

c. Vorläufer des Reichs-Postgesetzes sind das preuß. PostG. v. 5. Juni 1852 und das Gesetz über das Postwesen des Norddeutschen Bundes v. 2. Nov. 1867 (BGBl. S. 61), das sich hauptsächlich an das Gesetz v. 5. Juni 1852 anlehnte, aber auch das PostG. für das Kgr. Sachsen v. 7. Juni 1859 und das Braunschweigische PostG. v. 1. Juli 1864 berücksichtigte.

Wir **Wilhelm**, von Gottes Gnaden Deutscher Kaiser, König von Preußen ꝛc. verordnen im Namen des Deutschen Reichs, nach erfolgter Zustimmung des Bundesrates und des Reichstages, was folgt:

Abschnitt I.

Grundsätzliche Rechte und Pflichten der Post.

§ 1. Die Beförderung

1. aller versiegelten, zugenähten oder sonst verschlossenen Briefe,
2. aller Zeitungen politischen Inhalts, welche öfter als einmal wöchentlich erscheinen,

gegen Bezahlung von Orten mit einer Postanstalt nach anderen Orten mit einer Postanstalt des In- oder Auslandes auf andere Weise, als durch die Post, ist verboten. Hinsichtlich der politischen Zeitungen erstreckt dieses Verbot sich nicht auf den zweimeiligen Umkreis ihres Ursprungsortes.

Wenn Briefe und Zeitungen (Nr. 1 und 2) vom Auslande eingehen und nach inländischen Orten mit einer Postanstalt bestimmt sind, oder durch das Gebiet des Deutschen Reichs transitieren sollen, so müssen sie bei der nächsten inländischen Postanstalt zur Weiterbeförderung eingeliefert werden.

Unverschlossene Briefe, welche in versiegelten, zugenähten oder sonst verschlossenen Paketen befördert werden, sind den verschlossenen Briefen gleich zu achten. Es ist jedoch gestattet, versiegelten, zugenähten oder sonst verschlossenen Paketen, welche auf andere Weise, als durch die Post befördert werden, solche unverschlossene Briefe, Fakturen, Preiskurante, Rechnungen und ähnliche Schriftstücke beizufügen, welche den Inhalt des Pakets betreffen.

a. Wegen Anwendung des § 1 auf Ortsbriefe und gewerbsmäßiger Beförderung von unverschlossenen Briefen, Karten usw. vgl. Art. 2 I u. Art. 3 der PostGN. (Nr. VIII).

b. Vgl. Strafbestimmung im § 27 Nr. 1.

c. Die Postpflichtigkeit der Zeitungen, welche in Preußen anfänglich nach PostG. v. 5. Juni 1852 § 5 Nr. 2 alle der Stempelsteuer unterliegenden Zeitungen und Anzeigeblätter umfaßte, dann durch G. v. 21. Mai 1860 § 3 auf politische Zeitungen beschränkt wurde, ist in dieser Beschränkung ins Nordd. PostG. v. 2. Nov. 1867 § 2 übergegangen und besteht jetzt nur für politische Zeitungen, welche öfter als einmal wöchentlich erscheinen, nicht auch für Zeitschriften. Der Antrag, daß diese Bestimmung auf Bayern und Württemberg keine Anwendung finden solle, wurde im Reichstage abgelehnt. StB. 735.

d. Vgl. „Gerichtliche Entscheidungen" (Nr. XXIX) B 1—22.

§ 2. Die Beförderung von Briefen und politischen Zeitungen (§ 1) gegen Bezahlung durch expresse Boten oder Fuhren ist gestattet. Doch darf ein solcher Expresser nur von einem Absender abgeschickt sein, und dem Postzwange unterliegende Gegenstände weder von anderen mitnehmen, noch für andere zurückbringen.

a. Vgl. Art. 2 II u. Art. 3 der PostGN. (Nr. VIII).

b. Vgl. „Gerichtliche Entscheidungen" (Nr. XXIX) B 5, 13, 16, 17, 23, 24, 26.

§ 3. Die Annahme und Beförderung von Postsendungen darf von der Post nicht verweigert werden, sofern die Bestimmungen dieses Gesetzes und des Reglements (§ 50) beobachtet sind. Auch darf keine im Gebiete des Deutschen Reichs erscheinende politische Zeitung vom Postdebit ausgeschlossen und ebensowenig darf bei der Normierung der Provision, welche für die Beförderung und Debitierung der im Gebiete des Deutschen Reichs erscheinenden Zeitungen zu erheben ist, nach verschiedenen Grundsätzen verfahren werden. Die Post besorgt die Annahme der Pränumeration auf die Zeitungen, sowie den gesammten Debit derselben.

a. Die im 1. Satz ausgesprochene Pflicht der Post beschränkt sich nicht auf postzwangspflichtige Gegenstände. — Vgl. auch § 15 und PO. (Nr. XI) § 5 V u. TG. (Nr. XVIII) § 5.

b. Über die Beschaffenheit der einzelnen Arten von Postsendungen, insbesondere über Adresse, Aufschrift, Verpackung und Verschluß derselben, sowie über Ort und Zeit ihrer Einlieferung zur Post setzt PO. (Nr. XI) §§ 1—30 das Nähere fest.

c. Ein Verbot von Zeitungen findet nach dem ReichsPreßG. v. 7. Mai 1874 § 14 (RGBl. S. 67) nur bei im Auslande erscheinenden periodischen Druckschriften statt. Über die Beschlagnahme von Zeitungen vgl. daselbst §§ 23—29.

d. Die Zeitungsprovision ist gesetzlich festgesetzt durch Art. LIII der PostGN. (Nr. VIII).

e. Über die Beförderung außergewöhnlicher Zeitungs-Beilagen durch die Post vgl. PO. (Nr. XI) § 8 XIV ff.

§ 4. Hinsichts der Eisenbahn-Unternehmungen verbleibt es bei den besonderen gesetzlichen Vorschriften.

Für die Verbindlichkeit der bereits konzessionierten Eisenbahngesellschaften zum unentgeltlichen Transport von Postsendungen bewendet es bei den Bestimmungen der Konzessionsurkunden, und bleiben insbesondere in dieser Beziehung die bisherigen Gesetze über den Umfang des Postzwanges und über die Verbindlichkeit der Eisenbahnen zu Leistungen im Interesse der Post maßgebend.

Wenn eine bereits konzessionierte Eisenbahngesellschaft ihr Unternehmen durch den Bau neuer Eisenbahnen erweitert, so sind dieselben zu gleichen Leistungen im Interesse der Post verpflichtet, wie solche der ursprünglichen Bahn obliegen, falls nicht in der bereits erteilten Konzessionsurkunde eine ausdrückliche Ausnahme in dieser Beziehung enthalten ist.

Der Kaiser wird die erforderlichen Anordnungen treffen, damit bei neu zu konzessionierenden Eisenbahn-Unternehmungen die den Eisenbahnen im Interesse der Post aufzuerlegenden Verpflichtungen gleichmäßig bemessen werden. Diese Verpflichtungen sollen nicht über das Maß derjenigen Verbindlichkeiten hinausgehen, welche den neu zu erbauenden Eisenbahnen nach den bisher in den älteren östlichen Landesteilen Preußens geltenden Gesetzen obliegen.

Die vorstehenden Bestimmungen finden auf Bayern und Württemberg keine Anwendung.

An Stelle des § 4 ist seit dem 1. Januar 1876 das Eisenbahn-PostG. v. 20. Dez. 1875 (RGBl. S. 318) getreten. Vgl. Nr. III.

§ 5. Das Briefgeheimnis ist unverletzlich. Die bei strafgerichtlichen Untersuchungen und in Konkurs- und zivilprozessualischen Fällen notwendigen Ausnahmen sind durch ein Reichsgesetz festzustellen. **Bis zu dem Erlaß eines Reichsgesetzes werden jene Ausnahmen durch die Landesgesetze bestimmt.**

a. Die reichsgesetzliche Regelung ist durch die Reichsjustizgesetze erfolgt. Vgl. Strafprozeßordnung §§ 99, 100, 101, Konkursordnung § 121 (Fassung v. 20. Mai 1898 RGBl. S. 612 ff.), Militär-Strafgerichtsordnung v. 1. Dez. 1898 §§ 233 ff. (RGBl. S. 1189), PreßG. v. 7. Mai 1874 (RGBl. S. 67) §§ 23 ff. TG. (Nr. XVIII), § 8. Für zivilprozessualische Fälle ist eine Ausnahme nicht festgesetzt („Gerichtl. Entscheidungen", Nr. XXIX, A Nr. 3).

b. Unbefugte Eröffnung von Briefen wird nach StrGB. § 299, gesetzwidrige Eröffnung und Unterdrückung von der Post anvertrauten Briefen durch Postbeamte nach §§ 354 und 358 das. bestraft.

c. Vgl. PO. (Nr. XI) §§ 35, 46 III.

Abschnitt II.

Garantie.

Vgl. Eisenbahn-Verkehrsordnung v. 26. Okt. 1899 (RGBl. S. 561) §§ 71 ff.

§ 6. Die Postverwaltung leistet dem Absender im Falle reglementsmäßig erfolgter Einlieferung Ersatz:

I. für den Verlust und die Beschädigung
  1. der Briefe mit Wertangabe,
  2. der Pakete mit oder ohne Wertangabe,

II. für den Verlust der rekommandierten Sendungen, **denen in dieser Beziehung Sendungen gleichgestellt**

werden, welche zur Beförderung durch Estafette eingeliefert sind.

Für einen durch verzögerte Beförderung oder Bestellung der unter I. bezeichneten Gegenstände entstandenen Schaden leistet die Postverwaltung nur dann Ersatz, wenn die Sache durch die verzögerte Beförderung oder Bestellung verdorben ist, oder ihren Wert bleibend ganz oder teilweise verloren hat. Auf eine Veränderung des Kurses oder marktgängigen Preises wird jedoch hierbei keine Rücksicht genommen.

Die Verbindlichkeit der Postverwaltung zur Ersatzleistung bleibt ausgeschlossen, wenn der Verlust, die Beschädigung oder die verzögerte Beförderung oder Bestellung

a) durch die eigene Fahrlässigkeit des Absenders, oder

b) durch die unabwendbaren Folgen eines Naturereignisses, oder durch die natürliche Beschaffenheit des Gutes herbeigeführt worden ist, oder

c) auf einer auswärtigen Beförderungsanstalt sich ereignet hat, für welche die Postverwaltung nicht durch Konvention die Ersatzleistung ausdrücklich übernommen hat; ist jedoch in diesem Falle die Einlieferung bei einer deutschen Postanstalt erfolgt, und will der Absender seine Ansprüche gegen die auswärtige Beförderungsanstalt geltend machen, so hat die Postverwaltung ihm Beistand zu leisten.

Für die auf Postanweisungen eingezahlten Beträge leistet die Postverwaltung Garantie.

„Gerichtl. Entscheidungen“ (Nr. XXIX) A 2.

Für andere, als die vorstehend bezeichneten Gegenstände, insbesondere für gewöhnliche Briefe, wird weder im Falle eines Verlustes oder einer Beschädigung, noch im Falle einer verzögerten Beförderung oder Bestellung Ersatz geleistet.

a. Die Vorschriften des Handelsgesetzbuchs über das Frachtgeschäft und die Seebeförderung finden auf die Post keine Anwendung. Vgl. §§ 452 u. 663 HGB.

b. Der Ersatzanspruch steht dem Absender zu, weil dieser durch die Einlieferung der Sendung einen Vertrag mit der Postverwaltung eingeht (§ 50). Der Absender kann den Anspruch jedoch an den Adressaten abtreten.

c. Da die Ersatzverbindlichkeit der Post durch die reglementsmäßig (postordnungsmäßig) erfolgte Einlieferung bedingt ist, so hat der Absender alle Nachteile selbst zu vertreten, welche erweislich aus der postordnungswidrigen Adressierung, Aufschrift, Verpackung und Verschließung der Sendung (PO., Nr. XI, § 27 III) oder sonstigen ordnungswidrigen Beschaffenheit derselben (z. B. PO., Nr. XI, §§ 5, 6) hervorgegangen sind.

d. Wegen der Höhe der Ersatzleistung vgl. §§ 8, 9, 12. Für mittelbaren Schaden oder entgangenen Gewinn leistet die Post keinen Ersatz.

e. Estafettendienst findet seit 1. Juli 1892 nicht mehr statt.

f. Die Gewährleistung für die auf Postanweisungen eingezahlten Beträge ist ebenfalls dadurch bedingt, daß die Postanweisung postordnungsmäßig eingeliefert ist. PO. (Nr. XI) §§ 20, 21.

§ 7. Wenn der Verschluß und die Verpackung der zur Post gegebenen Gegenstände bei der Aushändigung an den Empfänger äußerlich unverletzt und zugleich das Gewicht mit dem bei der Einlieferung ermittelten übereinstimmend befunden wird, so darf dasjenige, was bei der Eröffnung an dem angegebenen Inhalte fehlt, von der Postverwaltung nicht vertreten werden. Die ohne Erinnerung geschehene Annahme einer Sendung begründet die Vermutung, daß bei der Aushändigung Verschluß und Verpackung unverletzt und das Gewicht mit dem bei der Einlieferung ermittelten übereinstimmend befunden worden ist.

a. Die Ersatzleistung für Beschädigungen des Inhalts ohne äußerliche Verletzung und ohne Gewichtsverminderung der Sendungen (z. B. durch Eindringen von Flüssigkeiten) wird durch diese Vorschrift nicht berührt.

b. Diese Vermutung (Satz 2) kann nur durch vollständigen vom Absender zu erbringenden Beweis des Gegenteils beseitigt werden.

§ 8. Wenn eine Wertangabe geschehen ist, so wird dieselbe bei der Feststellung des Betrages des von der Postverwaltung zu leistenden Schadenersatzes zum Grunde gelegt. Beweist jedoch die Postverwaltung, daß der angegebene Wert den gemeinen Wert der Sache übersteigt, so hat sie nur diesen zu ersetzen.

Ist in betrüglicher Absicht zu hoch deklariert worden, so verliert der Absender nicht nur jeden

Anspruch auf Schadenersatz, sondern ist auch nach den Vorschriften der Strafgesetze zu bestrafen.

a. Die Wertangabe muß ordnungsmäßig bewirkt sein, PO. (Nr. XI) § 14.

b. Vgl. StrGB. §§ 263, 267, 268.

§ 9. Wenn bei Paketen die Angabe des Wertes unterblieben ist, so vergütet die Postverwaltung im Falle eines Verlustes oder einer Beschädigung den wirklich erlittenen Schaden, jedoch niemals mehr, als einen Taler für jedes Pfund (= 500 Gramme) der ganzen Sendung. Pakete, welche weniger als Ein Pfund wiegen, werden den Paketen zum Gewicht von Einem Pfunde gleichgestellt und überschießende Pfundteile für Ein Pfund gerechnet.

a. Bei Verlust oder Beschädigung eines Teils der Sendung wird der wirkliche Schaden bis zum Betrage von drei Mark für jedes Pfund der ganzen Sendung ersetzt.

b. Für Einschreibpakete wird im Verlustfalle ein Ersatz von mindestens 42 Mark gezahlt (§ 10).

§ 10. Für eine rekommandierte Sendung, **sowie für eine zur Beförderung durch Estafette eingelieferte Sendung (§ 6 II)** wird dem Absender im Falle des Verlustes, ohne Rücksicht auf den Wert der Sendung, ein Ersatz von vierzehn Talern gezahlt.

a. Rekommandierte Sendungen heißen jetzt Einschreibsendungen. PO. (Nr. XI) § 13.

b. Die Ersatzleistung tritt nur bei völligem Verlust der Sendung ein. Für teilweisen Verlust und für Beschädigung, sowie für Schaden durch verzögerte Beförderung oder Bestellung wird bei Einschreibsendungen kein Ersatz geleistet, vgl. §§ 6 und 12. Für Beschädigung usw. eingeschriebener Pakete wird wie für Pakete ohne Wertangabe (§ 9) gehaftet.

c. Findet nach Ablauf der Verjährungsfrist (§ 14) aus Billigkeitsgründen eine Ersatzleistung statt, so kann nur der wirkliche erlittene Schaden, bis zum Höchstbetrage von 42 Mark, in Betracht kommen.

d. Vgl. „Gerichtliche Entscheidungen" (Nr. XXIX) A 4.

e. Estafettendienst findet nicht mehr statt, vgl. § 6 e.

§ 11. Bei Reisen mit den ordentlichen Posten leistet die Postverwaltung Ersatz:

1. für den Verlust oder die Beschädigung des reglementsmäßig eingelieferten Passagierguts nach Maßgabe der §§ 8 und 9, und
2. für die erforderlichen Kur- und Verpflegungskosten im Falle der körperlichen Beschädigung eines Reisenden, wenn dieselbe nicht erweislich durch höhere Gewalt oder durch eigene Fahrlässigkeit des Reisenden herbeigeführt ist.

Bei der Extrapostbeförderung wird weder für den Verlust oder die Beschädigung an Sachen, welche der Reisende bei sich führt, noch bei einer körperlichen Beschädigung des Reisenden Entschädigung von der Postverwaltung geleistet.

a. Zu den ordentlichen Posten gehören auch die Güter- und Kariolposten, nicht aber die Fuhrwerke der Landbriefträger; letzteres in der Praxis bestritten.

b. Zu 1) PO. (Nr. XI) §§ 58—60.

c. Zu 2) vgl. RG. v. 7. Juni 1871, betr. die Verbindlichkeit zum Schadensersatz für die beim Betriebe von Eisenbahnen usw. herbeigeführten Tötungen und Körperverletzungen. Die Ersatzpflicht der Post ist erheblich beschränkter.

d. Über die Extrapostbeförderung vgl. PO. (Nr. XI) §§ 63ff.

§ 12. Eine weitere, als die in den §§ 8, 9, 10 und 11 nach Verschiedenheit der Fälle bestimmte Entschädigung wird von der Postverwaltung nicht geleistet; insbesondere findet gegen dieselbe ein Anspruch wegen eines durch den Verlust oder die Beschädigung einer Sendung entstandenen mittelbaren Schadens oder entgangenen Gewinnes nicht statt.

Für gewöhnliche Postnachnahmebriefe (PO. [Nr. XI] § 19) leistet die Post keine Gewähr; für gewöhnliche Pakete mit Postnachnahme haftet sie lediglich nach § 9, für eingelöste Nachnahmebeträge wie für Einzahlungen auf Postanweisungen. — Bei Postaufträgen (PO. [Nr. XI] § 18 XX) wird für Beförderung der Postauftragsbriefe wie für eingeschriebene Briefe, für die eingezogenen Beträge wie für die Einzahlungen auf Postanweisungen gehaftet.

§ 13. Der Anspruch auf Schadloshaltung gegen die Postverwaltung muß in allen Fällen gegen die Ober-Postdirektion, beziehungsweise gegen die mit deren Funktionen beauftragte Postbehörde gerichtet werden, in deren Bezirk der Ort der Einlieferung der Sendung oder der Ort der Einschreibung des Reisenden liegt.

In Bayern werden die Funktionen der Ober-Postdirektionen wahrgenommen durch die Ober-Postdirektionen in Augsburg, Bamberg, Landshut, München, Nürnberg, Regensburg, Speyer, Würzburg; in Württemberg durch die Generaldirektion der Posten und Telegraphen.

§ 14. Der Anspruch auf Entschädigung an die Postverwaltung erlischt mit Ablauf von sechs Monaten, vom Tage der Einlieferung der Sendung oder vom Tage der Beschädigung des Reisenden an gerechnet. Diese Verjährung wird **nicht allein durch Anmeldung der Klage, sondern auch** durch Anbringung der Reklamation bei der kompetenten Postbehörde (§ 13) unterbrochen. Ergeht hierauf eine abschlägige Bescheidung, so beginnt vom Empfange derselben eine neue Verjährung, welche durch eine Reklamation gegen jenen Bescheid nicht unterbrochen wird.

a. Im Weltpostverkehr verjährt der Anspruch auf Entschädigung in einem Jahre (vgl. Nr. XII Art. 8, Nr. XIII Art. 12, Nr. XIV Art. 7, Nr. XV Art. 15, Nr. XVI Art. 11).

b. Die fett gedruckten Worte sind durch § 13 des EinfG. zur Zivilprozeßordnung aufgehoben, da die Klageanmeldung in das System der Reichsjustizgesetze nicht aufgenommen worden ist.

c. Vgl. § 26.

d. Wortlaut und Absicht der Bestimmung in Verbindung mit § 50 nötigen nicht, die kurze Verjährungsfrist auf die Ersatzansprüche auf Grund des Postgesetzes zu beschränken, sie wird vielmehr auch auf alle nach der Postordnung sich ergebenden Ansprüche anzuwenden sein.

e. Reklamationen oder Klage gegen eine nicht zuständige Postbehörde unterbrechen die Verjährung nicht.

§ 15. In Fällen des Krieges und gemeiner Gefahr ist die Postverwaltung befugt, durch öffentliche Bekanntmachung jede Vertretung abzulehnen und

Briefe, sowie andere Sachen, nur auf Gefahr des Absenders zur Beförderung zu übernehmen. In solchem Falle steht jedoch dem Absender frei, sich ohne Rücksicht auf die Bestimmungen des § 1 jeder anderen Beförderungsgelegenheit zu bedienen.

Macht die Post von dieser Befugnis keinen Gebrauch, so wird ihre Haftpflicht auch während des Krieges nur durch die im § 6 a—c angegebenen Umstände ausgeschlossen.

Abschnitt III.

Besondere Vorrechte der Posten.

Außer den im Abschn. III aufgeführten besonderen Vorrechten hat die Post vermöge ihrer Stellung als einheitliche Staatsverkehrsanstalt (RV. Art. 48) Anspruch auf die allgemeinen Vorrechte, welche den Staatsbehörden der einzelnen Bundesstaaten nach Maßgabe der Landesgesetze zustehen.

§ 16. Die ordentlichen Posten nebst deren Beiwagen, die auf Kosten des Staates beförderten Kuriere und Estafetten, die von Postbeförderungen ledig zurückkommenden Postfuhrwerke und Postpferde, die Briefträger und die Postboten sind von Entrichtung der Chausseegelder und anderen Kommunikationsabgaben befreit. Dasselbe gilt von Personenfuhrwerken, welche durch Privatunternehmer eingerichtet und als Ersatz für ordentliche Posten ausschließlich zur Beförderung von Reisenden und deren Effekten und von Postsendungen benutzt werden.

Diese Befreiung findet auch, jedoch unbeschadet wohlerworbener Rechte, gegen die zur Erhebung solcher Abgaben berechtigten Korporationen, Gemeinden oder Privatpersonen statt.

a. Extraposten haben auf die Befreiung aus § 16 keinen Anspruch. — Die Befreiung der in Abs. 1 Satz 2 bezeichneten Privatpersonenfuhrwerke ist eingeführt, um die Benutzung solcher Fuhrwerke zu Postzwecken und dadurch die Vermehrung der Verbindungen zu erleichtern. StB. 685 f.

b. Fahrende Landbriefträger sind als Briefträger von den im § 16 bezeichneten Abgaben befreit.

c. Kurier- und Estafettendienst findet seit 1. Juli 1892 nicht mehr statt.

§ 17. In besonderen Fällen, in denen die gewöhnlichen Postwege gar nicht oder schwer zu passieren sind, können die ordentlichen Posten, die Extraposten, Kuriere und Estafetten sich der Neben- und Feldwege, sowie der ungehegten Wiesen und Äcker bedienen, unbeschadet jedoch des Rechtes der Eigentümer auf Schadenersatz.

a. Vgl. § 16 Anm. c.

b. Zu den ordentlichen Posten sind auch die von Boten zu Fuß beförderten Botenposten zu rechnen.

§ 18. Gegen die ordentlichen Posten, Extraposten, Kuriere und Estafetten ist keine Pfändung erlaubt; auch darf dieselbe gegen einen Postillon nicht geübt werden, welcher mit dem ledigen Gespann zurückkehrt. Bei Zuwiderhandlungen ist eine Geldstrafe von zehn Silbergroschen bis zu zwanzig Talern verwirkt.

a. Die in §§ 18, 19 und 23 mit Strafe bedrohten Übertretungen gehören zur Kompetenz der Gerichte und sind von denselben nach Maßgabe der Reichsstrafprozeßordnung zu verfolgen. Die Vorschriften im Abschn. V des G. finden darauf keine Anwendung.

b. Vgl. § 16 Anm. c.

§ 19. Jedes Fuhrwerk muß den ordentlichen Posten, sowie den Extraposten, Kurieren und Estafetten auf das übliche Signal ausweichen. Bei Zuwiderhandlungen ist eine Geldstrafe von zehn Silbergroschen bis zu zehn Talern verwirkt.

Vgl. § 16 Anm. c.

§ 20. Das Inventarium der Posthaltereien darf im Wege des Arrestes oder der Exekution nicht mit Beschlag belegt werden.

Im Konkurse kommt diese Beschränkung jetzt nicht mehr zur Anwendung. Konkurs-Ordn. § 1 Abs. 2 (Fassung v. 20. Mai 1898 RGBl. S. 612).

§ 21. Wenn den ordentlichen Posten, Extraposten, Kurieren oder Estafetten unterwegs ein Unfall begegnet, so sind die Anwohner der Straße verbunden, denselben die zu ihrem Weiterkommen erforderliche Hilfe gegen vollständige Entschädigung schleunigst zu gewähren.

Vgl. § 16 Anm. c.

§ 22. Die vorschriftsmäßig zu haltenden Postpferde und Postillone dürfen zu den behufs der Staats- und Kommunalbedürfnisse zu leistenden Spanndiensten nicht herangezogen werden.

Vgl. auch G. über die Naturalleistungen für die bewaffnete Macht im Frieden v. 13. Febr. 1875 § 3 Nr. 5 (RGBl. 1898 S. 362) und über die Kriegsleistungen v. 13. Juni 1873 § 25 Nr. 4 (RGBl. S. 129).

§ 23. Die Torwachen, Tor-, Brücken- und Barrierebeamten sind verbunden, die Tore und Schlagbäume schleunigst zu öffnen, sobald der Postillon das übliche Signal gibt. Ebenso müssen auf dasselbe die Fährleute die Überfahrt unverzüglich bewirken. Bei Zuwiderhandlungen ist eine Geldstrafe von zehn Silbergroschen bis zu zehn Talern verwirkt.

§ 24. Auf Requisition der Postbehörden haben die Polizei- und Steuerbeamten und deren Organe zur Verhütung und Entdeckung von Postübertretungen mitzuwirken.

§ 25. Die Postanstalten sind berechtigt, unbezahlt gebliebene Beträge an Personengeld, Porto und Gebühren nach den für die Beitreibung öffentlicher Abgaben bestehenden Vorschriften exekutivisch einziehen zu lassen.

Die mit Beitreibung exekutionsreifer Forderungen im allgemeinen betrauten Organe sind verpflichtet, die von den Postanstalten angemeldeten rückständigen Beträge an Personengeld, Porto und Gebühren im Wege der Hilfsvollstreckung einzuheben.

Dem Exequierten steht jedoch die Betretung des Rechtsweges offen.

a. Vgl. PosttaxG. (Nr. V) §§ 6 u. 7, PO. (Nr. XI) § 50.

b. Die Berechtigung der Postanstalten zur Beitreibung von Postgefällen ohne vorgängigen gerichtlichen Vollstreckungstitel ist auf Auslagen, wie z. B. Postnachnahmebeträge, Steuern, Zeitungsbezugsgelder, nicht auszudehnen.

Dagegen erstreckt sie sich auch auf die Telegraphengebühren einschließlich der Fernsprechgebühren. Vgl. FGO. (Nr. XXIII) § 8.

c. Die administrative Beitreibung wird in Preußen entweder durch besonders dazu vereidigte Postunterbeamte oder durch Organe anderer Verwaltungsbehörden bewirkt. Das Verfahren ist für Preußen durch die Allerhöchsten Verordnungen v. 15. Nov. 1899 u. 18. März 1904 (PrGS. S. 545 bzw. 36) und die ministerielle Ausführungsanweisung v. 28. Nov. 1899 geregelt. (Verordnungen und Anweisung sind enthalten in einer besonderen amtlichen Ausgabe, Berlin, v. Deckers Verlag, G. Schenk, Jerusalemerstr. 56.) ABl. 1900 S. 25.

§ 26. Die Beträge, welche in einer Sendung enthalten sind, die weder an den Adressaten bestellt, noch an den Absender zurückgegeben werden kann, oder welche aus dem Verkaufe der vorgefundenen Gegenstände gelöst werden, fließen nach Abzug des Portos und der sonstigen Kosten zur Postarmen- oder Unterstützungskasse. Meldet sich der Absender oder der Adressat später, so zahlt ihm die Postarmen- oder Unterstützungskasse die ihr zugeflossenen Summen, jedoch ohne Zinsen, zurück.

Nach gleichen Grundsätzen ist mit Beträgen, welche auf Postsendungen eingezahlt sind, und mit zurückgelassenen Passagiereffekten zu verfahren.

a. Vgl. PO. (Nr. XI) § 46 IV—VII.

b. Die Postarmen- oder Unterstützungskasse führt jetzt die Bezeichnung „Post-Unterstützungskasse“.

c. Wegen der in Diensträumen usw. vorgefundenen Gegenstände vgl. ABl. Jahrg. 1899 S. 445 und ADA. II Abt. 1 S. 9.

Abschnitt IV.

Strafbestimmungen bei Post- und Porto-Defraudationen.

Die allgemeinen Vorschriften des StrGB. über Zusammentreffen, Versuch und Teilnahme, sowie über Verjährung kommen auch bei Post- und Porto-Übertretungen zur Anwendung. Diese verjähren allgemein in drei Jahren, nach § 7 des EinfG. zum StrGB.

§ 27. Mit dem vierfachen Betrage des defraudierten Portos, jedoch niemals unter einer Geldstrafe von Einem Taler, wird bestraft:

1. wer Briefe oder politische Zeitungen, den Bestimmungen der §§ 1 und 2 zuwider, auf andere Weise, als durch die Post, gegen Bezahlung befördert oder verschickt; erfolgt die Beförderung in versiegelten, zugenähten oder sonst verschlossenen Paketen, so trifft die Strafe den Beförderer nur dann, wenn er den verbotwidrigen Inhalt des Pakets zu erkennen vermochte;

   Vgl. PostGN. (Nr. VIII), Art. 2 I.

2. wer sich zu einer portopflichtigen Sendung einer, von der Entrichtung des Portos befreienden Bezeichnung bedient oder eine solche Sendung in eine andere verpackt, welche bei Anwendung einer vorgeschriebenen Bezeichnung portofrei befördert wird;
3. wer Postwertzeichen nach ihrer Entwertung zur Frankierung einer Sendung benutzt; inwiefern in diesem Falle wegen hinzugetretener Ver-

tilgung des Entwertungszeichens eine härtere Strafe verwirkt ist, wird nach den allgemeinen Strafgesetzen beurteilt;

4. wer Briefe oder andere Sachen zur Umgehung der Portogefälle einem Postbeamten oder Postillon zur Mitnahme übergibt.

In den unter Nr. 2 und 3 bestimmten Fällen ist die Strafe mit der Einlieferung der Sendung zur Post verwirkt.

a. Vgl. §§ 30, 31.

b. Zu 2): Diese Strafbestimmung trifft auch die unbefugte Anwendung einer Bezeichnung, welche eine Portoermäßigung zur Folge hat.

c. Zu 3): Postwertzeichen sind: Freimarken, gestempelte Kartenbriefe, Postkarten und Postanweisungen; PO. (Nr. XI) § 49. — Der wissentliche Gebrauch falscher oder gefälschter Postwertzeichen, sowie die Anfertigung unechter und die Fälschung echter Postwertzeichen werden nach StrGB. § 275, die wissentliche Verwendung bereits entwerteter Postwertzeichen nach gänzlicher oder teilweiser Entfernung des Entwertungszeichens nach StrGB. § 276 Abs. 2 bestraft (G. v. 13. Mai 1891, RGBl. S. 107).

d. Zu 4): Andere Sachen; auch solche, die nicht dem Postzwange unterliegen. — Abweichend von den übrigen Fällen des § 27 ist es bei der Zuwiderhandlung zu 4 notwendig, daß die strafbare Absicht, die Postgefälle zu umgehen, festgestellt werde.

e. Zum Schlußabs. vgl. PO. (Nr. XI) §§ 29, 30.

f. Vgl. „Gerichtliche Entscheidungen" (Nr. XXIX) B 27—41.

§ 28. Im ersten Rückfalle wird die Strafe (§ 27) verdoppelt und bei ferneren Rückfällen auf das Vierfache erhöht.

Im Rückfalle befindet sich derjenige, welcher, nachdem er wegen einer der im § 27 bezeichneten Defraudationen vom Gerichte oder im Verwaltungswege (§§ 34, 35) bestraft worden, abermals eine dieser Defraudationen begeht.

Die Straferhöhung wegen Rückfalls tritt auch ein, wenn die frühere Strafe nur teilweise verbüßt, oder ganz oder teilweise erlassen ist, bleibt jedoch ausgeschlossen, wenn seit der Verbüßung oder dem Erlasse der letzten Strafe bis zur Begehung der neuen Defraudation drei Jahre verflossen sind.

a. Vgl. PostGN. (Nr. VIII) Art. 2 I.

b. Vgl. StrGB. § 245.

c. Wegen welcher der im § 27 vorgesehenen Übertretungen die Vorbestrafung erfolgt ist, kommt für die Frage, ob Rückfall vorliegt, nicht in Betracht.

d. Der erste Rückfall ist mit dem achtfachen Betrage des hinterzogenen Portos, jedoch nicht unter 6 Mk., der fernere Rückfall mit dem sechzehnfachen Portobetrage, jedoch nicht unter 12 Mk. zu bestrafen.

§ 29. Wer wissentlich, um der Postkasse das Personengeld zu entziehen, uneingeschrieben mit der Post reist, wird mit dem vierfachen Betrage des defraudierten Personengeldes, jedoch niemals unter einer Geldstrafe von Einem Taler, bestraft.

a. Vgl. § 30 und PO. (Nr. XI) §§ 53, 54.

b. Die Absicht, der Postkasse das Personengeld zu entziehen, muß bei dieser Übertretung festgestellt werden. Straferhöhung wegen Rückfalls tritt nicht ein.

c. In Betracht kommen auch §§ 332, 333 StrGB.

§ 30. Außer der Strafe muß in den Fällen des § 27 das Porto, welches für die Beförderung der Gegenstände der Post zu entrichten gewesen wäre, und in dem Falle des § 29 das defraudierte Personengeld gezahlt werden. In dem Falle des § 27 unter Nr 1 haften der Absender und der Beförderer für das Porto solidarisch.

a. Vgl. § 25 und PostGN. (Nr. VIII) Art. 2 I.

b. Es kommt nicht in Betracht, ob die Gegenstände befördert worden sind oder nicht.

c. Vgl. „Gerichtliche Entscheidungen" (Nr. XXIX) B 41.

§ 31. Die Dauer der Haft, welche an die Stelle einer nicht beizutreibenden Geldstrafe tritt, ist vom Richter festzusetzen und darf sechs Wochen nicht übersteigen.

a. Vgl. PostGN. (Nr. VIII) Art. 2 I.

b. StrGB. §§ 18, 19, 28, 29, 78. — Die Geldstrafe wird immer in Haft, nie in Gefängnis umgewandelt. Die Dauer der Haft ist auf sechs Wochen beschränkt, auch wenn sonst nach §§ 29, 78 StrGB. Freiheitsstrafe von längerer Dauer einzutreten hätte.

§ 32. Die Postbehörden und Postbeamten, welche eine Defraudation entdecken, sind befugt, die dabei vorgefundenen Briefe oder anderen Sachen, welche Gegenstand der Übertretung sind, in Beschlag zu nehmen und so lange ganz oder teilweise zurückzuhalten, bis entweder die defraudierten Postgefälle, die Geldstrafe und die Kosten gezahlt oder durch Kaution sicher gestellt sind.

a. Vgl. PostGN. (Nr. VIII) Art. 2 I.

b. Wegen der Kosten vgl. § 45.

§ 33. Die in den §§ 27 bis 29 bestimmten Geldstrafen fließen zur Postarmen- oder Unterstützungskasse.

a. Vgl. PostGN. (Nr. VIII) Art. 2 I.

b. Dies ist auch bei gerichtlich festgesetzten oder beigetriebenen Geldstrafen der Fall. Die Kasse führt jetzt die Bezeichnung „Post-Unterstützungskasse".

Abschnitt V.

Strafverfahren bei Post- und Porto-Defraudationen.

Um dem Angeschuldigten die Möglichkeit zu gewähren, die Sache einfach durch Zahlung der verwirkten Geldstrafe zu erledigen, ist nach dem Vorbilde des früheren PostG. für das Königreich Sachsen eine Straffestsetzung mittels Verfügung eingeführt, wobei es der Vernehmung des Angeschuldigten und der Abfassung eines förmlichen Strafbescheides nicht bedarf. — Die Vorschriften dieses Abschnittes sind, gemäß EinfG. zur StrPO. § 5, durch die abweichenden Vorschriften der StrPO. nicht berührt worden.

§ 34. Wenn eine Post- oder Portodefrautation entdeckt wird, so eröffnet die Ober-Postdirektion oder die mit den Funktionen der Ober-Postdirektion beauftragte Postbehörde mittels besonderer Verfügung vor Einleitung eines förmlichen Verfahrens dem Angeschuldigten, welche Geldstrafe für von ihm verwirkt zu erachten sei, und stellt ihm hierbei frei, das fernere Verfahren und die Erteilung eines Strafbescheides durch Bezahlung der Strafe und Kosten innerhalb einer präklusivischen Frist von zehn Tagen zu vermeiden. Leistet der Angeschuldigte hierauf die Zahlung ohne Einrede, so gilt die Verfügung als rechtskräftiger Strafbescheid; entgegengesetzten Falles erfolgt die Untersuchung und Entscheidung nach Maßgabe der §§ 35 bis 46.

a. Das Straffestsetzungsverfahren ist obligatorisch und findet auf sämtliche Post- und Portodefraudationen, auch auf die in § 27 Nr. 4 und § 29 vorgesehenen Anwendung.

b. In der Verfügung ist außer der verwirkten Geldstrafe auch der Betrag der hinterzogenen Postgefälle (§ 30) einzufordern.

c. Wegen der zuständigen Postbehörden vgl. § 13 Anm.

d. Vgl. „Gerichtliche Entscheidungen" (Nr. XXIX) B. 42.

§ 35. Die Untersuchung wird summarisch von den Postanstalten oder von den Bezirksaufsichtsbeamten geführt und darauf im Verwaltungswege von den Ober-Postdirektionen usw. entschieden. Diese können jedoch, solange noch kein Strafbescheid erlassen worden ist, die Verweisung der Sache zum gerichtlichen Verfahren verfügen und ebenso kann der Angeschuldigte während der Untersuchung bei der Postbehörde, und binnen zehn Tagen präklusivischer Frist, nach Eröffnung des von letzterer abgefaßten Strafbescheides, auf rechtliches Gehör antragen. Dieser Antrag ist an die Postbehörde zu richten. Der Strafbescheid wird alsdann als nicht ergangen angesehen.

Einer ausdrücklichen Anmeldung der Berufung auf rechtliches Gehör wird es gleich geachtet, wenn der Angeschuldigte auf die Vorladung der Postbehörde nicht erscheint oder die Auslassung vor derselben verweigert.

a. Für das Strafverfahren im Verwaltungswege ist Mündlichkeit, mit Ausnahme des § 36, und Öffentlichkeit nicht vorgeschrieben.

b. Die Untersuchung wird von derjenigen Postanstalt geführt, in deren Bezirk die Übertretung verübt ist.

c. Die Verweisung zum gerichtlichen Verfahren ist erforderlich, wenn es zur Ermittelung des Täters oder zur Feststellung des Tatbestandes eidlicher Zeugenvernehmungen oder anderer nur im gerichtlichen Verfahren zulässiger Beweisaufnahmen bedarf.

d. Tritt auf Veranlassung der Postbehörde oder des Angeschuldigten das gerichtliche Strafverfahren ein, so kommen die Vorschriften der Strafprozeßordnung §§ 459 ff. zur Anwendung. Die Zuständigkeit der Gerichte regelt sich nach dem GerichtsverfassungsG. §§ 27, 75.

§ 36. Bei den Untersuchungen im Verwaltungswege werden die Beteiligten mündlich verhört und ihre Aussagen zu Protokoll genommen.

§ 37. Die Zustellungen und die Vorladungen geschehen durch die Beamten oder Unterbeamten der Postanstalten, oder auf deren Requisition nach den für gerichtliche Insinuationen bestehenden Vorschriften.

Das Postzustellungsverfahren ist durch V. v. 26. Okt. 1899 (ABl. S. 347) geregelt. Vgl. PO. (Nr. XI) §§ 25, 40.

§ 38. Die Zeugen sind verbunden, den an sie von den Postbehörden ergehenden Vorladungen Folge zu leisten. Wer sich dessen weigert, wird dazu auf Requisition der Postbehörden durch das Gericht in gleicher Art, wie bei gerichtlichen Vorladungen, angehalten.

Die Postbehörden sind **nicht** berechtigt, Zeugen eidlich oder an Eidesstatt zu vernehmen oder die Gerichte um eidliche Vernehmung von Zeugen zu ersuchen. Anm. c zu § 35.

§ 39. In Sachen, wo die zu verhängende Geldstrafe den Betrag von fünfzig Talern übersteigt, muß dem Angeschuldigten auf Verlangen eine Frist von acht Tagen bis vier Wochen zur Einreichung einer schriftlichen Verteidigung gestattet werden.

§ 40. Findet die Ober-Postdirektion usw. die Anwendung einer Strafe nicht begründet, so verfügt sie die Zurücklegung der Akten und benachrichtigt hiervon den Angeschuldigten.

§ 41. Dem Strafbescheide müssen die Entscheidungsgründe beigefügt sein. Auch ist darin der Angeschuldigte sowohl mit den ihm dagegen zustehenden Rechtsmitteln (§ 42), als auch mit der Straferhöhung, welche er beim Rückfalle (§ 28) zu erwarten hat, bekannt zu machen.

Der Strafbescheid ist durch die Postanstalt dem Angeschuldigten entweder zu Protokoll zu publizieren oder in der für die Vorladung vorgeschriebenen Form zu insinuieren.

a. Der Abfassung des Strafbescheides braucht eine mündliche Verhandlung nicht voranzugehen.

b. Wegen des Rückfalls vgl. § 28.

§ 42. Der Angeschuldigte kann, wenn er von der Befugnis zur Berufung auf richterliche Entscheidung keinen Gebrauch machen will, gegen den

Strafbescheid den Rekurs an die der Ober-Post-direktion usw. vorgesetzte Behörde ergreifen. Dies muß jedoch binnen zehn Tagen präklusivischer Frist nach der Eröffnung des Strafbescheides geschehen und schließt fernerhin jedes gerichtliche Verfahren aus. Der Rekurs ist durch Anmeldung bei einer Post-behörde gewahrt.

Wenn mit der Anmeldung des Rekurses nicht zugleich dessen Rechtfertigung verbunden ist, so wird der Angeschuldigte durch die Postanstalt aufgefordert, die Ausführung seiner weiteren Verteidigung in einem nicht über vier Wochen hinaus anzusetzenden Termine zu Protokoll zu geben oder bis dahin schriftlich einzureichen.

Die der Ober-Postdirektion usw. vorgesetzte Behörde ist in dem Reichs-Postgebiet das Reichs-Postamt in Berlin; in Bayern das Königl. Staatsministerium für Verkehrs-angelegenheiten, Postabteilung, in München; in Württemberg das Ministerium der auswärtigen Angelegenheiten, Verkehrs-abteilung, in Stuttgart.

§ 43. Die Verhandlungen werden hiernächst zur Abfassung des Rekursresoluts an die kompetente Behörde eingesandt. Hat jedoch der Angeschuldigte zur Rechtfertigung des Rekurses neue Tatsachen oder Beweismittel, deren Aufnahme erheblich befunden wird, angeführt, so wird mit der Instruktion nach den für die erste Instanz gegebenen Bestimmungen verfahren.

§ 44. Das Rekursresolut, welchem die Entscheidungsgründe beizufügen sind, wird an die betreffende Postbehörde befördert und nach erfolgter Publikation oder Insinuation vollstreckt.

§ 45. Mit der Verurteilung des Angeschuldigten zu einer Strafe, durch Strafbescheid oder Rekursresolut, ist zugleich die Verurteilung desselben in die baren Auslagen des Verfahrens auszusprechen.

Bei der Untersuchung im Verwaltungswege kommen, außer den baren Auslagen an Porto, Stempel, Zeugengebühren usw., keine Kosten zum Ansatz.

Der Angeschuldigte, welcher wegen Post- oder Portodefraudation zu einer Strafe gerichtlich verurteilt wird, hat auch die durch das Verfahren im Verwaltungswege entstandenen Kosten zu tragen.

Vgl. § 35.

§ 46. Die Vollstreckung der rechtskräftigen Erkenntnisse geschieht nach den für die Vollstreckung strafgerichtlicher Erkenntnisse im allgemeinen bestehenden Vorschriften, die Vollstreckung der Strafbescheide oder der Resolute aber von der Postbehörde; letztere hat dabei nach denjenigen Vorschriften zu verfahren, welche für die Exekution der im Verwaltungswege festgesetzten Geldstrafen erteilt sind.

Auch für Post- und Portodefraudationsstrafen gilt die Bestimmung des StrGB. § 28 Abs. 4: der Verurteilte kann sich durch Erlegung des Strafbetrages, soweit dieser durch die erstandene Freiheitsstrafe nicht getilgt ist, von der letzteren freimachen.

Abschnitt VI.

Allgemeine Bestimmungen.

§ 47. Was ein Briefträger oder Postbote über die von ihm geschehene Bestellung auf seinen Diensteid anzeigt, ist so lange für wahr und richtig anzunehmen, bis das Gegenteil überzeugend nachgewiesen wird.

a. Über die Bestellung der Postsendungen vgl. PO. (Nr. XI) §§ 36, 38—40.

b. Ein Beamter, der wissentlich eine falsche amtliche Versicherung unter Berufung auf seinen Diensteid abgibt, wird wegen Meineids bestraft. StrGB. §§ 154, 155 Nr. 3.

§ 48. Die Postverwaltung ist für die richtige Bestellung nicht verantwortlich, wenn der Adressat erklärt hat, die an ihn eingehenden Postsendungen selbst abzuholen oder abholen zu lassen. Auch liegt in diesem Falle der Postanstalt eine Prüfung der Legitimation desjenigen, welcher sich zur Abholung meldet, nicht ob, sofern nicht auf den Antrag des Adressaten zwischen diesem und der Postanstalt ein desfallsiges besonderes Abkommen getroffen worden ist.

a. Vgl. PO. (Nr. XI) § 42.

Vgl. „Gerichtliche Entscheidungen“ (Nr. XXIX) A 10.

§ 49. Die Postverwaltung ist, nachdem sie das Formular zum Ablieferungsscheine dem Adressaten reglementsmäßig hat ausliefern lassen, nicht verpflichtet, die Echtheit der Unterschrift und des etwa hinzugefügten Siegels unter dem mit dem Namen des Empfangsberechtigten unterschriebenen und beziehungsweise untersiegelten Ablieferungsscheine zu untersuchen. Ebensowenig braucht sie die Legitimation desjenigen zu prüfen, welcher unter Vorlegung des vollzogenen Ablieferungsscheines, oder bei Paketen ohne Wertangabe unter Vorlegung des reglementsmäßig ausgelieferten Begleitbriefes, die Aushändigung der Sendung verlangt.

a. Liegt eine Abholungserklärung vor (§ 48), so wird der Ablieferungsschein dem Abholer verabfolgt. PO. (Nr. XI) § 42 VII, § 43.

b. In den übrigen Fällen muß der Ablieferungsschein dem Adressaten oder an dessen legitimierten Bevollmächtigten (PO. [Nr. XI] § 39 I) bestellt werden. Wegen der Bestellung von Postsendungen an Bewohner von Schlössern regierender Fürsten, an Militärpersonen oder an Zöglinge von Erziehungsanstalten usw. vgl. PO. § 39 XI.

§ 50. Durch ein von dem Reichskanzler zu erlassendes Reglement, welches mittels der für die Publikation amtlicher Bekanntmachungen bestimmten Blätter zu veröffentlichen ist, werden die weiteren bei Benutzung der Postanstalt zu beobachtenden Vorschriften getroffen.

Diese Vorschriften gelten als Bestandteil des Vertrages zwischen der Postanstalt und dem Absender, bzw. Reisenden.

Das Reglement hat zu enthalten:

1. die Bedingungen für die Annahme aller behufs der Beförderung durch die Post eingelieferten Gegenstände;
2. das Maximalgewicht der Briefe und Pakete;

3. die Bedingungen der Rückforderung von Seite des Absenders und die Vorschriften über die Behandlung unbestellbarer Sendungen;
4. die Bestimmungen wegen schließlicher Verfügung über die unanbringlichen Sendungen;
5. die Bezeichnung der für Beförderung durch die Post unzulässigen Gegenstände;
6. die Gebühren für Postanweisungen, Vorschußsendungen und sonstige Geldübermittlungen durch die Post, für Sendungen von Drucksachen, Warenproben und Mustern, Korrespondenzkarten, rekommandierte Sendungen, für Zustellung von Sendungen mit Behändigungsscheinen, für Laufschreiben wegen Postsendungen und Überweisung der Zeitungen;
7. Anordnungen über die Art der Bestellung der durch die Post beförderten Gegenstände und die hierfür zu erhebenden Gebühren, insbesondere die Gebühren für Bestellung der Expreßsendungen, der Stadtbriefe und Pakete, der Wertsendungen, ferner die Vorschriften über Estafettenbeförderung;
8. die Bedingungen für die Beförderung der Reisenden mit den ordentlichen Posten oder mit Extrapost, die Bestimmung des Personengeldes und der Gebühr für Beförderung von Passagiergut;
9. die näheren Anordnungen über Kontierung und Kreditierung von Porto, sowie die dafür zu entrichtenden Gebühren;

10. Anordnungen zur Aufrechthaltung der Ordnung, der Sicherheit und des Anstandes auf den Posten, in den Postlokalen und Passagierstuben.

Die unter Ziffer 2, 4 und 6 bezeichneten Anordnungen unterliegen der Beschlußfassung des Bundesrates.

Für den inneren Postverkehr der Königreiche Bayern und Württemberg werden die reglementären Anordnungen von den zuständigen Behörden dieser Staaten erlassen.

a. In Ausführung dieser Vorschrift ist die Postordnung (Nr. XI) erlassen.

b. Die Veröffentlichung erfolgt durch das „Zentral-Blatt für das Deutsche Reich".

c. Indem die Anordnungen zu Punkt 2, 4 und 6 der Beschlußfassung des Bundesrates unterstellt sind, ist Bayern und Württemberg die Mitwirkung bei Erlaß derjenigen Anordnungen, welche nicht technischer oder lokaler Natur sind, gewahrt.

d. In Bayern und Württemberg gilt die PO. für den Wechselverkehr dieser Staaten unter sich und mit dem übrigen Deutschen Reiche, nicht aber im innern Verkehr. Vgl. RV. (Nr. 1) Art. 52.

§ 51. Alle bisherigen allgemeinen und besonderen Bestimmungen über Gegenstände, worüber das gegenwärtige Gesetz verfügt, soweit jene Bestimmungen nicht auf den mit dem Auslande abgeschlossenen Staatsverträgen oder Konventionen beruhen, werden hierdurch aufgehoben.

Vgl. PosttarG. (Nr. V) § 11 Anm. a u. b.

§ 52. Das gegenwärtige Gesetz tritt mit dem 1. Januar 1872 in Kraft.

Urkundlich unter Unserer Höchsteigenhändigen Unterschrift und beigedrucktem Kaiserlichen Insiegel.

Gegeben Berlin, den 28. Oktober 1871.

(L. S.) **Wilhelm.**

Fürst v. Bismarck.

III.

Gesetz, betreffend die Abänderung des § 4 des Gesetzes über das Postwesen des Deutschen Reichs vom 28. Oktober 1871. (Eisenbahn-Postgesetz).

Vom 20. Dezember 1875.

RGBl. S. 318—322.

Ausgegeben zu Berlin den 22. Dezember 1875.
Gesetzeskraft im Reichs-Postgebiet mit dem 1. Januar 1876.

---

a. Das Rechtsverhältnis der Post zu den Eisenbahnen war durch § 4 des PostG. nur in betreff der Privatbahnen auf der Grundlage des Preuß. EisenbahnG. v. 3. Nov. 1838 § 36 gesetzlich geregelt. Die Leistungen der Staatsbahnen für Postzwecke bestimmten sich nach dem Regl. v. 1. Jan. 1868, dessen Geltung auf die Dauer der Übergangszeit des Art. 51 RV. beschränkt war. Vom 1. Jan. 1876 ab sind die Beziehungen der Post zu den Reichs-, Staats- und Privatbahnen durch das nachstehende Gesetz und die gemäß Art. 10 dazu erlassenen Vollzugsbestimmungen (Nr. IV) innerhalb des Reichspostgebiets gleichmäßig geordnet, soweit nicht die Konzessionsurkunden der bestehenden Privatbahnen abweichende Vorschriften enthalten.

b. Die Anwendung des G. auf Bayern und Württemberg ist gemäß RV. (Nr. I) Art. 52, PostG. (Nr. II) § 4 und Art. 13 ausgeschlossen.

c. Wegen des Postbetriebs auf Eisenbahnen im Kriegsfall vgl. § 22 der Kriegs-Transport-Ordnung v. 26. Jan. 1887 (RGBl. S. 10).

Wir **Wilhelm**, von Gottes Gnaden Deutscher Kaiser, König von Preußen usw.

verordnen im Namen des Deutschen Reichs, nach erfolgter Zustimmung des Bundesrats und des Reichstags, was folgt:

Einziger Paragraph.

An die Stelle des § 4 des Gesetzes über das Postwesen des Deutschen Reichs vom 28. Oktober 1871 (Reichs-Gesetzbl. S. 347) treten die nachfolgenden Bestimmungen:

Art. 1. Der Eisenbahnbetrieb ist, soweit es die Natur und die Erfordernisse desselben gestatten, in die notwendige Übereinstimmung mit den Bedürfnissen des Postdienstes zu bringen.

Die Einlegung besonderer Züge für die Zwecke des Postdienstes kann jedoch von der Postverwaltung nicht beansprucht werden.

Bei Meinungsverschiedenheiten zwischen der Postverwaltung und den Eisenbahnverwaltungen über die Bedürfnisse des Postdienstes, die Natur und die Erfordernisse des Eisenbahnbetriebes entscheidet, soweit die Postverwaltung sich bei dem Ausspruche der Landes-Aufsichtsbehörde nicht beruhigt, der Bundesrat, nach Anhörung der Reichs-Postverwaltung und des Reichs-Eisenbahn-Amts.

a. Vgl. Preuß. EisenbahnG. v. 3. Nov. 1838 § 36 Nr. 1 und Vollzugsbest. I.

b. Über die Befugnisse des Reichs-Eisenbahn-Amts vgl. RG. v. 27. Juni 1873 (RGBl. S. 164).

c. Die Entscheidung des Bundesrates kann nicht bloß in den im G. und in den Vollzugsbest. (VI, 1 u. 9) besonders bezeichneten Fällen, sondern auch bei allen Meinungsverschiedenheiten über die Bedürfnisse des Postdienstes, die Natur und die Erfordernisse des Eisenbahnbetriebes angerufen werden, soweit die Postverwaltung sich bei dem Ausspruche der Landes-Aufsichtsbehörde nicht beruhigt. Vgl. Art. 2 Anm. c.

Art. 2. Mit jedem für den regelmäßigen Beförderungsdienst der Bahn bestimmten Zuge ist auf Verlangen der Postverwaltung Ein von dieser gestellter Postwagen unentgeltlich zu befördern. Diese unentgeltliche Beförderung umfaßt:

a) die Briefpostsendungen, Zeitungen, Gelder mit Einschluß des ungemünzten Goldes und Silbers, Juwelen und Pretiosen ohne Unterschied des Gewichts, ferner sonstige Poststücke bis zum Einzelngewichte von 10 Kilogramm einschließlich,

b) die zur Begleitung der Postsendungen, sowie zur Verrichtung des Dienstes unterwegs erforderlichen Postbeamten, auch wenn dieselben vom Dienste zurückkehren,

c) die Gerätschaften, deren die Postbeamten unterwegs bedürfen.

Für Poststücke, welche nicht unentgeltlich zu befördern sind, hat die Postverwaltung eine Frachtvergütung zu zahlen, welche nach der Gesamtmenge der auf der betreffenden Eisenbahn sich bewegenden zahlungspflichtigen Poststücke für den Achskilometer berechnet wird.

Die Mitbeförderung solcher Päckereien, welche nicht zu den Brief- und Zeitungspaketen gehören, soll bei Zügen, deren Fahrzeit besonders kurz bemessen ist, beschränkt oder ausgeschlossen werden, wenn dies von der Eisenbahn-Aufsichtsbehörde zur Wahrung der pünktlichen und sicheren Beförderung der betreffenden Züge für notwendig erachtet wird, und andere zur Mitnahme der Päckereien geeignete Züge auf der betreffenden Bahn eingerichtet sind.

a. Vgl. Vollzugsbest. II.

b. Güterzüge sind von der Benutzung zur Postbeförderung nicht grundsätzlich ausgeschlossen. Vollzugsbest. I.

c. Die Beschränkung oder die Ausschließung der Post-Paketbeförderung bei den im letzten Absatz bezeichneten Zügen ist davon abhängig, daß: 1. die Fahrzeit dieser Züge tatsächlich besonders kurz bemessen ist (die bloße Bezeichnung reicht nicht aus); 2. die Eisenbahn-Aufsichtsbehörde die Beschränkung oder Ausschließung zur Wahrung der pünktlichen und sicheren Beförderung der betreffenden Züge für notwendig erachtet; 3. andere zur Mitnahme der Päckereien geeignete Züge auf der betreffenden Bahn eingerichtet sind. Ob die Erfordernisse zu 1 und 3 vorhanden sind, unterliegt der Verständigung der Postverwaltung und der Eisenbahnverwaltung und erforderlichenfalls der Entscheidung des Bundesrats. Art. 1.

Art. **3.** Auf Grund vorangegangener Verständigung kann an Stelle eines besonderen Postwagens eine Abteilung eines Eisenbahnwagens gegen Erstattung der für Herstellung und Wiederbeseitigung der für die Zwecke des Postdienstes erforderlichen Einrichtungen von der Eisenbahnverwaltung aufgewendeten Selbstkosten, sowie gegen Zahlung einer Miete für Hergabe und Unterhaltung benutzt werden, welche nach Artikel 6 Absatz 5 zu berechnen ist.

Die Beförderung der Wagenabteilungen erfolgt ebenso wie die des Postwagens (Art. 2) unentgeltlich. Wegen der Miete für Hergabe und Unterhaltung vgl. Vollzugsbest. III, 3.

Art. 4. Bei solchen für den regelmäßigen Beförderungsdienst der Bahn bestimmten Zügen, welche nicht in der in den Artikeln 2 und 3 bezeichneten Weise zur Postbeförderung benutzt werden, kann die Postverwaltung entweder, insoweit dies nach dem Ermessen der Eisenbahnverwaltung zulässig ist, der letzteren Briefbeutel, sowie Brief- und Zeitungspakete zur unentgeltlichen Beförderung durch das Zugpersonal überweisen, oder die Beförderung von Briefbeuteln, sowie Brief- und Zeitungspaketen durch einen Postbeamten besorgen lassen, welchem der erforderliche Platz in einem Eisenbahnwagen unentgeltlich einzuräumen ist.

Vgl. Art. 2 Anm. b.

Art. 5. Reicht der eine Postwagen (Art. 2) oder die an dessen Stelle für Postzwecke bestimmte Wagenabteilung (Art. 3) für die Bedürfnisse des Postdienstes nicht aus, so sind die Eisenbahnverwaltungen auf rechtzeitige Anmeldung oder Bestellung gehalten, nach Wahl der Postverwaltung

mehrere Postwagen zur Beförderung zuzulassen,

oder der Postverwaltung zur Befriedigung des Mehrbedürfnisses geeignete Güterwagen oder einzelne geeignete Abteilungen solcher Personenwagen, deren übrige Abteilungen in dem betreffenden Zuge für Eisenbahnzwecke verwendbar sind, zu gestellen,

oder endlich die ihnen von der Postverwaltung überwiesenen Postsendungen zur eigenen Beförderung zu übernehmen.

Bei Zügen, auf denen die Beförderung von Postpäckereien ausgeschlossen oder beschränkt ist (Art. 2 Abs. 3), darf die Gestellung außerordentlicher Transportmittel seitens der Postverwaltung nicht beansprucht werden. Die Überweisung von Postsendungen an die Eisenbahnverwaltungen ist nur insoweit zulässig, als letztere sich bei dem betreffenden Zuge mit der Beförderung von Gütern (Eil- oder Frachtgütern) befaßt und die zu überweisenden Poststücke nicht in Geld- oder Wertsendungen bestehen.

Für die Beförderung eines zweiten oder mehrerer Postwagen, sowie für die Gestellung und Beförderung der erforderlichen Eisenbahntransportmittel ist von der Postverwaltung eine für den Achskilometer zu berechnende Vergütung, für die Beförderung der überwiesenen Poststücke aber die tarifmäßige Eisenbahn-Eilfrachtgebühr zu zahlen. Für die Mitbeförderung des etwa erforderlichen Postbegleitungspersonals und der Gerätschaften für den Dienst wird eine Vergütung nicht gezahlt.

a. Bei welchen Zügen die Gestellung außerordentlicher Beförderungsmittel von der Postverwaltung nicht beansprucht werden darf, bestimmt sich nach Art. 2 Anm. c.

b. Wegen der Vergütung für außerordentliche Beförderungsmittel vgl. Vollzugsbest. IV, 2.

Art. 6. Die für den regelmäßigen Dienst erforderlichen Eisenbahn-Postwagen werden für Rechnung der Postverwaltung beschafft.

Die Eisenbahnverwaltungen sind verbunden, die Unterhaltung, äußere Reinigung, das Schmieren und das Ein- und Ausrangieren dieser Wagen gegen eine den Selbstkosten entsprechende Vergütung zu bewirken.

Wenn die im regelmäßigen Dienst befindlichen Eisenbahn-Postwagen während des Stillagers auf den Bahnhöfen der Endstationen im Freien stehen bleiben, so ist dafür eine Vergütung nicht zu zahlen. Letzteres gilt auch für die Plätze auf den Bahnhöfen, welche der Postverwaltung zur Aufbewahrung der Perronwagen und sonstigen Gerätschaften für das Verladungsgeschäft angewiesen werden.

Unbeladene Postwagen sind gegen Erstattung der für Eisenbahn-Güterwagen tarifmäßig zu entrichtenden Frachtgebühr zu befördern. Für die Beförderung zur Eisenbahn-Reparaturwerkstatt und zurück findet eine Vergütung nicht statt.

Wenn Eisenbahn-Postwagen beschädigt oder lauf-unfähig werden, so sind die Eisenbahnverwaltungen gehalten, der Postverwaltung geeignete Güterwagen zur Aushilfe zu überlassen. Für diese Güterwagen hat die Postverwaltung die nämliche Miete zu bezahlen, welche die betreffende Eisenbahnverwaltung im Verkehr mit benachbarten Bahnen für Benutzung fremder Wagen von gleicher Beschaffenheit entrichtet.

Desgleichen sind die teilweise von der Post benutzten Eisenbahnwagen (Art. 3), wenn sie lauf-unfähig werden, von den Eisenbahnverwaltungen auf ihre Kosten durch andere zu ersetzen.

a. Vgl. Vollzugsbest. V.

b. Wegen der Bahnpostwagen vgl. Eisenbahn- Bau- und Betriebsordnung v. 4. Nov. 1904 (RGBl. S. 387) §§ 32, 35, 44, 56.

Art. 7. Bei Errichtung neuer Bahnhöfe oder Stationsgebäude sind auf Verlangen der Postverwaltung die durch den Eisenbahnbetrieb bedingten, für die Zwecke des Postdienstes erforderlichen Diensträume mit den für den Postdienst etwa erforderlichen besonderen baulichen Anlagen von der Eisenbahnverwaltung gegen Mietsentschädigung zu beschaffen und zu unterhalten.

Dasselbe gilt bei dem Um- oder Erweiterungsbau bestehender Stationsgebäude, insofern durch die den Bau veranlassenden Verhältnisse eine Erweiterung oder Veränderung der Postdiensträume bedingt wird.

Bei dem Mangel geeigneter Privatwohnungen in der Nähe der Bahnhöfe sind die Eisenbahnverwaltungen gehalten, bei Aufstellung von Bauplänen zu Bahnhofsanlagen und bei dem Um- oder Erweiterungsbau von Stationsgebäuden auf die Beschaffung von Dienstwohnungsräumen für die Postbeamten, welche zur Verrichtung des durch den Eisenbahnbetrieb bedingten Postdienstes erforderlich sind, Rücksicht zu nehmen. Über den Umfang dieser Dienstwohnungsräume wird sich die Postverwaltung mit der Eisenbahnverwaltung und erforderlichenfalls mit der Landes-Aufsichtsbehörde in jedem einzelnen Falle verständigen. Für die Beschaffung und Unterhaltung der Dienstwohnungsräume hat die Postverwaltung eine Mietsentschädigung nach gleichen Grundsätzen wie für die Diensträume auf den Bahnhöfen zu entrichten.

Das Mietsverhältnis bezüglich der der Postverwaltung überwiesenen Dienst- und Dienstwohnungsräume auf den Bahnhöfen kann nur durch das Einverständnis beider Verwaltungen aufgelöst werden.

Werden bei Errichtung neuer Bahnhofsanlagen, sowie bei dem Um- oder Erweiterungsbau bestehender Stationsgebäude zur Unterbringung von Dienst- oder Dienstwohnungsräumen auf Verlangen der Postbehörde besondere Gebäude auf den Bahnhöfen hergestellt, so ist der erforderliche Bauplatz von den Eisenbahnverwaltungen gegen Erstattung der Selbstkosten zu beschaffen, der Bau und die Unterhaltung derartiger Gebäude aber aus der Postkasse zu bestreiten.

a. Vollzugsbest. VI.

b. Die Verpflichtung der Eisenbahnen zur Beschaffung von Räumlichkeiten auf den Bahnhöfen gegen die in den Vollzugsbest. VI, 4 festgesetzte Miete beschränkt sich auf die durch den Eisenbahnbetrieb bedingten Postdiensträume und, sofern die im Abs. 3 bestimmten Voraussetzungen vorliegen, auf Dienstwohnungsräume für die zur Verrichtung des Eisenbahn-Postdienstes erforderlichen Postbeamten. Die Hergabe für Dienst- und Dienstwohnungsräumen für anderweite Postdienstzwecke, sowie die dafür zu entrichtende Miete unterliegt der freien Vereinbarung zwischen der Post- und der Eisenbahnverwaltung.

c. Gemäß Abs. 5 steht der Postverwaltung die Wahl zu, ob die durch den Eisenbahnbetrieb bedingten Postdienst- oder Dienstwohnungsräume von der Eisenbahn mietsweise zu beschaffen oder in besonderen, auf Postrechnung zu erbauenden Gebäuden unterzubringen sind.

Art. 8. Wenn bei dem Betriebe einer Eisenbahn ein im Dienst befindlicher Postbeamter getötet oder körperlich verletzt worden ist, und die Eisenbahnverwaltung den nach den Gesetzen ihr obliegenden Schadensersatz dafür geleistet hat, so ist die Postverwaltung verpflichtet, derselben das Geleistete zu ersetzen, falls nicht der Tod oder die Körperverletzung durch ein Verschulden des Eisenbahnbetriebsunternehmers oder einer der im Eisenbahnbetrieb verwendeten Personen herbeigeführt worden ist.

a. HaftpflichtG. v. 7. Juni 1871 (RGBl. S. 207) § 1: „Wenn bei dem Betriebe einer Eisenbahn ein Mensch getötet oder körperlich verletzt wird, so haftet der Betriebs-

Unternehmer für den dadurch entstandenen Schaden, sofern er nicht beweist, daß der Unfall durch höhere Gewalt oder durch eigenes Verschulden des Getöteten oder Verletzten verursacht ist." Vgl. auch Unfallfürsorgegesetz für Beamte usw. v. 18. Juni 1901, § 12 (RGBl. S. 211). Den Postbeamten gegenüber ist die aus diesen Gesetzen sich ergebende Verbindlichkeit der Eisenbahn und die ihr obliegende Beweislast nicht alteriert. Dagegen ist der Eisenbahn in betreff der im Bahnbetriebe sich ereignenden Tötungen oder Verletzungen von Postbeamten das Recht beigelegt worden, wegen des Schadensersatzes an die Postverwaltung Regreß zu nehmen, sofern letztere nicht beweist, daß der Tod oder die Körperverletzung durch ein Verschulden des Eisenbahnbetriebsunternehmers oder einer der im Eisenbahnbetrieb verwendeten Personen herbeigeführt worden ist.

Art. 9. Der Reichskanzler ist ermächtigt, für Eisenbahnen mit schmalerer als der Normalspur, und für Eisenbahnen, bei welchen wegen ihrer untergeordneten Bedeutung das Bahnpolizei-Reglement für die Eisenbahnen Deutschlands nicht für anwendbar erachtet ist, die vorstehenden Verpflichtungen für die Zwecke des Postdienstes zu ermäßigen oder ganz zu erlassen.

Vgl. die vom Reichskanzler unterm 28. Mai 1879 erlassenen Bestimmungen, betreffend die Verpflichtungen der Eisenbahnen untergeordneter Bedeutung zu Leistungen für die Zwecke des Postdienstes (ZBl. S. 380). — Für Kleinbahnen, d. h. dem öffentlichen Verkehr dienende Eisenbahnen, welche wegen ihrer geringen Bedeutung für den allgemeinen Eisenbahnverkehr dem EisenbahnG. v. 3. Nov. 1838 nicht unterliegen, sind in Preußen durch G. v. 28. Juli 1892 § 42 (PrGS. S. 225ff.) die Verpflichtungen gegenüber der Postverwaltung besonders festgesetzt worden.

Art. 10. Durch die von dem Reichskanzler nach Anhörung der Reichs-Postverwaltung und des Reichs-Eisenbahn-Amts, unter Zustimmung des Bundesrats zu erlassenden Vollzugsbestimmungen werden die näheren Anordnungen über die Ausführung der vorstehenden Leistungen, sowie über die Festsetzung und die Berechnung der Vergütung für die gegen Entgelt zu gewährenden Leistungen getroffen.

Die unterm 9. Febr. 1876 erlassenen Vollzugsbestimmungen sind in der Fassung, welche sie bei den unter VIII, 8 vorgesehenen Revisionen erhalten haben, nachfolgend (Nr. IV) abgedruckt.

Art. 11. Auf die bei Erlaß dieses Gesetzes bereits konzessionierten Eisenbahngesellschaften und deren zukünftig konzessionierte Erweiterungen durch Neubauten finden die vorstehenden Vorschriften insoweit Anwendung, als dies nach den Konzessionsurkunden zulässig ist. Im übrigen bewendet es für die Verbindlichkeiten der bereits konzessionierten Eisenbahngesellschaften bei den Bestimmungen der Konzessionsurkunden, und bleiben insbesondere in dieser Beziehung die bis dahin zur Anwendung gekommenen Vorschriften über den Umfang des Postzwanges und über die Verbindlichkeiten der Eisenbahnverwaltungen zu Leistungen für die Zwecke des Postdienstes maßgebend.

Die bereits konzessionierten Eisenbahngesellschaften sind jedoch berechtigt, an Stelle der ihnen konzessionsmäßig obliegenden Verpflichtungen für die Zwecke des Postdienstes die durch das gegenwärtige Gesetz angeordneten Leistungen zu übernehmen.

a. Vgl. PostG. (Nr. II) § 4 und Preuß. EisenbahnG. v. 3. Nov. 1838 § 36.

b. Über Konzessionierung der Eisenbahngesellschaften vgl. RV. Art. 41.

c. Macht eine Eisenbahngesellschaft von der Berechtigung im Abs. 2 Gebrauch, so treten die durch das G. v. 20. Dez. 1875 angeordneten und durch die Vollzugsbestimmungen v. 9. Febr. 1876 näher festgesetzten Leistungen in ihrer Gesamtheit an die Stelle der konzessionsmäßigen Verpflichtungen für die Zwecke des Postdienstes. Die Eisenbahngesellschaft ist dagegen nicht berechtigt, nur die ihr günstigeren Vorschriften des G. an Stelle der Konzessionsbedingungen zu übernehmen.

Art. 12. **Die vertragsmäßige Vergütung, welche an das Großherzogtum Baden für Leistungen seiner Staatsbahnen zu den Zwecken des Postdienstes zu entrichten ist, wird, sofern nicht eine anderweite Vereinbarung erfolgt, bis zum Ablauf des Jahres 1879 weiter gezahlt. Bis dahin bleiben für die Leistungen der badischen Staatsbahnen zu Zwecken des Postdienstes die Bestimmungen des Reglements über die Verhältnisse der Post zu den Staatseisenbahnen vom 1. Januar 1868 maßgebend.**

Im übrigen kommen die Vorschriften dieses Gesetzes auf die im Eigentum des Reichs oder eines Bundesstaates befindlichen, sowie auf die in das Eigentum des Reichs oder eines Bundesstaates übergehenden Eisenbahnen mit dem Inkrafttreten dieses Gesetzes zur Anwendung.

a. Für Baden hatte die Übergangszeit des Art. 51 RV. erst mit seinem Zutritt zur Reichspost, 1. Jan. 1872, begonnen. Bis zum Ablaufe dieser acht Jahre empfing Baden, kraft des Vorbehalts im Protokoll v. 15. Nov. 1870 zu 5 (BGBl. S. 652), eine besondere Vergütung für die seinen Staatsbahnen durch das Regl. v. 1. Jan. 1868 auferlegten Leistungen zu Zwecken des Postdienstes. Mit dem Ablaufe der Übergangszeit, 1. Jan. 1880, ist das Eisenbahn-PostG. mit den Vollzugsbestimmungen auch für die Leistungen der badischen Staatsbahnen zu Zwecken des Postdienstes maßgebend.

b. Gemäß Abs. 2 findet das G. auch auf solche Reichs- oder Staatsbahnen Anwendung, deren Betrieb einem Privatunternehmer überlassen ist. Dagegen unterliegen Privatbahnen, welche vom Reich oder von einem Bundesstaat verwaltet werden, den Vorschriften des Art. 11.

c. Auf die verstaatlichten Privatbahnen findet das Eisenbahn-PostG. mit dem Übergang des Eigentums an den Staat Anwendung.

Art. 13. Dieses Gesetz tritt mit dem 1. Januar 1876 in Kraft. Dasselbe findet auf Bayern und Württemberg keine Anwendung.

Vgl. Anm. b zum Eingange des Gesetzes.

Urkundlich unter Unserer Höchsteigenhändigen Unterschrift und beigedrucktem Kaiserlichen Insiegel.

Gegeben Berlin, den 20. Dezember 1875.

(L. S.) **Wilhelm.**

Fürst v. Bismarck.

IV.

Vollzugsbestimmungen

zum

Eisenbahn-Postgesetze vom 20. Dezember 1875.

Vom 9. Februar 1876.

ZB. S. 87—93.

Die unter VIII, 8 vorgesehene zweimalige Revision der Bestimmungen zu II, 4 hat 1878 und 1881, die Revision der Bestimmungen zu III, 2 und 3, IV, 2 und V, 5 im Jahre 1881 stattgefunden. Erlasse des Reichskanzlers v. 9. Mai 1878 (ZBl. S. 261) und 24. Dez. 1881 (ZBl. 1882 S. 4). Die vorgenommenen Änderungen betreffen die Bestimmungen zu II, 4 und III, 2, welche nachstehend in der jetzt gültigen Fassung abgedruckt sind.

Auf Grund der Vorschrift im Artikel 10 des Gesetzes vom 20. Dezember 1875, betreffend die Abänderung des § 4 des Gesetzes über das Postwesen des Deutschen Reichs vom 28. Oktober 1871, werden nach erfolgter Anhörung der Reichs-Postverwaltung und des Reichs-Eisenbahn-Amts, unter Zustimmung des Bundesrats nachstehende Vollzugsbestimmungen erlassen:

I. Zu Artikel 1 des Gesetzes.

Die Entwürfe zu den Eisenbahnfahrplänen für die Personenbeförderung, sowie für diejenigen Güterzüge, welche nach Verständigung zwischen der Postverwaltung und der Eisenbahnverwaltung zur Beförderung von Postpäckereien benutzt werden sollen, sind der ersteren zur Wahrung ihrer Interessen rechtzeitig mitzuteilen. Die Feststellung der Fahrpläne geschieht unter Mitwirkung der Postverwaltung.

Die festgestellten Fahrpläne sind von den Eisenbahnverwaltungen ohne Verzug der Postverwaltung mitzuteilen, welche diejenigen einzelnen Züge bezeichnet, die sie zur Postbeförderung benutzen wird.

Güterzüge können, soweit sie für den regelmäßigen Beförderungsdienst der Bahn bestimmt sind, zur Postbeförderung benutzt werden. G. Art. 2.

II. Zu Artikel 2.

1. Die Bezeichnung eines Zuges als Eil-, Schnell- oder Kurierzug reicht an sich nicht aus, um die Postpäckereien von der Beförderung mit demselben völlig auszuschließen.

Vgl. G. Art. 2 Anm. c.

2. Die Zahl der Postbeamten, welche zur Begleitung der Postsendungen sowie zur Verrichtung des Dienstes unterwegs bei jedem Zuge regelmäßig mitgehen sollen, wird von der Postverwaltung bestimmt und der Eisenbahnverwaltung mitgeteilt. Muß diese Zahl in einzelnen Fällen überschritten werden, so sind die außergewöhnlich mitreisenden Postbeamten seitens der Postverwaltung mit besonderen, auf die einzelnen Fahrten lautenden Legitimationskarten zu versehen.

Zu den außergewöhnlich mitreisenden Postbeamten sind auch solche Postbeamte zu zählen, welche behufs Erlernung des Bahnpostdienstes als Begleiter mitzufahren haben.

3. Außer dem unter Nr. 2 gedachten Postbegleitungspersonal dürfen nur der jedesmalige Vorsteher desjenigen Postamts, welchem der Betrieb auf der Route zugewiesen ist, ferner die Postaufsichtsbeamten und solche Personen zur Mitbeförderung in den Postwagen oder Wagenabteilungen zugelassen werden, welche aus postdienstlichen Gründen vom Postamtsvorsteher des Kurses oder von dessen vorgesetzter Behörde hierzu mit Erlaubnisscheinen versehen sind. Personen, welche außer dem Postbegleitungspersonal (Nr. 2) in den Postwagen oder Postwagenabteilungen mitreisen, müssen das Personengeld für die zweite Wagenklasse des betreffenden Zuges, und sofern dieser nur Wagen erster Klasse führt, das Fahrgeld erster Klasse entrichten. Die Eisenbahnverwaltung ist befugt, darüber zu wachen, daß eine mißbräuchliche Personenbeförderung in den Postwagen und Wagenabteilungen nicht stattfinde.

4. Die Fracht für die Beförderung zahlungspflichtiger Postsendungen wird, wie folgt, berechnet:

Für einen Zeitraum von vierzehn Tagen wird ermittelt, wie viele Poststücke (mit Ausnahme der Briefpostsendungen, Zeitungen und Gelder) im Einzelgewicht von mehr als 10 Kilogramm mit jedem Zuge von jeder Station bis zur nächstfolgenden befördert worden sind, und wieviel das Gewicht dieser zahlungspflichtigen Poststücke von Station zu Station betragen hat. Diese Ermittlung wird durch die Postverwaltung bewirkt, und zwar abwechselnd für die ersten und für die letzten vierzehn Tage des Monats Mai jeden Jahres. Der Eisenbahnverwaltung steht die Mitwirkung bei der Ermittlung frei.

Die ermittelte Gesamt-Gewichtssumme der zahlungspflichtigen Postsendungen, welche zwischen je zwei Stationen befördert worden sind, wird mit der Kilometerzahl der Stationsentfernung vervielfältigt, und die gefundenen Summen werden zur Gewinnung einer Gewichtszahl in Kilogrammen für das Kilometer der Bahnlänge zusammengerechnet.

Die so gewonnene Gewichtssumme wird auf Achskilometer zurückgeführt, indem je 1000 Kilogrammkilometer auf das Achskilometer gerechnet, überschießende Gewichtsbeträge bis zu 500 Kilogrammkilometern außer Ansatz gelassen, größere Beträge aber je als eine volle Achse angesetzt werden.

Die Frachtvergütung wird nach dem Satze von 0,20 ℳ für das Achskilometer berechnet. Durch Vervielfältigung der hiernach gefundenen Vergütungssumme mit der Zahl 26 ergibt sich die von der Post- an die Eisenbahnverwaltung in monatlichen Teilbeträgen zu zahlende Frachtvergütung für das laufende Rechnungsjahr.

Für die Stationslänge kommt die wirklich ausgemessene Entfernung (nicht die zu Tarifzwecken abgerundete Kilometerzahl) mit der Maßgabe zur Anwendung, daß Entfernungen unter 0,50 Kilometer nicht in Rechnung gesetzt, Entfernungen von 0,50 bis 0,99 Kilometer dagegen für ein volles Kilometer gerechnet werden.

Anderweite Festsetzungen der Frachtvergütungen können im Laufe eines Rechnungsjahres nur dann verlangt werden, wenn in der Benutzung der Bahn zu Zwecken des Postdienstes erhebliche Veränderungen eingetreten sind.

Bei Eröffnung neuer Strecken schon bestehender Bahnen kann die Ermittlung im beiderseitigen Einverständnisse in der Art bewirkt werden, daß nur für die neueröffnete Strecke die Zahl der Kilogrammkilometer berechnet, diese Zahl der Zahl der Kilogrammkilometer für die übrigen Bahnstrecken hinzugerechnet und solchergestalt die Zahl der zu vergütenden Achskilometer neu berechnet wird.

Bei neu angelegten Bahnen wird sich die Postverwaltung mit der Eisenbahnverwaltung über den Zeitpunkt der Ermittlung für das Rechnungsjahr, in welchem die Betriebseröffnung erfolgt, in jedem einzelnen Falle verständigen.

III. Zu Artikel 3.

1. Der Einstellung vereinigter Post- und Eisenbahnwagen muß eine Verständigung zwischen der Post- und Eisenbahnverwaltung über die Größe und die Einrichtung der für die Post zu bestimmenden

Räume, sowie über die Zahl und Gattung von Eisenbahnwagen, in welchen diese Räume herzustellen sind, vorhergehen.

2. Sofern die innere Ausstattung der für Postzwecke bestimmten Abteilung und deren demnächstige Wiederentfernung in einer Werkstatt der betreffenden Eisenbahnverwaltung erfolgt, können

a) die verwendeten Materialien mit dem Selbstkostenpreise und

b) die Arbeitslöhne mit dem wirklich aufgewendeten Betrage

in Rechnung gestellt werden. Außer Ansatz bleiben Brennmaterialien, Nägel, kleine Schrauben und sonstige geringfügige Artikel, sowie Ausgaben für die in den Werkstätten zu allgemeinen Verrichtungen verwendeten Bediensteten und Arbeiter. Für die hiernach nicht liquidierten Leistungen soll

c) ein Aufschlag von 100 Prozent der berechneten Arbeitslöhne (unter b)

zum Ansatz kommen.

3. Für die Benutzung der fraglichen Räume zahlt die Postverwaltung eine Miete, welche, solange das seit dem 1. Mai 1875 gültige Regulativ für die gegenseitige Wagenbenutzung im Bereiche der deutschen Eisenbahnen Anwendung behält, bei Verwendung von Güter- oder Gepäckwagen an Laufmiete 0,01 ℳ für den Kilometer und an Zeitmiete 1 ℳ für den Tag, bei Verwendung von Personenwagen aber

an Laufmiete 0,02 ℳ für den Kilometer und an Zeitmiete 2 ℳ für den Tag mit der Maßgabe beträgt, daß die hiernach für den ganzen Wagen zu berechnende Vergütung auf die Postabteilung nach dem Verhältnis der Länge derselben zur Wagenlänge berechnet wird. Die Zeitmiete wird für so viele Wagen, einschließlich der erforderlichen Reservewagen entrichtet, als nach der zwischen der Post- und Eisenbahnverwaltung gemäß Nr. 1 getroffenen Verabredung für den regelmäßigen Postverkehr auf den Strecken der Eisenbahnverwaltung wirklich eingerichtet sind.

In dieser Miete sind die Kosten für die Unterhaltung, für das jedesmalige Ein- und Ausrangieren der betreffenden Wagen in die Züge und aus den Zügen, für die äußere Reinigung und für das Schmieren mitbegriffen. Für die innere Reinigung, sowie für die etwaige Heizung und innere Erleuchtung hat die Postverwaltung für eigene Rechnung zu sorgen.

Soweit die Wagen auf den Bahnen verschiedener Eisenbahnverwaltungen durchbenutzt werden, tritt die Postverwaltung über die zu zahlende Miete nur mit Einer Eisenbahnverwaltung in Abrechnung.

Die nämlichen Sätze an Wagenmieten werden für Eisenbahnwagen-Abteilungen (Personenabteilungen 3. Klasse usw.) gewährt, welche, ohne für den Postdienst besonders eingerichtet zu sein, auf bestimmten Strecken und in bestimmten Zügen regelmäßig zur Beförderung von Postsendungen benutzt werden; in solchen Fällen sind außerdem die für

Heizung, Erleuchtung und innere Reinigung der von der Post benutzten Wagenabteilungen etwa entstehenden Kosten an die Bahnverwaltung zu erstatten.

IV. Zu Artikel 5.

1. Die außergewöhnlichen Transportmittel sind bei der Eisenbahnverwaltung schriftlich zu bestellen. Die Bestellung muß möglichst zeitig vor der bestimmten Abfahrtszeit der Züge geschehen.

2. Die für die Hergabe und Beförderung außerordentlicher Transportmittel von der Postverwaltung zu zahlenden Vergütungen betragen für den Achskilometer:

a) für Postwagen . . . . 0,08 ℳ
b) für Güterwagen oder Abteilungen von Personenwagen . . . . . . 0,10 „

In den vorstehenden Sätzen sind die Vergütungen für das Ein- und Ausrangieren der betreffenden Wagen in die Züge und aus denselben, ferner die Vergütungen für Reinigung und Schmieren der Wagen, sowie für die Zurückschaffung der der Eisenbahnverwaltung gehörigen außerordentlichen Transportmittel mitbegriffen.

Für die etwaige Heizung und innere Erleuchtung der gestellten Wagenräume sorgt die Postverwaltung für eigene Rechnung.

3. Die Postverwaltung darf verlangen, daß ihr die Benutzung der für sie auf einer Eisenbahn gestellten außerordentlichen Transportmittel, nament-

lich der Eisenbahngüter- und der Postwagen, auch über den Bereich dieser Bahn hinaus, und zwar insoweit gestattet werde, als im Eisenbahndienste selbst eine Durchbenutzung der Wagen auf anschließenden Bahnen stattfinden kann, und als außerdem eine Umladung der Postgüter an den Übergangspunkten nicht ohne Beeinträchtigung des regelmäßigen Ganges der Postgüter zu bewirken sein würde.

Die Zahlung der Hergabe- und Beförderungsvergütungen findet der Regel nach an jede Eisenbahnverwaltung, auf deren Bahn außerordentliche Transportmittel benutzt worden sind, zum vollen Betrage und ohne Rücksicht darauf statt, ob die benutzten Wagen erst auf der betreffenden Bahn eingestellt, oder schon von weiterher durchgenommen worden sind. Jede Eisenbahnverwaltung, deren Wagen über den Bereich ihrer Bahn hinaus benutzt werden, hat sich daher wegen der ihr für die Weiterbeförderung zustehenden Miete mit denjenigen Verwaltungen unmittelbar zu berechnen, auf deren Bahnen die Wagen weitergegangen sind.

4. Die Überweisung von Postsendungen an die Eisenbahnverwaltung soll sich vorzugsweise auf Poststücke von größerem Umfange und Gewicht beschränken. Die Überweisung geschieht mittels doppelt ausgefertigter Versendungsscheine, von denen die Eisenbahnverwaltung ein Exemplar mit der Quittung über den Empfang der einzeln ver-

zeichneten Stücke zurückgibt, während sie das andere Exemplar zurückbehält.

Für jede Ablieferungsstation müssen besondere Versendungsscheine vorhanden sein. Die Überweisung muß so frühzeitig erfolgen, daß die Verladung in die Eisenbahnwagen vor Abgang des Zuges mit Ordnung bewirkt werden kann. Ist zur Verladung genügende Zeit vorhanden, worüber der Eisenbahnstationsvorsteher in Differenzfällen entscheidet, so darf seitens der Eisenbahn die Mitbeförderung mit dem betreffenden Zuge nicht versagt werden. Bei der Ablieferungsstation ist es Sache der Post, die Gegenstände von der Eisenbahnverwaltung wieder abzufordern. Dabei wird von der Post in dem, in den Händen der Eisenbahnbeamten befindlichen Exemplare des Versendungsscheins Gegenquittung geleistet. Auf Grund des Versendungsscheins zahlt die Postverwaltung die tarifmäßige Eilfrachtgebühr nach dem von der Eisenbahnverwaltung ermittelten Gesamtgewichte, wobei die Sendungen nach jeder Ablieferungsstation besonders tarifiert werden.

V. Zu Artikel 6.

1. Den Bau der Postwagen vermittelt bei den Staatsbahnen die betreffende Eisenbahndirektion, bei Privatbahnen die zunächst die Aufsicht führende Behörde.

2. Die zum Gebrauche auf einer Eisenbahn be-

stimmten Postwagen werden der Eisenbahnverwaltung überwiesen. Letztere hat die Verpflichtung, für den fortgesetzt betriebsfähigen Zustand der überwiesenen Postwagen und überhaupt dafür, daß dieselben in guter Beschaffenheit bleiben, in gleichem Maße und in gleicher Weise zu sorgen, wie ihr diese Sorge hinsichtlich der eigenen Wagen obliegt. Auch die Beschaffung der erforderlichen Reservestücke zu den Eisenbahn-Postwagen wird von der betreffenden Eisenbahnverwaltung für Rechnung der Postverwaltung besorgt. Übersteigt jedoch der Kostenaufwand für neue Reservestücke im Einzelfalle den Betrag von 1500 Mark, so ist zuvor eine Verständigung mit der Postverwaltung erforderlich. Die Eisenbahnverwaltung sorgt ferner für das Einrangieren der Postwagen in die einzelnen Züge, sowie dafür, daß die Postverwaltung in jedem Zuge, bei welchem ein Postwagen mitgehen muß, solchen rechtzeitig vorfinde. Dagegen kann sie verlangen, daß ihr eine so große Anzahl von Postwagen überwiesen werde, als nach den für den Eisenbahnbetrieb bestehenden Grundsätzen zur Deckung des Bedarfs erforderlich ist.

3. Sind Postwagen zum durchlaufenden Gebrauch auf mehreren, unmittelbar aneinander schließenden Eisenbahnen zugleich bestimmt, so werden dieselben der Verwaltung einer dieser Bahnen überwiesen. Letztere übernimmt alsdann, was die Unterhaltung der Postwagen in Reparatur betrifft, die vorstehende Verpflichtung für die Ausdehnung des Kurses, und

hat sich über die Art und Weise, in der die Verwaltungen der übrigen Bahnen hierbei mitzuwirken haben, mit diesen zu verständigen. Für das Einrangieren der Postwagen in die Züge, sowie für die Unterstellung der Reservewagen, und für die Auf- und Unterstellung der im regelmäßigen Gebrauch befindlichen Wagen an den Endstationen hat jede Verwaltung an ihrem Teile zu sorgen.

4. Die Eisenbahnverwaltung läßt die notwendig werdenden Revisionen der ihr überwiesenen Eisenbahn-Postwagen und die an den Eisenbahn-Postwagen auszuführenden Reparaturen in ihren eigenen oder sonst dazu geeigneten Werkstätten besorgen und empfängt dafür von der Postverwaltung die Selbstkosten zurück, welche nach den Grundsätzen der Vollzugsbestimmungen zu Artikel 3 berechnet werden können.

Die betreffenden Liquidationen müssen mit Attesten über die Notwendigkeit und zweckmäßige Ausführung der Revisionen und Reparaturen und über die Angemessenheit der Preise versehen sein. Das bei Reparatur der Eisenbahn-Postwagen etwa entbehrlich gewordene alte Material wird von der Eisenbahnverwaltung entweder nach dem Gebrauchswerte vergütet, oder in der Weise in Rechnung gestellt, daß der Erlös aus dem Verkaufe von dem Betrage der Liquidation abgezogen wird. In beiden Fällen genügt zur Begründung des Betrages die einfache Bescheinigung der Eisenbahnverwaltung.

5. Die für die äußere Reinigung und das Schmieren der Postwagen nach Maßgabe der Selbstkosten zu bemessende Entschädigung wird in einer Gesamtvergütung entrichtet, welche für den laufenden Achskilometer 0,20 Pfennig beträgt.

Für die Reinigung im Innern der Wagen, sowie für deren innere Erleuchtung und Heizung sorgt die Postverwaltung auf ihre eigene Rechnung.

Für die Aufstellung der nicht im regelmäßigen Dienst befindlichen Postwagen auf den Bahnhöfen im Freien hat die Postverwaltung eine Vergütung von 0,11 ℳ für den Tag und den Wagen, für die etwaige Unterstellung von Postwagen in gedeckten Räumen eine Vergütung von 0,55 ℳ für den Tag und den Wagen zu entrichten.

Für jedes durch den Betrieb bedingte Ein- und Ausrangieren von Postwagen oder Umstellen von im Zuge verbleibenden Postwagen hat die Postverwaltung als den Selbstkosten entsprechend den Betrag von 1 ℳ zu entrichten.

Verschiebungen der Postwagen mit dem Zuge, sowie das Umsetzen von Postwagen, welche sich in auf der Fahrt begriffenen Zügen befinden, werden als zu vergütende Rangierbewegungen nicht betrachtet.

6. Die im regelmäßigen Gebrauche befindlichen Postwagen können während des Stillagers an den Endstationen im Freien stehen bleiben, sofern nicht Gelegenheit zur Unterstellung vorhanden ist, oder die

vorhandene Gelegenheit für Eisenbahnwagen nicht benutzt wird. Reserve-Postwagen müssen für die Zeit des Nichtgebrauchs, soweit tunlich, in Remisen trocken untergestellt werden.

7. Für die Beförderung von zu Postdienstzwecken nicht benutzten zurückgehenden Postwagen wird eine Frachtgebühr nicht gezahlt, wenn die Eisenbahnverwaltung dieselben, was ihr freisteht, für ihre Zwecke benutzt.

8. Die im Gesetz Artikel 6 Absatz 5 bestimmte Vergütung tritt auch in allen denjenigen Fällen ein, wo ausnahmsweise an Stelle der regelmäßig mitgehenden Postwagen Eisenbahnwagen hergegeben werden.

VI. Zu Artikel 7.

1. Bei Aufstellung der Bauprojekte zu den im Artikel 7 bezeichneten Neuanlagen oder Veränderungen ist der Postverwaltung rechtzeitig Gelegenheit zu geben, ihr Bedürfnis an Dienst- und Dienstwohnungsräumen anzumelden.

Die Genehmigung des Bauplans steht der Eisenbahn-Aufsichtsbehörde zu. In Ermangelung einer Verständigung zwischen Post- und Eisenbahnverwaltung darüber, ob die von der Post verlangten Diensträume oder besonderen baulichen Anlagen durch den Eisenbahnbetrieb bedingt sind, und ob die Eisenbahnverwaltung zur mietsweisen Beschaffung von Dienstwohnungsräumen anzuhalten ist, sowie endlich über die Lage und Einrichtung der Postdiensträume entscheidet der Bundesrat nach Maßgabe der Bestimmungen im Artikel 1 des Gesetzes.

Vgl. G. Art. 7 Anm. b.

2. Die von der Eisenbahnverwaltung beschafften Postdienst- bzw. Dienstwohnungsräume sind der Postverwaltung in einem zur beabsichtigten Verwendung geeigneten, gebrauchsfähigen Zustande zu übergeben.

3. Die bauliche Unterhaltung der der Post überwiesenen Räumlichkeiten geschieht von seiten und für Rechnung der Eisenbahnverwaltung. Zur baulichen Unterhaltung ist hierbei jedoch die Ausführung solcher Reparaturen usw. nicht zu rechnen, welche nach den in dem betreffenden Staate geltenden Bestimmungen über die Unterhaltung von Dienstwohnungen der Staatsbeamten, für Rechnung der Inhaber auszuführen sind. Zwar hat die Eisenbahnverwaltung auch bei Reparaturen dieser Art auf Verlangen der Postverwaltung die Vermittelung zu übernehmen; die Kosten sind aber der Postverwaltung in Rechnung zu stellen.

4. Für die Beschaffung und Unterhaltung der Postdienst- bzw. Dienstwohnungsräume zahlt die Postverwaltung an die Eisenbahnverwaltung eine jährliche Mietsvergütung von sieben Prozent des Baukapitals.

Als Baukapital gilt der Betrag der Herstellungskosten einschließlich des Preises für den Grund und Boden.

Bei Gebäuden, welche ausschließlich von der Postverwaltung benutzt werden, wird das Baukapital ungeteilt zur Berechnung gezogen.

Bei solchen Gebäuden dagegen, in denen die Postverwaltung nur einen Teil der vorhandenen Räumlichkeiten benutzt, wird derjenige Teil des Baukapitals des ganzen Gebäudes in Ansatz gebracht, welcher auf die von der Postverwaltung benutzten Räumlichkeiten nach dem Verhältnis des Raumes derselben zu dem Raume des ganzen Gebäudes entfällt und ist dabei der Bauwert der gemeinschaftlich benutzten Flure, Treppen und Bodenräume auf die Eisenbahn- und auf die Postverwaltung nach dem Verhältnis des von jeder Verwaltung benutzten Raumes zu verteilen. Unter dem Ausdrucke „Raum des ganzen Gebäudes" ist die Summe des quadratischen Inhalts der lichten Räume sämtlicher Etagen, unter Hinzurechnung des Bodenraumes zu verstehen. Von dieser Gesamtsumme ist vorweg die Summe der auf die gemeinschaftlich benutzten Flur-, Treppen- und Bodenräume fallenden Quadratmeter in Abzug zu bringen, so daß es also in bezug auf jene gemeinschaftlich benutzten Räume einer besonderen Repartition nicht bedarf.

5. Die Reinigung, Erleuchtung und Heizung der zu dienstlichen Zwecken benutzten Räume liegt derjenigen Verwaltung ob, welche die Räume benutzt. Die Reinigung, Erleuchtung und Heizung der gemeinschaftlich zu dienstlichen Zwecken benutzten

Räume besorgt die Eisenbahnverwaltung gegen Erstattung der Hälfte eines zu berechnenden Kostenpauschquantums.

Für die Reinigung und Erleuchtung der für Dienstzwecke gemeinschaftlich benutzten Flure und Treppen werden nur die im Interesse des Postdienstes etwa entstehenden besonderen Aufwendungen von der Postverwaltung erstattet.

Die Reinigung und Erleuchtung der Flure und Treppen der Dienstwohnungsräume der Postbeamten liegt der Eisenbahnverwaltung nicht ob.

6. Die für die Eisenbahnreisenden bestimmten Wartesäle können auch von den Postreisenden benutzt werden, und zwar unter denjenigen Bedingungen bezüglich des Aufenthalts in denselben, welche für die Benutzung der Wartesäle durch die Eisenbahnreisenden allgemein vorgeschrieben sind. Soweit den Eisenbahnen durch die Aufnahme der Postreisenden in den Wartesälen der Eisenbahn nachweisliche Mehrkosten entstehen, sind dieselben von der Postverwaltung zu erstatten.

Eisenbahn-Verkehrsordnung v. 26. Okt. 1899 § 15 (RGBl. S. 561).

7. Die Stellen, wo Postschilder und Briefkasten anzubringen sind, werden von der Postverwaltung nach vorheriger Verständigung mit der Eisenbahnverwaltung bestimmt.

8. Über die Baupläne für die besonderen Postgebäude auf den Bahnhöfen, sowie darüber, ob die

Ausführung des Baues für Rechnung der Postkasse von der Eisenbahnverwaltung zu übernehmen ist, werden sich die Postverwaltung und die Eisenbahnverwaltung in jedem Einzelfall verständigen.

9. Wenn die Eisenbahnverwaltung Veränderungen der Bahnhofsanlage vornehmen will, durch welche die zweckentsprechende Benutzung der Postlokalitäten untunlich gemacht wird, so ist die Postverwaltung berechtigt, die letzteren zurückzugeben und nach Maßgabe der Festsetzungen im Artikel 7 die Zuweisung anderer zweckentsprechender Räumlichkeiten in Anspruch zu nehmen. Meinungsverschiedenheiten darüber, ob ein solcher Fall vorliegt, werden auf dem im Artikel 1 des Gesetzes vorgeschriebenen Wege erledigt.

VII. Zu Artikel 8.

Ersatzansprüche, welche wegen einer bei dem Betriebe einer Eisenbahn erfolgten Tötung oder Verletzung eines im Dienst befindlichen Postbeamten erhoben werden, wird die betreffende Eisenbahnverwaltung alsbald zur Kenntnis der Postverwaltung bringen.

Werden solche Ersatzansprüche im Wege des Prozesses verfolgt, so wird die Eisenbahnverwaltung nach Zustellung der Klage eine Abschrift derselben der Postverwaltung mitteilen.

Die Mitteilung erfolgt in beiden Fällen an diejenige Kaiserliche Ober-Postdirektion, in deren Bezirk der Unfall sich ereignet hat.

VIII. Zu Artikel 10.

Allgemeine Bestimmungen.

1. Die Beamten der beiderseitigen Verwaltungen sind verpflichtet, bei Wahrnehmung ihres Dienstes dergestalt Hand in Hand zu gehen, daß das Interesse beider Verwaltungen nach Möglichkeit gefördert, Nachteil für die eine oder die andere Verwaltung aber vermieden wird. Soweit solches mit den Interessen der eigenen Verwaltung verträglich erscheint, müssen die Beamten in allen Vorkommnissen des Dienstes den Wünschen der Beamten der anderen Verwaltung sich willfährig beweisen.

2. Den Anordnungen, welche zur Aufrechthaltung der Ordnung auf den Bahnhöfen, der Regelmäßigkeit und Sicherheit im Gange der Eisenbahnzüge, sowie auf Grund bahnpolizeilicher Vorschriften von der Eisenbahnverwaltung oder von den mit der Ausübung der Bahnpolizei betrauten Eisenbahnbeamten getroffen werden, sind auch die Postbeamten nachzukommen verbunden.

Eisenbahn-Bau- und Betriebsordnung v. 4. Nov. 1904 §§ 74 ff.; insbesondere § 78 (RGBl. S. 431 ff.).

Bei Erlaß der bezüglichen Anordnungen ist eine Beschränkung und Erschwerung des Postverkehrs tunlichst zu vermeiden. Insbesondere ist zu jeder Zeit, wo solches im Postinteresse notwendig erscheint, der Zugang zu den auf den Bahnhöfen befindlichen Postbureaus offen zu erhalten; auch muß zur Zeit der Ankunft, der Abfahrt und des Durchganges der

6*

Züge den diensttuenden Postbeamten der Zutritt zu den Perrons gestattet werden, imgleichen auch dem die Briefkasten an den Postwagen benutzenden Publikum, insofern nicht die Eisenbahnverwaltung aus besonderen Gründen das Betreten des Perrons zu beschränken genötigt ist und diese Gründe von der Eisenbahn-Aufsichtsbehörde gebilligt werden. Den anschließenden Posten ist das Aufstellen an den Bahnhöfen an geeigneten Stellen, soweit solche vorhanden sind, zu gestatten.

Die Plätze, wo das Ein- und Ausladen der Postgüter in die und aus den Eisenbahn-Postwagen zu geschehen hat, sind mit Rücksicht auf die Stelle, die der Postwagen im Zuge einnimmt, möglichst ein- für allemal zu bestimmen. Die Plätze sind, wo dies tunlich erscheint, so zu wählen, daß sie dem Andrange des Publikums nicht ausgesetzt sind. Müssen dieselben im ausschließlichen Interesse des Postdienstes nachts erleuchtet werden, so trägt die Postverwaltung die Kosten.

3. Die Postbeamten sind verbunden, alle Vorsicht anzuwenden, um Unglücksfälle unterwegs zu vermeiden. Es bezieht sich dieses nicht allein auf das Umgehen mit Feuer und Licht, auf das Schließen und Öffnen der Wagentüren usw., sondern ganz besonders auch auf die Art des Verladens der Postgüter. Die einzelnen Achsen der Postwagen müssen möglichst gleichmäßig belastet, jede Überlastung aber muß sorgfältig vermieden werden. Nimmt der

Eisenbahn-Stationsvorsteher eine Überlastung des ganzen Wagens oder eines Teiles desselben wahr, so ist er berechtigt und verpflichtet, sofortige Beseitigung dieses Übelstandes zu verlangen.

Sobald die Postbeamten, von welchen Eisenbahn-Posttransporte begleitet werden, unterwegs eine Schadhaftigkeit an den Postwagen wahrnehmen, haben sie davon in geeigneter Art den Eisenbahnbeamten Nachricht zu geben.

4. Werden an Eisenbahnhaltestellen, wo besondere Postanstalten sich nicht befinden, von der Postverwaltung Briefkasten aufgestellt, so wird die Eisenbahnverwaltung, soweit dies ohne Beeinträchtigung der Sicherheit des Betriebes zulässig ist, nach Verständigung mit der Postverwaltung den Eisenbahnbeamten, welchem die Wahrnehmung des Dienstes an der Haltestelle obliegt, verpflichten, sich der Beaufsichtigung des Briefkastens zu unterziehen, denselben kurz vor Durchgang jedes Zuges zu eröffnen und die darin befindlichen Briefe den Postbeamten, welche die Züge begleiten, während des Anhaltens derselben zu übergeben.

Unter den gleichen Voraussetzungen wird die Eisenbahnverwaltung den Eisenbahnbeamten einer solchen Haltestelle auch beauftragen, die Auswechslung verschlossener Brieftaschen oder Briefpakete zwischen Postanstalten und solchen Personen, welche in der Nähe der Haltestelle wohnen, zu vermitteln.

5. Die Eisenbahn-Stationsvorsteher sind verpflichtet, den Vorstehern der Orts-Postanstalten von allen Störungen im Eisenbahnbetriebe, welche auf den Postdienst von Einfluß sein können, sowie von der erfolgten Beseitigung solcher Störungen, unverzüglich Mitteilung zu machen.

6. Bei Betriebsstörungen, welche die Weiterbeförderung des Postwagens nicht gestatten, sind die Briefpost und die Zeitungen, soweit der Fortschaffung derselben nicht unüberwindliche Hindernisse entgegenstehen, mit dem nächsten abgehenden Zuge weiter zu befördern. Bei gänzlicher Hemmung der Passage auf der Eisenbahn ist es Sache der Postverwaltung, für die Beförderung der Postsendungen durch Postbetriebsmittel zu sorgen.

7. Jede Eisenbahnverwaltung tritt in bezug auf ihre gesamten Forderungen an die Postverwaltung in der Regel mit nur einer Ober-Postdirektion, und zwar mit derjenigen in Abrechnung, in deren Bezirk der Ort belegen ist, an welchem die Eisenbahnverwaltung ihren Sitz hat. Die Abrechnungen sind vierteljährlich von der Eisenbahnverwaltung aufzustellen. Die Zahlung der Beträge erfolgt, sobald die Abrechnung von der Oberpostdirektion geprüft und festgestellt worden ist, kostenfrei aus der Ober-Postkasse.

8. Die Bestimmungen unter II. Ziffer 4 sind nach Ablauf von zwei Jahren und demnächst mit den Bestimmungen unter III. Ziffer 2 und 3, unter IV.

Ziffer 2 und unter V. Ziffer 5 nach Ablauf von fünf Jahren nach Maßgabe der inzwischen gemachten Erfahrungen einer Revision zu unterziehen.

Durch die stattgefundenen Revisionen ist vorstehende Bestimmung erledigt.

Berlin, den 9. Februar 1876.

Der Reichskanzler.
v. Bismarck.

V.

Gesetz

über das Posttaxwesen im Gebiete des Deutschen Reichs.

Vom 28. Oktober 1871.

RGBl. S. 358—362.
Ausgegeben zu Berlin den 1. Nov. 1871.
Gesetzeskraft im Reichspostgebiet mit d. 1. Jan. 1872 (§ 14).

---

a. Das Posttax.-G. ist teilweise abgeändert durch die Gesetze v. 17. Mai 1873 (Nr. VI), 3. Nov. 1874 (Nr. VII), 20. Dez. 1899 (Nr. VIII) und 11. März 1901 (Nr. IX).

b. Neben diesem G. sind die auf Grund des PostG. (Nr. II) § 50 erlassenen Tarifbestimmungen der PO. (Nr. XI) zu beachten.

Wir **Wilhelm**, von Gottes Gnaden Deutscher Kaiser, König von Preußen usw. verordnen im Namen des Deutschen Reichs, nach erfolgter Zustimmung des Bundesrates und des Reichstages, was folgt:

§ 1. Porto für Briefe.

§ 1 ist durch G. v. 20. Dez. 1899 (Nr. VIII) Art. 1 I aufgehoben.

§ 2. Paketporto.

Das Paketporto wird nach der Entfernung und nach dem Gewicht der Sendung erhoben.

Die Entfernungen werden nach geographischen Meilen, zu 15 auf einen Äquatorgrad, bestimmt. Das Postgebiet wird in quadratische Taxfelder von höchstens 2 Meilen Seitenlänge eingeteilt. Der direkte Abstand des Diagonalkreuzpunktes des einen Quadrats von dem des anderen Quadrats bildet die Entfernungsstufe, welche für die Taxierung der Sendungen von den Postanstalten des einen nach denen des anderen Quadrats maßgebend ist. Die bei den Entfernungsstufen sich ergebenden Bruchmeilen bleiben unberücksichtigt.

. . . .

Für die etwaige Begleitadresse kommt besonderes Porto nicht in Ansatz.

Wenn mehrere Pakete zu derselben Begleitadresse gehören, wird für jedes einzelne Paket die Taxe selbständig berechnet.

a. Die hier weggelassenen Absätze 3—5 dieses Paragraphen sind durch § 1 des G. v. 17. Mai 1873 (Nr. VI) aufgehoben.

b. Die geographische Meile ist als Entfernungsmaß für das Paketporto beibehalten, weil die Umrechnung der Taxquadrate in Metermeilen unverhältnismäßige Arbeit verursacht haben würde. StB. 556.

c. Mehr als drei Pakete dürfen nicht zu einer Begleitadresse gehören. PO. (Nr. XI) § 12.

§ 3. Porto und Versicherungsgebühr für Sendungen mit Wertangabe.

. . . .

Wenn mehrere Pakete mit Wertangabe zu einer Begleitadresse gehören, wird für jedes Paket die Versicherungsgebühr selbständig berechnet.

Die hier weggelassenen Absätze 1—3 sind durch G. v. 17. Mai 1873 (Nr. VI) § 2 aufgehoben.

§ 4. Abrundung und Umrechnung.

Die bei der Berechnung des Portos sich ergebenden Bruchteile eines Silbergroschens werden auf 1/4, 1/2, 3/4 oder ganze Silbergroschen abgerundet.

In den Gebieten mit anderer als derjenigen Währung, welche den vorstehenden Tarifsätzen zum Grunde liegt, sind die aus obigem Tarif sich ergebenden Portobeträge in die landesübliche Münzwährung möglichst genau umzurechnen. Stellen sich hierbei Bruchteile heraus, so erfolgt die Erhebung mit dem nächst höheren darstellbaren Betrage. Dem Portosatze von 1 Sgr. wird bei einfachen frankierten Briefen in den Gebieten mit Guldenwährung der Betrag von 3 Kreuzern gegenübergestellt.

§ 4 hat durch die am 1. Jan. 1875 im gesamten Reichspostgebiete erfolgte Einführung der Reichsmarkrechnung und die am 1. Jan. 1876 im gesamten Reichsgebiete erfolgte Einführung der Reichswährung verschiedene Abänderungen erfahren:

1. Der Schlußsatz des Abs. 2 ist förmlich aufgehoben durch G. v. 3. Nov. 1874 (Nr. VII).
2. Der erste Satz des Abs. 2 ist durch die Einführung der Reichswährung im gesamten Reichsgebiete, V. v. 22. Sept. 1875 (RGBl. 303), tatsächlich weggefallen.

3. Die v. 1. Jan. 1874 eingeführten Paket- und Wert-Portosätze (Nr. VI) schließen sämtlich mit Beträgen ab, welche in Pfennigen durch fünf teilbar sind. Die Abrundung der durch die Postordnung festgesetzten Gebühren ist an den betr. Stellen besonders geregelt.

§ 5. Kuvertieren an die Postanstalten.

Werden Briefe oder andere Gegenstände vom Absender an eine Postanstalt zum Verteilen kuvertiert, so kommt für jede im Kuvert enthaltene Sendung das tarifmäßige Porto in Ansatz.

§ 6. Termin der Zahlung.

Die Postanstalten dürfen Briefe, Scheine, Sachen usw. an die Adressaten erst dann aushändigen, wenn die Zahlung der Postgefälle erfolgt ist; es sei denn, daß eine terminweise Abrechnung darüber zwischen der Postanstalt und dem Adressaten verabredet wäre.

Für Stundung des Portos wird eine monatliche Gebühr von 5 Pf. für jede Mark, mindestens aber 50 Pf. erhoben. PO. (Nr. XI) § 50 VII.

§ 7. Nachforderung von Porto.

Nachforderung an zu wenig bezahltem Porto ist der Korrespondent nur dann zu berichtigen verbunden, wenn solche innerhalb eines Jahres nach der Aufgabe der Sendung angemeldet wird.

Vgl. PO. (Nr. XI) § 50 III, IV, VI, PostG. (Nr. II) § 25.

§ 8. Abschaffung von Nebengebühren.

Für die Abtragung der mit den Posten von welterher gekommenen Briefe ohne Wertangabe, Korrespondenzkarten, gegen ermäßigtes Porto beförderten Drucksachen, Warenproben oder Warenmuster, rekommandierten Sendungen, Begleitadressen zu Paketen, Postanweisungen und Formulare zu Ablieferungsscheinen wird eine Bestellgebühr nicht erhoben.

Gebühren für Postscheine über die Einlieferung von Sendungen zur Post und Gefachgebühren für abzuholende Briefe oder sonstige Gegenstände, desgleichen Packkammergeld, kommen nicht zur Erhebung.

a. Abs. 2 ist abgeändert durch G. v. 11. März 1901 (Nr. IX).

b. Die Gebühren für Bestellung von Postsendungen aus dem Orte der Postanstalt nach dem Landbestellbezirke, sowie die Gebühren für Bestellung anderer als der oben bezeichneten Sendungen sind durch PO. (Nr. XI) § 36 III—X u. § 37 festgesetzt. — Die Abschaffung des Landbestellgeldes bezieht sich nur auf die von weiterher gekommenen Postsendungen der im § 8 bezeichneten Art.

c. Wegen der Nebengebühr für Einsammlung von Postsendungen durch die Landbriefträger vgl. PO. (Nr. XI) § 29 VI.

§ 9. Verkauf von Postwertzeichen durch die Postanstalten.

Die Postanstalten haben, nach näherer Anordnung der Reichs-Postverwaltung, Freimarken zur Frankierung der Postsendungen bereitzuhalten und zu demselben Betrage abzulassen, welcher durch den Frankostempel bezeichnet ist. Die Postanstalten sollen ermächtigt sein, auch mit dem Absatz von Frankokuverts und von gestempelten Streifbändern, Postanweisungen und Korrespondenzkarten sich zu befassen,

für welche, außer dem durch den Frankostempel bezeichneten Wertbetrage, eine den Herstellungskosten entsprechende Entschädigung eingehoben werden kann.

a. Über den Verkauf von Postwertzeichen durch die Postanstalten vgl. PO. (Nr. XI) § 49.

b. Ein Absatz von gestempelten Briefumschlägen und gestempelten Streifbändern durch die Postanstalten findet nicht mehr statt. Dagegen werden gestempelte Kartenbriefe verkauft.

c. Der Antrag, Postwertzeichen auch durch Privatpersonen gegen Rabatt bis zu 2 Prozent verkaufen zu lassen, wurde vom Reichstag abgelehnt. StB. 697 ff.

§ 10. Provision für Zeitungen.

§ 10 ist aufgehoben durch PGN. (Nr. VIII) Art. 1 III.

§ 11. Tarife für den Verkehr mit anderen Postgebieten.

Die Tarife für den Verkehr mit anderen Postgebieten richten sich nach den betreffenden Postverträgen.

a. Durch den Weltpostvertrag (Nr. XII) ist das Porto für Briefe, Postkarten, Drucksachen, Geschäftspapiere und Warenproben einheitlich geregelt. Im Anschluß an den Weltpostvertrag sind durch besondere Übereinkommen auch für den internationalen Austausch von Briefen und Kästchen mit Wertangabe, Postanweisungen, Postpaketen, Postaufträgen und Zeitungen zwischen den beteiligten Staaten einheitliche Bestimmungen angebahnt worden (vgl. Vorbem. a zu Nr. XII, sowie Nr. XIII—XVII).

b. Sämtliche auf den Postverkehr mit dem In- und Auslande bezügliche Tarifsätze und sonstigen Bestimmungen sind in den amtlichen Ausgaben des Briefposttarifs und des Paketposttarifs (Berlin, Reichsdruckerei) zusammengestellt, die im Wege des Buchhandels von R. v. Deckers Verlag, G. Schenk, Berlin SW 19, Jerusalemerstr. 56 bezogen werden können; ebenso in abgekürzter Form in dem Postblatt, das vierteljährlich als Beilage zum Deutschen Reichsanzeiger erscheint und durch Vermittlung der Reichspostanstalten gegen Vorausbezahlung von 40 Pf. jährlich, sowie zum Preise von 10 Pf. für die einzelne Nummer bezogen werden kann.

§ 12. Aufhebung bisheriger Bestimmungen.

Alle bisherigen allgemeinen und besonderen Bestimmungen über Gegenstände, worüber das gegenwärtige Gesetz verfügt, werden hierdurch aufgehoben.

§ 13. Innerer Postverkehr in Bayern und Württemberg.

Die Bestimmungen dieses Gesetzes finden nicht Anwendung auf den inneren Postverkehr in Bayern und Württemberg.

Vgl. RV. (Nr. I) Art. 52.

§ 14. Anfangstermin.

Das gegenwärtige Gesetz tritt mit dem 1. Januar 1872 in Kraft.

Urkundlich unter Unserer Höchsteigenhändigen Unterschrift und beigedrucktem Kaiserlichen Insiegel.

Gegeben Berlin, den 28. Oktober 1871.

(L. S.) **Wilhelm.**

Fürst v. Bismarck.

VI.

Gesetz, betreffend einige Abänderungen des Gesetzes über das Posttaxwesen im Gebiete des Deutschen Reichs vom 28. Oktober 1871.

Vom 17. Mai 1873.

(Posttaxnovelle.)

RGBl. S. 107—108.

Ausgegeben zu Berlin den 23. Mai 1873.
Gesetzeskraft mit dem 1. Jan. 1874 (§ 4).

Wie das PosttaxG., so findet auch die Posttaxnovelle auf den innern Postverkehr in Bayern und in Württemberg gemäß RV. Art. 52 keine Anwendung. Dagegen gilt sie für den Wechselverkehr beider Königreiche untereinander und mit dem Reichspostgebiet.

Wir **Wilhelm**, von Gottes Gnaden Deutscher Kaiser, König von Preußen usw. verordnen im Namen des Deutschen Reichs, nach erfolgter Zustimmung des Bundesrates und des Reichstages, was folgt:

§ 1. Paketporto.

Das Porto für Pakete beträgt:

I. bis zum Gewichte von 5 Kilogrammen

a) auf Entfernungen bis 10 Meilen einschließlich . . . . $2^1/_2$ Sgr.

b) auf alle weiteren Entfernungen . . 5 Sgr.
Für unfrankierte Pakete wird ein Portozuschlag von 1 Sgr. erhoben.

II. beim Gewichte über 5 Kilogramme

a) für die ersten 5 Kilogramme die Sätze wie vorstehend unter I.,

b) für jedes weitere Kilogramm oder den überschießenden Teil eines Kilogramms

	bis 10 Meilen	. . .	1/2 Sgr.
über 10	„ 20 „	. . .	1 „
„ 20	„ 50 „	. . .	2 „
„ 50	„ 100 „	. . .	3 „
„ 100	„ 150 „	. . .	4 „
„ 150	Meilen	. . . . . .	5 „

Der Postverwaltung bleibt überlassen, für sperriges Gut einen Zuschlag zu nehmen; derselbe darf jedoch 50 Prozent der obigen Taxe nicht übersteigen.

a. Wegen Berechnung der Entfernungen vgl. PosttaxG. (Nr. V) § 2.

b. Der Portozuschlag zu I wird nur bei unfrankierten Paketen bis zum Gewicht von 5 Kilogrammen erhoben, nicht aber für unzureichend frankierte Pakete und für Pakete von höherem Gewichte.

c. Der Zuschlag für Sperrgut beträgt die Hälfte des Portos. Als Sperrgut gelten Pakete, welche a) in irgendeiner Ausdehnung 1 1/2 Meter überschreiten, b) in einer Ausdehnung 1 Meter, in einer anderen 1/2 Meter überschreiten und dabei weniger als 10 Kilogramm wiegen, c) bei der Verladung einen unverhältnismäßigen Raum in Anspruch nehmen oder eine besonders sorgsame Behandlung erfordern, wie z. B. Körbe mit Pflanzen und

Gesträuchen, Käfige, leer oder mit lebenden Tieren, leere Zigarrenkisten in großen Bunden, Hutschachteln oder Kartons in Holzgestellen, Möbel, Korbgeflechte (Blumentische, Kinderwagen usw.), Spinnräder, Fahrräder u. dgl. (ADA. Abschn. III Abt. 1 § 8).

d. Wegen des Paketverkehrs mit dem Auslande vgl. PosttaxG. (Nr. V) § 11 und die Anm.

§ 2. Porto und Versicherungsgebühr für Sendungen mit Wertangabe.

Für Sendungen mit Wertangabe wird erhoben:

a) Porto und zwar

1. für Briefe ohne Unterschied des Gewichts, auf Entfernungen bis 10 Meilen einschließlich . . . . 2 Sgr., auf alle weiteren Entfernungen . . 4 „

Für unfrankierte Sendungen wird ein Portozuschlag von 1 Sgr. erhoben.

2. für Pakete und die dazu gehörige Begleitadresse: der nach § 1 sich ergebende Betrag; und

b) Versicherungsgebühr ohne Unterschied der Entfernung und zu jeder Höhe der Wertangabe gleichmäßig 1/2 Sgr. für je 100 Taler oder einen Teil von 100 Talern, mindestens jedoch 1 Sgr.

Vgl. PosttaxG. (Nr. V) § 3. Wegen Wertsendungen nach dem Auslande ebend. § 11 und die Anm.

§ 3.

Das in den §§ 1 und 2 vorgesehene Zuschlagporto wird bei portopflichtigen Dienstsendungen (§ 1 des Gesetzes über das Posttaxwesen vom 28. Oktober 1871) nicht erhoben.

Vgl. PostGN. (Nr. VIII) Art. 1 I.

§ 4.

Das gegenwärtige Gesetz tritt mit dem 1. Januar 1874 in Kraft.

Urkundlich unter Unserer Höchsteigenhändigen Unterschrift und beigedrucktem Kaiserlichen Insiegel.

Gegeben Berlin, den 17. Mai 1873.

(L. S.) **Wilhelm.**

Fürst v. Bismarck.

VII.

Gesetz, betreffend Abänderung des Gesetzes über das Posttaxwesen.

Vom 3. November 1874.

RGBl. S. 127.

Ausgegeben zu Berlin den 9. Nov. 1874.
Gesetzeskraft mit dem 23. Nov. 1874.

Wir **Wilhelm**, von Gottes Gnaden Deutscher Kaiser, König von Preußen usw. verordnen im Namen des Deutschen Reichs, nach erfolgter Zustimmung des Bundesrats und des Reichstags, was folgt:

Einziger Artikel.

Der im § 1 des Gesetzes über das Post-Taxwesen im Gebiete des Deutschen Reichs vom 28. Oktober 1871 (RGBl. S. 358 ff.) festgesetzte Portosatz von 1 Silbergroschen, gleich 10 Pfennigen Reichsmünze, für den frankierten gewöhnlichen Brief bis zum Gewichte von 15 Grammen einschließlich tritt in den Gebieten der süddeutschen Währung an dem Tage in Wirksamkeit, an welchem in diesen Gebieten in Gemäßheit des § 1 des Münzgesetzes vom 9. Juli

1873 (RGBl. S. 233) die Reichsmarkrechnung eingeführt wird.

a. Zum Text vgl. RGBl. 1874 S. 134 Berichtigung.

b. Die Reichsmarkrechnung ist eingeführt: im gesamten Reichspostgebiete am 1. Jan. 1875, in Württemberg am 1. Juli 1875. Zufolge V. v. 22. Sept. 1875 (RGBl. 303) ist mit dem 1. Jan. 1876 die Reichswährung im gesamten Reichsgebiete eingeführt.

Urkundlich unter Unserer Höchsteigenhändigen Unterschrift und beigedrucktem Kaiserlichen Insiegel.

Gegeben Berlin, den 3. November 1874.

(L. S.) **Wilhelm.**

Fürst v. Bismarck.

VIII.

Gesetz, betreffend einige Änderungen von Bestimmungen über das Postwesen.

Vom 20. Dezember 1899.

(Postgesetznovelle.)

RGBl. S. 715—719.

Begr. zu dem Entwurf des G., Drucksachen des Deutschen Reichstags, 10. Legislaturperiode, I. Session 1898/1900 Nr. 116, Kommissionsbericht ebenda Nr. 314.

Wir **Wilhelm**, von Gottes Gnaden Deutscher Kaiser, König von Preußen usw. verordnen im Namen des Reichs, nach erfolgter Zustimmung des Bundesrats und des Reichstags, was folgt:

Artikel 1.

Das Gesetz über das Posttaxwesen im Gebiete des Deutschen Reichs vom 28. Oktober 1871 (RGBl. S. 358) wird dahin geändert:

I. An die Stelle des § 1 treten folgende Vorschriften:

Porto für Briefe.

Das Porto beträgt für den frankierten gewöhnlichen Brief

bis zum Gewichte von 20 Gramm einschließlich . . . . 10 Pfennig,

bei größerem Gewichte . . . . . 20 „

Bei unfrankierten Briefen tritt ein Zuschlagporto von 10 Pfennig, ohne Unterschied des Gewichts des Briefes, hinzu. Dasselbe Zuschlagporto wird bei unzureichend frankierten Briefen neben dem Ergänzungsporto erhoben.

Portopflichtige Dienstbriefe werden mit Zuschlagporto nicht belegt, wenn ihre Eigenschaft als Dienstsache durch eine von der Reichs-Postverwaltung festzustellende Bezeichnung auf dem Umschlage vor der Postaufgabe erkennbar gemacht worden ist.

a. Art. 1 I in Kraft getreten am 1. April 1900.

b. Im Verkehr zwischen Deutschland und Luxemburg gelten seit 1. Okt. 1902 für Briefsendungen aller Art die Portosätze und Gewichtsstufen des inneren deutschen Verkehrs.

c. Die Gebühr für Ortssendungen und für Briefe im Nachbarortsverkehr, Art. 1 II, ist gemäß PostG. § 50 Nr. 7 durch PO. § 37 festgesetzt.

d. Im Weltpostverkehr beträgt das Meistgewicht für einfache Briefe ebenfalls 20 Gramm. WPV. (Nr. XII) Art. 5. Während jedoch im inneren Verkehr und im Wechselverkehr zwischen Deutschland und Österreich-Ungarn das Porto für Briefe über 20 Gramm bis zum Meistgewicht von 250 Gramm (PO. § 2) gleichmäßig 20 Pf. beträgt, wird im Weltpostverkehr ein Porto von 10 Pf. für je weitere 20 Gramm oder einen Teil von 20 Gramm erhoben.

e. Mit dem Zuschlagporto werden nicht belegt Briefe und Postkarten im inneren Verkehr Deutschlands, mit Ausschluß des inneren Verkehrs in Bayern und Württemberg, welche von öffentlichen Behörden, Beamten und Geistlichen in Ausübung dienstlicher Funktionen abgesandt und vor der Postaufgabe

a) auf der Adresse mit dem Vermerk „portopflichtige Dienstsache" versehen,

b) mit öffentlichem Siegel oder Stempel verschlossen werden.

Besitzt der Absender kein Dienstsiegel, so ist „die Ermangelung eines Dienstsiegels" auf der Adresse mit Unterschrift des Namens und Beisetzung des Amtscharakters zu bescheinigen. Diese Vermerke sind oben links in der Ecke auf der Adreßseite anzubringen. Milde Stiftungen, Privatvereine und Gesellschaften sind zur Anwendung der Bezeichnung „Portopflichtige Dienstsache" nicht berechtigt. Verf. des GPAmts v. 28. Nov. 1871, ABl. 537. (ADA. Abschn. III Abt. 1 Anl. 6.)

f. Für die portopflichtige Korrespondenz zwischen Behörden verschiedener Bundesstaaten gelten im Reichspostgebiet zufolge Bekanntmachung des Reichskanzlers vom 29. Aug. 1870 (BGBl. S. 514) und 17. April 1872 (RGBl. S. 108) folgende Grundsätze: 1. Portopflichtige Sendungen sind stets von der absendenden Behörde zu frankieren. 2. Bei Korrespondenz zwischen Behörden in Parteisachen entrichtet die absendende Stelle das Porto auch in solchen Fällen, in welchen die Pflicht zur Portozahlung einer im Gebiet der empfangenden Stelle befindlichen Partei obliegt. 3. Die empfangende Stelle ist zwar befugt, den Portobetrag von der Partei einzuziehen, jedoch soll von einer Erstattung desselben an die abzusendende Behörde des andern Staates Abstand genommen werden.

II. Als § 1a wird folgende Vorschrift eingestellt:

Nachbarortsverkehr.

Der Reichskanzler ist ermächtigt, den Geltungsbereich der Ortstaxe (§ 50,7 des Gesetzes über das Postwesen des Deutschen Reichs vom 28. Oktober 1871) auf Nachbarorte auszudehnen.

a. Art. 1 II in Kraft getreten am 1. April 1900.
b. Vgl. PO. (Nr. XI) § 37 II.

III. An die Stelle des § 10 treten folgende Vorschriften:

Die Zeitungsgebühr beträgt:

a) 2 Pfennig für jeden Monat der Bezugszeit,

b) 15 Pfennig jährlich für das wöchentlich einmalige oder seltenere Erscheinen sowie 15 Pfennig jährlich mehr für jede weitere Ausgabe in der Woche,

c) 10 Pfennig jährlich für jedes Kilogramm des Jahresgewichts unter Gewährung eines Freigewichts von je 1 Kilogramm jährlich für soviel Ausgaben, wie der Gebühr zu b unterliegen.

Das Jahresgewicht wird für jedes Kalenderjahr nach dem tatsächlichen Gewichte der Zeitungsnummern des voraufgegangenen Rechnungsjahrs festgestellt. Bei neuen Zeitungen erfolgt bis zur Anwendbarkeit dieser Bestimmung die Gewichtsberechnung vierteljährlich nach dem Gewichte der erschienenen Nummern.

Der Verleger hat zum Zwecke der Gewichtsberechnung der ihm bezeichneten Postdienststelle ein vollständiges Pflichtexemplar von jeder Zeitungsnummer beim Erscheinen zu liefern.

Die Selbstverpackung ist auf Antrag des Verlegers zu gestatten.

a. Art. I III Abs. 1, 2, 4 in Kraft getreten am 1. Jan. 1901, Abs. 3 am 1. Jan. 1900.

b. PostG. (Nr. II) § 3.

c. Wegen Beförderung außergewöhnlicher Zeitungsbeilagen vgl. PO. (Nr. XI) § 8 XIVff.

d. Zeitungsbestellgeld: PO. (Nr. XI) § 36 X. Überweisungsgebühr: ebenda § 44 V.

Artikel 2.

Das Gesetz über das Postwesen des Deutschen Reichs vom 28. Oktober 1871 (RGBl. S. 347) wird dahin geändert:

I. Als § 1a wird folgende Vorschrift eingestellt:

Die §§ 1, 27, 28, 30 bis 33 dieses Gesetzes finden auch Anwendung auf verschlossene und solchen gleichzuachtende Briefe, die innerhalb der Gemeindegrenzen ihres mit einer Postanstalt versehenen Ursprungsorts verbleiben.

II. Als § 2a werden folgende Vorschriften eingestellt:

Die Beförderung von verschlossenen Briefen im Ursprungsorte (§ 1 a) gegen Bezahlung durch Boten, welche weder die Einsammlung von Briefen, Karten, Drucksachen, Zeitungen und Zeitschriften oder Warenproben gewerbsmäßig betreiben, noch im Dienste einer Privatbeförderungsanstalt stehen, ist ohne die im § 2 vorgeschriebenen Einschränkungen gestattet.

Privatbeförderungsanstalten dürfen in eigener Angelegenheit verschlossene Briefe auch durch ihre Bediensteten befördern lassen.

Art. 2 in Kraft getreten am 1. April 1900.

Artikel 3.

Anstalten zur gewerbsmäßigen Einsammlung, Beförderung oder Verteilung von unverschlossenen Briefen, Karten, Drucksachen und Warenproben, die mit der Aufschrift bestimmter Empfänger versehen sind, dürfen vom 1. April 1900 ab nicht betrieben werden.

Zuwiderhandlungen werden mit Geldstrafe bis zu eintausendfünfhundert Mark oder mit Haft oder mit Gefängnis bis zu sechs Monaten bestraft.

Abgesehen von den bezeichneten Anstalten ist die gewerbsmäßige oder nicht gewerbsmäßige Beförderung von unverschlossenen politischen Zeitungen innerhalb der Gemeindegrenzen eines Ortes, insbesondere auch wenn sie durch die Post oder durch Expreßboten dorthin befördert wurden, jedermann gestattet, auch an Sonn- und Feiertagen während der Stunden, in denen die Kaiserliche Post bestellt.

Vgl. „Gerichtliche Entscheidungen" (Nr. XXIX) B. 43—48.

Artikel 4.

Den vor dem 1. April 1898 eingerichteten und seitdem bis zur Verkündigung dieses Gesetzes ohne Unterbrechung betriebenen Privat-Briefbeförderungsanstalten und ihren Bediensteten, die infolge dieses Gesetzes Schaden erleiden, sind Entschädigungen nach den folgenden Bestimmungen zu gewähren:

A. Der den Anstalten zu ersetzende Schaden umfaßt auch den entgangenen Gewinn. Die Feststellung des entgangenen Gewinns richtet sich nach § 252 des Bürgerlichen Gesetzbuchs. Jedoch soll die Entschädigung für den entgangenen Gewinn in keinem Falle mehr als das Zehnfache des jährlichen Reingewinns betragen, den die Anstalt im Durchschnitte der vor dem 1. April 1898 liegenden drei letzten Geschäftsjahre erzielt hat. Das erste Geschäftsjahr nach Errichtung oder Erwerbung der Anstalt wird hierbei nicht in Betracht gezogen. Hat die Anstalt bis zum 1. April 1898 noch nicht vier Jahre bestanden, so wird der durchschnittliche Jahresbetrag des Reingewinns in der Weise gebildet, daß der im Durchschnitte für den Monat nach Ablauf des ersten Geschäftsjahrs erzielte Reingewinn mit zwölf vervielfältigt wird. Als Reingewinn gilt die Roheinnahme aus der Beförderung der ihrem Betrieb auf Grund dieses Gesetzes entzogenen Gegenstände nach Abzug des dem Verhältnisse dieser Einnahme zur Roheinnahme aus dem gesamten Beförderungsgeschäft entsprechenden Teiles der Geschäftskosten. Zu den Geschäftskosten werden auch gerechnet die Abnutzung der der Anstalt gehörenden Gebäude und Betriebsmittel, soweit sie dem Beförderungsgeschäfte dienen, und vierprozentige Zinsen des Anlage- und Betriebskapitals.

B. Die Bediensteten, die infolge des Eingehens oder der Beschränkung des Betriebs der Anstalten aus der Beschäftigung austreten oder entlassen werden, und mindestens drei Monate lang, vom

Tage der Verkündigung dieses Gesetzes rückwärts gerechnet, im Dienste der Anstalten gestanden sowie ihren Erwerb ausschließlich oder überwiegend aus dieser Beschäftigung gezogen und vor dem Tage der Verkündigung dieses Gesetzes das achtzehnte Lebensjahr vollendet haben, erhalten, wenn die Beschäftigung gedauert hat:

	3 Monate	bis einschl.	6 Monate	$^{1}/_{12}$,
mehr als	6 „	„ „	1 Jahr	$^{2}/_{12}$,
„ „	1 Jahr	„ „	$1^{1}/_{2}$ „	$^{3}/_{12}$,
„ „	$1^{1}/_{2}$ „	„ „	2 Jahre	$^{4}/_{12}$,
„ „	2 Jahre	„ „	3 „	$^{6}/_{12}$,
„ „	3 „	„ „	4 „	$^{9}/_{12}$,
„ „	4 „	„ „	5 „	$^{11}/_{12}$,
„ „	5 „	„ „	6 „	$^{14}/_{12}$,
„ „	6 „	„ „	7 „	$^{17}/_{12}$,
„ „	7 „	„ „	8 „	$^{20}/_{12}$,
„ „	8 „	„ „	9 „	$^{23}/_{12}$,
„ „	9 „	„ „	10 „	$^{26}/_{12}$,
„ „	10 „	„ „	11 „	$^{29}/_{12}$,
„ „	11 „	„ „	12 „	$^{32}/_{12}$

usw. für jedes weitere Beschäftigungsjahr mehr $^{3}/_{12}$ des innerhalb der letzten zwölf Monate bezogenen Gehalts oder Arbeitsverdienstes als einmalige Entschädigung.

Gehälter oder Arbeitsverdienste, welche mehr als 5000 Mark pro Jahr betragen haben, dürfen nur mit 5000 Mark bei der Feststellung der Entschädigung angerechnet werden.

Besteht das Gehalt oder der Arbeitsverdienst ganz oder zum Teil aus Anteilen an der Geschäftseinnahme oder am Geschäftsgewinne, so werden diese Anteile mit dem Durchschnitte der vor der Verkündigung dieses Gesetzes liegenden zwei Beschäftigungsjahre angesetzt.

Hat die Beschäftigung weniger als zwölf Monate gedauert, so wird der Berechnung der Entschädigung der Betrag zugrunde gelegt, der nach dem durchschnittlich für den Tag bezogenen Gehalt oder Arbeitsverdienste sich im Laufe eines Jahres ergeben hätte.

Von der Entschädigung sind die Bediensteten ausgeschlossen, die von der Postverwaltung in eine ihrem bisherigen Beschäftigungsverhältnis entsprechende Dienststelle von mindestens ihren bisherigen Bezügen gleichkommenden Dienstbezügen übernommen werden.

Bei der Übernahme in den Reichs-Postdienst ist den Bediensteten die im Dienste der Privatpostanstalten verbrachte Dienstzeit so anzurechnen, als wenn sie im Dienste der Reichs-Postverwaltung tätig gewesen wären.

Ist mit dem Antritt einer derartigen Stelle ein Wechsel des Wohnorts verbunden, so werden die Umzugskosten ersetzt.

Anspruch auf obige Entschädigung haben auch diejenigen Angestellten, die nach der Einstellung in den Postdienst innerhalb drei Monate, ohne sich eines Vergehens oder Verbrechens schuldig gemacht zu haben, als ungeeignet entlassen werden müssen.

Artikel 5.

Der Anspruch auf Entschädigung ist innerhalb einer Ausschlußfrist von sechs Monaten bei einer Postbehörde schriftlich anzumelden. Die Frist beginnt mit dem 1. April 1900, für die im letzten Satze des Artikels 4 erwähnten Angestellten mit dem Tage der Entlassung aus dem Postdienste. Die Feststellung der Entschädigung erfolgt für das Reichs-Postgebiet durch das Reichs-Postamt, für Bayern und Württemberg durch die obere Postverwaltungsbehörde dieser Staaten.

Die Postverwaltungen und deren Beauftragte sind befugt, unter Hinzuziehung eines vereideten Protokollführers, Zeugen und Sachverständige eidlich zu vernehmen oder die Gerichte um deren Vernehmung zu ersuchen.

Gegen den Bescheid der Postbehörde, durch den der Entschädigungsanspruch abgelehnt oder die Entschädigung festgestellt wird, findet die Berufung auf schiedsrichterliche Entscheidung statt.

Die Berufung ist bei Vermeidung des Ausschlusses binnen vier Wochen nach der Zustellung des Bescheids bei dem Schiedsgerichte zu erheben.

Der Bescheid der Postbehörde muß die Bezeichnung des für die Berufung zuständigen Schiedsgerichts und die Belehrung über die einzuhaltende Frist enthalten.

Das Schiedsgericht wird aus drei Mitgliedern des Reichsgerichts gebildet. Die Ernennung derselben und der Stellvertreter erfolgt für die Dauer ihres Hauptamts durch den Reichskanzler.

Auf die Beweisaufnahme im schiedsrichterlichen Verfahren finden die für das Verfahren vor den ordentlichen Gerichten geltenden Vorschriften entsprechende Anwendung.

Die Entschädigungssummen sind für das Reichs-Postgebiet aus den Mitteln der Reichs-Post- und Telegraphenverwaltung, für Bayern und Württemberg aus den Landesmitteln zu bestreiten.

Zu Art. 4 und 5. Die Entschädigung der Privatbeförderungsanstalten und ihrer Bediensteten ist überall erfolgt.

Artikel 6.

Die Bestimmungen des Artikels 1 III Abs. 1, 2 und 4 treten am 1. Januar 1901, Abs. 3 am 1. Januar 1900, die übrigen Bestimmungen dieses Gesetzes am 1. April 1900 in Kraft.

Für das Kalenderjahr 1901 wird der Gewichtsberechnung (Artikel 1 III) das Gewicht der vom 1. Januar bis 30. September 1900 erschienenen Zeitungsnummern unter Erhöhung um ein Drittel zugrunde gelegt.

Urkundlich unter Unserer Höchsteigenhändigen Unterschrift und beigedrucktem Kaiserlichen Insiegel.

Gegeben Neues Palais, den 20. Dezember 1899.

(L. S.) **Wilhelm.**

Fürst zu Hohenlohe.

IX.

Gesetz, betreffend Änderung des Gesetzes über das Posttaxwesen im Gebiete des Deutschen Reichs, vom 28. Oktober 1871.

Vom 11. März 1901.

RGBl. S. 15.

Ausgegeben zu Berlin den 14. März 1901.
Gesetzeskraft mit dem 28. März 1901.

Wir **Wilhelm**, von Gottes Gnaden Deutscher Kaiser, König von Preußen usw. verordnen im Namen des Deutschen Reichs, nach erfolgter Zustimmung des Bundesrats und des Reichstags, was folgt:

Im § 8 des Gesetzes über das Posttaxwesen im Gebiete des Deutschen Reichs vom 28. Oktober 1871 (RGBl. S. 358) tritt an die Stelle des zweiten Absatzes folgende Bestimmung:

Gebühren für Postscheine über die Einlieferung von Sendungen zur Post und Packkammergeld sind nicht zu erheben, ebensowenig Fachgebühren für abzuholende Briefe und sonstige Gegenstände, sofern nicht die Postverwaltung dem Empfänger auf seinen

Antrag ein ihm unmittelbar zugängliches, verschließbares Abholungsfach überläßt. Die Bedingungen für die Überlassung solcher Fächer werden durch die Postordnung festgesetzt.

Vgl. PO. (Nr. XI) § 42 II und III.

Urkundlich unter Unserer Höchsteigenhändigen Unterschrift und beigedrucktem Kaiserlichen Insiegel.

Gegeben Berlin im Schloß, den 11. März 1901.

(L. S.) **Wilhelm.**

Graf von Bülow.

X.

Gesetz, betreffend die Portofreiheiten im Gebiete des Norddeutschen Bundes.

Vom 5. Juni 1869.

BGBl. S. 141—143.

Ausgegeben zu Berlin den 8. Juni 1869.
Gesetzeskraft im Nordd. Bunde mit dem 1. Jan. 1870 (§ 14).

---

a. In Baden ist das G. mit dem 1. Jan. 1872 in Kraft getreten, nach Art. 80 II Nr. 4 der zwischen dem Nordd. Bunde, Baden und Hessen vereinbarten Verfassung (BGBl. 1870 S. 647) u. EinfG. zur RV. v. 16. April 1871 § 2 (BGBl. 63).

b. In Elsaß-Lothringen ist das PortofreiheitsG. durch G. v. 1. März 1872 (GBl. f. Els.-Lothr. 150 ff.) v. 1. April 1872 ab eingeführt.

c. Die Ausdehnung auf Bayern und Württemberg ist durch G. v. 29. Mai 1872 (RGBl. 167) dahin erfolgt, daß das G. v. 1. Juli 1872 ab für den Verkehr beider Länder untereinander und mit den übrigen Teilen des Reichs wirksam geworden ist. Auf den innern Verkehr in Bayern und Württemberg erstreckt sich das G. nicht. RV. (Nr. I) Art. 52.

d. Innerhalb seines Geltungsgebietes ist das G. nach EinfG. zur RV. v. 16. April 1871 § 2 (BGBl. 63) als Reichsgesetz anzusehen. Wo in demielben von dem Nordd. Bunde, dessen Gebiet, Mitgliedern oder Staaten, verfassungsmäßigen Organen, Beamten usw. die Rede ist, sind das Deutsche Reich und dessen entsprechende Beziehungen zu verstehen.

e. Da das Portofreiheitswesen in Preußen fast ausschließlich Sache der Verwaltung gewesen war, so wurde durch die gesetzliche Regelung dieses Gegenstandes die in Art. 48 der Nordd. BV. ausgesprochene Beschränkung des dem Bunde zustehenden Gesetzgebungsrechtes überschritten. Der Erlaß eines Gesetzes wurde jedoch notwendig, weil ein Teil der aufzuhebenden Portofreiheiten auf Privatrechtstiteln beruhte. StB. 880.

f. Zur Ausführung des G. hat das frühere Generalpostamt das Regulativ über die Portofreiheiten v. 15. Dez. 1869 erlassen. Als Anhang dazu sind Bestimmungen publiziert über Portofreiheiten, die auf besonderen, mit einzelnen Regierungen oder Postverwaltungen abgeschlossenen Verträgen oder Übereinkommen (§ 12 des G.) beruhen. ABl. 1869 Nr. 79, ADA. III. Abt. 1 Anl. 8 nebst Beilage A.

Wir **Wilhelm**, von Gottes Gnaden König von Preußen usw. verordnen im Namen des Norddeutschen Bundes nach erfolgter Zustimmung des Bundesrates und des Reichstages, was folgt:

§ 1. Den regierenden Fürsten des Norddeutschen Bundes, deren Gemahlinnen und Witwen verbleibt die Befreiung von Portogebühren in dem bisherigen Umfange.

a. Die in § 1 aufrecht erhaltene Portofreiheit bezieht sich auf persönliche und Vermögensangelegenheiten der genannten fürstlichen Personen; sie kommt daher auch den Sendungen von und an Behörden und Dienststellen zu, welchen die Verwaltung dieser Angelegenheiten obliegt. Regulativ Art. 1.

b. Vgl. § 12 und Anm. b das.

§ 2. In reinen Bundesdienst-Angelegenheiten werden Postsendungen jeder Art innerhalb des Norddeutschen Postgebietes portofrei befördert, wenn die Sendungen von einer Bundesbehörde abgeschickt oder an eine Bundesbehörde gerichtet sind und die äußere Beschaffenheit, sowie das Gewicht der Sendungen den von der Bundes-Postverwaltung in dieser Beziehung zu erlassenden besonderen Bestimmungen entspricht.

Alle in Bundesratssachen, sowie in Militär- und Marineangelegenheiten, als reinen Bundesdienst-Angelegenheiten, im Norddeutschen Postgebiete bisher allgemein bestandenen Portofreiheiten werden aufrecht erhalten.

a. Als reine Bundes (Reichs-) dienstangelegenheiten sind nicht zu betrachten 1. Sendungen, welche sich auf den gewerblichen Geschäftsbetrieb einer Behörde oder Anstalt beziehen. 2. Sendungen, welche ein Privatinteresse betreffen, sofern sie nicht lediglich durch den Instanzenzug der zuständigen Dienststellen veranlaßt werden. Regul. Art. 3 u. 4.

b. Hinsichtlich der äußeren Beschaffenheit ist erforderlich, daß die Sendungen: a. mit amtlichen Siegel oder Stempel verschlossen, b. in der Aufschrift mit dem Portofreiheitsvermerk versehen sind. Statt des Erfordernisses zu a. ist „die Ermangelung eines Dienstsiegels“ vom Absender unter dem Portofreiheitsvermerk mit Unterschrift des Namens und Amtscharakters zu bescheinigen. Regul. Art. 2.

c. Wegen des Gewichts der Sendungen vgl. Regul. Art. 2.

d. Die Sendungen in Bundesratssachen und in Militär- und Marineangelegenheiten sind ebenfalls nur insoweit portofrei, als sie reine Reichsdienstangelegenheiten betreffen; es ist aber nicht erforderlich, daß diese Sendungen, wie die in Abs. 1 gedachten von einer Reichsbehörde abgeschickt oder an eine Reichsbehörde gerichtet sind. Regul. Art. 5 u. 7. Insbesondere sind in Militär- und Marinesachen unter der bezeichneten Voraussetzung auch Sendungen von oder an Staatsbehörden, sowie von oder an Kommunalbehörden portofrei. — Nähere Bestimmungen über portofreie Sendungen in Militär- und Marinesachen trifft Regul. Art. 8.

e. Vgl. § 3 u. Anm. b das.

§ 3. Auf Fahrpostsendungen zwischen den Hohenzollernschen Landen und den übrigen Teilen des Norddeutschen Postgebietes finden die vorstehenden Bestimmungen (§ 2) keine Anwendung; die Portofreiheit dieser Sendungen richtet sich nach den betreffenden Postverträgen.

Auf Stadtpostsendungen erstreckt sich die Portofreiheit nicht.

a. Nachdem Baden zum Reichs-Postgebiet hinzugetreten ist, sind die Einschränkungen der Portofreiheit von Fahrpostsendungen zwischen Hohenzollern und dem übrigen Reichspostgebiete v. 1. Jan. 1872 ab weggefallen. Verf. d. GPAmts v. 27. Dez. 1871, ABl. S. 605.

b. Welche Gebühren auch für die nach §§ 2—5 portofreien Sendungen zu entrichten sind, bestimmt Regulativ Art. 13. Vgl. auch PO. (Nr. XI) § 36 IX u. § 37 VI.

§ 4. Sendungen, welche von dem Reichstage des Norddeutschen Bundes ausgehen, oder an den

Reichstag gerichtet sind, werden den Sendungen von und an Bundesbehörden gleich behandelt.

a. Die vom Reichstage abgehenden Sendungen müssen als „Reichstagsangelegenheit" bezeichnet und mit dem Siegel des Reichstags verschlossen sein. Regul. Art. 6.

b. Der Antrag, die den Reichstagsmitgliedern während der Dauer der Sitzungen bisher zugestandene Portofreiheit aufrecht zu erhalten, wurde vom Reichstag abgelehnt. StenB. 890.

§ 5. Die Portovergünstigungen, welche den Personen des Militärstandes und denen der Bundes-Kriegsmarine bewilligt sind, werden einstweilen aufrecht erhalten. Dem Bundespräsidium bleibt es vorbehalten, diese Porto-Vergünstigungen aufzuheben oder einzuschränken.

a. Hiernach bleiben einstweilen bestehen:

I. In Friedenszeiten.

a) Folgende Portovergünstigungen für Soldaten bis zum Feldwebel einschl. und das entspr. Personal der Kaiserl. Marine:

1. gewöhnliche Briefe (auch Postkarten) an Soldaten usw. sind portofrei, insofern sie als „Soldatenbrief. Eigene Angelegenheit des Empfängers" bezeichnet sind und das Gewicht von 60 Gramm nicht übersteigen;

Vgl. „Gerichtliche Entscheidungen" (Nr. XXIX) B. 10 u. 36.

2. für Postanweisungen an Soldaten über Beträge bis 15 Mark einschl. beträgt das Porto 10 Pf.;
3. für Pakete ohne Wertangabe an Soldaten usw. bis zum Gewicht von drei Kilogramm einschl. beträgt das Porto ohne Unterschied der Entfernung 20 Pf.

Die näheren Vorschriften hierüber enthält § 43 der ADA. III Abt. 1.

b) Wegen der besonderen Taxen für die durch Vermittelung des Marinepostbureaus in Berlin und der Postämter in Kiel und Wilhelshaven zu befördernden Privatpostsendungen an Personen der Kaiserlichen Marine außerhalb des Deutschen Reichs, sowie im Verkehr mit den deutschen Truppen in Ostasien s. Briefposttarif (Berlin, Reichsdruckerei).

II. In Kriegszeiten.

Die Portofreiheiten und Portovergünstigungen in Militärdienstsachen, sowie in Privatangelegenheiten der Militärpersonen und Militärbeamten, nach Maßgabe der vor Erlaß des G. üblich gewesenen Bewilligungen.

b. Die Aufhebung oder Einschränkung dieser Portovergünstigungen kann im Verwaltungswege geschehen. Eine Ausdehnung derselben über das bei Erlaß des G. bestehende Maß würde nur im Wege des Gesetzes erfolgen können. § 10.

c. Wegen Mißbrauchs der Portofreiheit oder Portovergünstigung vgl. PostG. (Nr. II) § 27 Nr. 2 u. Anm. das.

§ 6. Alle übrigen bisher bestandenen Portofreiheiten und Porto-Ermäßigungen werden aufgehoben.

Für die Aufhebung, beziehungsweise Einschränkung der Portofreiheiten wird aus der Bundes-Postkasse insoweit Entschädigung geleistet, als dies mit Rücksicht auf die den Portobefreiungen etwa zugrunde liegenden lästigen Privatrechtstitel nach den Landesgesetzen notwendig ist.

a. Aufgehoben sind nach Abs. 1 insbesondere die Portofreiheiten in Staatsdienstsachen und in Justizparteisachen, die Portofreiheiten staatlicher und anderer öffentlicher Korporationen und Institute, der Kirchen, Schulen, Gemeinden, milden Stiftungen, Privatgesellschaften, Privatanstalten und die persönlichen Portofreiheiten.

b. Entschädigung für aufgehobene oder eingeschränkte Portofreiheiten wird nur dann geleistet, wenn der Berechtigte nachweist, daß der Portobefreiung ein lästiger Privatrechtstitel zugrunde liegt. Ohne Entschädigung sind danach weggefallen Portobefreiungen, welche nicht auf lästigen Privatrechtstiteln, z. B. Schenkung, und welche auf lästigen Titeln ohne privatrechtlichen Charakter, z. B. Akten der Gesetzgebung, beruhen.

c. Wegen Höhe und Art der Entschädigung vgl. §§ 8 und 9.

§ 7. Der Antrag auf Entschädigung ist von dem Berechtigten bei Vermeidung der Präklusion bis zum 30. Juni 1870 an die Postbehörde zu richten. Über den erhobenen Anspruch wird vom General-Postamt entschieden. Wenn das General-Postamt den Anspruch ganz oder teilweise zurückweist, so steht dem Reklamanten das Recht zu, binnen einer präklusivischen Frist von drei Monaten, vom Tage des Empfanges der Bescheidung ab gerechnet, den Rechtsweg zu beschreiten. Die Klage ist gegen die Ober-Postdirektion, beziehungsweise gegen die mit deren Funktionen beauftragte Postbehörde zu richten, in deren Bezirk der Reklamant sein Domizil hat.

§ 8. Die Art und die Höhe der Entschädigung richtet sich nach folgenden Bestimmungen:

Der Berechtigte hat am Schlusse eines jeden Jahres die im Laufe des Jahres von ihm frankiert abgeschickten oder an ihn unfrankiert eingegangenen

Sendungen nachzuweisen, welche nach den bisherigen Bestimmungen portofrei befördert sein würden. Der auf diese Sendungen entfallende Porto- und Gebührenbetrag wird dem Berechtigten aus der Bundes-Postkasse jährlich erstattet.

Im Falle des Einverständnisses zwischen der Bundes-Postverwaltung und dem Berechtigten kann der für ein Jahr festgestellte Betrag ohne neue Ermittelung auch für mehrere hintereinander folgende Jahre als Entschädigung zugrunde gelegt werden.

§ 9. Der Postverwaltung bleibt die Befugnis vorbehalten, anstatt die im § 8 festgesetzte Zahlung fortdauernd zu leisten, den Berechtigten durch Zahlung einer festen Summe ein für allemal zu entschädigen.

Wenn die Postverwaltung von der Befugnis der einmaligen Entschädigung Gebrauch machen will, so wird der Betrag, welcher dem Berechtigten in den zuletzt vorhergegangenen drei Kalenderjahren in Gemäßheit des § 8 gezahlt worden ist, zusammengerechnet, der danach sich ergebende durchschnittliche Jahresbetrag achtzehnmal genommen und diese Summe dem Berechtigten bar gezahlt.

Die Bestimmung im Abs. 2 ist dem PreußG. v. 2. März 1850 über die Ablösung der Reallasten §§ 60, 64 (PrGS. S. 77) nachgebildet.

§ 10. Neue Portofreiheiten oder Porto-Ermäßigungen können nur im Wege des Gesetzes eingeführt werden.

Vgl. TG. (Nr. XVIII) § 7.

§ 11. Der Bundes-Postverwaltung bleibt das Recht vorbehalten, mit Staatsbehörden Abkommen dahin zu treffen, daß von den Behörden an Stelle der Porto- und beziehungsweise Gebührenbeträge für die einzelnen Sendungen Aversionalsummen an die Bundes-Postverwaltung gezahlt werden.

a. Die Feststellung einer Pauschsumme für Porto- und Gebührenbeträge für Sendungen von Staatsbehörden erfolgt nach ADA. III Abt. 1 Anl. 9, bzw. auf Grund besonderer Vereinbarungen zwischen der Reichspostverwaltung und den Staatsbehörden.

b. Vereinbarungen wegen Feststellung einer Pauschsumme sind getroffen mit 1. dem Herzogl. Sachsen-Meiningenschen Staatsministerium, 2. dem Direktorium des Potsdamschen großen Militär-Waisenhauses in Berlin, 3. dem Großherzogl. Meckl.-Schwerinschen Finanzministerium, 4. dem Großherzogl. Meckl.-Strelitzschen Staatsministerium, 5. der Großherzogl. Hessischen Regierung in Darmstadt, 6. der Fürstl. Lippeschen Regierung in Detmold, 7. dem Fürstl. Schwarzburgischen Ministerium in Rudolstadt, 8. dem Fürstl. Schaumburg-Lippeschen Ministerium, 9. dem Herzogl. Sachsen-Gothaischen Staatsministerium, 10. der Landesdirektion der Fürstentümer Waldeck und Pyrmont und dem Oberlandesgericht in Kassel für die Sendungen der Justizbehörden in den Fürstentümern Waldeck und Pyrmont, 11. dem Fürstl. Reuß-Plauischen Ministerium (Reuß j. L.) zu Gera, 12. dem Herzogl. Anhaltischen Staatsministerium in Dessau, 13. dem Generaldirektor des Thüringischen Zoll- und Steuervereins in Erfurt, 14. der Fürstl. Reuß-Plauischen Landesregierung (Reuß ä. L.) in Greiz, 15. dem Großh. Sächsischen Staatsmininisterium in Weimar, 16. der Großh. Badischen Staatsregierung, 17. dem gemeinschaftlichen Thüringischen Oberlandesgericht in Jena, 18. der Oberstaatsanwaltschaft des gemeinschaftlichen Thüringischen Oberlandesgerichts in Jena, 19. dem Kaiserl. Statthalter von Elsaß-Lothringen, 20. dem Kurator der Universität Jena, 21. der Königl. Preuß. Staatsregierung, 22. dem Fürstl. Schwarzburgischen Ministerium in Sondershausen, 23. der Großh. Oldenb. Regierung des Fürstentums Birkenfeld, 24. der Bremischen Staatsregierung, 25. dem Herzogl. Sachsen-Altenburgischen Ministerium in Altenburg, 26. dem Herzogl. Braunschweig-Lüneburgischen Staatsministerium.

Die angegebenen Nummern bedeuten die bei den betr. Sendungen anzuwendenden Ablösungsnummern.

c. Auf Antrag von Reichs- und Staatsbehörden oder einzelnen, solche Behörden vertretenden Beamten werden die für Dienstsendungen zu entrichtenden Porto- usw. Beträge bei den Postanstalten unentgeltlich gestundet. Das Verfahren ist geregelt durch Ausführungs-Bestimm. zur PO. § 50 VII.

§ 12. Portofreiheiten, welche auf den mit dem Auslande abgeschlossenen Staatsverträgen oder Konventionen beruhen, werden durch dieses Gesetz nicht berührt. Eine streckenweise portofreie Beförderung findet bei den in den §§ 2, 4 und 5 erwähnten Sendungen von und nach dem Auslande nicht statt.

Ausländisches Porto wird in keinem Falle von der Bundes-Postkasse getragen.

a. Wegen der Portofreiheiten im Weltpostverein vgl. Art. 11 des Weltpostvertrags (Nr. XII) und Art. 6, 3, 10 der Nebenabkommen Nr. XIII—XV. Daneben sind durch besondere Verträge einige weitergehende Portofreiheiten in Zollvereinssachen, im Verkehr mit Österreich-Ungarn und der Schweiz aufrechterhalten (vgl. ADA. III Abt. 1 Anl. 8 Beil. A).

b. Sendungen in Angelegenheiten der nach § 1 berechtigten fürstlichen Personen werden im Inlande portofrei befördert, auch wenn sie im Auslande eine Portofreiheit nicht genießen. Regul. Art. 11.

§ 13. Die Vorschriften des Artikels 52 der Bundesverfassung sind nicht auszudehnen auf denjenigen Teil der Postüberschüsse, welcher durch die in gegenwärtigem Gesetze angeordnete Aufhebung von Portofreiheiten gewonnen wird.

Die näheren Bestimmungen über die Berechnung und Verwendung dieses bis Ende Dezember 1875 auszunehmenden Teils bleiben der Verständigung im Bundesrate unter Zustimmung des Reichstages vorbehalten.

Diese Übergangsbestimmung ist mit dem Ablaufe der im Art. 52 BV., jetzt Art. 51 RV., vorgesehenen Übergangszeit erledigt. Vgl. RV. (Nr. 1) Art. 51 Anm.

§ 14. Das gegenwärtige Gesetz tritt mit dem 1. Januar 1870 in Kraft.

Urkundlich unter Unserer Höchsteigenhändigen Unterschrift und beigedrucktem Bundesinsiegel.

Gegeben Schloß Babelsberg, den 5. Juni 1869.

(L. S.) **Wilhelm.**

Gr. v. Bismarck-Schönhausen.

XI.

Postordnung

vom 20. März 1900.

(ZBl. S. 53.)

a. Die PO. v. 20. März 1900, welche am 1. April 1900 (§ 71) an die Stelle der seit 1. Juli 1892 gültig gewesenen PO. v. 11. Juni 1892 getreten ist, hat durch die Verordnungen des Reichskanzlers v. 4. Aug. 1900 (ZBl. 495), 14. Nov. 1900 (ZBl. 599), 8. April 1901 (ZBl. 107), 12. Dez. 1901 (ZBl. 429), 25. April 1903 (ZBl. 152), 25. Juli 1903 (ZBl. 478), 15. März 1904 (ZBl. 73), 17. Juni 1904 (ZBl. 227), 23. Juni 1906 (ZBl. 901), 17. Nov. 1906 (ZBl. 1315), 10. Sept. 1907 (ZBl. 436) Abänderungen erfahren, welche in den Text aufgenommen sind.

b. Auf den inneren Verkehr in Bayern und in Württemberg findet die PO. keine Anwendung. RV. (Nr. I) Art. 52, PostG. (Nr. II) § 50.

c. Die Portosätze und Gewichtsstufen der PO. für Briefsendungen jeder Art gelten auch für den Verkehr zwischen Deutschland und Luxemburg. Vgl. PostGN. (Nr. VIII) Anm. b zu Art. 1 I.

Auf Grund des § 50 des Gesetzes über das Postwesen vom 28. Oktober 1871 wird nachstehende Postordnung erlassen.

Abschnitt I. Postsendungen.

§ 1. Allgemeines.

I. Zur Beförderung als Postsendungen sind unter den nachfolgenden Bestimmungen zulässig:

1. Briefe;
2. Pakete;
3. Postanweisungen;
4. Zeitungen, die im Wege des Postzeitungsvertriebs zur Beförderung gelangen.

Postkarten, Drucksachen, Geschäftspapiere und Warenproben gelten als offene Briefe und sind unter dem Ausdrucke „Briefsendungen" in den folgenden Bestimmungen inbegriffen.

II. Soweit die Briefsendungen und Pakete nicht unter Einschreibung oder Wertangabe befördert werden, sind sie nachstehend als „gewöhnliche" bezeichnet.

§ 2. Meistgewicht.

Es beträgt das Meistgewicht:

für Briefe 250 Gramm,
für Drucksachen 1 Kilogramm,
für Geschäftspapiere 1 Kilogramm,
für Warenproben 350 Gramm,
für Pakete 50 Kilogramm.

§ 3. Außenseite.

I. Der Absender darf auf der Außenseite einer Postsendung außer den die Beförderung betreffenden Angaben seinen Namen und seine Adresse vermerken;

diese sämtlichen Angaben können, außer bei Briefen mit Wertangabe (§ 14) und bei Postanweisungen (§ 20), auch durch aufgeklebte Zettel hergestellt werden.

II. Bei Postkarten kann der Absender sowohl über die Rückseite als auch über den linken Teil der Vorderseite verfügen. Bei den sonstigen gewöhnlichen und eingeschriebenen Briefsendungen sind außer den nach Abs. I zulässigen Angaben weitere Angaben, die nicht die Eigenschaft einer brieflichen Mitteilung haben, sowie Abbildungen unter der Bedingung zulässig, daß sie in keiner Weise die Deutlichkeit der Aufschrift sowie die Anbringung der Stempelabdrücke und der postdienstlichen Vermerke beeinträchtigen. Wegen der besonderen Bestimmungen für Postpaketadressen und Postanweisungen siehe §§ 12 und 20.

III. Die Freimarken sind in die obere rechte Ecke der Aufschriftseite, bei Paketen an gleicher Stelle auf die Postpaketadresse zu kleben.

§ 4. Aufschrift.

I. In der Aufschrift müssen der Empfänger und der Bestimmungsort deutlich und so bestimmt bezeichnet sein, daß jeder Ungewißheit vorgebeugt wird.

Verluste oder Beschädigungen, die erweislich durch ungenaue Angabe des Bestimmungsorts oder des Adressaten herbeigeführt werden, hat die Postverwaltung nicht zu vertreten. § 27 III u. PostG. (Nr. II) § 6 zu a.

Bei Sendungen mit dem Vermerke „Postlagernd", für welche die Post nicht Gewähr zu leisten hat, dürfen statt des Namens des Empfängers Buchstaben, Ziffern, einzelne Wörter oder kurze Sätze angegeben sein.

II. Bei Postsendungen nach Orten ohne Postanstalt ist in der Aufschrift außer dem Bestimmungsorte noch die Postanstalt anzugeben, von welcher die Sendung bestellt wird oder abgeholt werden soll. Wenn der Ort der Bestimmungs-Postanstalt nicht zu den allgemeiner bekannten Orten gehört, so ist seine Lage in der Aufschrift noch näher zu bezeichnen.

III. Die Aufschrift eines Pakets muß mit der Aufschrift der Postpaketadresse (§ 12) derart übereinstimmen, daß nötigenfalls das Paket auch ohne die Postpaketadresse bestellt werden kann. Die Vermerke über Frankierung, Eilbestellung pp. sind sowohl auf dem Paket als auch auf der Postpaketadresse niederzuschreiben. Wegen der Einschreibpakete, der Pakete mit Wertangabe, der Nachnahmepakete, der dringenden Pakete und der Pakete gegen Rückschein siehe §§ 13II, 14II, 19II, 24II und 26I.

IV. Die Aufschrift eines Pakets muß unmittelbar auf der Umhüllung oder auf einem der ganzen Fläche nach aufgeklebten oder sonst unlösbar darauf befestigten Papier pp. haltbar angebracht werden. Ist dies nicht ausführbar, so ist für die Aufschrift eine haltbar befestigte Fahne von Pappe, Pergamentpapier, Holz oder sonstigem festem Stoffe zu benutzen. Besonders groß und deutlich muß der Name des Bestimmungsorts geschrieben oder gedruckt sein.

§ 5. Von der Postbeförderung ausgeschlossene Gegenstände.

I. Sendungen, deren Außenseite oder Inhalt, soweit er offensichtlich ist, gegen die Gesetze verstößt oder aus Rücksichten des öffentlichen Wohles oder der Sittlichkeit für unzulässig erachtet wird, werden von der Postbeförderung ausgeschlossen.

Hierher gehören namentlich Sendungen mit beleidigenden oder unsittlichen Angaben oder Abbildungen.

II. Zur Versendung mit der Post dürfen ferner nicht aufgegeben werden: Gegenstände, deren Beförderung mit Gefahr verbunden ist, namentlich alle durch Reibung, Luftzudrang, Druck oder sonst leicht entzündlichen Sachen sowie ätzende Flüssigkeiten.

Zu den von der Postbeförderung ausgeschlossenen Gegenständen gehören hiernach namentlich Schießpulver, Dynamit, Schießbaumwolle, Knallsilber, Sprengöl, Nitroglyzerin, Amorces (Zündblättchen für Salonpistolen); Feuerwerkssätze und Feuerwerkskörper, u. a. auch Schellack und Strontian, wenn sie vermischt, zusammengebracht oder zusammengeschmolzen sind; Reib- oder Streichzünder u. Zündhölzchen jeder Art (auch die im Geschäftsverkehr als „Wachskerzchen“ bezeichneten Wachsstreichzünder); Phosphor, Knallkorke, Radfahrerbomben und Knallerbsen; Kalziumkarbid, gefettete Wolle, gefirnißte Baumwolle, selbstentzündliche Kohle; Mineralsäuren; Flüssigkeiten, die leichter entzündlich sind, als Petroleum vom Entflammungspunkt 21°, z. B. Schwefeläther, Benzin und Kollodium; flüssige Kohlensäure, flüssige Luft. Vgl. auch Eisenbahnverkehrsordnung v. 26. Okt. 1899 (RGBl. 557).

III. Die Postanstalten können in Fällen des Verdachts, daß die Sendungen Gegenstände der zu II genannten Art enthalten, vom Absender die Angabe des Inhalts verlangen und, wenn diese verweigert wird, die Annahme der Sendung ablehnen.

IV. Wer derartige Sachen unter unrichtiger Angabe oder mit Verschweigung des Inhalts aufgibt, hat — vorbehaltlich der Bestrafung nach den Gesetzen — für jeden entstehenden Schaden zu haften.

Wer bei der Beförderung von Schießpulver oder anderen explodierenden Stoffen oder Feuerwerken die deshalb ergangenen Vorschriften nicht befolgt, wird mit Geldstrafe bis zu 150 Mark oder mit Haft bestraft. StrGB. § 367 Nr. 5 und 5a. Vgl. G. gegen den verbrecherischen und gemeinschädlichen Gebrauch von Sprengstoffen (sog. Dynamitgesetz) v. 9. Juni 1884 (RGBl. 61). — Die Auflieferung von gemäß II ausgeschlossenen Sachen zur Post unter unrichtiger Angabe oder mit Verschweigung des Inhalts ist in den meisten Bundesstaaten noch durch besondere Polizeiverordnungen verboten. — Zuwiderhandelnde haften sowohl der Postverwaltung als auch dritten Personen für jeden Schaden nach Maßgabe des Bürgerlichen Rechts. Vgl. auch § 27 III.

V. Die Postanstalten können die Annahme und Beförderung von Sendungen ablehnen, sofern deren Zuführung an den Bestimmungsort nach Maßgabe der vorhandenen Postverbindungen und Postbeförderungsmittel nicht möglich ist.

§ 6. Zur Postbeförderung bedingt zugelassene Gegenstände.

I. Flüssigkeiten, Sachen, die dem schnellen Verderb und der Fäulnis ausgesetzt sind, unförmig große Gegenstände, ferner lebende Tiere können von den

Postanstalten zurückgewiesen werden. Bei Sendungen mit lebenden Tieren ist vom Absender durch einen sowohl auf die Postpaketadresse als auch auf die Sendung selbst zu setzenden Vermerk darüber Bestimmung zu treffen, was mit der Sendung geschehen soll, wenn der Empfänger sie nicht binnen 24 Stunden nach geschehener postamtlicher Benachrichtigung annimmt, oder wenn sie aus einem anderen Grunde unbestellbar wird. Dieser Vermerk muß, je nach der Wahl des Absenders, der nachstehenden Fassung entsprechen:

„Wenn unbestellbar, zurück" oder
„Wenn unbestellbar, an N. in N." oder
„Wenn unbestellbar, verkaufen" oder
„Wenn unbestellbar, telegraphische Nachricht auf meine Kosten".

Für die Behandlung der Sendungen mit lebenden Tieren am Bestimmungsort ist die getroffene Verfügung des Absenders maßgebend, mit der Ausnahme, daß, wenn der Inhalt der Sendung vor Ausführung der etwa anderweitigen Verfügung des Absenders ersichtlich dem Verderb ausgesetzt ist, die Bestimmungen des § 45 V in Anwendung zu kommen haben.

II. Für derartige Gegenstände pp., wenn sie dennoch zur Beförderung angenommen werden, sowie für leicht zerbrechliche Gegenstände und für in Schachteln verpackte Sachen leistet die Postverwaltung keinen Ersatz, wenn durch die Natur des Inhalts der Sendung oder durch die Beschaffenheit der Verpackung während der Beförderung eine Beschädigung oder ein Verlust entstanden ist.

III. Zur Verwendung für Handfeuerwaffen bestimmte Zündhütchen, Zündspiegel und Patronen sind zulässig, wenn sie in Kisten oder Fässern fest von außen und innen verpackt und als solche sowohl auf der Postpaketadresse als auch auf der Sendung selbst bezeichnet sind. Die Patronen müssen für Zentralfeuer bestimmt und außerdem derart beschaffen sein, daß weder ein Ablösen der Kugel oder ein Herausfallen der Schrote noch ein Ausstreuen des Pulvers stattfinden kann; Pappepatronen müssen eine Wandstärke von mindestens 0,7 Millimeter haben. Der Absender ist, wenn er diese Bedingungen nicht eingehalten hat, für den aus etwaiger Entzündung entstandenen Schaden haftbar.

Lefaucheux-Patronen sind nicht zugelassen.

IV. Zelluloid als Rohstoff ist zur Postbeförderung nur in festen Holzkisten zugelassen; Zelluloidwaren, gleichviel ob sie ganz oder nur zum Teil aus Zelluloid bestehen, dürfen in Verpackung von starker Pappe aufgeliefert werden; eine leichtere Verpackung ist auch bei Briefsendungen nicht zulässig. Alle Sendungen, die Zelluloid oder Zelluloidwaren enthalten, müssen als solche in die Augen fallend gekennzeichnet sein; bei Paketen ist der Inhalt auch auf der Postpaketadresse anzugeben. Bei Nichtbeachtung dieser Vorschriften haftet der Absender für den aus etwaiger Entzündung entstandenen Schaden.

V. Die im § 5 III ausgesprochene Befugnis der Postanstalten tritt auch in solchen Fällen ein, in welchen Grund zu der Annahme vorliegt, daß die Sendungen Flüssigkeiten, dem schnellen Verderb und der Fäulnis ausgesetzte Sachen, lebende Tiere, Zündhütchen, Zündspiegel oder Patronen enthalten.

§ 7. Postkarten.

I. Die Postkarten müssen offen versandt werden.

II. Formulare zu Postkarten können durch alle Postanstalten bezogen werden. Gestempelte Formulare zu Postkarten werden zum Nennwerte des Stempels, ungestempelte zum Preise von 5 Pf. für je 10 Stück verabfolgt.

III. Von der Privatindustrie hergestellte Formulare sind zulässig; sie dürfen in Form, Größe und Papierstärke nicht wesentlich von den durch die Post ausgegebenen Formularen abweichen. Die Aufschrift „Postkarte" brauchen sie nicht zu tragen.

IV. Bilderschmuck sowie Aufklebungen auf der Rückseite und auf dem linken Teile der Vorderseite der Formulare sind insoweit zulässig, als dadurch die Eigenschaft des Versendungsgegenstandes als offene Postkarte nicht beeinträchtigt wird und die aufgeklebten Zettel usw. der ganzen Fläche nach befestigt sind. Warenproben und ähnliche Gegenstände den Postkarten beizufügen oder an ihnen zu befestigen, ist nicht gestattet.

V. Mit den Postkarten dürfen Antwortkarten verbunden sein. Beide Teile dieser Doppelkarten müssen, jeder für sich, den Bestimmungen für einfache Postkarten entsprechen; die Antwortkarte muß als solche bezeichnet sein.

VI. Die Gebühr beträgt im Frankierungsfalle 5 Pf. für die einfache Postkarte oder für jeden der beiden Teile der Postkarte mit Antwort, im Nichtfrankierungsfalle das Doppelte.

Im Weltpostverkehr beträgt die Gebühr für Postkarten 10 Pf., für Postkarten mit Antwort 20 Pf. WPV. (Nr. XII) Art. 5.

VII. Für unzureichend frankierte Postkarten wird dem Empfänger das Doppelte des Fehlbetrags angesetzt, nötigen Falles unter Abrundung auf eine durch 5 teilbare Pfennigsumme aufwärts.

a. Postkarten mit dem Vermerk „Portopflichtige Dienstsache" (vgl. PGN. [Nr. VIII] Art. 1 I) werden nur mit der einfachen Taxe belegt.

b. Für Postkarten mit bayerischen Marken, die im Reichspostgebiete aufgeliefert werden, ist das Porto für unfrankierte Postkarten zu erheben. Sind sie nach Bayern bestimmt, so kommt nur der nach Abzug des Wertes der Marke verbleibende Betrag zur Einziehung.

VIII. Postkarten, die den vorstehenden Bestimmungen nicht entsprechen, unterliegen dem Briefporto.

§ 8. Drucksachen.

I. Gegen die für Drucksachen festgesetzte ermäßigte Taxe werden befördert: alle durch Buchdruck, Kupferstich, Stahlstich, Holzschnitt, Lithographie, Metallographie, Photographie, Hektographie, Papyrographie, Chromographie oder ein ähnliches mechanisches Verfahren vervielfältigten Gegenstände, die nach ihrer Form und sonstigen Beschaffenheit zur Beförderung mit der Briefpost geeignet sind. Wegen der zulässigen schriftlichen Änderungen und Zusätze siehe unter X. Briefe dürfen den Drucksachen nicht beigefügt sein.

II. Die ermäßigte Taxe findet auch Anwendung auf solche Drucksachen, die durch verschiedene nacheinander angewendete Vervielfältigungsverfahren (I), z. B. teils durch Buchdruck, teils durch Hektographie, hergestellt sind.

III. Von der Beförderung gegen die ermäßigte Taxe sind ausgeschlossen die mittels des Durchdrucks, der Kopierpresse und der Schreibmaschine hergestellten Schriftstücke, ferner Drucksachen, die Zeichen tragen, welche eine verabredete Sprache darzustellen geeignet sind.

IV. Die Sendungen können entweder unter der Aufschrift bestimmter Empfänger oder als außergewöhnliche Beilagen der Zeitungen und Zeitschriften, deren Vertrieb die Post besorgt, eingeliefert werden.

a) Drucksachen unter der Aufschrift bestimmter Empfänger.

V. Die Sendungen müssen offen, und zwar entweder unter Streif- oder Kreuzband oder umschnürt oder in einem offenen Umschlag oder aber in einfacher Weise zusammengefaltet eingeliefert werden, so daß ihr Inhalt leicht geprüft werden kann. Unter Band usw. können auch Bücher, gleichviel ob gebunden oder geheftet, versandt werden.

VI. Drucksachen in Rollenform dürfen 75 Zentimeter in der Länge und 10 Zentimeter im Durchmesser nicht überschreiten.

Das Meistgewicht der Drucksachen im inneren Verkehr ist ein Kilogramm (§ 2), im Weltpostverkehr zwei Kilogramm. WPV. (Nr. XII) Art. 5.

VII. Drucksachen sind auch in Form offener Karten zulässig; solche Karten dürfen die Größe der Formulare zu Postpaketadressen nicht wesentlich überschreiten.

VIII. Die Sendung kann eine innere, mit der äußeren übereinstimmende Aufschrift enthalten.

IX. Mehrere unter einer Umhüllung vereinigte Drucksachen dürfen nicht mit verschiedenen Adressen versehen sein. Wegen der Vereinigung von Drucksachen mit Geschäftspapieren und Warenproben siehe § 11.

X. Es ist zulässig:

1. auf gedruckten Visitenkarten sowie auf Weihnachts- und Neujahrskarten die Adresse des Absenders, seinen Titel sowie mit höchstens 5 Worten oder mit den üblichen Anfangsbuchstaben gute Wünsche, Glückwünsche, Danksagungen, Beleidsbezeigungen oder andere Höflichkeitsformeln handschriftlich hinzuzufügen;

2. auf den Drucksachen selbst den Tag der Absendung, die Unterschrift oder Firma sowie den Stand und Wohnort des Absenders und des Empfängers handschriftlich oder auf mechanischem Wege anzugeben oder abzuändern;
3. Druckfehler zu berichtigen;
4. Korrekturbogen das Manuskript beizufügen und in den Korrekturbogen Änderungen und Zusätze zu machen, welche die Korrektur, die Form und den Druck betreffen, solche Zusätze bei mangelndem Raume auch auf besonderen Zetteln anzubringen;
5. gewisse Stellen des gedruckten Textes zu durchstreichen;
6. Worte oder Teile des Textes, auf welche man die Aufmerksamkeit zu lenken wünscht, durch Anstriche hervorzuheben und zu unterstreichen;
7. bei Preislisten, Börsenzetteln, Handelszirkularen und Prospekten Zahlen nebst Zusätzen, die als Bestandteile der Preisbestimmung zu betrachten sind, sowie bei Reise-Ankündigungen den Namen des Reisenden, die Zeit seines Eintreffens und den Namen des Ortes, den er zu besuchen beabsichtigt, mit der Feder oder auf mechanischem Wege einzutragen oder zu berichtigen und in Mitteilungen über die Absendung von Waren den Tag der Absendung handschriftlich anzugeben;
8. in Anzeigen über die Abfahrt oder Ankunft von Schiffen den Tag der Abfahrt oder Ankunft

sowie die Namen der Schiffe handschriftlich anzugeben;

9. in Einladungs- und Einberufungskarten den Namen des Eingeladenen oder Einberufenen sowie Zeit, Zweck und Ort der Zusammenkunft zu vermerken;

10. auf Büchern, Musikalien, Zeitungen, Zeitschriften, Bildern und Landkarten eine Widmung hinzuzufügen und diesen Drucksachen eine auf den Gegenstand bezügliche Rechnung beizulegen sowie die Rechnung mit solchen handschriftlichen Zusätzen zu versehen, die den Inhalt der Sendung betreffen und nicht die Eigenschaft einer besonderen, mit diesem in keiner Beziehung stehenden Mitteilung haben;

11. bei Bücher- und Subskriptionszetteln für buchhändlerische Werke, Bücher, Zeitungen, Zeitschriften, Bilder und Musikalien die bestellten oder angebotenen Werke usw. handschriftlich zu bezeichnen und die gedruckten Mitteilungen ganz oder teilweise zu durchstreichen oder zu unterstreichen;

12. Modebilder, Landkarten pp. auszumalen;

13. bei Ausschnitten aus Zeitungen, Zeitschriften und Büchern handschriftlich oder auf mechanischem Wege Titel, Tag, Nummer und Adresse der Veröffentlichung, welcher der Artikel entnommen ist, hinzuzufügen;

14. bei Quittungskarten über Invalidenversicherungsbeiträge die durch das Invalidenversicherungsgesetz vom 13. Juli 1899 zugelassenen Eintragungen handschriftlich oder auf mechanischem Wege vorzunehmen, die Beitragsmarken aufzukleben und die aufgeklebten Marken zu entwerten oder zu vernichten;
15. bei Drucksachen, die von Berufsgenossenschaften oder Versicherungsanstalten oder deren Organen auf Grund der Unfallversicherungsgesetze oder des Invalidenversicherungsgesetzes abgesendet werden und auf der Außenseite mit dem Namen der Berufsgenossenschaft oder der Versicherungsanstalt bezeichnet sind, Zahlen oder Namen handschriftlich oder auf mechanischem Wege einzutragen oder zu ändern und den Vordruck ganz oder teilweise zu durchstreichen.

Weitere Zusätze oder Änderungen, gleichviel ob sie handschriftlich, mit Durchdruck, Kopierpresse oder Schreibmaschine (III) oder durch Überkleben, Punktieren, Unterstreichen, Durchstreichen, Wegschaben, Durchstechen, Ab- und Ausschneiden von Wörtern, Ziffern oder Zeichen pp. stattgefunden haben, sind bei Drucksachen nicht gestattet. Die nach 5 und 6 erlaubten Durchstreichungen, Anstriche und Unterstreichungen dürfen nicht briefliche Mitteilungen in offener oder verabredeter Sprache herstellen.

XI. Drucksachen, die den vorstehenden Bestimmungen nicht entsprechen, werden nicht befördert.

XII. Drucksachen müssen frankiert sein. Die Gebühr beträgt:

	bis	50 Gramm	einschließlich	3	Pf.,
über 50	„	100 „	„	5	„ ,
„ 100	„	250 „	„	10	„ ,
„ 250	„	500 „	„	20	„ ,
„ 500 Gramm bis 1 Kilogramm einschließlich				30	„ .

Unfrankierte Drucksachen gelangen nicht zur Absendung.

Vgl. WPB. (Nr. XII) Art. 5.

XIII. Für unzureichend frankierte Drucksachen wird dem Empfänger das Doppelte des Fehlbetrags angesetzt, nötigen Falles unter Abrundung auf eine durch 5 teilbare Pfennigsumme aufwärts.

b) Drucksachen als außergewöhnliche Zeitungsbeilagen.

XIV. Als außergewöhnliche Zeitungsbeilagen werden solche den Bestimmungen unter I und II entsprechende Drucksachen befördert, die nach Form, Papier, Druck oder sonstiger Beschaffenheit nicht als Bestandteile derjenigen Zeitung oder Zeitschrift erachtet werden können, mit welcher die Versendung erfolgen soll.

XV. Jede Versendung außergewöhnlicher Zeitungsbeilagen muß von dem Verleger bei der Verlags-Postanstalt unter Entrichtung der Gebühr für so viele Exemplare als der Zeitung pp. beigelegt werden sollen, vorher angemeldet werden. Das Einlegen in die einzelnen Zeitungs- usw. Exemplare ist Sache des Verlegers.

XVI. Außergewöhnliche Zeitungsbeilagen dürfen nicht über zwei Bogen stark, auch nicht geheftet, geklebt oder gebunden sein, die einzelnen Bogen müssen in der Bogenform zusammenhängen. Die Postanstalten sind zur Zurückweisung solcher Beilagen befugt, die nach Größe und Stärke des Papiers oder nach ihrer sonstigen Beschaffenheit zur Beförderung in den Zeitungspaketen nicht geeignet erscheinen.

XVII. Die Gebühr für außergewöhnliche Zeitungsbeilagen beträgt 1/2 Pf. für je 25 Gramm jedes einzelnen Beilageexemplars. Ein bei Berechnung des Gesamtbetrags sich ergebender Bruchteil einer Mark wird nötigen Falles auf eine durch 5 teilbare Pfennigsumme aufwärts abgerundet.

§ 9. Geschäftspapiere.

I. Als Geschäftspapiere sind zugelassen: alle Schriftstücke und Urkunden, ganz oder teilweise mit der Hand geschrieben oder gezeichnet, welche nicht die Eigenschaft einer eigentlichen und persönlichen Korrespondenz haben, wie Prozeßakten, von öffentlichen Beamten aufgenommene Urkunden jeder Art, Frachtbriefe oder Ladescheine, Rechnungen, Quittungen auf gestempeltem oder ungestempeltem Papiere, die verschiedenen Dienstpapiere der Versicherungsgesellschaften, offene Briefe und Postkarten älteren Datums, die ihren ursprünglichen Zweck erfüllt haben, Abschriften oder Auszüge außergerichtlicher Verträge, gleichviel ob auf gestempeltem oder ungestempeltem Papier geschrieben, handschriftliche Partituren oder Notenblätter, die abgesondert versandten Manuskripte von Werken oder Zeitungen, korrigierte Schülerarbeiten mit Ausschluß jeglichen Urteils über die Arbeit, unkorrigierte Schülerarbeiten, Militärpässe, Lohn-, Dienst- oder Arbeitsbücher usw.

Meistgewicht im inneren Verkehr ein Kilogramm (§ 2), im Weltpostverkehr zwei Kilogramm. WPV. (Nr. XII) Art. 5.

II. Geschäftspapiere unterliegen, was Form und äußere Beschaffenheit betrifft, den für Drucksachen geltenden Vorschriften (§ 8). Die Aufschrift muß die Bezeichnung „Geschäftspapiere" enthalten.

III. Geschäftspapiere, die den vorstehenden Bestimmungen nicht entsprechen, werden nicht befördert.

IV. Geschäftspapiere müssen frankiert sein. Die Gebühr beträgt:

bis 250 Gramm einschließlich	10 Pf.,
über 250 „ 500 „ „	20 „ ,
„ 500 Gramm bis 1 Kilogramm einschließlich	30 „ .

Unfrankierte Geschäftspapiere gelangen nicht zur Absendung.

Vgl. WPV. (Nr. XII) Art. 5.

V. Für unzureichend frankierte Geschäftspapiere wird dem Empfänger das Doppelte des Fehlbetrags angesetzt, nötigen Falles unter Abrundung auf eine durch 5 teilbare Pfennigsumme aufwärts.

VI. Mehrere unter einer Umhüllung vereinigte Geschäftspapiere dürfen nicht mit verschiedenen Adressen versehen sein. Wegen Vereinigung von Geschäftspapieren mit Drucksachen und Warenproben siehe § 11.

§ 10. Warenproben.

I. Gegen die für Warenproben festgesetzte ermäßigte Taxe werden nur solche Warenproben befördert, die keinen Handelswert haben, ferner unter der Voraussetzung, daß die Versendung nicht zu einem Handelszwecke geschieht, einzelne Schlüssel, abgeschnittene frische Blumen, Tuben mit Serum und pathologische Gegenstände, die so zubereitet und verpackt sind, daß sie keinen Schaden anrichten können, naturgeschichtliche Gegenstände, getrocknete oder konservierte Tiere und Pflanzen, geologische Muster usw. Die Sendungen müssen nach ihrer Form, Verpackung und sonstigen Beschaffenheit zur Beförderung mit der Briefpost geeignet sein.

II. Warenprobensendungen dürfen 30 Zentimeter in der Länge, 20 Zentimeter in der Breite und 10 Zentimeter in der Höhe oder, wenn sie Rollenform haben, 30 Zentimeter in der Länge und 15 Zentimeter im Durchmesser nicht überschreiten.

Meistgewicht 350 Gramm im inneren und im Weltpostverkehr. § 2, WPV. (Nr. XII) Art. 5.

III. Briefe dürfen den Warenproben nicht beigefügt werden; handschriftliche Vermerke sind nur zulässig in bezug auf: Namen oder Firma des Absenders, Adresse des Empfängers, Fabrik- oder Handelszeichen, Nummern, Preise und Angaben bezüglich des Gewichts, des Maßes und der Ausdehnung sowie der verfügbaren Menge, der Herkunft und der Natur der Ware.

IV. Die Einlieferung der Warenproben muß unter Band oder in offenen Umschlägen oder in Kästchen oder Säckchen erfolgen, sodaß der Inhalt leicht geprüft werden kann.

V. Die Aufschrift ist möglichst unmittelbar auf der Sendung, wenn dies jedoch nicht angeht, auf einer haltbar befestigten Fahne von Pappe, Pergamentpapier oder sonstigem festen Stoffe anzubringen. Die Aufschrift muß den Vermerk „Warenproben" oder „Proben" oder „Muster" enthalten.

VI. Mehrere unter einer Umhüllung vereinigte Warenproben dürfen nicht mit verschiedenen Adressen versehen sein. Wegen der Vereinigung von Warenproben mit Drucksachen und Geschäftspapieren siehe § 11.

VII. Gegenstände aus Glas, Flüssigkeiten, Öle, fette Stoffe, Pulver sowie lebende Bienen werden zur Beförderung als Warenproben unter folgenden besonderen Bedingungen zugelassen:

1. Gegenstände aus Glas müssen in einer festen Umhüllung von Metall, Holz, Leder oder Pappe verpackt sein, so daß jeder Gefahr für andere Sendungen und die Beamten vorgebeugt wird;

2. Flüssigkeiten, Öle und leicht schmelzbare Stoffe müssen in fest verschlossenen Glasfläschchen enthalten sein. Jedes Fläschchen muß in ein Kästchen von Holz oder starker Pappe verpackt werden, das mit Sägespähnen, Baumwolle oder einem schwammigen Stoffe so anzufüllen ist, daß im Falle des Zerbrechens des Fläschchens die Flüssigkeit aufgesaugt werden kann. Das Kästchen selbst muß in eine Hülse von Metall, von Holz mit angeschraubtem Deckel oder von starkem und dickem Leder eingeschlossen werden. Wenn aber zur Verpackung der Fläschchen von durchlochten Holzblöcken Gebrauch gemacht wird, die hinreichende Widerstandsfähigkeit besitzen und mit aufsaugenden Stoffen angefüllt sowie mit einem Deckel verschlossen sind, so brauchen diese Blöcke nicht in ein zweites Behältnis eingeschlossen zu werden. Ebenso kann von der doppelten Verpackung abgesehen werden bei Kästchen aus starker Wellpappe, wenn sämtliche Zwischenräume mit aufsaugenden Stoffen angefüllt und die Fläschchen sicher verschlossen sind, sowie wenn, bei Vereinigung mehrerer Fläschchen zu einer Sendung, jedes Fläschchen mit einer besonderen Umhüllung von Wellpappe versehen ist;
3. schwer schmelzende Fettstoffe wie Salben, weiche Seife, Harze usw. müssen zunächst in eine besondere Hülle (Kästchen, Säckchen von Lein-

wand, Pergament pp.) eingeschlossen und dann in ein Kästchen von Holz, Metall oder starkem und dickem Leder verpackt werden;

4. Pulver müssen in Pappkästchen verpackt und diese in Säckchen von Leinwand oder Pergament eingeschlossen werden;

5. lebende Bienen müssen in Kästchen versendet werden, die so beschaffen sind, daß sie jede Gefahr ausschließen.

Die Verpackung muß in allen Fällen so eingerichtet sein, daß eine Prüfung des Inhalts möglich ist.

VIII. Warenproben, die den vorstehenden Bestimmungen nicht entsprechen, werden nicht befördert. Das Gleiche gilt für Warenproben, deren Beförderung mit Nachteil oder Gefahr verbunden sein würde.

IX. Warenproben müssen frankiert sein. Die Gebühr beträgt:

bis 250 Gramm einschließlich . . .	10 Pf.,
über 250 bis 350 Gramm einschließlich	20 „

Unfrankierte Warenproben gelangen nicht zur Absendung.

Im Weltpostverkehr 5 Pf. für je 50 Gramm, mindestens jedoch 10 Pf., WPV. (Nr. XII) Art. 5.

X. Für unzureichend frankierte Warenproben wird dem Empfänger das Doppelte des Fehlbetrags angesetzt, nötigen Falles unter Abrundung auf eine durch 5 teilbare Pfennigsumme aufwärts.

§ 11. Zusammenpacken von Drucksachen, Geschäftspapieren und Warenproben.

I. Die Vereinigung von Drucksachen, Geschäftspapieren und Warenproben oder von zweien dieser Gattungen zu einer Sendung ist unter der Bedingung gestattet, daß:

1. jeder Gegenstand, für sich genommen, die auf ihn anwendbaren Grenzen des Gewichts und der Ausdehnung nicht überschreitet;
2. das Gesamtgewicht einer Sendung 1 Kilogramm nicht überschreitet.

II. Die Sendungen müssen frankiert sein. Die Gebühr beträgt:

	bis 250 Gramm einschließlich	10 Pf.,
über 250 „ 500 „	„	20 „
„ 500 Gramm bis 1 Kilogramm	einschließlich	30 „

Unfrankierte Sendungen gelangen nicht zur Absendung.

III. Für unzureichend frankierte Sendungen wird dem Empfänger das Doppelte des Fehlbetrags angesetzt, nötigenfalls unter Abrundung auf eine durch 5 teilbare Pfennigsumme aufwärts.

§ 12. Pakete.

I. Den Paketen muß eine Postpaketadresse in der von der Postverwaltung vorgeschriebenen Form beigegeben sein.

II. Zu einer Postpaketadresse dürfen höchstens drei Pakete gehören; jedes Nachnahmepaket (§ 19) muß jedoch von einer besonderen Postpaketadresse begleitet sein.

III. Eine Vereinigung von gewöhnlichen Paketen mit Einschreibpaketen oder Paketen mit Wertangabe sowie von Einschreibpaketen mit Paketen mit Wertangabe zu einer Postpaketadresse ist nicht zulässig.

IV. Gehören mehrere Pakete mit Wertangabe zu einer Postpaketadresse, so muß auf dieser der Wert eines jeden Pakets besonders angegeben sein.

V. Die oberste Postbehörde kann die Befugnis, mehrere Pakete mit einer Postpaketadresse zu versenden, vorübergehend aufheben.

VI. Formulare zu Postpaketadressen können durch alle Postanstalten bezogen werden. Für Formulare, die mit Freimarken beklebt sind, wird nur der Betrag der Freimarke erhoben. Unbeklebte Formulare werden zum Preise von 5 Pf. für je 10 Stück abgelassen.

VII. Formulare, welche nicht von der Post bezogen werden, müssen in Größe, Farbe und Stärke des Papiers sowie im Vordrucke mit den von der Post gelieferten Formularen übereinstimmen.

VIII. Der an der Postpaketadresse befindliche Abschnitt kann vom Absender zu Mitteilungen benutzt werden.

Die Ausfüllung des Vordrucks auf dem Abschnitt: „Name und Wohnort usw. des Absenders“ ist in das Belieben des Absenders gestellt. — Der Frankierungsvermerk ist bei Postpaketadressen auf den Abschnitt, und zwar unterhalb des zur Nennung des Absenders bestimmten Vordrucks, niederzuschreiben. — Die Portofreiheitsvermerke sowie die Vermerke: „Portopflichtige Dienstsache“, „Frei durch Ablösung“, („Frei laut Aversum“) usw. sind in den über dem Vordrucke für das Postgewicht befindlichen Raum der eigentlichen Postpaketadresse zu setzen. Die zur Beglaubigung dieser Vermerke dienenden Stempelabdrücke können in den zum Aufkleben der Freimarken versehenen Raum gesetzt werden, die Bescheinigungen über die Ermangelung eines Dienstsiegels haben tunlichst unter den Portofreiheits- usw. Vermerken Platz zu finden.

IX. Die Postpaketadresse sowie die zur Frankierung des Pakets verwendeten Postwertzeichen gehen mit der Einlieferung in das Eigentum der Postverwaltung über und müssen vom Empfänger oder im Falle der Unbestellbarkeit vom Absender an die Postanstalt zurückgegeben werden, gleichviel ob er das Paket annimmt oder nicht; den Abschnitt der Postpaketadresse kann er jedoch bei der Annahme des Pakets abtrennen und behalten.

X. Wegen der Verpackung und des Verschlusses der Pakete siehe §§ 15 und 16.

§ 13. Einschreibsendungen.

I. Briefsendungen und Pakete können unter Einschreibung befördert werden. Bei Einschreibsendungen ist weder eine Wertangabe (§ 14) noch die Beifügung von Zustellungsurkunden (§ 25) oder die Beförderung als dringende Pakete (§ 24) zulässig.

Gewähr: PostG. (Nr. II) § 10 u. Anm. b das.

II. Einschreibsendungen müssen vom Absender mit der Bezeichnung „Einschreiben“ versehen werden. Bei Paketen muß diese Bezeichnung auch auf der Postpaketadresse angegeben sein; die Wirkung der Einschreibung hinsichtlich der Gewährleistung erstreckt sich nur auf das Paket, nicht auch auf die Postpaketadresse. Wegen der Verpackung und des Verschlusses der einzuschreibenden Pakete siehe §§ 15 und 16.

III. Über Einschreibsendungen wird eine Einlieferungsbescheinigung erteilt.

IV. Für Einschreibsendungen wird außer dem Porto eine Einschreibgebühr von 20 Pf. ohne Rücksicht auf die Entfernung und das Gewicht erhoben.

Einschreibgebühr im Weltpostverkehr ebenfalls 20 Pf. WPV. (Nr. XII) Art. 6, Nebengebühr für Einschreibbriefe aus dem Landbestellbezirke PO. § 29 VI, Einlieferungsgebühr für Einschreibbriefe, die außerhalb der Postschalterdienststunden aufgegeben werden, 20 Pf. § 30 VIII.

§ 14. Sendungen mit Wertangabe.

I. Briefe und Pakete können unter Wertangabe befördert werden. Bei Sendungen mit Wertangabe ist weder die Einschreibung (§ 13) noch die Beifügung von Zustellungsurkunden (§ 25) oder die Beförderung als dringende Pakete (§ 24) zulässig. Wegen der Verpackung und des Verschlusses der Sendungen mit Wertangabe siehe §§ 15 bis 17.

II. Der Wert ist in der Aufschrift, bei Paketen

auch auf der Postpaketadresse, in Zahlen ersichtlich zu machen. Die Angabe des Wertes hat in der Reichswährung zu erfolgen. Der angegebene Betrag soll den gemeinen Wert der Sendung nicht übersteigen.

Vgl. PostG. (Nr. II) § 8.

III. Bei der Versendung von kurshabenden Papieren ist der Kurswert, den die Papiere zur Zeit der Einlieferung haben, bei der Versendung von hypothekarischen Papieren, Wechseln und ähnlichen Dokumenten der Betrag anzugeben, der voraussichtlich erforderlich wäre, um eine neue rechtsgültige Ausfertigung des Dokuments zu erlangen oder um die Hindernisse zu beseitigen, welche sich der Einziehung der Forderung entgegenstellen würden, wenn das Dokument verloren ginge. Entspricht die Wertangabe diesen Grundsätzen nicht, so kann die Sendung zur Berichtigung zurückgegeben werden. Aus einer zu hohen Wertangabe darf ein Anspruch auf Erstattung des entsprechenden Teiles der Versicherungsgebühr nicht hergeleitet werden.

IV. Der Vermerk über Postnachnahme gilt nicht als Wertangabe. Nachnahmesendungen werden daher nur dann als Sendungen mit Wertangabe behandelt, wenn außer dem Nachnahmebetrage noch ein Wert angegeben ist.

Vgl. § 19, sowie PostG. (Nr. II) § 12 u. Anm.

V. Über Sendungen mit Wertangabe wird eine Einlieferungsbescheinigung erteilt.

§ 15. Verpackung der gewöhnlichen und einzuschreibenden Pakete sowie der Sendungen mit Wertangabe.

I. Die Verpackung der gewöhnlichen und einzuschreibenden Pakete sowie der Sendungen mit Wertangabe muß nach Maßgabe der Beförderungsstrecke, des Umfanges der Sendung und der Beschaffenheit des Inhalts haltbar und sichernd eingerichtet sein.

Verluste oder Beschädigungen, die erweislich aus ungenügender Verpackung hervorgehen, hat die Postverwaltung nicht zu vertreten. § 6 II, § 27, III u. PostG. (Nr. 11) § 6 zu a.

II. Bei Gegenständen von geringerem Werte, die nicht unter Druck leiden und nicht Fett oder Feuchtigkeit absetzen, ferner bei Akten- oder Schriftensendungen genügt bei einem Gewichte bis zu 3 Kilogramm eine Umhüllung von Packpapier mit angemessener Verschnürung.

III. Schwerere Gegenstände müssen, sofern nicht der Inhalt und der Umfang eine festere Verpackung erfordern, mindestens in mehrfachen Umschlägen von starkem Packpapiere verpackt sein.

IV. Sendungen von bedeutenderem Werte, insbesondere solche, die durch Nässe, Reibung oder Druck leicht Schaden leiden, z. B. Spitzen, Seidenwaren, müssen nach Maßgabe ihres Wertes, Umfanges und Gewichts genügend sicher in Wachsleinwand, Pappe oder in gut beschaffenen, nach Umständen mit Leinen überzogenen Kisten pp. verpackt sein.

V. Sendungen mit einem Inhalte, der andere Sendungen beschädigen könnte, müssen so verpackt sein, daß eine solche Beschädigung fern gehalten wird. Fässer mit Flüssigkeiten müssen mit starken Reifen versehen sein. Leicht zerbrechliche Gefäße (Flaschen, Krüge pp.) mit Flüssigkeiten sind in festen Kisten, Kübeln oder Körben zu verwahren.

VI. Briefe mit Wertangabe müssen mit einem haltbaren, aus einem Stücke hergestellten Umschlage versehen sein. Der Umschlag darf nicht farbige Ränder haben.

VII. Wegen der besonderen Anforderungen bei Geldsendungen siehe § 17.

§ 16. Verschluß der gewöhnlichen und einzuschreibenden Pakete sowie der Sendungen mit Wertangabe.

I. Der Verschluß der gewöhnlichen und einzuschreibenden Pakete muß haltbar und so eingerichtet sein, daß ohne dessen Beschädigung oder Eröffnung dem Inhalte nicht beizukommen ist. Von einem Siegelverschlusse kann abgesehen werden, wenn durch den sonstigen Verschluß oder durch die Unteilbarkeit des Inhalts die Sendung hinreichend gesichert erscheint. Der Verschluß kann durch eine gut geknotete Verschnürung oder, wenn die Umhüllung aus Packpapier besteht, mittelst guten Klebstoffs oder mittelst Siegelmarken hergestellt werden. Auch bei anderer Verpackung können Siegelmarken an=

gewendet werden, sofern damit ein haltbarer Verschluß erzielt wird. Bei Reisetaschen, Koffern und Kisten, die mit Schlössern versehen sind, bei gut bereiften und fest verspundeten Fässern und bei fest vernagelten Kisten bedarf es keines weiteren Verschlusses. Gut umhüllte Maschinenteile, größere Waffen und Instrumente, Kartenkasten, einzelne Stücke Wildpret, z. B. Hasen und Rehe, können ohne besonderen Verschluß angenommen werden.

Vgl. Anm. zu § 15 I.

II. Bei Sendungen mit Wertangabe sind in gutem Siegellack mittelst desselben Petschafts Siegelabdrücke in solcher Zahl anzubringen, daß dem Inhalt ohne sichtbare Beschädigung der Umhüllung (des Briefumschlags) oder der Siegelabdrücke nicht beizukommen ist. Bei Briefen mit Wertangabe müssen die Siegelabdrücke sämtliche Klappen des Umschlags fassen. Wegen der besonderen Anforderungen bei Geldsendungen siehe § 17.

§ 17. Besondere Anforderungen an Verpackung und Verschluß der Geldsendungen.

I. Geldstücke, die in Briefen versendet werden, müssen in Papier pp. eingeschlagen und innerhalb des Briefes so befestigt sein, daß sie während der Beförderung ihre Lage nicht ändern können.

II. Bei Geldpaketen im Gewichte bis zu 2 Kilogramm, deren Wert bei Papiergeld 10000 Mark und bei barem Gelde 1000 Mark nicht übersteigt, genügt eine Umhüllung aus starkem, mehrfach umgeschlagenem Papiere mit guter Verschnürung und Versiegelung. Geldpakete von größerem Gewicht oder von höherem Werte müssen in haltbarer Leinwand, in Wachsleinwand oder in Leder verpackt, gut umschnürt und vernäht sowie längs der Naht hinreichend oft versiegelt sein.

III. Geldbeutel und Säcke, die ohne weitere Verpackung versendet werden, dürfen aus einfacher starker Leinwand nur dann bestehen, wenn das Geld gerollt oder zu Päckchen vereinigt ist. Anderenfalls müssen die Beutel pp. aus wenigstens doppelter Leinwand hergestellt sein. Die Naht darf nicht auswendig und der Kropf nicht zu kurz sein. Die Schnur, die den Kropf umgibt, muß durch den Kropf selbst hindurchgezogen werden. Wo der Knoten geschürzt ist, und außerdem über beiden Schnurenden muß das Siegel aufgedrückt sein. Derartige Sendungen dürfen nicht über 25 Kilogramm schwer sein.

Von den Reichs- und Staatsbehörden sowie von den Reichsbankanstalten abgesandte Geldbeutel werden auch mit Plombenverschluß zur Postbeförderung zugelassen, sofern die Plombe nach Einrichtung und Beschaffenheit den postseitig gestellten Anforderungen entspricht.

IV. Geldkisten müssen aus starkem Holze gefertigt, gut gefügt und fest vernagelt oder mit guten Schlössern versehen sein. Der Deckel darf nicht überstehen; die Eisenbeschläge müssen gut befestigt und so eingelassen sein, daß sie andere Gegenstände nicht zerscheuern können. Über 25 Kilogramm schwere Kisten müssen gut bereift und mit Handhaben versehen sein.

V. Geldfässer müssen gut bereift, die Schlußreifen angenagelt und an beiden Böden so verschnürt und versiegelt sein, daß ein Öffnen des Fasses ohne Verletzung der Umschnürung oder des Siegels nicht möglich ist.

VI. Bei Sendungen mit barem Gelde in größeren Beträgen muß der Inhalt gerollt sein. Gelder, die in Fässern oder Kisten zur Versendung gelangen sollen, müssen zunächst in Beutel oder Pakete verpackt werden.

§ 18. Postaufträge zur Einziehung von Geldbeträgen und zur Einholung von Wechselakzepten.

I. Im Wege des Postauftrags können

a) Gelder bis 800 Mark einschließlich eingezogen oder

b) Wechsel zur Einholung der Annahmeerklärung versendet werden.

Gewähr: s. unten XX.

Über den Postauftragsverkehr mit dem Auslande vgl. Nr. XVI.

II. Dem Postauftrage sind die einzulösenden Papiere (quittierte Rechnung, quittierter Wechsel, Zinsschein usw.) zur Aushändigung an die Person, die Zahlung leisten soll, oder die zur Annahme vorzuzeigenden Wechsel beizufügen. Die Vereinigung mehrerer Postaufträge zu einer Sendung ist nicht gestattet. Einem Postauftrage zur Geldeinziehung können mehrere Quittungen, Wechsel, Zinsscheine usw. zur gleichzeitigen Einziehung von demselben Zahlungspflichtigen beigefügt werden; die Gesamtsumme des einzuziehenden Betrags darf jedoch 800 Mark nicht übersteigen. Ebenso können einem Postauftrage zur Akzepteinholung mehrere Wechsel beigefügt werden, wenn sie derselben Person gleichzeitig zur Annahmeerklärung vorzuzeigen sind.

III. Zu den Postaufträgen zur Geldeinziehung und zur Akzepteinholung kommen verschiedene Formulare zur Anwendung. Derartige Formulare werden von den Postanstalten zum Preise von 5 Pf. für je 10 Stück verabfolgt. Den Absendern ist nicht gestattet, für eigene Rechnung hergestellte Formulare postmäßig zu verwenden; es steht ihnen jedoch frei, die Ausfüllung der von der Post bezogenen Formulare zu Postaufträgen ganz oder teilweise durch Druck, mit der Schreibmaschine usw. bewirken zu lassen.

IV. Der Auftraggeber hat auf der Vorderseite des Formulars anzugeben:

den Namen und Wohnort der Person, die Zahlung leisten oder das Akzept erteilen soll,

den einzuziehenden Betrag oder den Betrag der zur Annahme vorzuzeigenden Wechsel, wobei die Marksumme in Zahlen und Buchstaben ausgedrückt sein muß,

den eigenen (des Auftraggebers) Namen und Wohnort.

Bei den Postaufträgen zur Geldeinziehung ist außerdem die Zahl der Anlagen einzurücken. Ferner ist gestattet, den Tag anzugeben, an welchem die Einziehung des Betrags erfolgen soll. Dieser Tag ist dann für die Vorzeigung des Postauftrags maßgebend.

Bei den Postaufträgen zur Akzepteinholung bleibt die Ausfüllung des Vordrucks in bezug auf Fälligkeit des Wechsels und Angabe der Wechselnummer dem Auftraggeber anheimgestellt.

Der unbedruckte Teil der Rückseite des Postauftragsformulars dient zur Aufnahme etwaiger Bestimmungen des Auftraggebers darüber, was mit dem Postauftrage nach einmaliger vergeblicher Vorzeigung usw. (VI) geschehen soll.

V. Zu schriftlichen Mitteilungen darf das Postauftragsformular, das im Falle der Einziehung des Betrags oder der Annahme des Wechsels in den Händen der Post verbleibt, nicht benutzt werden. Briefe dem Postauftrage beizufügen, ist nicht gestattet.

VI. Der Auftraggeber kann verlangen, daß der Postauftrag nach einmaliger vergeblicher Vorzeigung oder nach dem ersten vergeblich gebliebenen Versuche der Vorzeigung an ihn zurückgesandt oder an eine andere innerhalb des Deutschen Reichs wohnende Person weitergesandt werde. Dieses Verlangen ist durch den Vermerk „Sofort zurück" oder — unter genauer Bezeichnung eines anderen Empfängers — durch den Vermerk „Sofort an N. in N." auf der

Rückseite des Postauftragsformulars auszudrücken. Wünscht der Auftraggeber, daß die Weitersendung an eine zur Aufnahme des Wechselprotestes befugte Person geschieht, so genügt der Vermerk „Sofort zum Protest" auf der Rückseite des Postauftragsformulars, ohne daß es der namentlichen Bezeichnung einer solchen Person bedarf.

VII. Der Auftraggeber hat den Postauftrag unter verschlossenem Umschlag an die Postanstalt, welche die Einziehung oder Akzepteinholung bewirken soll, abzusenden. Der Brief ist mit der Aufschrift „Postauftrag nach .... (Name der Postanstalt)" zu versehen. Soll die Vorzeigung an einem bestimmten Tage geschehen, so darf die Einlieferung des Postauftrags nicht früher als sieben Tage vorher erfolgen.

VIII. Über den Postauftragsbrief wird eine Einlieferungsbescheinigung erteilt.

IX. Bei Postaufträgen zur Geldeinziehung erfolgt die Einziehung des Betrags gegen Vorzeigung des Postauftrags und Aushändigung der quittierten Rechnung (des quittierten Wechsels pp.). Wegen der Vorzeigung der Postaufträge zur Geldeinziehung und der Aushändigung der Anlagen siehe § 39 IV und V.

Die Zahlung ist entweder sofort an den bestellenden Boten oder, wenn der Zahlungspflichtige oder dessen Bevollmächtigter (§ 39 III) Frist verlangt und der Auftraggeber nicht eine andere Bestimmung (XVIII) getroffen hat, binnen sieben Tagen nach der

Vorzeigung des Postauftrags bei der einziehenden Postanstalt zu leisten. Die siebentägige Lagerfrist wird von dem Tage gerechnet, welcher auf den Tag der ersten Vorzeigung oder des ersten Versuchs der Vorzeigung folgt. Erfolgt die Zahlung innerhalb dieser Frist nicht, so wird der Postauftrag vor der Rücksendung nochmals zur Zahlung vorgezeigt. Bleibt diese Vorzeigung oder der Versuch der Vorzeigung erfolglos, so wird der Postauftrag bis zum Schlusse der Schalterdienststunden an dem betreffenden Tage bei der Postanstalt zur Einlösung bereit gehalten. Verweigert der Zahlungspflichtige oder dessen Bevollmächtigter bei der zweiten Vorzeigung die Einlösung, so wird der Postauftrag sofort zurückgesandt; ebenso findet sofortige Rücksendung statt, wenn bereits bei der ersten Vorzeigung Zahlung verweigert wird. Als Zahlungsverweigerung gilt nur die Erklärung des Zahlungspflichtigen selbst oder dessen Bevollmächtigten. Teilzahlungen werden nicht angenommen.

Vgl. Wechselordn. Art. 38, 39.

X. Der eingezogene Betrag, nach Abrechnung der Postanweisungsgebühr, wird dem Auftraggeber durch Postanweisung (§ 20) übermittelt.

XI. Dem Belieben des Auftraggebers ist es überlassen, dem Postauftrage das ausgefüllte Formular der Postanweisung beizufügen. In diesem Formulare darf nur der Betrag angegeben werden, der nach Abzug der Postanweisungsgebühr übrig bleibt.

XII. Bei Postaufträgen zur Akzepteinholung erfolgt die Vorzeigung des Postauftrags und des beigefügten Wechsels an die im Auftragsformulare namhaft gemachte Person oder deren Bevollmächtigten. Als bevollmächtigt wird, sofern nicht bei der Postanstalt eine im besonderen auf die Annahme von Wechseln lautende Vollmacht niedergelegt ist, postseitig jeder angesehen, der zur Empfangnahme von Sendungen mit einer Wertangabe von mehr als 400 Mark für die betreffende Person berechtigt ist (§ 39 VII).

XIII. Die Annahmeerklärung muß auf dem Wechsel schriftlich geschehen. Die Annahme gilt als verweigert, wenn sie nur auf einen Teil der Wechselsumme erfolgt oder wenn der Annahmeerklärung andere Einschränkungen beigefügt werden.

Wechselordn. Art. 21, 22.

XIV. Der angenommene Wechsel wird von der Bestimmungs-Postanstalt ohne Verzug an den Auftraggeber unter Einschreibung zurückgesendet.

XV. Wechsel, welche bei der ersten Vorzeigung mit einem schriftlichen Akzepte nicht versehen worden sind, werden nach sieben Tagen nochmals vorgezeigt, falls Frist verlangt worden ist und der Auftraggeber nicht durch einen Vermerk auf der Rückseite des Postauftragsformulars ein anderes Verfahren (XVIII) vorgeschrieben hat. Für die Berechnung der siebentägigen Lagerfrist und für das Verfahren bei der zweiten Vorzeigung gelten die Bestimmungen unter IX.

XVI. An Sonntagen und allgemeinen Feiertagen werden Postaufträge nicht vorgezeigt.

Wechselordn. Art. 92.

XVII. Hat der Auftraggeber auf der Rückseite des Postauftragsformulars nicht anders bestimmt (XVIII), so ist der Postauftrag nebst Anlagen an ihn zurückzusenden, sobald feststeht, daß die Person, die Zahlung leisten oder das Akzept erteilen soll (IV), nicht zu ermitteln ist, oder sobald die Zahlung und bei Postaufträgen zur Akzepteinholung die Annahmeerklärung verweigert oder eine die Verweigerung der Annahme ausdrückende oder ihr gleich zu achtende Erklärung auf dem Wechsel niedergeschrieben worden ist.

XVIII. Postaufträge mit dem Vermerk „Sofort zurück" oder „Sofort an N. in N." oder „Sofort zum Protest" werden nach der ersten vergeblichen Vorzeigung oder nach dem ersten vergeblich gebliebenen Versuche der Vorzeigung bis zum Schlusse der Schalterdienststunden an dem betreffenden Tage bei der Postanstalt zur Einlösung oder Erteilung der Annahmeerklärung bereit gehalten. Wird bei der Vorzeigung die Einlösung oder Erteilung der Annahmeerklärung verweigert, oder ist am Tage der Vorzeigung der auf dem Postauftragsformular angegebene Tag (IV) bereits verstrichen, so werden die Postaufträge sofort zurück- oder weitergesandt. Mit der Weitergabe des Postauftrags und dessen Anlagen an den Gerichtsvollzieher, Notar pp. oder bei Postaufträgen mit dem Vermerke „Sofort an N. in N.“ mit der Weitergabe an den zweiten Empfänger ist die Obliegenheit der Postverwaltung erfüllt. Die Protestkosten hat der Auftraggeber unmittelbar an den Erheber des Protestes zu entrichten.

XIX. Solange der Postauftrag noch nicht eingelöst oder nicht angenommen, zurückgesendet oder weitergesendet ist, kann der Absender unter Vorlegung eines Doppels des ausgefüllten Postauftragsformulars und unter den sonstigen Bedingungen des § 33 den Postauftrag zurückziehen oder die Angaben im Postauftragsformular ändern lassen. Nachträgliche Änderungen hinsichtlich der Anlagen sind nicht zulässig.

XX. Die Postverwaltung haftet für eine Postauftragssendung wie für einen eingeschriebenen Brief und für den eingezogenen Betrag wie für die auf Postanweisungen eingezahlten Beträge. Eine weitergehende Gewähr, insbesondere für rechtzeitige Vorzeigung oder für rechtzeitige Rück- oder Weitersendung des Postauftrags, wird nicht geleistet; auch übernehmen die Postanstalten keinerlei Verpflichtung zur Erfüllung der besonderen Vorschriften des Wechselrechts.

PostG. (Nr. II) § 12. Vgl. Wechselordn. Art. 18, 41 ff., 62 ff., 91 ff., „Gerichtliche Entscheidungen“ (Nr. XXIX) A 1.

XXI. Es werden erhoben:

1. für den Postauftragsbrief . . . . . 30 Pf.;
2. a) bei Postaufträgen zur Geldeinziehung die tarifmäßige Postanweisungsgebühr für die

Übermittelung des eingezogenen Geldbetrags (§ 20 II);

b) bei Postaufträgen zur Akzepteinholung für die Rücksendung des angenommenen Wechsels 30 Pf.

Die Gebühr unter 1 ist vom Auftraggeber vorauszubezahlen. Die Postanweisungsgebühr (2 a) wird von dem eingezogenen Geldbetrag in Abzug gebracht. Die Gebühr unter 2 b wird dem Auftraggeber bei Übersendung des angenommenen Wechsels angerechnet.

Ist die Zahlung des Geldbetrags oder die Annahme des Wechsels verweigert worden, so wird die Rücksendung des Postauftrags und dessen Weitersendung an einen anderen Empfänger oder an eine zur Aufnahme des Wechselprotestes befugte Person ohne neuen Gebührenansatz bewirkt.

§ 19. Postnachnahmesendungen.

I. Postnachnahmen sind bis 800 Mark einschließlich bei Briefsendungen und Paketen zulässig. Postnachnahme wird nicht als Wertangabe erachtet (§ 14 IV). Die Beifügung von Zustellungsurkunden (§ 25) ist bei Nachnahmesendungen ausgeschlossen.

Garantie: PostG. (Nr. II) § 12 Anm.

II. Nachnahmesendungen müssen in der Aufschrift mit dem Vermerke „Nachnahme von .... Mark .. Pf." (Marksumme in Zahlen und Buchstaben, Pfennigsumme nur in Zahlen) versehen sein und unmittelbar darunter die deutliche Angabe des Namens und Wohnorts — in größeren Städten auch die Wohnung — des Absenders enthalten. Bei Nachnahmepaketen müssen vorstehende Vermerke auf dem Paket und der Postpaketadresse angebracht sein.

III. Bei Nachnahmesendungen wird über den Betrag eine Einlieferungsbescheinigung erteilt. Ist über die Sendung ohnehin eine Einlieferungsbescheinigung zu verabfolgen, so wird der Nachnahmebetrag darin mit vermerkt.

IV. Briefsendungen mit Nachnahme — ausgenommen solche mit dem Vermerk „Durch Eilboten" oder „Postlagernd" — werden an Sonntagen und allgemeinen Feiertagen nicht zur Einlösung vorgezeigt.

Zweite Vorzeigungen von Nachnahmesendungen — nach Ablauf der etwa verlangten Einlösungsfrist — finden an Sonntagen und allgemeinen Feiertagen überhaupt nicht statt.

Soweit Vorzeigungen an Sonntagen und allgemeinen Feiertagen bestimmungsmäßig unterblieben sind, werden solche Tage bei Berechnung der Einlösungsfrist nicht mitgezählt.

Eine Nachnahmesendung darf nur gegen Berichtigung des Nachnahmebetrags ausgehändigt werden. Der Empfänger kann eine Einlösungsfrist von 7 Tagen vom Tage nach dem Eingange der Sendung in Anspruch nehmen. Wird die Nachnahme bei der ersten Vorzeigung nicht eingelöst und eine Zahlungsfrist nicht beansprucht, so wird die Sendung sofort zurückgesendet, sofern nicht zunächst eine Unbestellbarkeitsmeldung zu erlassen ist (§ 45). Nachnahmesendungen mit dem Vermerke „Postlagernd" werden 7 Tage lang vom Tage nach dem Eingange zur Verfügung des Empfängers gehalten, falls nicht früher die Annahme verweigert wird.

Bei Nachnahmesendungen, die vom Absender mit dem Vermerke „Sofort zurück" oder mit einer ähnlichen, das Verlangen schleuniger Rücksendung ausdrückenden Angabe versehen sind, ist die Lagerfrist ausgeschlossen. Der Vermerk muß auf der Aufschriftseite der Sendung und bei Paketen auch auf der Postpaketadresse angegeben sein.

Im Falle der Nachsendung (§ 44) einer Nachnahmesendung wird die Einlösungsfrist von 7 Tagen für jeden neuen Bestimmungsort besonders berechnet.

Wegen der zivilrechtlichen Bedeutung des Vermerks „Sofort zurück" vgl. „Gerichtliche Entscheidungen" (Nr. XXIX) A 9.

V. Der Absender einer Nachnahmesendung kann unter den Bedingungen des § 33 die Nachnahme nachträglich streichen oder ändern lassen.

VI. Eingelöste Nachnahmebeträge werden den Absendern von der Bestimmungs-Postanstalt mittels Postanweisung (§ 20) nach Abzug der Geldübermittelungsgebühr zugesendet. Auf dem Abschnitte der Postanweisung wird postseitig vermerkt, auf welche Nachnahmesendung sich die Postanweisung bezieht.

VII. Für Nachnahmesendungen werden erhoben:

1. das Porto für gleichartige Sendungen ohne Nachnahme, bei Einschreibsendungen und Sendungen mit Wertangabe auch die Einschreib- und die Versicherungsgebühr;
2. eine Vorzeigegebühr von 10 Pf.;
3. die Postanweisungsgebühr für die Übermittelung des eingezogenen Betrags an den Absender (§ 20 II).

VIII. Die Vorzeigegebühr wird zugleich mit dem Porto erhoben und ist auch dann zu entrichten, wenn die Sendung nicht eingelöst wird.

§ 20. Postanweisungen.

I. Im Wege der Postanweisung werden Geldbeträge bis 800 Mark einschließlich übermittelt.

a. Gewähr: PostG. (Nr. II) § 6 u. Anm. f dazu.

b. Über den Postanweisungsverkehr mit dem Auslande vgl. Nr. XIV.

II. Postanweisungen müssen frankiert werden. Die Gebühr beträgt auf alle Entfernungen:

	bis	5	Mark	. . . . .	10	Pf.,
über	5 „	100	„	. . . . .	20	„ ,
„	100 „	200	„	. . . . .	30	„ ,
„	200 „	400	„	. . . . .	40	„ ,
„	400 „	600	„	. . . . .	50	„ ,
„	600 „	800	„	. . . . .	60	„ .

Bei Postanweisungen mit angehängter Karte zur Empfangsbestätigung muß auch diese, nach der Gebühr für Postkarten frankiert sein.

III. Zu Postanweisungen dürfen nur Formulare benutzt werden, welche von den Postanstalten bezogen sind. Gestempelte Formulare werden zum Nennwerte des Stempels, ungestempelte zum Preise von 5 Pf. für je 10 Stück, ungestempelte Formulare mit angehängter Postkarte zur Empfangsbestätigung zum Preise von 5 Pf. für je 5 Stück verabfolgt.

IV. Die Ausfüllung der Postanweisungen kann auch durch Druck, mit der Schreibmaschine usw. bewirkt werden; die handschriftliche Ausfüllung darf nur mit Tinte geschehen. Die Angabe des Geldbetrags hat in der Reichswährung zu erfolgen. Die Marksumme muß in Zahlen und in Buchstaben ausgedrückt sein.

V. Der Abschnitt der Postanweisung kann zu Mitteilungen benutzt werden.

VI. Über den eingezahlten Betrag wird eine Einlieferungsbescheinigung erteilt.

VII. Die Auszahlung erfolgt gegen Quittung auf der Postanweisung. Der Abschnitt der Postanweisung kann vom Empfänger abgetrennt und zurückbehalten werden; bei Postanweisungen mit angehängter Postkarte zur Empfangsbestätigung wird dem Empfänger die Karte überlassen.

VIII. Die Postanweisung sowie die zur Frankierung verwendeten Postwertzeichen gehen mit der Einlieferung in das Eigentum der Postverwaltung über und müssen auch dann an die Postanstalt zurückgegeben werden, wenn auf die Auszahlung des Betrags verzichtet oder dessen Annahme verweigert wird.

IX. Stehen der Bestimmungs-Postanstalt die erforderlichen Geldmittel augenblicklich nicht zur Verfügung, so kann die Auszahlung erst verlangt werden, nachdem die Beschaffung der Mittel erfolgt ist.

X. Wenn dem Empfänger eine Postanweisung abhanden gekommen ist, so hat er der Bestimmungs-Postanstalt von dem Verluste Mitteilung zu machen. Von dieser Postanstalt wird alsdann bei etwaiger Vorlegung der Anweisung die Zahlung bis auf weiteres ausgesetzt. Es ist Sache des Empfängers, durch Vermittelung des Absenders bei der Aufgabe-Postanstalt die Übersendung eines vom Absender auszufertigenden Doppels der Postanweisung zu erwirken. Bei der Einlieferung des Doppels muß die bei der Aufgabe der abhanden gekommenen Postanweisung erteilte Einlieferungsbescheinigung von dem Absender vorgelegt werden. Die Versendung des Doppels von dem Aufgabe- nach dem Bestimmungsort erfolgt kostenfrei.

§ 21. Telegraphische Postanweisungen.

I. Die Überweisung auf Postanweisungen eingezahlter Beträge kann auf Verlangen des Absenders durch Vermittelung des Telegraphen erfolgen.

a. Tel. Postanw. sind auch im Orts- und Landbestellbezirk zulässig, gleichviel ob eine telegraphische Übermittelung erfolgt oder nicht.

b. Vgl. auch TO. (Nr. XXI) § 12.

II. Falls ein solches Verlangen ausgesprochen wird, liegt die Ausfertigung des Telegramms, mittels dessen die Überweisung erfolgt, der Aufgabe-Postanstalt ob. Wünscht der Absender durch dieses Telegramm weitere, auf die Verfügung über das Geld bezügliche Mitteilungen zu machen, so muß er diese der Postanstalt schriftlich übergeben, welche sie in das Telegramm mit aufnimmt.

III. Bei telegraphischen Postanweisungen, die an Orten ohne Telegraphenanstalt zur Post gegeben werden, wird das Telegramm von der Aufgabe-Postanstalt mit der nächsten Post der am schnellsten zu erreichenden, dem allgemeinen Verkehre dienenden Telegraphenanstalt als Einschreibsendung zugeführt.

IV. Ist eine telegraphische Postanweisung nach einem mit einer Telegraphenanstalt nicht versehenen Postorte gerichtet, so erfolgt die Weiterbeförderung des Telegramms von der letzten Telegraphenanstalt bis zur Bestimmungs-Postanstalt ebenfalls mit der nächsten Post als Einschreibsendung.

V. Der Absender hat zu entrichten:

1. die Postanweisungsgebühr;
2. die Telegrammgebühr.

Außerdem kommt zutreffenden Falles zur Erhebung:

a) das Porto und die Einschreibgebühr für die Beförderung des Telegramms zur nächsten Telegraphenanstalt (III);

b) das Porto und die Einschreibgebühr für die Beförderung des Telegramms von der letzten Telegraphenanstalt bis zur Bestimmungs-Postanstalt (IV);

c) das Eilbestellgeld für die Bestellung an den Empfänger (VI).

Die Gebühren unter a sind stets vom Absender vorauszubezahlen; dagegen bleibt es in sein Belieben gestellt, ob er die Gebühren unter b und c ebenfalls vorausbezahlen oder deren Entrichtung dem Empfänger überlassen will.

VI. Die Bestimmungs-Postanstalt hat das Telegramm, sofern die Anweisung nicht mit dem Vermerke „Postlagernd" versehen ist, gleich nach der Ankunft dem Empfänger durch einen besonderen Boten zuzustellen. Die Auszahlung des angewiesenen Betrags erfolgt gegen Rückgabe des mit der Quittung des Empfängers versehenen Telegramms.

VII. Die Nachsendung telegraphischer Postanweisungen erfolgt in der Regel auf dem Postweg, auf telegraphischem Wege nur dann, wenn dies vom Aufgeber ausdrücklich vorgeschrieben oder vom Empfänger beantragt ist. Auf ausdrückliches Verlangen des Aufgebers oder Empfängers werden auch gewöhnliche Postanweisungen telegraphisch nachgesandt.

VIII. Die Telegraphenanstalten sind ermächtigt, in Vertretung der Postanstalt Beträge auf Postanweisungen, die auf telegraphischem Wege überwiesen werden sollen, von den Absendern anzunehmen oder telegraphisch überwiesene Beträge am Bestimmungsort auszuzahlen.

Vgl. TO. (Nr. XXI) § 12. Auch können Postanstalten mit Telegraphenbetrieb zur Annahme von telegraphischen Postanweisungen außerhalb der Postschalterdienststunden ermächtigt werden.

§ 22. Durch Eilboten zu bestellende Sendungen.

I. Auf Verlangen des **Absenders** können Postsendungen dem Empfänger durch besonderen Boten zugestellt werden (Eilbestellung). Das Verlangen der Eilbestellung muß durch den vom Absender durch Unterstreichung hervorzuhebenden Vermerk „Durch Eilboten" ausgedrückt werden. Bezeichnungen wie „Dringend", „Eilig" usw. sind zur Kundgebung des Verlangens der Eilbestellung nicht ausreichend.

Wegen der Zulässigkeit des Verlangens der Eilbestellung durch den **Empfänger** siehe unter XII.

Die Gewährleistung für Eilbotensendungen richtet sich, je nach der Art der Sendung, lediglich nach den allgemeinen Vorschriften. PostG. (Nr. II) §§ 6, 8, 9, 10, 12.

II. Die Zustellung von Eilsendungen erfolgt in der Regel sogleich nach der Ankunft bei der Bestimmungs-Postanstalt. Während der Nachtstunden von 10 Uhr abends bis 6 Uhr früh findet jedoch keine Eilbestellung statt; nur wenn der Absender dem Vermerk „Durch Eilboten" auf der Adresse hinzugefügt hat „auch Nachts", wird die Eilbestellung auch während dieser Nachtstunden ausgeführt.

III. Der Absender kann die Gebühr für die Eilbestellung (VI) vorausbezahlen oder die Zahlung dem Empfänger überlassen. Im Falle der Vorausbezahlung hat er dem Eilbestellvermerke hinzuzufügen „Bote bezahlt".

IV. An Empfänger im Orts- und Landbestellbezirke des Aufgabepostorts sind nur gewöhnliche Briefsendungen zur Eilbestellung zugelassen.

V. Gewöhnliche und eingeschriebene Briefsendungen, Postanweisungen nebst den Geldbeträgen, gewöhnliche und eingeschriebene Pakete bis zum Gewichte von 5 Kilogramm und Sendungen mit Wertangabe bis zum Betrage von 800 Mark und bis zum Gewichte von 5 Kilogramm werden den Eilboten mitgegeben. Bei schwereren Paketen sowie bei Sendungen mit höherer Wertangabe erstreckt sich die Verpflichtung zur Bestellung nur auf die Postpaketadresse oder den Ablieferungsschein. Die oberste Postbehörde ist indes berechtigt, die bezeichneten Gewichts- und Wertgrenzen für bestimmte Orte dauernd oder vorübergehend zu erweitern und die unter VI festgesetzten Gebühren entsprechend zu erhöhen; ebenso kann die Postbehörde, soweit es sich um Sendungen mit Wertangabe, Postanweisungen oder Pakete handelt, die vom Absender etwa gewünschte Nacht-Eilbestellung beschränken.

VI. Für die Eilbestellung sind zu entrichten:

A. Im Falle der Vorausbezahlung durch den Absender

1. bei gewöhnlichen und eingeschriebenen Briefsendungen, Postanweisungen, Briefen mit Wertangabe, Ablieferungsscheinen und Postpaketadressen
   im Ortsbestellbezirke . . . . . 25 Pf.,
   im Landbestellbezirke . . . . . 60 „
   für jeden Gegenstand,
   bei Sendungen an Empfänger im Landbestellbezirke des Aufgabe-Postorts (IV) jedoch die wirklich erwachsenden Botenkosten, zu deren Deckung der Absender auf Verlangen einen angemessenen Betrag zu hinterlegen hat, mindestens aber 25 Pf.;
2. bei Paketen
   im Ortsbestellbezirke . . . . . 40 Pf.,
   im Landbestellbezirke . . . . . 90 „
   für jedes Paket.

B. Im Falle der Entrichtung des Botenlohns durch den Empfänger

bei allen Sendungen die wirklich erwachsenden Botenkosten, mindestens jedoch 25 Pf. für einen der Gegenstände zu A 1 und 40 Pf. für ein Paket.

VII. Bei gleichzeitiger Abtragung mehrerer Sendungen durch denselben Boten an denselben Empfänger wird, wenn die Zahlung des Botenlohns den Empfänger überlassen ist, der Botenlohn bei Briefsendungen für eine der Sendungen zum vollen Betrag und für die anderen mit je 10 Pf., bei Paketen aber für jedes Paket mindestens der Betrag von 40 Pf. erhoben. Sind mit Eilbriefsendungen zugleich Eilpakete abzutragen, so kommen die Botenlohnsätze für Pakete und außerdem für jede Briefsendung der Satz von 10 Pf. in Anwendung. Werden durch denselben Boten an denselben Empfänger gleichzeitig solche Eilsendungen abgetragen, für welche das Eilbestellgeld ganz oder zum Teil (VIII) im voraus bezahlt ist, und solche, bei welchen dies nicht der Fall ist: so ist vom Empfänger der nach vorstehendem zu berechnende Botenlohn abzüglich der vorausbezahlten Beträge zu entrichten. Die für etwa gleichzeitig zur Abtragung gelangende Telegramme im voraus bezahlte Bestellgebühr bleibt hierbei außer Betracht.

VIII. Reichen bei Briefsendungen, die im Briefkasten vorgefunden werden, die verwendeten Freimarken zur Deckung des Portos und der Eilbestellgebühr (VI A) nicht aus, so kommen für die Sendungen die Sätze unter VI B zur Erhebung nach Abzug des durch Freimarken vorausbezahlten Teiles der Gebühr.

IX. Eine Beförderung von Sendungen mittels Eilboten vom Einlieferungsorte nach einem anderen Postorte findet nicht statt. Dagegen kann auf Verlangen des Absenders die besondere Beförderung von

Sendungen, die einer Postanstalt von weiterher zugehen nnd nach einem anderen Postorte gerichtet sind, durch Eilboten stattfinden, wenn die Entfernung zwischen den beiden Postanstalten nicht über 15 Kilometer beträgt. Die Aufschriften derartiger Sendungen müssen unter der Angabe des Bestimmungsorts den Vermerk enthalten: „Von (Bezeichnung der Postanstalt, von welcher aus die Beförderung durch Eilboten erfolgen soll) durch Eilboten". Für derartige Eilsendungen sind auch im Falle der Vorausbezahlung durch den Absender die wirklich erwachsenden Botenkosten, mindestens aber die unter VI A für die Landbestellung festgesetzten Beträge, zu entrichten. Der Absender hat auf Verlangen einen angemessenen Betrag zur Deckung dieser Kosten zu hinterlegen.

X. Hat der Absender den Botenlohn nicht vorausbezahlt und verweigert der Empfänger dessen Zahlung, so ist die Sendung als unbestellbar zu behandeln.

XI. Im Falle der Rücksendung einer unbestellbaren Eilsendung sind die Kosten für den Eilbestellversuch, welche bei der Aushändigung der Sendung vom Empfänger zu erheben gewesen wären, vom Absender zu tragen.

XII. Anträgen des Empfängers auf Eilbestellung von Postsendungen kann ausnahmsweise entsprochen werden, wenn dies ohne Beeinträchtigung des Dienstbetriebs möglich ist. Zutreffenden Falles ist der Botenlohn nach den Festsetzungen unter VI B zu erheben. Die unter VII vorgesehene Ermäßigung bei gleichzeitiger Abtragung mehrerer Gegenstände findet in diesem Falle keine Anwendung.

§ 23. Bahnhofsbriefe.

I. Wünscht ein Empfänger Briefe von einem bestimmten Absender am Bahnhof unmittelbar nach Ankunft der Eisenbahnzüge in Empfang zu nehmen (Bahnhofsbriefe), so hat er dies der Postanstalt an seinem Wohnorte mitzuteilen, die ihm gegen Entrichtung der festgesetzten Gebühr (IV) ein Ausweisschreiben aushändigt.

II. Die Verständigung mit dem Absender, daß die Bahnhofsbriefe stets zu demselben Zuge aufgeliefert werden, liegt dem Empfänger ob.

III. Bahnhofsbriefe müssen der Form und der sonstigen Beschaffenheit nach zur Beförderung als Briefe geeignet sein und dürfen weder unter Einschreibung befördert werden noch das Gewicht von 250 Gramm überschreiten. Zum Verschlusse sind Briefumschläge zu verwenden, die mit einem breiten roten Rande versehen sind und am Kopfe in großen Buchstaben die Bezeichnung „Bahnhofsbrief" tragen; auf der Rückseite des Briefumschlags ist der Name des Absenders anzugeben.

IV. Bahnhofsbriefe müssen vom Absender frankiert werden. Die neben dem Porto zu entrichtende Gebühr für die tägliche Abholung je eines mit einem bestimmten Eisenbahnzuge beförderten Briefes von demselben Absender an einen Empfänger beträgt 12 Mark für den Kalendermonat oder, wenn die Beförderung für kürzere Fristen als einen Monat erfolgen soll, 4 Mark für die Woche oder den Teil einer Woche. Die Gebühr ist von dem Empfänger im voraus zu zahlen.

V. Die Aushändigung der Bahnhofsbriefe erfolgt nur gegen Vorzeigung des Ausweisschreibens. Meldet sich der Abholer nicht rechtzeitig, so werden die Briefe gegen die im § 22 VI unter B festgesetzte Gebühr durch Eilboten bestellt.

§ 24. Dringende Pakete.

I. Zur Beförderung mit der Post geeignete Pakete, deren beschleunigte Übermittelung besonders erwünscht ist, können auf Verlangen der Absender als dringende Pakete mit den sich darbietenden schnellsten Postgelegenheiten versendet werden. Das Verlangen der Einschreibung oder eine Wertangabe ist bei dringenden Paketen nicht zulässig.

II. Die Sendungen müssen bei der Einlieferung zur Postanstalt äußerlich durch einen farbigen Zettel, der in fettem schwarzem Typendruck oder ausnahmsweise in großen handschriftlichen Zügen die Bezeichnung „Dringend" trägt, hervortretend kenntlich gemacht sein. Die zugehörigen Postpaketadressen sind mit dem gleichen Vermerke zu versehen.

III. Dringende Pakete werden am Bestimmungsorte durch Eilboten abgetragen, wenn sie nicht mit dem Vermerke „Postlagernd" versehen sind.

IV. Für dringende Pakete hat der Absender bei der Einlieferung im voraus zu entrichten:
1. das tarifmäßige Paketporto;
2. eine besondere Gebühr von 1 Mark;
3. u. U. (III) die Eilbestellgebühr (§ 22).

Für dringende Pakete leistet die Postverwaltung nach Maßgabe der allgemeinen Vorschriften (PostG. [Nr. II] §§ 6ff.) Gewähr.

§ 25. Briefe mit Zustellungsurkunde.

I. Auf Verlangen des Absenders kann die Zustellung eines Briefes an den Empfänger postamtlich beurkundet und die aufgenommene Zustellungsurkunde dem Absender übersendet werden.

Das Zustellungsverfahren ist geregelt durch die „Anweisung über das Verfahren, betreffend die postamtliche Bestellung von Schreiben mit Zustellungsurkunde" (ZBl. 1900 S. 329, ADA. V Abt. 1 Anl. 32). Vgl. § 40.

II. Hinsichtlich der Art der Zustellung ist zu unterscheiden:
a) die gewöhnliche Zustellung;
b) die vereinfachte Zustellung.

Im Falle zu a wird dem Empfänger bei der Zustellung eine beglaubigte Abschrift der Zustellungsurkunde übergeben, im Falle zu b nur der Tag der Zustellung auf dem Briefe vor seiner Aushändigung vermerkt. Wegen der Bestellung der Briefe mit Zustellungsurkunde siehe § 40.

III. Briefe mit Zustellungsurkunde müssen verschlossen und auf der Aufschriftseite mit der Angabe von Namen und Wohnort des Absenders handschriftlich oder durch Stempelabdruck pp. versehen sein. Der Absender hat dem Briefe im Falle der gewöhnlichen Zustellung (II a) zwei Formulare zur Zustellungsurkunde auf weißem Papier (Urschrift und Abschrift), im Falle der vereinfachten Zustellung (II b) ein Formular auf blauem Papiere haltbar äußerlich beizufügen und dementsprechend den Brief auf der Aufschriftseite mit dem Vermerke

„Hierbei ein Formular zur Zustellungsurkunde nebst Abschrift" oder

„Hierbei ein Formular zur Zustellungsurkunde"

zu versehen. Im letzteren Falle muß der Brief außerdem in der Aufschrift den Vermerk „Vereinfachte Zustellung" tragen.

IV. Der Absender muß den Kopf des Formulars zur Zustellungsurkunde und bei der gewöhnlichen Zustellung auch desjenigen zur Abschrift dem Vordruck entsprechend ausfüllen und das erstere mit der für die Rücksendung erforderlichen Aufschrift versehen.

V. Soll die Zustellung an eine der in den §§ 181, 183 und im § 184 Abs. 1 der Zivilprozeßordnung in der Fassung vom 20. Mai 1898 bezeichneten Personen, der an Stelle des eigentlichen Empfängers zugestellt werden könnte, unterbleiben, so hat der Absender auf der Aufschriftseite des Briefes und auf dem Formulare zur Zustellungsurkunde unmittelbar unter dem Namen usw. des Empfängers mittels roter Tinte einen Vermerk in folgender Fassung hervortretend niederzuschreiben: „Eine Zustellung an ..... (z. B. an die Ehefrau, an den Vermieter N., an das Dienstmädchen N.) darf nicht stattfinden".

Vgl. „Gerichtliche Entscheidungen" (Nr. XXIX) A 8.

VI. Zu den Zustellungsurkunden kommen Formulare mit verschiedenem Vordrucke zur Anwendung, je nachdem es sich um Zustellungen an Gewerbetreibende, an Rechtsanwälte, Notare oder Gerichtsvollzieher, an Behörden oder Korporationen usw., an Unteroffiziere und Gemeine oder an andere vorstehend nicht näher bezeichnete Personen handelt. Die Formulare können bei den Postanstalten zum Preise von 5 Pf. für je 10 Stück bezogen werden.

Den Gerichten, Gerichtsschreibereien und Gerichtsvollziehern werden die Formulare unentgeltlich geliefert.

VII. Einschreibung, Wertangabe, Nachnahme, das Verlangen der Eilbestellung und der Vermerk „Postlagernd" sind bei Briefen mit Zustellungsurkunde unzulässig.

Vgl. „Gerichtliche Entscheidungen" (Nr. XXIX) A 8.

VIII. Für Briefe mit Zustellungsurkunde werden erhoben:

1. das gewöhnliche Briefporto;
2. eine Zustellungsgebühr von 20 Pf.;
3. das Porto von 10 Pf. für die Rücksendung der Zustellungsurkunde (wegen der Ausnahme im Orts- und Nachbarortsverkehre siehe § 37 III).

Die Beträge zu 1 bis 3 müssen sämtlich entweder vom Absender sogleich bei der Einlieferung oder vom Empfänger bei der Aushändigung entrichtet werden. Im übrigen haftet der Absender für alle Beträge, die vom Empfänger nicht erhoben werden können. Kann die Zustellung nicht ausgeführt werden, so ist bei unfrankierten Briefen nur das Porto zu 1 zu entrichten, während bei frankierten Briefen der zu 2 und 3 vorausbezahlte Betrag erstattet wird.

§ 26. Rückschein.

I. Wünscht der Absender eines Pakets ohne Wertangabe, einer Einschreibsendung oder einer Sendung mit Wertangabe eine von dem Empfänger auszustellende Empfangsbescheinigung (Rückschein) zu erhalten, so muß ein solches Verlangen durch die Bemerkung „Rückschein" in der Aufschrift, bei Paketen auch auf der Postpaketadresse, ausgedrückt sein; auch muß der Absender sich namhaft machen oder angeben, an wen sonst der Rückschein abzuliefern ist.

II. Sendungen gegen Rückschein müssen vom Absender frankiert werden. Für die Beschaffung des Rückscheins ist eine besondere Gebühr von 20 Pf. vom Absender im voraus zu entrichten.

III. Die Weigerung des Empfängers, den Rückschein zu vollziehen, gilt als Verweigerung der Annahme der Sendung.

IV. Der Absender kann gegen eine im voraus zu entrichtende Gebühr von 20 Pf. einen Rückschein über die unter I bezeichneten Sendungen auch später als bei der Einlieferung der Sendung verlangen.

§ 27. Behandlung ordnungswidrig beschaffener Sendungen.

I. Sendungen, welche nicht den vorstehenden Bestimmungen gemäß verpackt und verschlossen usw. sind, können dem Einlieferer zur Herstellung der vorschriftsmäßigen Beschaffenheit zurückgegeben werden.

II. Verlangt jedoch der Einlieferer ungeachtet der erhobenen Ausstellungen die Beförderung der Sendung in ihrer mangelhaften Beschaffenheit, so muß die Beförderung geschehen, wenn aus den Mängeln ein Nachteil für andere Postsendungen oder eine Störung der Ordnung im Dienstbetriebe nicht zu befürchten ist, der Einlieferer auch auf Ersatz und Entschädigung verzichtet und diese Verzichtleistung in der Aufschrift, bei Paketen auch auf der Postpaketadresse, durch die Worte „Auf meine Gefahr" ausdrückt und unterschreibt. Wird über die Sendung eine Einlieferungsbescheinigung erteilt, so hat die Postanstalt über die Verzichtleistung des Einlieferers in der Bescheinigung einen Vermerk niederzuschreiben.

Läßt die Beschaffenheit der Sendung Nachteile für den Postbetrieb befürchten, so ist die Post berechtigt, die Beförderung abzulehnen. § 5 III, § 6 IV, PostG. § 3.

III. Auch wenn die Annahme der Sendung nicht wegen mangelhafter Beschaffenheit beanstandet worden ist, hat dennoch der Absender alle die Nachteile zu vertreten, die aus einer vorschriftswidrigen Verpackung, Verschließung und Aufschrift hervorgegangen sind. Ebenso hat der Absender den Schaden zu ersetzen, welcher durch die Beförderung von Gegenständen entsteht, die von der Postbeförderung ausgeschlossen oder zur Postbeförderung nur bedingt zugelassen sind (§§ 5 und 6).

§ 28. Zeitungsvertrieb.

Soll eine Zeitung der Postverwaltung zum Vertrieb übergeben werden, so hat der Verleger eine entsprechende schriftliche Erklärung nach Maßgabe der von der Postverwaltung vorgeschriebenen Fassung bei der Postanstalt niederzulegen.

Diese Erklärung gilt als Bestandteil des Vertrages zwischen der Postverwaltung und dem Verleger. PostG. § 50.

§ 29. Ort der Einlieferung.

I. Sofern der Umfang und die sonstige Beschaffenheit der Gegenstände nicht ein anderes bedingen, sind gewöhnliche Briefsendungen mittels der Briefkasten zur Einlieferung zu bringen. Es ist auch gestattet, derartige Sendungen den Postbegleitern Postillionen und Beförderern von Botenposten, wenn diese sich unterwegs im Dienste befinden, sowie den Führern der zu Postzwecken dienenden Privat-Personenfuhrwerke zu übergeben.

Zur Frankierung der mittels der Briefkasten einzuliefernden Gegenstände müssen Postwertzeichen benutzt werden. PO. § 50 I.

II. Die Einlieferung sonstiger mit der Post zu befördernden Sendungen muß, mit der unter III gestatteten Ausnahme, bei den Postanstalten an der Annahmestelle geschehen. Die als Ergänzungsanlagen in Landorten errichteten Posthilfstellen besitzen nicht die Eigenschaft von Postanstalten und sind in der Annahme von Postsendungen beschränkt (VIII).

III. In den Orten, in denen mit Pferden auszuführende Paketbestellfahrten bestehen, dürfen den Paketbestellern gewöhnliche Pakete zur Ablieferung an die Postanstalt übergeben werden. Es ist auch gestattet, bei der Postanstalt die Abholung von Paketen aus der Wohnung schriftlich zu bestellen. Für derartige Bestellschreiben oder Bestellkarten kommt eine Gebühr nicht zur Erhebung; sie können in die Briefkasten gelegt oder den bestellenden Boten mitgegeben werden.

Den Landbriefträgern dürfen auf ihren Bestellgängen zur Ablieferung an die Postanstalt oder zur Bestellung unterwegs die nachbezeichneten Sendungen übergeben werden:

gewöhnliche und einzuschreibende Briefsendungen,
Postanweisungen,
gewöhnliche und einzuschreibende Pakete,
Nachnahmesendungen und
Sendungen mit Wertangabe, im einzelnen bis zum Wertbetrage von 800 Mark.

Zur Mitnahme von Paketen sind die Landbriefträger zu Fuß nur insoweit verpflichtet, als die Pakete geschützt untergebracht werden können und Unzuträglichkeiten für die Beförderung oder Bestellung der sonstigen Sendungen nicht zu besorgen sind.

Von den Landbriefträgern werden auf ihren Bestellgängen auch Bestellungen auf Zeitungen angenommen.

Für die den Paketbestellern und Landbriefträgern nach Maßgabe der obigen Bestimmungen übergebenen Sendungen leistet die Postverwaltung dieselbe Gewähr, wie für die bei den Postannahmestellen aufgegebenen Sendungen.

IV. Jeder Landbriefträger führt auf seinem Bestellgang ein Annahmebuch mit sich, in welches er die von ihm angenommenen Einschreibsendungen, Sendungen mit Wertangabe, Postanweisungen, gewöhnlichen Pakete und Nachnahmesendungen, die zur Frankierung dieser Sendungen bar entrichteten Beträge sowie die angenommenen Bestellungen auf Zeitungen nebst den ihm hierfür übergebenen Geldbeträgen einzutragen hat. Ein Annahmebuch führt auch jeder zur Annahme gewöhnlicher Pakete ermächtigte Paketbesteller mit sich. Der Einlieferer oder Auftrageber ist berechtigt, sich das Annahmebuch vorzeigen zu lassen, um sich von den Eintragungen zu überzeugen, auch kann er die Eintragungen selbst bewirken.

V. Die Einlieferungsbescheinigungen, soweit solche über die vom Paketbesteller oder Landbriefträger angenommenen Sendungen zu erteilen sind, sowie die Quittungen über die vom Landbriefträger angenommenen Zeitungsgelder werden erst durch die Postanstalt ausgestellt und dem Einlieferer pp., wenn möglich beim nächsten Bestellgang, überbracht.

VI. Für die von den Landbriefträgern auf ihren Bestellgängen eingesammelten portopflichtigen Einschreibbriefsendungen, Pakete bis 2½ Kilogramm einschließlich, Postanweisungen und Briefe mit Wertangabe (III) ist, wenn diese Gegenstände zur Weitersendung durch die Postanstalt des Amtsorts des Landbriefträgers nach einer anderen Postanstalt bestimmt sind, außer dem Porto und den sonstigen Gebühren eine Nebengebühr von 5 Pf., für Pakete von höherem Gewicht als 2½ Kilogramm eine solche von 20 Pf. im voraus zu entrichten.

VII. Für die von den Paketbestellern auf ihren Bestellfahrten eingesammelten gewöhnlichen Pakete (III) kommt außer dem Porto eine Nebengebühr von 10 Pf. zur Erhebung, die im voraus zu entrichten ist.

VIII. Bei den Posthilfstellen dürfen gewöhnliche Briefsendungen und bei denjenigen Posthilfstellen, welche zur Annahme non Paketen ermächtigt sind, auch gewöhnliche Pakete eingeliefert werden. Die Annahme von Einschreibsendungen, Sendungen mit Wertangabe und von Postanweisungen gehört nicht zu den dienstlichen Verpflichtungen der Posthilfstelle.

Es können jedoch derartige Sendungen in dem unter III festgesetzten Umfange bei der Posthilfstelle zur Weitergabe an den Landbriefträger niedergelegt werden. Diese Niederlegung ist aber lediglich Vertrauenssache der Absender gegenüber dem Inhaber der Posthilfstelle. Die Haftpflicht der Postverwaltung beginnt erst mit erfolgter Ablieferung der Sendungen an den Landbriefträger. Die eingelieferten Pakete, sowie die niedergelegten Einschreibsendungen, Sendungen mit Wertangabe und Postanweisungen hat der Inhaber der Posthilfstelle sogleich in sein Annahmebuch einzutragen, wovon sich der Einlieferer überzeugen kann; dieser ist auch zur Eintragung selbst befugt.

Für die Einlieferung von Sendungen bei einer Posthilfstelle wird keine Nebengebühr erhoben.

§ 30. Zeit der Einlieferung.

I. Die Einlieferung bei den Postanstalten muß während der Schalterdienststunden und, wenn die Sendung mit der nächsten dazu geeigneten Post befördert werden soll, vor der Schlußzeit dieser Post geschehen.

II. Die Postschalterdienststunden werden nach Maßgabe der örtlichen Verhältnisse festgesetzt und durch die bei den Postanstalten aushängenden Postberichte zur Kenntnis des Publikums gebracht.

III. Als Schlußzeit für die Einlieferung bei den Annahmestellen der Postanstalten gelten in der Regel die nachbezeichneten Fristen vor dem planmäßigen Abgange der Post:

1. für gewöhnliche Briefe und Postkarten
   eine viertel bis eine halbe Stunde;
2. für gewöhnliche Drucksachen, Geschäftspapiere und Warenproben
   eine halbe bis eine Stunde;
3. für einzuschreibende Briefsendungen
   eine viertel bis eine halbe Stunde;
4. für alle anderen Gegenstände
   eine Stunde.

IV. Falls die ordnungsmäßige Bearbeitung der Sendungen innerhalb der vorbezeichneten Fristen wegen besonderer örtlicher Verhältnisse nicht ausführbar sein sollte, können die Schlußzeiten angemessen verlängert werden. Das gleiche gilt im Einzelfalle bei gleichzeitiger Einlieferung größerer Mengen von Sendungen durch denselben Absender.

V. In jedem Falle werden bei Postbeförderungen auf Eisenbahnen die Schlußzeiten um so viel verlängert, als erforderlich ist, um die Sendungen von der Postanstalt nach dem Bahnhofe zu befördern und auf dem Bahnhof überzuladen.

VI. Für Posten, die außerhalb der gewöhnlichen Dienststunden abgehen, bildet der Ablauf der Dienststunden die Schlußzeit, sofern diese nicht nach den vorstehenden Festsetzungen früher eintritt.

VII. Die Briefkasten an und in den Posthäusern werden bei Eintritt der Schlußzeit jeder Post, zu den außerhalb der gewöhnlichen Dienststunden abgehenden Posten auch noch vor deren Abgange geleert. Die Leerungszeiten der anderen Briefkasten werden nach den örtlichen Bedürfnissen festgesetzt; die Zeit der nächsten Leerung ist an jedem Briefkasten ersichtlich. Die Briefkasten auf den Bahnhöfen werden möglichst kurz vor dem planmäßigen Abgang eines jeden für den betreffenden Ort zur Postbeförderung benutzten Postzugs geleert. Die Einlegung gewöhnlicher Briefsendungen in die Briefkasten der Bahnpostwagen ist, soweit nicht für einzelne Züge Einschränkungen angeordnet sind, bis zum Abgange des Zuges zulässig.

VIII. Soweit die örtlichen Verhältnisse es gestatten, werden Einschreibsendungen und gewöhnliche Pakete von den Postanstalten sowie nötigen Falles Einschreibbriefsendungen von den selbständigen Telegraphenanstalten auch außerhalb der Postschalterdienststunden angenommen. Die näheren Bestimmungen hierüber werden durch die Postberichte (II) zur öffentlichen Kenntnis gebracht. Für jede Sendung ist eine besondere Einlieferungsgebühr von 20 Pf. im voraus zu entrichten.

§ 31. Einlieferungsbescheinigung.

Die Einlieferung solcher Sendungen, über welche die Postanstalt eine Einlieferungsbescheinigung auszustellen hat, wird durch diese bewiesen; der Einlieferer hat sich daher nicht zu entfernen, ohne sie in

Empfang genommen zu haben. Vermag der Absender die Bescheinigung nicht vorzulegen, so wird die Einlieferung als nicht geschehen erachtet, wenn sie nicht aus den postamtlichen Buchungen ersichtlich ist oder nicht in anderer Weise überzeugend nachgewiesen wird.

§ 32. Leitung der Postsendungen.

Auf welchem Wege die Postsendungen zu leiten sind, wird von der Postbehörde bestimmt.

§ 33. Zurückziehung von Postsendungen und Änderung von Aufschriften durch den Absender.

I. Der Absender kann eine Postsendung zurücknehmen oder ihre Aufschrift ändern lassen, solange sie dem Empfänger noch nicht ausgehändigt ist.

II. Die Rücknahme kann erfolgen am Aufgabeort oder am Bestimmungsort, ausnahmsweise auch an einem Unterwegsorte, sofern dadurch keine Störung des Dienstes herbeigeführt wird.

III. Die Rückgabe geschieht an denjenigen, welcher ein von derselben Hand, von der die Aufschrift der Sendung geschrieben ist, ausgefertigtes Doppel des Briefumschlags, der Postanweisung oder der Postpaketadresse abgibt und die Einlieferungsbescheinigung, sofern eine solche erteilt ist, vorlegt.

IV. Eine bereits abgegangene Sendung kann durch Vermittelung der Aufgabepostanstalt zurückgefordert werden. Derjenige, welcher sie zurückfordert, muß sich als Absender ausweisen (III) und die Sendung der Aufgabepostanstalt schriftlich so genau bezeichnen, daß sie unzweifelhaft als die verlangte zu erkennen ist.

V. In gleicher Weise ist die Änderung der Aufschrift von Postsendungen zu beantragen.

Eine einfache Berichtigung der Aufschrift (ohne Änderung des Namens oder der Eigenschaft des Empfängers) kann jedoch vom Absender bei gewöhnlichen Briefsendungen auch unmittelbar bei der Bestimmungspostanstalt beantragt werden, also ohne Erfüllung der für die Änderung der Aufschrift vorgeschriebenen Formen.

VI. Die Rückforderung oder das Verlangen der Aufschriftänderung wird entweder brieflich oder telegraphisch von der Aufgabe-Postanstalt der Postanstalt, welche die Sendung zurücksenden oder die Aufschrift ändern soll, übermittelt. Der Absender hat dafür zu entrichten:

1. wenn die Übermittelung brieflich erfolgt, das Porto für einen einfachen Einschreibbrief;
2. wenn die Übermittelung auf telegraphischem Wege geschieht, die Gebühren für die Beförderung des Telegramms.

VII. Ist die Sendung noch nicht abgegangen, so wird auf Verlangen von der Postanstalt das Franko bei Rückgabe des Briefumschlags pp. erstattet.

VIII. Ist die Sendung bereits abgegangen, so wird das Porto für den Rückweg wie bei einer gewöhnlichen Rücksendung (§ 45 VIII) erhoben. Wird die Sendung zurückgeleitet, bevor sie den Bestimmungsort erreicht hat, so ist das Porto für den Hinweg und für den Rückweg nach der wirklich zurückgelegten Entfernung unter Abrechnung des etwa gezahlten Frankos zu entrichten.

§ 34. Aushändigung von Postsendungen an den Empfänger an Unterwegsorten.

I. Auch an einem Unterwegsorte kann die Aushändigung einer Sendung an einen sich gehörig ausweisenden Empfänger stattfinden, sofern keine dem Beamten bekannte Bedenken entgegenstehen und keine Störung des Dienstes herbeigeführt wird.

II. Das Porto wird nach der wirklich stattgehabten Beförderung berechnet. Eine Erstattung von Porto für frankierte Sendungen findet nicht statt.

§ 35. Herstellung des Verschlusses und Eröffnung der Sendungen durch Postbeamte.

I. Hat der Verschluß einer Sendung sich gelöst, so wird er postamtlich wiederhergestellt.

II. Ist durch die Beschädigung usw. bei einem Briefe mit Wertangabe oder einem Pakete die Herausnahme des Inhalts möglich geworden, so wird vor Herstellung des Verschlusses die Sendung geöffnet und der Inhalt festgestellt. Die Postbeamten müssen sich jeder über den Zweck der Eröffnung hinausgehenden Einsicht der Sendung enthalten.

III. Der Beamte, welcher die Herstellung der Verpackung usw. oder die Feststellung des Inhalts bewirkt, muß tunlichst einen Zeugen hinzuziehen. Der Beamte und der Zeuge haben den über den Hergang auf der Sendung niederzuschreibenden Vermerk oder die darüber aufzunehmende Verhandlung zu unterzeichnen.

IV. Beim Eingange von Briefen mit Wertangabe und Paketen, die nach den vorstehenden Bestimmungen anderweit verschlossen worden sind, ist der Empfänger davon in Kenntnis zu setzen und zu ersuchen, sich zur Eröffnung der Sendung in Gegenwart eines Postbeamten im Postdienstzimmer innerhalb der zu bestimmenden Frist einzufinden. Etwaige Erinnerungen, die der erschienene Empfänger bei Eröffnung der Sendung gegen deren Inhalt erhebt, sind in die Verhandlung aufzunehmen, durch welche der Befund festgestellt wird. Leistet der Empfänger dem Ersuchen keine Folge oder verzichtet er ausdrücklich auf Eröffnung der Sendung, so erfolgt deren Bestellung und Aushändigung in gewöhnlicher Weise.

V. Sendungen mit Drucksachen, Geschäftspapieren oder Warenproben zum Zwecke der Prüfung über die Zulässigkeit des ermäßigten Portos zu öffnen und einzusehen, sind die Postbeamten auch ohne weiteres Verfahren befugt.

VI. Wenn eine Sendung infolge mangelhafter Verpackung postamtlich neu verpackt werden muß, so werden die Kosten vom Empfänger oder, wenn von diesem keine Zahlung zu erlangen ist, vom Absender eingezogen.

§ 36. Bestellung und Bestellgebühren.

I. Die Verbindlichkeit der Postverwaltung, die angekommenen Gegenstände dem Empfänger ins Haus senden (bestellen) zu lassen, erstreckt sich:

1. im Ortsbestellbezirk
   a) auf gewöhnliche und eingeschriebene Briefsendungen;
   b) auf gewöhnliche und eingeschriebene Pakete;
   c) auf Sendungen mit einer Wertangabe bis einschl. 3000 Mark;
   d) auf Postaufträge;
   e) auf Postanweisungen nebst den Geldbeträgen;
   f) auf Ablieferungsscheine und Postpaketadressen zu Sendungen mit Wertangabe, die nach vorstehendem nicht bestellt werden, sowie auf Postpaketadressen zu zollpflichtigen Paketen;
2. im Landbestellbezirk
   a) auf gewöhnliche und eingeschriebene Briefsendungen;
   b) auf gewöhnliche und eingeschriebene Pakete, soweit sie im einzelnen nicht über 5 Kilogramm wiegen und in der Landbriefträgertasche untergebracht oder durch anderweitige Vorkehrungen gegen Nässe usw. geschützt werden können;
   c) auf Sendungen mit einer Wertangabe bis einschl. 800 Mark, bei Paketen unter den Voraussetzungen zu b;

d) auf Postaufträge;
e) auf Postanweisungen nebst den Geldbeträgen;
f) auf Postpaketadressen und Ablieferungsscheine zu Paketen und Sendungen mit Wertangabe, die nach vorstehendem nicht bestellt werden, sowie auf Postpaketadressen zu zollpflichtigen Paketen.

Die Postbehörde kann die Verpflichtung zur Bestellung bei besonderer Veranlassung beschränken und für bestimmte Orte dauernd oder vorübergehend die Bestellung in weiterem Umfang übernehmen.

Die für Bewohner von Landorten mit Posthilfstelle bestimmten gewöhnlichen Briefsendungen und Pakete können der Posthilfstelle zugeführt und entweder durch den Inhaber der Posthilfstelle abgetragen oder zur Abholung bereit gehalten werden (§ 42). Wenn im letzteren Falle die Sendungen bis zur nächsten Ankunft des Landbriefträgers bei der Posthilfstelle nicht vom Empfänger abgeholt sind, so erfolgt die Bestellung durch den Landbriefträger.

a. Die Postverwaltung ist berechtigt, die Bestellung von Postsendungen nach solchen Wohnstätten abzulehnen, welche auf allgemein zugänglichen Wegen nicht erreicht werden können.

b. PostG. (Nr. II) § 50 Nr. 7. Vgl. Eisenbahn-Verkehrsordnung v. 26. Okt. 1899 § 68 (RGBl. 592).

c. Über die Haftpflicht der Post für richtige und pünktliche Bestellung vgl. PostG. (Nr. II) § 6.

II. Soweit die Postverwaltung die Bestellung nicht übernimmt, müssen gewöhnliche und eingeschriebene Pakete, Sendungen mit Wertangabe und die Postanweisungsbeträge auf Grund der Postpaketadresse, des Ablieferungsscheins oder der Postanweisung von der Post abgeholt werden (§ 43).

III. Für die Bestellung der gewöhnlichen Pakete und der Einschreibpakete im Ortsbestellbezirke werden erhoben:

1. bei den Postämtern I. Klasse
   a) für Pakete bis 5 Kilogramm einschließlich . . . . 10 Pf.;
   b) für schwerere Pakete . . . . 15 „ .

   Für einzelne große Orte kann durch die oberste Postbehörde die Bestellgebühr bei Paketen bis 5 Kilogramm auf 15 Pf. und bei schwereren Paketen auf 20 Pf. festgesetzt werden. Wegen der Einschreibpakete siehe auch V.

Die höhere Bestellgebühr wird erhoben in Altona, Berlin, Bremen, Breslau, Charlottenburg und Westend, Cöln, Danzig, Dresden, Frankfurt (Main), Hamburg, Hannover, Königsberg (Pr.), Leipzig, Straßburg (Els.).

2. bei den übrigen Postanstalten
   a) für Pakete bis 5 Kilogramm einschließlich . . . . 5 Pf.;
   b) für schwerere Pakete . . . . 10 „ .

Gehört mehr als ein Paket zu einer Postpaketadresse, so kommt für das schwerste Paket die ordnungsmäßige Bestellgebühr, für jedes weitere Paket aber nur eine Gebühr von 5 Pf. in Ansatz.

IV. Für die Bestellung der Sendungen mit Wertangabe im Ortsbestellbezirke werden erhoben:

1. für Briefe mit Wertangabe
   a) bis zum Betrage von 1500 Mark . 5 Pf.,
   b) im Betrage von mehr als 1500 bis 3000 Mark . . . . 10 „ ;
2. für Pakete mit Wertangabe die Sätze für Bestellung gewöhnlicher Pakete (III), mindestens aber die Sätze unter I.

V. An Orten, wo Sendungen mit höherer Wertangabe als 3000 Mark bestellt werden, ist dafür eine Bestellgebühr von 20 Pf. zu erheben. Für große Orte kann die oberste Postbehörde die Bestellgebühr auch bei Einschreibpaketen und bei Paketen mit Wertangabe von 3000 Mark und weniger auf 20 Pf. festsetzen.

VI. Die Bestellgebühr für Postanweisungen nebst den Geldbeträgen im Ortsbestellbezirke beträgt 5 Pf. für jede Postanweisung. Diese Gebühr kommt auch dann zur Erhebung, wenn die Geldbeträge auf ein Girokonto der Reichsbank überwiesen werden.

VII. Bei der Abtragung nach dem Landbestellbezirke werden für Postanweisungen nebst den Geldbeträgen und für Briefe mit einer Wertangabe bis einschließlich 800 Mark 5 Pf., für gewöhnliche Pakete, Einschreibpakete und Pakete mit

Wertangabe bis zum Gewicht von $2\frac{1}{2}$ Kilogramm einschließlich 10 Pf. und für Pakete von höherem Gewichte 20 Pf. für das Stück erhoben. Die Bestellgebühr für Postanweisungen kommt auch dann zur Erhebung, wenn die Geldbeträge auf ein Girokonto der Reichsbank überwiesen werden.

In Orten mit Posthilfstelle wird bei Bestellung der Pakete durch den Inhaber der Hilfstelle durchweg ein Bestellgeld von 10 Pf. für das Stück erhoben.

VIII. Die Bestellgebühren können vom Absender im voraus entrichtet werden. In solchem Fall ist in der Aufschrift der Sendung vom Absender der Vermerk „Frei einschließlich Bestellgeld" niederzuschreiben. Vorausbezahlte Bestellgebühren werden nicht erstattet, wenn die Aushändigung der Sendung am Bestimmungsort im Wege der Abholung (§ 42) erfolgt ist. Wegen Anrechnung vorausbezahlten Bestellgeldes bei der Rückgabe einer unbestellbaren Sendung siehe § 46, II.

IX. Die Bestellgebühren werden auch für portofreie Sendungen erhoben.

X. Für das Abtragen der durch die Post bezogenen Zeitungen und Zeitschriften sind im Orts- und Landbestellbezirke für jedes Exemplar monatlich zu entrichten:

a) für Zeitungen, die seltener als wöchentlich einmal bestellt werden . . . . 2 Pf.,
b) für Zeitungen, die wöchentlich einmal bestellt werden . . . . 4 „ ,

c) für Zeitungen, die wöchentlich zweimal bestellt werden . . . . 6 Pf.,
d) für Zeitungen, die wöchentlich dreimal bestellt werden . . . . 8 „ ,
e) für Zeitungen, die wöchentlich viermal bestellt werden . . . . 10 „ ,
f) für Zeitungen, die wöchentlich fünfmal bestellt werden . . . . 12 „ ,
g) für Zeitungen, die wöchentlich sechs- und siebenmal bestellt werden . . . 14 „ ,
h) für Zeitungen, die wöchentlich achtmal bestellt werden . . . . 16 „ ,
i) für Zeitungen, die wöchentlich neunmal bestellt werden . . . . 18 „ ,
k) für Zeitungen, die wöchentlich zehnmal bestellt werden . . . . 20 „ ,
l) für Zeitungen, die wöchentlich elfmal bestellt werden . . . . 22 „ ,
m) für Zeitungen, die wöchentlich zwölf- bis vierzehnmal bestellt werden . . . 24 „ ,
n) für Zeitungen, die wöchentlich fünfzehnmal bestellt werden . . . . 26 „ ,
o) für Zeitungen, die wöchentlich sechzehnmal bestellt werden . . . . 28 „ ,
p) für Zeitungen, die wöchentlich siebzehnmal bestellt werden . . . . 30 „ ,
q) für Zeitungen, die wöchentlich achtzehn- bis einundzwanzigmal bestellt werden 32 „ ,

r) für Zeitungen, die wöchentlich zweiund-zwanzigmal bestellt werden . . . . 34 Pf.,

s) für Zeitungen, die wöchentlich dreiund-zwanzigmal bestellt werden . . . . 36 „ ,

t) für Zeitungen, die wöchentlich vierund-zwanzig- bis achtundzwanzigmal bestellt werden . . . . 38 „ ,

u) für die amtlichen Verordnungsblätter 2 „ .

Das Zeitungsbestellgeld wird für die Dauer der Bezugszeit im voraus erhoben, und zwar vom 1. des Monats ab, in welchem die Abtragung beginnt. Die Bestellung erfolgt so oft, wie Gelegenheit dazu vorhanden ist.

§ 37. Gebühren für Briefe im Orts- und Nachbarortsverkehre.

I. Für Ortsbriefe (an Empfänger im Orts- oder Landbestellbezirke des Aufgabe-Postorts) werden erhoben:

im Frankierungsfalle . . . . 5 Pf.,
im Nichtfrankierungsfalle . . . . . . 10 „ .

II. Gleich hohe Gebühren werden erhoben im Verkehre derjenigen Nachbarorte, auf welche der Reichskanzler gemäß Artikel 1 Ziffer II des Gesetzes, betreffend einige Änderungen von Bestimmungen über das Postwesen vom 20. Dezember 1899, den Geltungsbereich der Ortstaxe ausgedehnt hat (Nachbarortsverkehr).

III. Werden die Briefe (I) unter Einschreibung oder unter Nachnahme eingeliefert, so treten den obigen Gebühren die Einschreib- und die Vorzeigegebühr (§§ 13 und 19) hinzu. Bei Briefen mit Zustellungsurkunde tritt die Zustellungsgebühr (§ 25) hinzu; für die Rücksendung der Zustellungsurkunde wird im Ortsverkehre keine Gebühr, im Nachbarortsverkehr eine solche von 5 Pf. erhoben.

IV. Bei unzureichend frankierten Briefen wird die Gebühr für unfrankierte Briefe abzüglich des Betrags der verwendeten Postwertzeichen berechnet.

V. Die vorstehend nicht bezeichneten Postsendungen des Orts- und Nachbarortsverkehrs unterliegen denselben Taxen (einschließlich der Bestellgebühren — § 36 —) wie die gleichartigen Postsendungen des sonstigen Verkehrs; soweit bei den Taxen die Entfernung in Betracht kommt, wird der Satz für die geringste Entfernungsstufe in Anwendung gebracht.

VI. Eine Porto- und Gebührenfreiheit besteht bei Postsendungen an Empfänger im Orts- oder Landbestellbezirke des Aufgabe-Postorts nicht.

Vgl. PortofreiheitsG. (Nr. X) § 3 Abs. II und Anm. b das.

§ 38. Zeit der Bestellung.

Die Postbehörde bestimmt, zu welchen Zeiten die eingegangenen Sendungen zu bestellen sind. Wegen der Eilsendungen siehe § 22.

§ 39. An wen die Bestellung geschehen muß.

I. Die Bestellung erfolgt an den Empfänger selbst oder an dessen Bevollmächtigten. Wegen Bestellung der Briefe mit Zustellungsurkunde siehe § 40.

Als Ausweis des Empfangsberechtigten dienen Postausweiskarten, die von den Postanstalten ausgestellt werden und im inneren Verkehr Deutschlands sowie im Verkehr mit Österreich-Ungarn (ABl. 1907 S. 165) eingeführt sind. Die in Deutschland ausgestellten Postausweiskarten gelten auch in Belgien und Luxemburg (ABl. 1908 S. 110).

II. Für die Empfangsberechtigung bei Postsendungen an Handelsfirmen (Einzelfirmen und Handelsgesellschaften), Genossenschaften und Vereine sind, wenn diese in die Handels-, Genossenschafts- und Vereinsregister eingetragen sind, die über die Vertretungsbefugnis in die Register eingetragenen Bestimmungen maßgebend. Postsendungen an nicht in die Register eingetragene Handelsfirmen, Genossenschaften und Vereine sowie an Gesellschaften, Direktionen, Ausschüsse, Bureaus, Geschäftsstellen und ähnliche Firmen, in deren Aufschrift der Empfänger nicht namentlich bezeichnet ist, sind an diejenige Person auszuhändigen, welche der Postanstalt als Inhaber, Direktor, Vorsteher pp. bekannt ist oder als solcher sich unzweifelhaft ausweist.

Bei Sendungen an Handelsfirmen und Handelsgesellschaften kommen die bezüglichen Vorschriften des Handelsgesetzbuchs, bei Sendungen an Gesellschaften mit beschränkter Haftung das G., betreffend die Gesellschaften mit beschränkter

Haftung, in der Fassung v. 20. Mai 1898 (RGBl. S. 846), bei Sendungen an eingetragene Genossenschaften das G., betr. die Erwerbs- und Wirtschaftsgenossenschaften in der Fassung v. 20. Mai 1898 (RGBl. S. 810) und bei Sendungen an eingetragene Vereine und Gesellschaften, die nicht Handelsgesellschaften usw. sind, die §§ 21ff. bzw. 705ff. des Bürgerl. Gesetzbuchs in Betracht.

Ist Adressat im Konkurse, so sind die Post- und Telegraphenanstalten verpflichtet, auf Anordnung des Konkursgerichts alle für den Gemeinschuldner eingehenden Sendungen, Briefe und Telegramme dem Verwalter der Konkursmasse auszuhändigen. Das Gericht kann die Anordnung auf Antrag des Gemeinschuldners nach Anhörung des Verwalters aufheben oder beschränken (Konkursordn. § 121, Fassung v. 20. Mai 1898, RGBl. S. 612ff.).

Vgl. „Gerichtliche Entscheidungen" (Nr. XXIX) A. 6.

III. Der Empfänger, welcher einen Dritten zur Empfangnahme der für ihn bestimmten Postsendungen bevollmächtigen will, hat die Vollmacht schriftlich auszustellen und darin die Gattungen der Sendungen genau zu bezeichnen, zu deren Empfangnahme der Bevollmächtigte befugt sein soll. Die Unterschrift des Machtgebers unter der Vollmacht muß, wenn ihre Richtigkeit nicht ganz außer Zweifel steht, von einem Beamten, der zur Führung eines amtlichen Siegels berechtigt ist, unter dessen Beidrückung beglaubigt sein. Die Vollmacht ist bei der Postanstalt, welche die Bestellung ausführen läßt, niederzulegen.

IV. Ist außer dem Empfänger noch ein Anderer, wenn auch nur zur näheren Bezeichnung der Wohnung des Empfängers, in der Aufschrift genannt, z. B. „An A. bei B.", so ist dieser zweite Empfänger auch ohne ausdrückliche Ermächtigung als Bevollmächtigter des erstgenannten Empfängers zur Empfangnahme von gewöhnlichen Briefsendungen anzusehen. Ist ein Gasthof als Wohnung des Empfängers in der Aufschrift angegeben, so gilt der Gastwirt auch dann als bevollmächtigt zur Empfangnahme gewöhnlicher Briefsendungen und gewöhnlicher Pakete, wenn der Empfänger noch nicht eingetroffen ist. Sind bei Postaufträgen mehrere Personen bezeichnet, so erfolgt die Vorzeigung nur an die zuerst genannte Person oder deren Bevollmächtigten.

V. Wird der Empfänger oder dessen nach den vorstehenden Bestimmungen bestellter Bevollmächtigter in seiner Wohnung nicht angetroffen oder wird dem Briefträger usw. der Zutritt zu ihnen nicht gestattet, so erfolgt die Bestellung und Aushändigung der gewöhnlichen Briefsendungen sowie der gewöhnlichen Pakete oder der zugehörigen Postpaketadressen, ferner der Anlagen der Postaufträge zur Geldeinziehung, sofern der Betrag sogleich berichtigt wird, an einen Haus- (Geschäfts)beamten, ein erwachsenes Familienglied, einen sonstigen Angehörigen oder an einen Dienstboten des Empfängers oder des Bevollmächtigten. Wird niemand angetroffen, an den hiernach die Bestellung und Aushändigung geschehen kann, so ist sie zulässig an den Hauswirt, den Wohnungsgeber oder den Pförtner des Hauses.

VI. Hat der Empfänger oder dessen Bevollmächtigter (II) an seiner Wohnung oder an seinen Geschäftsräumen einen Briefkasten anbringen lassen, so werden gewöhnliche frankierte Briefsendungen durch die bestellenden Boten in den Briefkasten gelegt, soweit dessen Beschaffenheit es gestattet und andere Verabredungen nicht bestehen.

VII. Einschreibsendungen und Sendungen mit Wertangabe bis 400 Mark oder die zugehörigen Ablieferungsscheine und Postpaketadressen (§ 36 I und II) sowie Postanweisungen bis 400 Mark können, wenn der Empfänger oder sein Bevollmächtigter in der Wohnung nicht angetroffen oder dem Briefträger pp. der Zutritt nicht gestattet wird, an ein erwachsenes Familienglied des Empfängers bestellt werden.

Bei höherem Wert oder Postanweisungsbetrage muß die Bestellung an den Empfänger oder seinen Bevollmächtigten selbst erfolgen.

Die Bestellung der Einschreibsendungen, Sendungen mit Wertangabe und Postanweisungen oder der zugehörigen Ablieferungsscheine und Postpaketadressen (§ 36 I und II) hat stets an den Empfänger selbst stattzufinden, wenn die Sendungen vom Absender mit dem Vermerk „Eigenhändig" versehen sind.

VIII. Lautet bei Einschreibsendungen, Sendungen mit Wertangabe, Postanweisungen und gewöhnlichen Paketen die Aufschrift:

„An A. zu erfragen bei B." „An A. abzugeben bei B." „An A. im Hause des B." „An A. wohnhaft bei B.",	so muß die Bestellung an den zuerst genannten Empfänger (A.), seinen Bevollmächtigten oder den sonstigen Empfangsberechtigten (V und VII) erfolgen;

lautet die Aufschrift dagegen:

„An A. zu Händen des B." „An A. abzugeben an B." „An A. für B." „An A. unter (per) Adresse des B.",	so darf die Bestellung sowohl an den zuerst genannten Empfänger (A.) als auch an den zuletzt genannten (B.), deren Bevollmächtigten oder den sonstigen Empfangsberechtigten (V und VII) erfolgen.

IX. Sendungen gegen Rückschein dürfen nur an den Empfänger selbst oder seinen Bevollmächtigten bestellt werden.

X. Die Bestellung von Einschreibsendungen, Postanweisungsbeträgen und Sendungen mit Wertangabe sowie von gewöhnlichen Paketen gegen Rückschein darf nur gegen Empfangsbescheinigung geschehen; die Person, an welche die Bestellung erfolgt, hat den Ablieferungsschein (Rückschein) oder die auf der Rückseite der Postanweisung oder der Postpaketadresse vorgedruckte Quittung handschriftlich zu vollziehen. Des Schreibens unkundige oder am Schreiben verhinderte Personen unterzeichnen mittels Handzeichens, welches durch den Gemeinde- oder Bezirksvorsteher oder eine andere zur Führung eines amtlichen Siegels berechtigte Person unter Beidrückung des Siegels zu beglaubigen ist.

Wegen der Rückscheine vgl. § 26.

XI. Die Bestellung der Postsendungen an Bewohner von Schlössern regierender deutscher Fürsten, an Militärpersonen sowie an Zöglinge von Erziehungsanstalten, Pensionaten pp. erfolgt auf Grund der mit den zuständigen Behörden oder den Vorstehern der Erziehungsanstalten getroffenen besonderen Abkommen an die von den Behörden usw. beauftragten Personen.

XII. Die an Kranke in öffentlichen Krankenanstalten gerichteten Postsendungen dürfen an den Vorstand der Krankenanstalt behändigt werden, sofern dem Briefträger pp. der Zutritt zu dem Kranken nicht gestattet wird.

XIII. Postsendungen, die an verstorbene Personen gerichtet sind, dürfen den Erben ausgehändigt werden, wenn sich diese durch Vorlegung des Testaments, der gerichtlichen Erbbescheinigung pp. ausgewiesen haben; solange dieser Nachweis nicht erbracht ist, kann nur die Aushändigung gewöhnlicher Briefsendungen nach den Vorschriften unter V erfolgen. Ist ein Testamentsvollstrecker, ein Nachlaßpfleger oder Nachlaßverwalter ernannt worden, so sind die Sendungen an diesen auszuhändigen.

XIV. Hinsichtlich der Behändigung von Sendungen durch Eilboten gelten dieselben Bestimmungen, welche für die im gewöhnlichen Wege zur Bestellung gelangenden Sendungen maßgebend sind.

XV. Zollpflichtige Postsendungen werden zur zollamtlichen Schlußabfertigung an die zuständigen Zoll- und Steuerstellen übergeben. Die Haftpflicht der Postverwaltung erlischt, sobald die ordnungsmäßige Übergabe der Sendung an die Zoll- oder Steuerstelle auf Grund der bestehenden Vorschriften stattgefunden hat.

Vgl. „Gerichtliche Entscheidungen" (Nr. XXIX) A 4.

§ 40. Bestellung der Briefe mit Zustellungsurkunde.

I. Auf die Bestellung von Briefen mit Zustellungsurkunde finden die Bestimmungen in den §§ 180 bis 186, 195, 208 und 212 der Zivilprozeßordnung für das Deutsche Reich in der Fassung v. 20. Mai 1898 mit der Maßgabe Anwendung, daß an die Stelle des Gerichtsvollziehers der bestellende Bote der Postanstalt tritt.

II. An Sonntagen und allgemeinen Feiertagen unterbleibt die Bestellung von Briefen mit Zustellungsurkunde, wenn sie nicht vom Absender auf der Aufschriftseite des Briefes besonders beantragt ist.

III. Briefe, die an Eheleute gemeinschaftlich gerichtet sind, werden zugestellt, wie wenn sie an den Ehemann allein gerichtet wären. Leben die Eheleute getrennt, so werden solche Briefe als unbestellbar behandelt.

Briefe mit Zustellungsurkunde an verstorbene Personen sind stets als unbestellbar zu behandeln.

IV. Wegen der Bestellung von Briefen mit Zustellungsurkunde, die von deutschen Gerichten, Gerichtsvollziehern, Gerichtsschreibern, Reichs- oder Staatsbehörden ausgehen, bewendet es bei den hierüber bestehenden besonderen Bestimmungen.

Vgl. § 25.

§ 41. Aushändigung von postlagernden Sendungen.

I. Sendungen mit dem Vermerke „Postlagernd" werden bei der Bestimmungs-Postanstalt aufbewahrt und dem Empfänger behändigt, wenn er sich meldet und auf Erfordern ausweist.

II. Die Aufbewahrungsfrist beträgt:

a) bei Sendungen mit lebenden Tieren 2 mal 24 Stunden nach dem Eintreffen;

b) bei Sendungen mit Postnachnahme 7 Tage vom Tage nach dem Eintreffen;

c) bei sonstigen Postsendungen einen Monat vom Tage nach dem Eintreffen.

§ 42. Abholung der Postsendungen.

I. Der Empfänger, welcher von der Befugnis, seine Postsendungen abzuholen oder abholen zu lassen, Gebrauch machen will, muß dies in einer schriftlichen Erklärung in der von der Postverwaltung vorgeschriebenen Fassung aussprechen und diese Erklärung bei der Postanstalt niederlegen. Hinsichtlich der Beglaubigung der Unterschrift unter der Erklärung gelten die Vorschriften des § 39 III. Die Postbehörde ist berechtigt, anzuordnen, daß dieselbe Person sich höchstens zur Empfangnahme der für drei Abholer eingegangenen Postsendungen melden darf.

Die Abholung von Postsendungen bei Posthilfstellen ist ohne Abgabe einer schriftlichen Abholungserklärung gestattet.

Vgl. PostG. (Nr. II) § 48.

II. Die Aushändigung erfolgt entweder am Postschalter innerhalb der Postschalterdienststunden (§ 30 II) oder, wenn die Postbehörde dem Abholer auf besonderen Antrag ein verschließbares Abholungsfach (Schließfach) überlassen hat, durch Einlegen in dieses Fach, dessen Leerung durch den Abholer nach besonderer Festsetzung der Postverwaltung auch außerhalb der Postschalterdienststunden zulässig ist. Auch bei Überlassung eines Schließfachs müssen Sendungen, die ihres Umfanges wegen nicht darin aufgenommen werden können, Nachnahmesendungen und mit Porto belastete Sendungen, wenn der Empfänger das Porto nicht stunden läßt, am Postschalter in Empfang genommen werden.

Wegen des Rechtsverhältnisses zwischen der Postverwaltung und dem Schließfachinhaber vgl. „Gerichtliche Entscheidungen“ (Nr. XXIX) A. 11.

III. Für die Überlassung eines verschließbaren Abholungsfachs nebst zwei Schlüsseln wird eine jährliche Gebühr von 12 Mark bei gewöhnlicher Größe und 18 Mark bei größerer Abmessung erhoben. Die Gebühr ist vierteljährlich im voraus zu entrichten. Die Überlassung geschieht zunächst auf die Dauer eines Jahres. Fällt der Endpunkt nicht mit dem Ablauf eines Kalendervierteljahrs zusammen, so dauert die Überlassung bis zum Ablaufe des Vierteljahrs. Erfolgt nicht drei Monate vorher eine schriftliche Kündigung, so verlängert sich die Überlassung auf unbestimmte Zeit unter Vorbehalt einer dreimonatigen, nur zum Ende eines Kalendervierteljahrs zulässigen schriftlichen Kündigung.

Eine Verpflichtung zur Überlassung von Schließfächern besteht für die Postverwaltung nicht. Diese ist auch berechtigt, die Überlassung eines Faches jederzeit ohne Kündigung zurückzuziehen; alsdann wird die erhobene Gebühr u. U. anteilmäßig zurückgezahlt.

Vgl. G. betreffend Änderung des Gesetzes über das Posttaxwesen, v. 11. März 1901 (Nr. IX).

IV. Wenn in der Aufschrift von Postsendungen außer dem eigentlichen Empfänger A. eine zweite Person B. derart benannt ist, daß nach § 39 IV und VIII die Aushändigung auch an B. erfolgen darf, so findet auf diese Sendungen eine von B. für seine eigenen Postsachen gegebene Abholungserklärung ohne Weiteres Anwendung. Dasselbe gilt für gewöhnliche Briefsendungen und gewöhnliche Pakete, wenn ein Gasthof als Wohnung genannt ist und der Gastwirt zu den Abholern gehört.

V. Insoweit die Postverwaltung die Bestellung von gewöhnlichen Paketen, von eingeschriebenen Paketen, von Sendungen mit Wertangabe oder von Geldbeträgen zu Postanweisungen übernommen hat, sind bezüglich der Bestellung oder Abholung:

a) die gewöhnlichen und eingeschriebenen Pakete sowie die Pakete mit Wertangabe nebst den Postpaketadressen sowie etwaigen Ablieferungsscheinen,
b) die Briefe mit Wertangabe nebst den Ablieferungsscheinen,
c) die Postanweisungen nebst den Geldbeträgen, gleichviel ob diese dem Empfänger bar ausgezahlt oder auf sein Girokonto der Reichsbank überwiesen werden,

je als eine zusammengehörige Sendung anzusehen.

VI. Die mit den Posten ankommenden gewöhnlichen Briefsendungen müssen für die Abholer spätestens eine halbe Stunde nach der Ankunft zur

Ausgabe gestellt werden, vorausgesetzt, daß die Abholungszeit in die Schalterdienststunden fällt. Eine Verlängerung jener Frist ist nur mit Genehmigung der obersten Postbehörde zulässig.

VII. Bei eingeschriebenen Briefsendungen und Briefen mit Wertangabe wird zunächst nur der Ablieferungsschein, bei gewöhnlichen und eingeschriebenen Paketen, sowie bei Paketen mit Wertangabe zunächst nur die Postpaketadresse oder der etwaige Ablieferungsschein an den Abholer verabfolgt. Bei Postanweisungen wird zunächst nur die Postanweisung ohne den Betrag dem Abholer ausgehändigt.

VIII. Die Bestellung erfolgt, der abgegebenen Erklärung des Empfängers ungeachtet, durch Boten der Postanstalt:

1. wenn der Absender die Eilbestellung verlangt hat;
2. wenn es auf die Bestellung von Briefen mit Zustellungsurkunde oder auf die Vorzeigung von Postaufträgen ankommt;
3. wenn es sich um Einschreibsendungen, Postanweisungen und Sendungen mit Wertangabe handelt, die vom Absender mit dem Vermerk „Eigenhändig" versehen sind;
4. wenn der Empfänger den lagernden Gegenstand nicht am Tage nach dem Eingange, bei Sendungen mit lebenden Tieren (§ 6) nicht binnen 24 Stunden nach dem Eintreffen abholen läßt.

Die Ablehnung der Zahlung der Bestellgebühr im Falle zu 4 gilt als Verweigerung der Annahme.

§ 43. Aushändigung der Sendungen und Geldbeträge nach Behändigung der Postpaketadressen, Ablieferungsscheine und Postanweisungen.

I. Nach der Aushändigung der Postpaketadressen, Ablieferungsscheine und Postanweisungen (§§ 36 I und II 42 VII) werden die abzuholenden Sendungen und Geldbeträge während der Schalterdienststunden der Postanstalten an denjenigen verabfolgt, welcher sich zur Abholung meldet und bei gewöhnlichen Paketen die Postpaketadresse, bei Einschreibsendungen, Sendungen mit Wertangabe und Postanweisungsbeträgen die mit dem Namen des Empfangsberechtigten unterschriebene Empfangsbescheinigung (Ablieferungsschein, Postpaketadresse, Postanweisung) abgibt.

II. Eine Untersuchung über die Echtheit der Unterschrift und des etwa hinzugefügten Siegels unter dem Ablieferungsscheine usw. sowie eine weitere Prüfung der Berechtigung desjenigen, welcher diesen Schein usw. überbringt, liegt der Postanstalt nach § 49 des Gesetzes über das Postwesen nicht ob.

Dagegen hat die Postanstalt zu prüfen, ob der Unterschreibende zur Vertretung des Adressaten berechtigt ist, § 39 Anm. zu II. Bei Sendungen an Militär-, Gerichts-, Verwaltungs-, Kommunal- usw. Behörden kommen die besonderen Vorschriften über die Form der von denselben auszustellenden Quittungen in Betracht.

III. Wenn der Empfänger unterläßt, auf Grund der abgeholten Postpaketadressen, Ablieferungsscheine und Postanweisungen die Sendungen oder Geldbeträge bei der Postanstalt abzufordern, so werden

a) gewöhnliche Pakete, soweit sie sich zur Bestellung eignen, am zweiten Tage nach dem Eingang unter Beachtung der Vorschriften des § 42 VIII in die Wohnung bestellt.

b) gewöhnliche Pakete, welche sich nicht zur Bestellung eignen, Einschreibsendungen, Sendungen mit Wertangabe und Postanweisungsbeträge am achten Tage nach dem Eingang als unbestellbar behandelt.

Die Bestimmung unter b findet auch auf die Sendungen Anwendung, bei denen nach §§ 36 I und 42 VIII die Postpaketadressen usw. bestellt worden sind. Bei Bemessung der Fristen bleiben die Sonntage und allgemeinen Feiertage außer Betracht.

Bei Sendungen mit lebenden Tieren tritt in den Fällen zu a und b die Bestellung oder die Unbestellbarkeit bereits nach Ablauf von 24 Stunden nach dem Eingang ein (vgl. § 6 I).

§ 44. Nachsendung der Postsendungen.

I. Hat der Empfänger seinen Aufenthalts- oder Wohnort verändert und ist sein neuer Aufenthalts- oder Wohnort bekannt, so werden gewöhnliche und eingeschriebene Briefsendungen und Postanweisungen nachgesendet, wenn nicht er oder der Absender eine andere Bestimmung getroffen hat. Dasselbe gilt von den Postaufträgen nebst ihren Anlagen, falls der Absender nicht die sofortige Rücksendung oder die Weitergabe zur Protesterhebung oder die Absendung an eine andere, namentlich bezeichnete Person verlangt hat.

II. Bei Paketen und bei Briefen mit Wertangabe erfolgt die Nachsendung nur auf Verlangen, entweder des Absenders oder des Empfängers.

III. Hat der Absender durch einen Vermerk in der Aufschrift, der bei Paketen auch auf der Postpaketadresse vorhanden sein muß, die Nachsendung ausgeschlossen, so darf eine solche auch auf Antrag des Empfängers (I und II) nicht eintreten.

IV. Für Pakete und für Briefe mit Wertangabe werden im Falle der Nachsendung das Porto und die Versicherungsgebühr von Bestimmungsort zu Bestimmungsort zugeschlagen, der Portozuschlag von 10 Pf. wird jedoch für die Nachsendung nicht erhoben. Für andere Sendungen findet ein neuer Ansatz von Porto nicht statt. Einschreib-, Postanweisungs- und Postauftragsgebühren sowie die Gebühr von 1 Mark für dringende Pakete und die Vorzeigegebühr für Nachnahmesendungen werden bei der Nachsendung nicht noch einmal angesetzt.

Gehen gewöhnliche und eingeschriebene Briefe aus dem Bereiche der Ortstaxe des Aufgabeorts (§ 37) hinaus und sind sie nicht bereits nach der Ferntaxe frankiert, so werden sie entsprechend nachtaxiert.

V. Eine bei der Post bestellte Zeitung wird auf Verlangen des Beziehers an eine andere Postanstalt gegen eine Gebühr von 50 Pf. überwiesen. Wird die Überweisung gleichzeitig für den Rest der laufenden und für die kommende Bezugszeit beantragt, so ist die Gebühr doppelt zu entrichten. Die Gebühr wird auch für jede folgende Überweisung erhoben, kommt aber für die Rücküberweisung nach dem früheren Bezugsorte nicht in Ansatz.

§ 45. Behandlung unbestellbarer Postsendungen am Bestimmungsorte.

I. Postsendungen sind für unbestellbar zu erachten:

1. wenn der Empfänger am Bestimmungsorte nicht zu ermitteln und die Nachsendung nach den Vorschriften im § 44 nicht möglich oder nicht zulässig ist;
2. wenn die Annahme verweigert wird;
3. wenn eine Sendung mit dem Vermerke „Postlagernd" nicht innerhalb eines Monats vom Tage nach dem Eintreffen, bei Sendungen mit lebenden Tieren (§ 6) nicht spätestens innerhalb 2 mal 24 Stunden nach dem Eintreffen von der Post abgeholt wird;
4. wenn eine Sendung mit Postnachnahme, auch wenn sie mit „Postlagernd" bezeichnet ist, nicht innerhalb 7 Tage vom Tage nach dem Eingang am Bestimmungsort eingelöst wird;
5. wenn Einschreibsendungen, Sendungen mit Wertangabe und zur Bestellung nicht geeignete

Pakete auf Grund der ausgehändigten Ablieferungsscheine usw. oder bei Postanweisungen die Geldbeträge nicht innerhalb 7 Tage vom Tage nach dem Eingang in Empfang genommen werden (§ 43 III b);

6. wenn die Sendung Lose oder Anbietungen zu einem Glückspiel enthält, an welchem der Empfänger nach den Gesetzen sich nicht beteiligen darf, und wenn eine solche Sendung sofort nach geschehener Eröffnung an die Post zurückgegeben wird.

a. Zu 3: Für postlagernde Telegramme beträgt die Lagerfrist einen Monat (TO. (Nr. XXI) § 20 II), für aus dem Ausland eingehende postlagernde Wertbriefe und Pakete zwei Monate.

b. Zu 6: Ob das Spielen in auswärtigen Lotterien verboten ist, bestimmt sich nach den Landesgesetzen. In Preußen ist das Spiel in außerpreußischen Lotterien, die nicht in Preußen zugelassen sind, durch Gesetz vom 29. Aug. 1904 (PrGS. S. 255) verboten. Preußen hat mit einer Reihe von Bundesstaaten Verträge abgeschlossen, nach denen die Lose der preußischen Klassenlotterie in deren Gebiet vertrieben werden dürfen.

II. Bevor in den Fällen zu Absatz I Punkt 1 bis 5 ein Paket als unbestellbar nach dem Aufgabeorte zurückgeleitet wird, ist eine Unbestellbarkeitsmeldung an die Aufgabe-Postanstalt zu erlassen, um die Bestimmung des Absenders über die weitere Behandlung des Pakets einzuholen. Die Absendung einer Unbestellbarkeitsmeldung hat jedoch zu unterbleiben, wenn der Absender durch einen für die

Bestimmungs-Postanstalt verständlichen Vermerk auf der Vorderseite der Postpaketadresse und in der Aufschrift des Pakets die sofortige Rücksendung nach dem ersten vergeblichen Bestellversuch oder nach Ablauf der vorgesehenen Lagerfrist verlangt oder im voraus die Zustellung an einen anderen Empfänger an demselben oder an einem anderen Orte des Deutschen Reichs vorgeschrieben hat.

Ist ein Brief mit Wertangabe oder eine Postanweisung deshalb unanbringlich, weil der Empfänger wegen unzureichender Adresse nicht sicher erkennbar ist, so muß ebenfalls eine Unbestellbarkeitsmeldung erlassen werden, sofern der Absender auf der Sendung genannt ist.

Für die Beförderung jeder Unbestellbarkeitsmeldung und der zu erteilenden Antwort hat der Absender 20 Pf. Porto an die Aufgabe-Postanstalt zu entrichten.

III. Über ein unbestellbar gemeldetes Paket kann der Absender dahin verfügen, daß

entweder die Bestellung nochmals an den ursprünglichen Empfänger zu versuchen sei oder an eine andere Person und, wenn die Bestellung auch in diesem Falle vergeblich ist, an eine dritte Person erfolgen solle oder daß das Paket an ihn selbst zurückgesendet werde.

Hierbei macht es keinen Unterschied, ob die weiter namhaft gemachten Personen an dem ursprünglichen Bestimmungsort oder an einem anderen Orte des

Deutschen Reichs, wohin eintretenden Falles die Weitersendung zu bewirken ist, wohnen.

Ist die Bestellung an die vom Absender auf Grund der Unbestellbarkeitsmeldung namhaft gemachten Personen nicht ausführbar, so hat die Rücksendung des Pakets nach dem Aufgabeort ohne weiteres zu erfolgen; eine nochmalige Unbestellbarkeitsmeldung wird nicht erlassen.

Der Absender kann die Sendung auch durch Preisgabe der Postverwaltung überlassen, doch bleibt er in diesem Falle verpflichtet, die aufgelaufenen Portokosten, die Gebühr für die Unbestellbarkeitsmeldung und sonstige der Verwaltung für die Sendung erwachsene Kosten bis zur Höhe des Betrags zu entrichten, welcher durch den Verkauf des Pakets nicht gedeckt wird.

IV. Verweigert der Absender die Zahlung des Portos von 20 Pf. (II), so wird seiner etwaigen Bestimmung über die Sendung keine Folge gegeben, die Sendung vielmehr nach dem Aufgabeorte zurückgeleitet.

Das gleiche hat zu geschehen, wenn der Absender seine Erklärung nicht innerhalb 7 Tage nach Empfang der Benachrichtigung bei der Aufgabe-Postanstalt abgibt.

V. Alle anderen Postsendungen sind, wenn sie als unbestellbar erkannt werden, ohne Verzug nach dem Aufgabeorte zurückzusenden. Nur bei Sendungen, die einem schnellen Verderb unterliegen, muß, sofern nach dem Ermessen der Bestimmungs-Postanstalt Grund zu der Besorgnis vorhanden ist, daß der Verderb auf dem Rückweg eintreten werde, von der Rücksendung abgesehen werden und die Veräußerung des Inhalts für Rechnung des Absenders erfolgen.

VI. In allen vorgedachten Fällen ist der Grund der Rücksendung oder eintretenden Falles, daß und weshalb die Veräußerung erfolgt sei, auf dem Briefe oder auf der Postpaketadresse zu vermerken.

VII. Die zurückzusendenden Gegenstände dürfen nicht eröffnet sein. Eine Ausnahme hiervon tritt nur ein bei den unter I 6 bezeichneten Briefen sowie bei denjenigen Briefen, welche von einer mit dem Empfänger gleichnamigen Person irrtümlich geöffnet wurden. Bei Briefen der letzteren Art ist tunlichst dahin zu wirken, daß die Personen, welche die Eröffnung irrtümlich bewirkt haben, dies unter Namensunterschrift auf der Rückseite des Briefes bescheinigen.

VIII. Bei zurückzusendenden Paketen und Briefen mit Wertangabe sind das Porto und die Versicherungsgebühr auch für die Rücksendung zu entrichten; der Portozuschlag von 10 Pf. wird jedoch für die Rücksendung nicht erhoben. Bei anderen Gegenständen findet ein neuer Portoansatz nicht statt. Einschreib-, Postanweisungs- und Postauftragsgebühren sowie die Vorzeigegebühr für Nachnahmesendungen werden bei der Rücksendung nicht noch einmal berechnet. Dagegen wird für zurückzusendende dringende Pakete die Gebühr von 1 Mark noch ein-

mal angesetzt, wenn der Absender ausdrücklich verlangt hat, daß das Paket auch bei der Rücksendung als „Dringend" behandelt werde.

§ 46. Behandlung unbestellbarer Postsendungen am Aufgabeorte.

I. Die nach § 45 unbestellbaren und deshalb nach dem Aufgabeorte zurückgelangten sowie die als unzulässig von der Postbeförderung ausgeschlossenen Sendungen werden an den Absender zurückgegeben. Wohnt der Absender in dem Bestellbezirk einer anderen Postanstalt als derjenigen, bei welcher die Aufgabe erfolgt war, so ist die Sendung der anderen Postanstalt zur Aushändigung an den Absender und Einziehung der darauf haftenden Beträge zu übersenden. Durch diese weitere Versendung sollen dem Absender in der Regel keine Mehrkosten erwachsen. Handelt es sich jedoch um unbestellbare Briefe, die ursprünglich nach der Ortstaxe frankiert waren, so erfolgt bei Überweisung der Sendungen nach Orten außerhalb des Geltungsbereichs der Ortstaxe eine entsprechende Nachtaxierung (vgl. § 44 IV).

II. Bei der Aushändigung einer zurückgekommenen Sendung an den Absender wird nach den für die Aushändigung einer Sendung an den Empfänger gegebenen Vorschriften verfahren. **Vorausbezahltes Bestellgeld wird dabei auf die vom Absender zu erhebende Bestellgebühr in Anrechnung gebracht; eine Erstattung vorausbezahlten Bestellgeldes findet jedoch** nicht statt, weder bei Abholung der Sendung am Aufgabeorte, noch für den Fall, daß die vorausbezahlte Gebühr die am Absendungsorte zu erhebende Gebühr übersteigt.

III. Kann die Postanstalt am Aufgabeorte den Absender einer unbestellbaren oder von der Beförderung ausgeschlossenen Sendung (I) nicht ermitteln, so wird die Sendung an die vorgesetzte Ober-Postdirektion eingesendet und dort zur Feststellung des Absenders nötigen Falles geöffnet. Die mit der Eröffnung beauftragten Beamten sind zur Beobachtung strenger Verschwiegenheit besonders verpflichtet und haben bei Briefen nur von der Unterschrift und von dem Orte Kenntnis zu nehmen, sich aber jeder weiteren Durchsicht zu enthalten. Die Sendung wird hiernächst mittels Siegelmarken oder Dienstsiegel, die eine entsprechende Inschrift tragen, wieder verschlossen.

Vgl. PostG. § 5.

IV. Wenn der Absender ermittelt wird, aber die Annahme verweigert oder innerhalb 7 Tage nach Behändigung der Postpaketadresse oder des Ablieferungsscheins oder der Postanweisung die Sendung oder den Geldbetrag nicht abholen läßt, so können die Gegenstände zum Besten der Post-Unterstützungskasse verkauft oder verwendet, Briefe und die zum Verkaufe nicht geeigneten wertlosen Gegenstände aber vernichtet werden.

Vgl. PostG. (Nr. II) § 26.

V. Ist der Absender auch mit Hilfe der Ober-Postdirektion nicht zu ermitteln, so werden gewöhnliche Briefsendungen und die zum Verkaufe nicht geeigneten wertlosen Gegenstände nach Verlauf von drei Monaten, vom Tage ihres Einganges bei der Ober-Postdirektion gerechnet, vernichtet. Dagegen ist

1. bei Einschreibsendungen, bei Briefen mit Wertangabe oder bei Briefen, in denen sich bei der Eröffnung Gegenstände von Wert vorgefunden haben, ohne daß dieser angegeben worden war, sowie bei Postanweisungen,
2. bei Paketen mit oder ohne Wertangabe

der Absender öffentlich aufzufordern, innerhalb vier Wochen die unbestellbaren Gegenstände in Empfang zu nehmen. Die zu erlassende öffentliche Aufforderung, die eine genaue Bezeichnung der Gegenstände unter Angabe des Aufgabe- und Bestimmungsorts, der Person des Empfängers und des Tages der Einlieferung enthalten muß, wird durch Aushang im Schaltervorraume der Aufgabe-Postanstalt bekannt gemacht.

Vgl. § 45 V.

VI. Inzwischen lagern die Sendungen auf Gefahr des Absenders. Sachen, die dem Verderb ausgesetzt sind, können sofort verkauft werden.

VII. Bleibt die öffentliche Aufforderung ohne Erfolg, so werden die Sendungen oder Geldbeträge zum Besten der Postunterstützungskasse verkauft oder verwendet, Briefe und zur Veräußerung pp. nicht geeignete sonstige Gegenstände aber vernichtet.

Vgl. PostG. (Nr. II.) § 26.

§ 47. Laufschreiben wegen Postsendungen.

I. Die Gebühr für den Erlaß eines Laufschreibens wegen einer zur Post gelieferten Sendung beträgt 20 Pf.

II. Für Laufschreiben wegen gewöhnlicher Briefsendungen soll diese Gebühr erst nachträglich und nur in denjenigen Fällen erhoben werden, in welchen die richtige Aushändigung der Sendung an den Empfänger festgestellt wird.

III. Für Laufschreiben wegen anderer Sendungen ist die Gebühr im voraus zu entrichten; die Erstattung erfolgt, wenn sich ergibt, daß die Nachfrage durch Verschulden der Post herbeigeführt worden ist.

IV. Für Laufschreiben, die portofreie Sendungen betreffen, wird eine Gebühr nicht erhoben.

§ 48. Nachlieferung von Zeitungen.

Wenn bei verspäteter Bestellung einer Zeitung der Bezieher die Nachlieferung der für die Bezugszeit bereits erschienenen Nummern wünscht, so ist für das an die Zeitungsverlags-Postanstalt wegen der Nachlieferung abzulassende besondere Bestellschreiben das Porto von 10 Pf. zu entrichten. Das gleiche Porto wird erhoben, wenn Bezieher von Zeitungen die nochmalige Lieferung einzelner Nummern der Zeitung verlangen.

§ 49. Verkauf von Postwertzeichen.

I. Die Freimarken, sowie die gestempelten Kartenbriefe, Postkarten und Postanweisungen werden zu dem Nennwerte des Stempels an das Publikum abgelassen.

a. Für das Reichspostgebiet und Württemberg sind durch besonderes Übereinkommen (ABl. 1902 S. 55f.) seit dem 1. April 1902 einheitliche Postwertzeichen eingeführt. Bayern hat eigene Wertzeichen.

b. Die Postanstalten besorgen außerdem den Vertrieb der Reichswechselstempelzeichen (G. über die Wechselstempelsteuer vom 10. Juni 1869, BGBl. S. 193 und Abänderungsgesetz vom 4. Juni 1879, RGBl. S. 151, dazu Ausführungsbestimmungen vom 8. März 1901, ZBl. 69), der statistischen Wertzeichen (G. vom 7. Febr. 1906, betreffend die Statistik des Warenverkehrs RGBl. S. 109), und der Versicherungsmarken (Invalidenversicherungsgesetz vom 13. Juli 1899 RGBl. S. 463).

II. Außer bei den Postanstalten, den Posthilfstellen und amtlichen Verkaufsstellen können Postwertzeichen in kleineren Mengen auch von den bestellenden Boten bei ihren Bestellgängen bezogen werden. Die bestellenden Boten nehmen ferner, wenn ihr Vorrat nicht ausreicht, Bestellungen auf Wertzeichen an. Die Landbriefträger haben diese Bestellungen nebst den ihnen dafür übergebenen Barbeträgen in ihr Annahmebuch (§ 29 IV) einzutragen. Der Auftraggeber kann sich von der erfolgten Eintragung in das Annahmebuch überzeugen oder diese selbst bewirken.

III. Die Anstalt, in welcher die Postwertzeichen hergestellt werden, übernimmt die Abstempelung von

Kartenbriefen und Postkarten sowie von Briefumschlägen, Streifbändern und offenen, zur Versendung als Drucksachen bestimmten Karten mit dem Freimarkenstempel für das Publikum unter den bei jeder Postanstalt zu erfragenden näheren Bedingungen.

IV. Außer Kurs gesetzte Postwertzeichen werden innerhalb der durch den Deutschen Reichsanzeiger und andere öffentliche Blätter bekannt zu machenden Frist bei den Postanstalten zum Nennwerte gegen gültige Postwertzeichen umgetauscht. Nach Ablauf der Frist findet ein Umtausch nicht mehr statt.

V. Die Postverwaltung ist nicht verbunden, Postwertzeichen bar einzulösen.

VI. Die Verwendung der aus gestempelten Kartenbriefen, Postanweisungen und Postkarten sowie aus den nach III für das Publikum gestempelten Briefumschlägen usw. ausgeschnittenen Frankostempel zur Frankierung von Postsendungen ist nicht zulässig.

Zum Umtausch in den Händen des Publikums unbrauchbar gewordener Postwertzeichen (Freimarken, gestempelter Kartenbriefe, Postanweisungen und Postkarten) ist die Postverwaltung nicht verpflichtet.

§ 50. Entrichtung des Portos und der sonstigen Gebühren.

I. Die Postsendungen können, sofern nicht das Gegenteil ausdrücklich bestimmt ist, nach der Wahl des Absenders frankiert oder unfrankiert zur Post eingeliefert werden. Zur Frankierung der durch die Briefkasten einzuliefernden Gegenstände müssen Postwertzeichen benutzt werden.

Frankierungszwang besteht im inländischen Verkehr für dringende Pakete § 24 IV., Drucksachen § 8 XII., Geschäftspapiere § 9 IV., Warenproben § 10 IX., Postanweisungen §§ 20 II., 21 V., Postaufträge 18 XXI., Bahnhofsbriefe § 23 IV., Sendungen gegen Rückschein § 26 II

II. Sendungen, in deren Aufschrift der Frankierungsvermerk durchstrichen, weggeschabt oder geändert ist, sind, wenn der Absender die Entrichtung des Frankos verweigert, von der Annahme zurückzuweisen. Wenn Briefsendungen dieser Art oder Briefsendungen mit Frankierungsvermerk, für welche das Porto überhaupt nicht oder nicht zureichend durch Postwertzeichen entrichtet ist, im Briefkasten vorgefunden werden, so werden sie mit einer amtlichen Bescheinigung versehen und als unfrankiert oder unzureichend frankiert behandelt.

III. Reicht das am Abgangsort entrichtete Franko nicht aus, so wird das Nachschußporto vom Empfänger erhoben. Bei gewöhnlichen Briefsendungen sowie bei allen Sendungen vom Auslande gilt die Verweigerung der Nachzahlung des Portos als Verweigerung der Annahme der Sendung. Bei unzureichend frankierten Einschreibsendungen und Sendungen mit Wertangabe sowie bei unzureichend frankierten Paketen aus dem Inlande kann der Empfänger die Auslieferung ohne Portozahlung verlangen, wenn er den Absender namhaft macht und bei Briefsendungen den Briefumschlag zurückgibt. Der fehlende Betrag wird alsdann vom Absender eingezogen.

IV. Wird die Annahme einer Sendung vom Empfänger verweigert oder kann der Empfänger nicht ermittelt werden, so ist der Absender, selbst wenn er die Sendung nicht zurücknehmen will, verbunden, das Porto und die Gebühren zu zahlen. Dies gilt auch von dem Porto und den Gebühren für die Nachsendung, sofern der Absender diese nicht ausgeschlossen hatte (§ 44 III).

V. Für Sendungen, die erweislich auf der Post verloren gegangen sind, wird kein Porto gezahlt und das etwa gezahlte erstattet. Dasselbe gilt von solchen Sendungen, deren Annahme wegen vorgekommener Beschädigung vom Empfänger verweigert wird, sofern die Beschädigung von der Postverwaltung zu vertreten ist.

Unter „Porto“ ist hier auch die Versicherungsgebühr usw. zu verstehen (vgl. Kabinettsorder vom 8. April 1848, PrGS. S. 99).

VI. Hat der Empfänger die Sendung angenommen, so ist er, sofern im Vorstehenden nicht ein Anderes bestimmt ist, zur Entrichtung des Portos und der Gebühren verpflichtet und kann sich davon durch spätere Rückgabe der Sendung nicht befreien. Nachforderungen an Porto für Sendungen, die nach ihrer Aushändigung an den Empfänger als unzureichend frankiert erkannt werden, hat jedoch der Absender zu berichtigen, wenn der Empfänger die Zahlung ablehnt.

Die Reichs- und Staatsbehörden sind befugt, auch nach erfolgter Annahme und Eröffnung portopflichtiger Sendungen zum Zwecke der nachträglichen Einziehung des Portos vom Absender die Briefumschläge an die Postanstalt zurückzugeben oder, falls es sich um Pakete handelt, sich schriftlich an die Postanstalt zu wenden.

VII. Für das Stunden von Portobeträgen ist monatlich eine Stundungsgebühr zu entrichten. Diese beträgt 5 Pf. für jede Mark oder den überschießenden Teil einer Mark, mindestens aber 50 Pf. Wenn in einem Monate Porto nicht zu stunden gewesen ist, so wird eine Gebühr nicht erhoben. Eine Verpflichtung der Postanstalten zur Stundung besteht nicht.

Vgl. PosttaxG. (Nr. V.) § 6.

VIII. Wenn auf Antrag des Beteiligten zur Zustellung der für ihn eingehenden oder zur Einlieferung der von ihm abzusendenden gewöhnlichen Briefsendungen und Zeitungen mit den Posten verschlossene Taschen befördert werden, ist für diese Vermittelung eine Gebühr von 50 Pf. monatlich zu erheben.

Abschnitt II. Personenbeförderung mit den Posten.

Der Abschnitt II findet auch auf die Güter- und Kariolposten Anwendung, mit denen Personen befördert werden, nicht aber auf die Landpostfahrten.

§ 51. Meldung zur Reise.

I. Die Meldung zur Reise mit den ordentlichen Posten kann stattfinden:

a) bei den Postanstalten oder

b) bei den unterwegs belegenen Haltestellen, welche von den Ober-Postdirektionen öffentlich bekannt gemacht werden.

a) Bei den Postanstalten.

II. Bei den Postanstalten kann die Meldung frühestens am Werktage vor der Abreise und spätestens bei Schluß der Post für die Personenbeförderung geschehen.

III. Der Schluß der Post für die Personenbeförderung tritt ein:

wenn im Hauptwagen oder in den bereits gestellten Beiwagen noch Plätze offen sind, fünf Minuten und,

wenn dies nicht der Fall ist, sondern die Gestellung von Beiwagen erforderlich wird, fünfzehn Minuten

vor der festgesetzten Abgangszeit der Post.

IV. Die Meldung muß innerhalb der für den Verkehr mit dem Publikum bestimmten Dienststunden geschehen, kann aber, wenn die Post außerhalb der Dienststunden abgeht, auch noch gegen die Zeit der Abfertigung der Post erfolgen. Ausnahmsweise darf die Meldung — über die gewöhnliche Schlußzeit der Post für die Personenbeförderung hinaus —

noch unmittelbar bis zum Abgange der Post stattfinden, sofern dadurch die pünktliche Abfahrt nach dem Ermessen der Postanstalt nicht verzögert wird.

V. Erfolgt die Meldung bei einer Postanstalt mit Beiwagenstation, so kann die Annahme wegen mangelnden Platzes nur dann abgelehnt werden, wenn zu der Post Beiwagen überhaupt nicht oder nur in beschränktem Umfange gestellt werden und die Plätze im Hauptwagen schon vergeben oder auf den Unterwegsstationen bei Ankunft der Post schon besetzt sind.

VI. Erfolgt die Meldung bei einer Postanstalt ohne Beiwagenstation, so findet die Annahme nur unter dem Vorbehalte statt, daß in dem Hauptwagen und in den etwa mitkommenden Beiwagen noch unbesetzte Plätze vorhanden sind.

VII. Bei Posten, zu denen Beiwagen überhaupt nicht gestellt werden, können Plätze nach einem vor der nächsten Postanstalt belegenen Zwischenorte nur insoweit vergeben werden, als sich bis zum Abgange der Post zu den vorhandenen Plätzen nicht Personen gemeldet haben, die bis zur nächsten Postanstalt oder darüber hinaus reisen wollen. Doch kann sich der Reisende einen vorhandenen Platz dadurch sichern, daß er bei seiner Meldung das Personengeld bis zur nächsten Postanstalt bezahlt.

b) An Haltestellen.

VIII. Die Meldung an Haltestellen kann nur dann berücksichtigt werden, wenn noch Plätze im Hauptwagen oder in den Beiwagen unbesetzt sind.

Reisegepäck wird an Haltestellen nur insoweit zugelassen, als es ohne Belästigung der anderen Reisenden im Personenraume leicht untergebracht werden kann. Die Packräume des Wagens dürfen nicht geöffnet werden, auch ist jedes längere Anhalten der Post unstatthaft.

IX. Wünschen Reisende sich die Beförderung mit der Post von einer Postanstalt ohne Beiwagenstation oder von einer Haltestelle ab zu sichern, so müssen sie sich bei der vorliegenden Postanstalt mit Beiwagenstation melden und von da ab einen Platz bezahlen.

§ 52. Personen, welche von der Reise mit der Post ausgeschlossen sind.

Von der Reise mit der Post sind ausgeschlossen:

1. Kranke, die mit epileptischen oder Gemütsleiden, mit ansteckenden oder Ekel erregenden Übeln behaftet sind;
2. Personen, die durch Trunkenheit, durch unanständiges oder rohes Benehmen oder durch unanständigen oder unreinlichen Anzug Anstoß erregen;
3. Gefangene;
4. Personen, die Hunde oder geladene Schießwaffen mit sich führen.

§ 53. Fahrschein.

I. Geschieht die Meldung zur Reise bei einer Postanstalt, so erhält der Reisende gegen Entrichtung des Personengeldes einen Fahrschein.

II. Bei Posten, deren Abgang vom Eintreffen anschließender Posten oder Eisenbahnzüge abhängig ist, kann die Abfahrtszeit nur mit Bezug auf die Zeit des Eintreffens dieser Posten oder Eisenbahnzüge angegeben werden und es liegt dem Reisenden ob, die möglichst frühe Abgangszeit zur Richtschnur zu nehmen.

III. Die Nummer des Fahrscheins richtet sich nach der Reihenfolge, in welcher die Meldung zur Mitreise geschehen ist; doch steht es Jedermann frei, bei der Meldung unter den im Hauptwagen noch unbesetzten Plätzen einen bestimmten Platz zu wählen.

IV. Personen, welche sich an Haltestellen gemeldet haben und aufgenommen worden sind, können einen Fahrschein erst bei der nächsten Postanstalt erhalten und haben das Personengeld bei dieser Postanstalt oder, wenn sie nicht so weit fahren, an den Postschaffner oder Postillion zu entrichten.

§ 54. Grundsätze der Personengelderhebung.

Vgl. PostG. (Nr. II.) §§ 25, 50 Nr. 8.

I. Das Personengeld wird nach den von der Postverwaltung bestimmten und für jeden Postkurs durch den Postbericht (§ 30 II) bekannt gegebenen Sätzen erhoben.

Das Personengeld beträgt 10 Pf. für das Kilometer, mindestens aber 30 Pf.; für einzelne Kurse bestehen jedoch ermäßigte Sätze.

II. Will der Reisende seine Reise über den Kurs hinaus, oder auf einem Seitenkurse fortsetzen, so kann er nur bis zu dem Endpunkt oder bis zu dem Übergangspunkte des Kurses einen Fahrschein erhalten und muß sich dort wegen Fortsetzung der Reise von neuem melden, sofern nicht Einrichtungen zur Durcherhebung des Personengeldes getroffen sind.

III. Wollen an Haltestellen zugegangene Personen mit derselben Post von der nächsten Postanstalt ab weiter befördert werden, so haben sie dort den Fahrschein für die weitere Reise zu lösen.

IV. Für ein Kind im Alter bis zu vier Jahren wird Personengeld nicht erhoben, wenn es keinen besonderen Wagenplatz einnimmt, sondern auf dem Schoße einer erwachsenen Person, unter deren Obhut es reist, mitgenommen wird.

V. Für Kinder im Alter von mehr als vier Jahren wird das volle Personengeld erhoben. Nimmt jedoch eine Familie einen der abgeschlossenen Wagenräume oder auch nur eine Sitzbank ganz ein, so kann sie ein Kind bis zum Alter von zehn Jahren unentgeltlich und zwei Kinder bis zu diesem Alter für das einfache Personengeld mitnehmen, wenn sie sich mit den Kindern auf die von ihr bezahlten Sitzplätze beschränkt. Diese Vergünstigung kann nur für den Hauptwagen unbedingt, für Beiwagen nur insoweit zugestanden werden, als auf die Beibehaltung der ursprünglichen Plätze zu rechnen ist.

§ 55. Erstattung von Personengeld.

I. Das Personengeld wird erstattet, wenn die Postanstalt die durch die Annahme des Reisenden eingegangene Verbindlichkeit ohne dessen Verschulden nicht erfüllen kann. Die Erstattung von Personengeld soll auch dann zulässig sein, wenn der Reisende an der Benutzung der Post verhindert ist und die Erstattung mindestens 15 Minuten vor dem planmäßigen Abgange der Post beantragt.

II. Die Erstattung erfolgt gegen Rückgabe des Fahrscheins und gegen Quittung mit dem Betrage des Personengeldes für die noch nicht zurückgelegte Strecke.

§ 56. Verhalten der Reisenden bei der Abreise.

Die Reisenden müssen vor dem Posthaus oder an den sonst dazu bestimmten Stellen den Wagen besteigen und sich dort zu der im Fahrschein angegebenen Abgangszeit zur Abreise bereit halten, auch den Fahrschein zum Ausweise bei sich führen, widrigenfalls sie es sich selbst beizumessen haben, wenn ihre Ausschließung von der Mit- oder Weiterreise erfolgt und sie des bezahlten Personengeldes verlustig gehen. Das Reisegepäck wird in solchem Falle bis zu der Postanstalt befördert, auf welche der Fahrschein lautet, und dort aufbewahrt, bis die zurückgebliebene Person darüber Bestimmung getroffen hat.

§ 57. Plätze der Reisenden.

I. Die Ordnung der Plätze im Hauptwagen ergibt sich aus den Nummern über den Sitzplätzen.

II. In den Beiwagen werden zuerst die Eckplätze des Vorderraums, dann die Eckplätze der Vorderbank und der Rückbank des Mittelraums und zuletzt in derselben Reihenfolge die Mittelplätze besetzt.

III. Gehen unterwegs Reisende ab, so sind die folgenden Personen berechtigt, im Hauptwagen und in den Beiwagen um soviel Plätze vorzurücken, wie frei werden.

IV. Die bei einer unterwegs gelegenen Postanstalt hinzutretenden Personen stehen den vom Kurse kommenden und weiter eingeschriebenen Reisenden in der Reihenfolge der Plätze nach.

V. Reisende, die von einem Kurse auf einen anderen übergehen, stehen den für diesen bereits eingeschriebenen Reisenden hinsichtlich des Platzes nach.

VI. Reisende, welche die Post nach einem zwischen zwei Beiwagenstationen belegenen Orte benutzen wollen, müssen, sobald durch ihren Abgang unterwegs ein Beiwagen eingehen kann, allen bis zur nächsten Station eingeschriebenen Reisenden nachstehen und die Plätze in dem Beiwagen einnehmen.

VII. Reisende, welche von den Postschaffnern oder Postillionen unterwegs an Haltestellen aufgenommen worden sind, stehen bei der Weiterreise über die nächste Postanstalt hinaus den bei dieser bereits eingeschriebenen Reisenden hinsichtlich des Platzes nach.

VIII. Über Meinungsverschiedenheiten der Reisenden wegen der von ihnen einzunehmenden Plätze entscheidet der abfertigende Beamte und, wenn sich die Reisenden bei dessen Entscheidung nicht beruhigen, der Vorsteher der Postanstalt. Dieser Entscheidung haben sich die Reisenden, vorbehaltlich der Beschwerde, zu unterwerfen.

§ 58. Reisegepäck.

Gewähr: PostG. (Nr. II.) § 11 Nr. 1.

I. Jedem Reisenden ist die Mitnahme seines Reisegepäcks insoweit unbeschränkt gestattet, als die einzelnen Gegenstände zur Versendung mit der Post geeignet sind (vgl. §§ 1, 2, 5 und 6).

II. Kleine Gegenstände, die ohne Belästigung der anderen Reisenden im Personenraum untergebracht werden können, dürfen die Reisenden unter eigener Aufsicht bei sich führen.

III. Anderes Reisegepäck muß der Postanstalt zur Verladung übergeben werden. Die Übergabe an Postschaffner und Postillione ist an Orten, an denen sich Postanstalten befinden, unzulässig. Das Reisegepäck muß, wenn ein bestimmter Wert angegeben wird, den für Pakete mit Wertangabe gegebenen Bestimmungen entsprechend verpackt, verschlossen und bezeichnet sein (§§ 15 und 16); die Bezeichnung muß, außer dem Worte „Reisegepäck", den Namen des Reisenden, den Ort, bis zu welchem die Einschreibung erfolgt ist, und die Wertangabe enthalten.

Bei Reisegepäck ohne Wertangabe bedarf es einer Bezeichnung nicht.

Vgl. § 51. VIII. und § 60. II.

IV. Das Reisegepäck, soweit es nicht in den Personenraum mitgenommen werden darf (II), muß spätestens 15 Minuten vor der Abfahrt der Post unter Vorzeigung des Fahrscheins bei der Postanstalt eingeliefert werden. Erfolgt die Einlieferung später, so hat der Reisende auf die Mitbeförderung des Gepäcks nur dann zu rechnen, wenn durch dessen Annahme und Verladung der Abgang der Post nicht verzögert wird. Wenn Reisende von einer Post auf die andere oder von einem Bahnzuge auf die Post unmittelbar übergehen, wird das Gepäck stets umgeschrieben, so lange es überhaupt noch möglich ist, den Reisenden zu der Weiterfahrt mit der Post ohne Versäumnis anzunehmen.

V. Der Reisende erhält über das eingelieferte Reisegepäck einen Gepäckschein. Die Auslieferung des Reisegepäcks erfolgt nur gegen Rückgabe des Gepäckscheins.

§ 59. Überfrachtporto und Versicherungsgebühr.

I. Jedem Reisenden ist auf das der Post übergebene Reisegepäck ein Freigewicht von 15 Kilogramm bewilligt.

II. Für das Mehrgewicht des Reisegepäcks ist bei der Einlieferung Überfrachtporto zu entrichten. Dieses beträgt für jedes Kilogramm oder den überschießenden Teil eines Kilogramms:

1. bei Beförderungen bis 75 Kilometer 5 Pf., mindestens 25 Pf.;
2. bei Beförderungen über 75 Kilometer 10 Pf., mindestens 50 Pf.

III. Ist der Wert des Reisegepäcks angegeben, so wird die Versicherungsgebühr für jedes Stück selbständig erhoben. Diese Gebühr beträgt ohne Unterschied der Entfernung 5 Pf. für je 300 Mark oder einen Teil von 300 Mark, mindestens jedoch 10 Pf.

Vgl. § 58 III und Posttaxnov. (Nr. VI) § 2.

IV. Haben mehrere Reisende ihre Plätze auf einen Fahrschein genommen, so ist das Freigewicht für die auf dem Fahrscheine vermerkte Anzahl von Personen nur dann von dem Gesamtgewichte des Gepäcks in Abzug zu bringen, wenn die Personen zu einer Familie oder zu einem Hausstande gehören.

V. Die Erstattung von Überfrachtporto und Versicherungsgebühr regelt sich nach denselben Grundsätzen wie die Erstattung von Personengeld.

Vgl. § 55.

§ 60. Verfügung des Reisenden über das Reisegepäck unterwegs.

I. Dem Reisenden kann die Verfügung über das der Post übergebene Reisegepäck nur während des Aufenthalts an Orten, an denen sich eine Postanstalt befindet, und gegen Rückgabe oder Hinterlegung des Gepäckscheins gestattet werden.

II. Reisende nach Zwischenorten müssen ihr Reisegepäck bei der vorliegenden Postanstalt in Empfang nehmen, von welcher ab die Postverwaltung dafür Gewähr nicht mehr leistet.

§ 61. Wartezimmer der Postanstalten.

I. Bei den Postanstalten werden nach Bedürfnis Wartezimmer unterhalten. Der Aufenthalt in den Wartezimmern der Postanstalten ist den Reisenden gestattet:

1. am Abgangsort: eine Stunde vor der Abgangszeit;
2. auf der Reise mit derselben Post: während der Abfertigung bei jeder Postanstalt;
3. am Endpunkte der Reise: eine Stunde nach der Ankunft;
4. beim Übergange von einer Post auf die andere: während drei Stunden.

II. Personen, welche die Reisenden zur Post begleiten oder die Ankunft einer Post erwarten wollen, kann der Aufenthalt in den Wartezimmern nur ausnahmsweise und in geringer Zahl gestattet werden.

§ 62. Verhalten der Reisenden auf den Posten.

I. Die Reisenden stehen unter dem Schutze der Postbehörden.

II. Pflicht der Reisenden ist es, sich in die zur Aufrechthaltung des Anstandes, der Ordnung und der Sicherheit auf den Posten und in den Wartezimmern getroffenen Anordnungen zu fügen.

III. Das Rauchen im Postwagen ist nur gestattet, wenn sich in demselben Raume Personen weiblichen Geschlechts nicht befinden und die anderen Mitreisenden ihre Zustimmung zum Rauchen gegeben haben.

IV. Reisende, welche die für Aufrechthaltung des Anstandes, der Ordnung und der Sicherheit auf den Posten und in den Wartezimmern getroffenen Anordnungen verletzen, können — vorbehaltlich der Bestrafung nach den Landesgesetzen — von der Postanstalt, unterwegs von dem Postschaffner oder Postillion, von der Mit- oder Weiterreise ausgeschlossen und aus dem Postwagen entfernt werden. Erfolgt die Ausschließung unterwegs, so haben solche Reisende ihr Gepäck bei der nächsten Postanstalt abzuholen; sie gehen des bezahlten Personengeldes und des etwaigen Überfrachtportos verlustig.

Abschnitt III. Extrapostbeförderung.

Die Postverwaltung ist für Verluste und Beschädigungen bei Extrapostbeförderung nicht haftpflichtig. PostG. (Nr. II) § 11. Die Postillione und die Posthalter haften nach Maßgabe des Bürgerlichen Rechts.

§ 63. Allgemeine Bestimmungen.

I. Die Gestellung von Extrapostpferden kann nur auf denjenigen Straßen verlangt werden, auf welchen die Postverwaltung es übernommen hat, Reisende mit Extrapostpferden zu befördern.

II. Auf diesen Straßen erstreckt sich die Verpflichtung der Posthalter zur Gestellung von Extrapostpferden nur auf die Beförderung von Reisenden mit ihrem Gepäcke.

III. Ausnahmsweise können jedoch auch zu Fuhren, bei denen die Beförderung von Gegenständen die Hauptsache ist, Extrapostpferde gestellt werden, sofern die Gegenstände von einer Person begleitet und beaufsichtigt werden und ihre Beförderung nicht mit Gefahr oder Nachteil verbunden ist.

IV. Die Posthalter sind nicht verpflichtet, zu den eigenen oder gemieteten Pferden der Reisenden Vorspannpferde herzugeben.

§ 64. Zahlungssätze.

I. An Pferdegeld sind für jedes Extrapostpferd und für jedes Kilometer 20 Pf. zu zahlen.

II. Das Wagengeld beträgt ohne Unterschied der Gattung des Wagens oder Schlittens für das Kilometer 10 Pf.

III. Größere als viersitzige Wagen oder Schlitten herzugeben, sind die Posthalter nicht verpflichtet.

IV. Die Befugnis, Posthaltereiwagen zur Weiterreise über den Punkt hinaus zu benutzen, wo der nächste Pferdewechsel stattfindet, können Reisende nur durch ein Abkommen mit dem Posthalter erlangen, der den Wagen herzugeben sich bereit finden läßt und dessen Sorge es überlassen bleibt, die Rückbeförderung des leeren Wagens auf seine Kosten zu bewirken.

V. Das Bestellgeld beträgt für jeden Extrapostwagen auf jeder Station 25 Pf. Auf anderen Punkten als den wirklichen Stationen wird die Bestellgebühr nicht erhoben.

VI. Für das Schmieren eines jeden Wagens, welcher nicht von der Post gestellt ist, sind 25 Pf. zu zahlen.

VII. Für die Erleuchtung mit zwei Laternen werden 20 Pf. für jede Stunde der vorschriftsmäßigen Beförderungszeit erhoben. Überschießende Minuten werden für eine halbe Stunde gerechnet. Die Erleuchtungskosten müssen stationsweise von den Reisenden vor der Abfahrt mit den andern Gebühren berichtigt werden.

VIII. Wegegeld und sonstige derartige Abgaben werden nach den zur öffentlichen Kenntnis gebrachten Tarifen erhoben. Unentgeltlich hergegebene Mehrbespannung kommt bei Berechnung des Wegegeldes nicht in Betracht.

IX. Das Postillionstrinkgeld beträgt ohne Unterschied der Bespannung für jeden Postillion für das Kilometer 10 Pf.

X. Extrapostreisende, welche sich am Bestimmungsort ihrer Reise nicht über 6 Stunden aufhalten, haben, wenn sie mit den auf der Hinreise benutzten Pferden und Wagen einer Station die Rückfahrt bis zu dieser Station bewirken wollen und sich vor der Abfahrt darüber erklären, für die Rückfahrt nur die Hälfte der nach den Sätzen unter I, II, V und IX sich ergebenden Beträge, mindestens jedoch für die ganze Fahrt die Kosten für eine Hinbeförderung von 15 Kilometer zu entrichten. Eine Entschädigung für das sechsstündige Stilllager des Gespanns und des Postillions ist nicht zu zahlen. Zwischen der Ankunft und dem Antritte der Rückfahrt muß den Pferden eine Ruhezeit mindestens von der Dauer der einfachen Beförderungsfrist gewährt werden. Will der Reisende auf der Rückfahrt eine andere Straße benutzen als auf der Hinfahrt, so wird die ganze Fahrt als eine Rundreise angesehen, auf welche die vorstehenden Bestimmungen keine Anwendung finden.

XI. Reisende können durch Laufzettel Extrapostpferde vorausbestellen. Die Wirkung der Pferdebestellung beschränkt sich auf 24 Stunden, für welche der Reisende auch bei unterbliebener Benutzung der Pferde nur das Wartegeld zu zahlen hat. In dem Laufzettel muß Ort, Tag und Stunde der Abfahrt, die Zahl der Pferde und der Reiseweg mit Benennung der Stationen angegeben, auch bemerkt werden, ob die Reise im eigenen Wagen erfolgt oder ob ein offener, ein ganz- oder halbverdeckter Stationswagen verlangt wird sowie ob und mit welchen Unterbrechungen die Reise stattfinden soll. Der Laufzettel ist von dem Reisenden abzufassen und zu unterschreiben. Ist der Reisende nicht am Orte ansässig oder sonst nicht hinlänglich bekannt, so muß er seinen Stand und Wohnort angeben. Für die Beförderung des Laufzettels mit den Posten ist eine Gebühr nicht zu entrichten.

XII. Jeder Extrapostreisende, welcher sich an einem unterwegs gelegenen Orte länger als eine halbe Stunde aufhalten will, ist verpflichtet, hiervon der Postanstalt vor der Abfahrt Nachricht zu geben. Dauert der Aufenthalt über eine Stunde, so ist von der fünften Viertelstunde an ein Wartegeld von 25 Pf. für Pferd und Stunde zu entrichten. Ein längerer Aufenthalt als 24 Stunden darf nicht stattfinden.

XIII. Wenn von vorausbestellten Pferden nicht zu der angegebenen Zeit Gebrauch gemacht wird, so ist für Pferd und Stunde ein Wartegeld von 25 Pf.

a) bei weiterher kommenden Reisenden von der siebzehnten Viertelstunde an,
b) bei im Orte befindlichen Reisenden von der fünften Viertelstunde an

zu entrichten.

XIV. Benutzt ein im Orte befindlicher Reisender die bestellten Extrapostpferde nicht, so hat er, wenn die Abbestellung vor der Anspannung erfolgt, keine Entschädigung, wenn dagegen die Pferde zur Zeit der Abbestellung bereits angespannt waren, den Betrag des Pferde-, Wagen- und Trinkgeldes für fünf Kilometer, sowie die Bestellgebühr als Entschädigung zu entrichten.

XV. Der Reisende kann verlangen, daß ihm auf langen oder sonst beschwerlichen Stationen auf schriftliche Bestellung Pferde und Wagen entgegengesendet und möglichst auf der Hälfte des Weges, sofern dort ein Unterkommen zu finden ist, aufgestellt werden. Für die Beförderung solcher Bestellungen mit den Posten ist eine Gebühr nicht zu entrichten. Die Bestellung muß die Stunde enthalten, zu welcher die Pferde und Wagen auf dem Umspannungsorte bereit sein sollen. Trifft der Reisende später ein, so ist von der siebzehnten Viertelstunde an das Wartegeld (XII) zu zahlen.

XVI. Für entgegengesendete Extraposten wird erhoben:

1. das bestimmungsmäßige Pferde-, Wagen- und Trinkgeld,
   a) wenn die Entfernung von einem Pferdewechsel zum andern 15 Kilometer oder mehr beträgt, nach der wirklichen Entfernung,
   b) wenn solche weniger als 15 Kilometer beträgt, nach dem Satze für 15 Kilometer;
2. die einfache Bestellgebühr, welche von der Postanstalt am Stationsabgangsorte der Extrapost zu berechnen ist.

Für das Hinsenden der ledigen Pferde und Wagen wird, wenn damit die Fahrt nach der Station, zu welcher die Pferde gehören, zurückgelegt wird, keine Vergütung gezahlt. Geht aber die Fahrt nach einem anderen Orte, so ist zu entrichten:

1. für das Hinsenden der ledigen Pferde und Wagen von der Station bis zum Orte der Abfahrt die Hälfte des Pferde-, Wagen- und Trinkgeldes nach der wirklichen Entfernung;
2. für die Beförderung des Reisenden der volle Betrag dieser Gebühren;
3. für das Zurückgehen der ledigen Pferde und Wagen von dem Orte ab, wohin die Extrapost gebracht worden ist, bis zu der Station, zu welcher die Pferde gehören, die Hälfte des Pferde-, Wagen- und Trinkgeldes für den Teil des Rückwegs, der übrig bleibt, wenn die Entfernung abgerechnet wird, auf welcher die Extrapostbeförderung stattgefunden hat.

XVII. Für Extraposten auf Entfernungen unter 15 Kilometer werden die Gebühren für eine Entfernung von 15 Kilometer erhoben.

XVIII. Wenn die Reise an einem Orte endigt, der nicht über 10 Kilometer hinter oder seitwärts einer Station liegt, so hat der Reisende nicht nötig, auf der letzten Station die Pferde zu wechseln, vielmehr müssen ihm auf der vorletzten Station die Pferde gleich bis zum Bestimmungsorte gegen Entrichtung der vorgeschriebenen Sätze für die wirkliche Entfernung, jedoch mindestens für 15 Kilometer, gestellt werden.

XIX. Erstreckt sich die Fahrt von einer Station oder von einem Eisenbahnhaltepunkt ab über eine Station hinaus, die nicht über 10 Kilometer vom

Abfahrtsort entfernt liegt, so kann über diese Station ebenfalls ohne Pferdewechsel gegen Entrichtung der vorgeschriebenen Sätze für die wirkliche Entfernung, jedoch mindestens für 15 Kilometer, hinausgefahren werden.

XX. Bei jeder Extrapoststation befindet sich im Postdienstzimmer ein Extraposttarif, dessen Vorlegung der Reisende verlangen und aus dem er die für jede Station zu zahlenden Beträge ersehen kann.

§ 65. Zahlung und Quittung.

I. Die Gebühren für die Extrapostreisen müssen, mit Ausschluß des Trinkgeldes, das erst nach zurückgelegter Fahrt dem Postillione gezahlt zu werden braucht, in der Regel stationsweise vor der Abfahrt entrichtet werden.

II. Jedem Reisenden wird über die gezahlten Extrapostgelder und Nebenkosten eine Quittung erteilt, die er zu seinem Ausweis unterwegs bei sich führen muß, widrigenfalls er zu gewärtigen hat, daß in zweifelhaften Fällen seine Beförderung bis zur Aufklärung über die Höhe des gezahlten Betrags unterbrochen oder die nochmalige Zahlung von ihm verlangt wird.

III. Die Vorausbezahlung der Extrapostgelder für mehrere Stationen ist nur insoweit statthaft, als hierauf berechnete Einrichtungen bestehen.

IV. Macht der Reisende hiervon Gebrauch, so hat er für die Besorgung des Rechnungsgeschäfts, und zwar für jede Beförderung, welche die Ausstellung eines besonderen Begleitzettels erfordert, eine gleichzeitig mit dem Extrapostgelde zu erhebende Rechnungsgebühr von 1 Mark zu zahlen.

V. Im Falle der Vorausbezahlung werden Pferdegeld, Wagengeld, Bestellgebühr und Wege- usw. Abgaben von der Postanstalt am Abgangsorte für alle Stationen, für welche der Reisende es wünscht, erhoben, Postillionstrinkgeld jedoch nur dann, wenn der Reisende auch dieses vorausbezahlen will. Das Schmiergeld und die Erleuchtungskosten werden da bezahlt, wo der Wagen des Reisenden wirklich geschmiert wird oder wo der Posthalter für die Erleuchtung des Wagens sorgt.

VI. Wenn der Reisende den Weg, für welchen die Vorausbezahlung stattgefunden hat, unterwegs verläßt oder auf einer Zwischenstation die Reise einstellt, so wird ihm das zuviel bezahlte Extrapostgeld ohne Abzug, jedoch mit Ausnahme der Rechnungsgebühr, von der Postanstalt an dem Orte, wo er seine Reise ändert oder einstellt, gegen Rückgabe der ihm erteilten Quittung (II) und gegen Empfangsbescheinigungen erstattet.

§ 66. Bespannung.

I. Die Bespannung richtet sich nach der Beschaffenheit der Wege und Wagen sowie nach dem Umfang und dem Gewichte der Ladung.

II. Findet der Postschaffner oder der Posthalter die von dem Reisenden bestellte Anzahl Pferde nicht ausreichend, so ist dies zunächst dem abfertigenden Beamten und von diesem dem Reisenden vorzustellen. Kommt keine Einigung zu Stande, so steht dem Vorsteher der Postanstalt die Entscheidung zu und bei dieser behält es, unbeschadet des sowohl dem Reisenden als auch dem Posthalter zustehenden Rechtes der Beschwerde bei der Ober-Postdirektion, sein Bewenden.

III. Bei mehr als vier Pferden müssen zwei Postillione gestellt werden.

§ 67. Abfertigung.

I. Sind die Pferde und Wagen vorausbestellt worden, so müssen sie dergestalt bereit gehalten werden, daß zur bestimmten Zeit abgefahren werden kann.

II. Für weiterher kommende Reisende müssen die Pferde schon vor der Ankunft angeschirrt stehen und auf Stationen, wo die Posthalterei über 200 Schritte vom Posthaus entfernt liegt, in dessen Nähe aufgestellt werden.

III. Die Abfertigung muß, sofern der Reisende sich nicht länger aufhalten will, bei vorausbestellten Extraposten innerhalb 10 Minuten erfolgen. Wird ein Stationswagen verwendet, so tritt dieser Frist noch soviel Zeit hinzu, als zur ordnungsmäßigen Verladung des Reisegepäcks erforderlich ist.

IV. Sind Pferde und Wagen nicht vorausbestellt worden, so müssen Extraposten, wenn der Reisende einen Wagen mit sich führt, innerhalb einer Viertelstunde und, wenn ein Stationswagen gestellt werden muß, innerhalb einer halben Stunde weiterbefördert werden.

V. Auf Stationen, wo selten Extraposten vorkommen und wo zu deren Beförderung Postpferde nicht besonders unterhalten werden können, müssen sich die Reisenden den Aufenthalt gefallen lassen, der zur Beschaffung der Pferde notwendig ist.

§ 68. Beförderungszeit.

I. Die Beförderung der Extraposten muß innerhalb der durch die Postbehörde vorgeschriebenen Fristen erfolgen. Eine Übersicht der Beförderungsfristen befindet sich im Postdienstzimmer bei jeder Extrapoststation und wird dem Reisenden auf Verlangen zur Einsicht vorgelegt.

II. Hat auf Verlangen des Reisenden eine Einigung dahin stattgefunden, daß die Beförderung durch eine geringere Anzahl von Pferden erfolgt, als nach dem Umfange der Ladung und nach der Beschaffenheit der Wege und der Wagen eigentlich erforderlich waren, so kann der Reisende auf das Einhalten der vorgeschriebenen Beförderungszeit keinen Anspruch machen.

III. Beträgt die zurückzulegende Entfernung nicht über 20 Kilometer, so darf der Postillion ohne Verlangen des Reisenden unterwegs nicht anhalten.

Bei größerer Entfernung ist ihm zwar gestattet, zur Erholung der Pferde einmal höchstens eine Viertelstunde anzuhalten, die vorgeschriebene Beförderungszeit muß jedoch auch in diesem Falle eingehalten werden. Während des Anhaltens darf der Postillion die Pferde nicht ohne Aufsicht lassen.

§ 69. Postillione.

I. Der Postillion muß die vorschriftsmäßige Dienstkleidung tragen und mit dem Posthorne versehen sein. Die Hilfsanspänner haben zu ihrem Ausweis ein von der Postbehörde festgesetztes Abzeichen zu tragen.

II. Bei zweispännigem Fuhrwerke gebührt dem Postillion ein Sitz auf dem Wagen. Ist daselbst kein Platz für ihn vorhanden, so muß der Reisende ein drittes Pferd nehmen. Bei ganz leichtem Fuhrwerk und, wenn der leichte Wagen etwa nur mit einem Reisenden besetzt ist, der kein umfangreiches Gepäck mit sich führt, kann jedoch bei geringen Entfernungen eine zweispännige Beförderung auch dann stattfinden, wenn der Postillion vom Sattel fahren muß. Bei drei- oder vierspännigem Fuhrwerke muß der Postillion vom Sattel fahren, wenn ihm der Reisende keinen Platz auf dem Wagen einräumt. Bei einer Bespannung mit mehr als vier Pferden muß stets lang gespannt und vom Sattel gefahren werden, sofern nicht der Reisende das Fahren vom Bocke verlangt.

III. Ein Wechseln der Pferde mit entgegenkommenden Posten ist nicht zulässig. Bei sich begegnenden Extraposten dürfen die Pferde nur mit ausdrücklicher Einwilligung der Reisenden gewechselt werden. Der entstehende Aufenthalt ist bei der Fahrt wieder einzuholen. Das Trinkgeld erhält derjenige Postillion, welcher den Reisenden auf die Station bringt.

IV. Der Reisende hat zu bestimmen, wo bei der Ankunft auf der Station vorgefahren werden soll. Wird nicht beim Posthause vorgefahren, so muß der Postillion auf Verlangen des Reisenden die Pferde zur Weiterreise bestellen.

V. Dem Postillion allein gebührt es, die Pferde zu führen. Wenn der Reisende oder dessen Leute an dem Postillione Tätlichkeiten verüben oder die Pferde durch Schläge antreiben, so ist der Postillion befugt, sogleich auszuspannen.

Beleidigung bzw. Mißhandlung des Postillions wird nach StrGB. §§ 185, 196 und 223 bestraft.

§ 70. Beschwerden.

Sofern der Extrapostreisende Anlaß zur Beschwerde hat, ist er berechtigt, diese in den Begleitzettel einzutragen.

§ 70a. Rohrpostbeförderung.

Die Bedingungen für die Benutzung der Rohrpost werden durch eine besondere Rohrpostordnung festgesetzt.

Eine solche Rohrpostordnung ist im Jahre 1903 für Berlin erlassen.

§ 71. Inkrafttreten.

Gegenwärtige Postordnung tritt am 1. April 1900 in Kraft.

Berlin, den 20. März 1900.

Der Reichskanzler.

In Vertretung:

von Podbielski.

XII.

Weltpostvertrag

vom 26. Mai 1906.

RGBl. 1907 S. 593—635.

---

a. Am 9. Oktober 1874 wurde auf dem Postkongreß zu Bern der „Allgemeine Postvertrag“ abgeschlossen, der auf dem Pariser Kongreß 1878 den Namen „Weltpostvertrag“ erhielt und auf den Kongressen zu Lissabon 1885, Wien 1891, Washington 1897 und Rom 1906 weiter ausgestaltet wurde. Der jetzt gültige Vertrag ist am 26. Mai 1906 zu Rom abgeschlossen worden und regelt den Postverkehr zwischen den Vereinsstaaten bezüglich der gewöhnlichen und eingeschriebenen Briefe, Postkarten, Drucksachen, Geschäftspapiere und Warenproben.

Dem Hauptvertrage sind im Laufe der Zeit die unter Nr. XIII bis XVII aufgeführten, sämtlich am 26. Mai 1906 zu Rom erneuerten Nebenabkommen (Art. 19 des Hauptvertrags), hinzugekommen. Den Nebenabkommen sind nicht alle Länder beigetreten, die an dem Hauptvertrag beteiligt sind.

b. Der nachstehend mitgeteilte deutsche Text des Weltpostvertrags und der Nebenabkommen ist amtliche Übersetzung; der Urtext ist französisch.

c. Der Weltpostvertrag und die Nebenabkommen sind französisch und deutsch in dem RGBl. an den angegebenen Stellen abgedruckt und nebst den zugehörigen Vollzugsordnungen in einer besonderen Ausgabe, „Weltposthandbuch“ (Druck der Reichsdruckerei) erschienen. Die für den Auslandsverkehr sich ergebenden Tarifsätze und sonstigen Bedingungen sind in dem Briefposttarif und Paketposttarif (Berlin, Reichsdruckerei) enthalten, sowie in dem vierteljährlich erscheinenden Postblatt (vgl. PosttaxG., Nr. V, § 11 Anm. b).

Weltpostvertrag, abgeschlossen zwischen Deutschland und den deutschen Schutzgebieten, den Vereinigten Staaten von Amerika und den im Besitze der Vereinigten Staaten von Amerika befindlichen Inseln, der Argentinischen Republik, Österreich, Belgien, Bolivien, Bosnien-Herzegowina, Brasilien, Bulgarien, Chile, dem Chinesischen Kaiserreiche, der Republik Kolumbien, dem Unabhängigen Congostaate, dem Kaiserreiche Korea, der Republik Kostarica, Kreta, der Republik Kuba, Dänemark und den dänischen Kolonien, der Dominikanischen Republik, Ägypten, Ecuador, Spanien und den spanischen Kolonien, dem Kaiserreich Äthiopien, Frankreich, Algerien, den französischen Kolonien und Schutzgebieten von Indochina, der Gesamtheit der anderen französischen Kolonien, Großbritannien und verschiedenen britischen Kolonien, Britisch-Indien, dem Australischen Bunde, Kanada, Neuseeland, den britischen Kolonien in Südafrika, Griechenland, Guatemala, der Republik Haiti, der Republik Honduras, Ungarn, Italien und den italienischen Kolonien, Japan, der Republik Liberia, Luxemburg, Mexiko, Montenegro, Nicaragua, Norwegen, der Republik Panama, Paraguay, den Niederlanden, den niederländischen Kolonien, Peru, Persien, Portugal und den Portugiesischen Kolonien, Rumänien, Rußland, Salvador, Serbien, dem Königreiche Siam, Schweden, der Schweiz, Tunis, der Türkei, Uruguay und den Vereinigten Staaten von Venezuela.

a. Wegen der Rechtsverbindlichkeit des Weltpostvertrags nebst Nebenabkommen vgl. „Gerichtliche Entscheidungen" (Nr. XXIX) B. 37.

b. Wegen der Anwendung des Weltpostvertrags auf den Verkehr zwischen Deutschland und Österreich-Ungarn vgl. Übereinkommen v. 31. Jan. 1879.

c. China und Äthiopien führen vorläufig den Weltpostvertrag nicht aus.

Die Unterzeichneten, Bevollmächtigte der Regierungen der vorstehend aufgeführten Länder, sind auf Grund des Artikel 25 des am 15. Juni 1897 in Washington abgeschlossenen Weltpostvertrags zu einem Kongreß in Rom zusammengetreten und haben im Einvernehmen miteinander und unter Vorbehalt der Ratifikation diesen Vertrag folgendermaßen geändert:

Art. 1. Begriff „Weltpostverein".

Die Länder, zwischen denen der gegenwärtige Vertrag abgeschlossen ist, sowie diejenigen, die ihm in Zukunft beitreten, bilden für den gegenseitigen Austausch der Briefsendungen zwischen ihren Postanstalten ein einziges Postgebiet, das den Namen „Weltpostverein" führt.

Art. 2. Gegenstände des Vertrags.

Die Bestimmungen dieses Vertrags erstrecken sich auf Briefe, einfache Postkarten, Postkarten mit bezahlter Antwort, Drucksachen jeder Art, Geschäftspapiere und Warenproben, die aus einem der Vereinsländer herrühren und nach einem anderen von ihnen gerichtet sind. Sie gelten auch für den Postaustausch dieser Sendungen zwischen den Vereinsländern und den dem Vereine nicht angehörigen Ländern, wenn an dem Austausche mindestens zwei der vertragschließenden Länder beteiligt sind.

Wegen des Austausches von Briefen und Kästchen mit Wertangabe, Postanweisungen, Postpaketen, Postaufträgen und wegen des internationalen Zeitungsbezuges vgl. Nr. XIII bis XVII.

Art. 3. Beförderung der Briefposten zwischen angrenzenden Ländern; Leistungen dritter Verwaltungen.

1. Die Postverwaltungen angrenzender oder solcher Länder, die unmittelbar miteinander in Verbindung treten können, ohne sich der Vermittelung einer dritten Verwaltung zu bedienen, setzen in gegenseitigem Einvernehmen die Bedingungen der Beförderung ihrer Briefposten über die Grenze oder von einer Grenze zur anderen fest.

2. Wenn keine andere Abmachung besteht, gelten als Leistungen dritter Verwaltungen die Seebeförderungen, die unmittelbar zwischen zwei Ländern durch die von einem von ihnen abhängigen Postdampfer oder anderen Schiffe besorgt werden. Diese Beförderungen sowie diejenigen, die zwischen zwei Postanstalten ein und desselben Landes durch die von

einem anderen Lande abhängigen See- oder Landpostverbindungen besorgt werden, unterliegen den Bestimmungen des folgenden Artikels.

Art. 4. Transitkosten.

1. Die Freiheit des Transits ist im gesamten Vereinsgebiete gewährleistet.

2. Infolgedessen können die verschiedenen Vereins-Postverwaltungen durch Vermittelung einer oder mehrerer von ihnen je nach dem Verkehrsbedürfnis und den Erfordernissen des Postdienstes einander geschlossene Briefposten oder Briefschaften in offenem Transit übersenden.

3. Briefschaften, die zwischen zwei Vereinsverwaltungen in geschlossenen Briefposten durch die Postverbindungen einer oder mehrerer anderer Vereinsverwaltungen ausgetauscht werden, unterliegen zugunsten jedes der Durchgangsländer oder der Länder, deren Postverbindungen bei der Beförderung beteiligt sind, den nachstehenden Transitkosten:

1. für die Landbeförderung:

   a) 1 Franken 50 Centimen für das Kilogramm Briefe und Postkarten und 20 Centimen für das Kilogramm anderer Sendungen, wenn die zurückgelegte Entfernung 3000 Kilometer nicht übersteigt;

   b) 3 Franken für das Kilogramm Briefe und Postkarten und 40 Centimen für das Kilogramm anderer Sendungen, wenn die zurückgelegte Entfernung größer als 3000 Kilometer ist, aber 6000 Kilometer nicht übersteigt;

c) 4 Franken 50 Centimen für das Kilogramm Briefe und Postkarten und 60 Centimen für das Kilogramm anderer Sendungen, wenn die zurückgelegte Entfernung größer als 6000 Kilometer ist, aber 9000 Kilometer nicht übersteigt;

d) 6 Franken für das Kilogramm Briefe und Postkarten und 80 Centimen für das Kilogramm anderer Sendungen, wenn die zurückgelegte Entfernung 9000 Kilometer übersteigt.

2. für die Seebeförderung:

a) 1 Franken 50 Centimen für das Kilogramm Briefe und Postkarten und 20 Centimen für das Kilogramm anderer Sendungen, wenn die Beförderungsstrecke 300 Seemeilen nicht übersteigt. Die Seebeförderung für eine Strecke von nicht mehr als 300 Seemeilen ist jedoch unentgeltlich, wenn die beteiligte Verwaltung für die Beförderung der Briefposten schon die Landtransitvergütung empfängt;

b) 4 Franken für das Kilogramm Briefe und Postkarten und 50 Centimen für das Kilogramm anderer Sendungen bei Beförderungsstrecken von mehr als 300 Seemeilen zwischen europäischen Ländern, zwischen Europa und den afrikanischen und asiatischen Hafenplätzen am Mittelländischen und am Schwarzen Meere oder zwischen diesen Hafenplätzen untereinander und zwischen Europa und Nordamerika. Die gleichen Sätze gelten in dem gesamten Bereiche des Vereins für die Beförderungen zwischen zwei Hafenplätzen ein und desselben Staates sowie zwischen den durch ein und dieselbe Dampferlinie miteinander verbundenen Hafenplätzen zweier Staaten, wenn die Seebeförderung nicht mehr als 1500 Seemeilen beträgt;

c) 8 Franken für das Kilogramm Briefe und Postkarten und 1 Franken für das Kilogramm anderer Sendungen für alle Beförderungen, die nicht zu den in den vorstehenden Absätzen a und b aufgeführten Fällen gehören.

Wenn die Seebeförderung von zwei oder mehreren Verwaltungen besorgt wird, dürfen die Kosten für die gesamte Beförderung 8 Franken für das Kilogramm Briefe und Postkarten und 1 Franken für das Kilogramm anderer Sendungen nicht übersteigen. Diese Kosten werden unter die Verwaltungen, die an der Beförderung teilnehmen, nach dem Verhältnisse der zurückgelegten Entfernungen verteilt; doch können hierüber zwischen den Beteiligten abweichende Vereinbarungen getroffen werden.

4. Briefschaften, die in offenem Transit zwischen zwei Vereinsverwaltungen ausgetauscht werden, unterliegen ohne Rücksicht auf Gewicht und Bestimmungsland folgenden Transitkosten:

Briefe 6 Centimen das Stück;
Postkarten $2^1/_2$ Centimen das Stück;
andere Sendungen $2^1/_2$ Centimen das Stück.

5. Die im gegenwärtigen Artikel angegebenen Transitsätze gelten nicht für Postbeförderungen innerhalb des Vereins durch solche außergewöhnlichen Verbindungen, die von einer Verwaltung auf Verlangen einer oder mehrerer anderen Verwaltungen besonders hergestellt oder unterhalten werden. Die Bedingungen für diese Art von Postbeförderungen werden zwischen den beteiligten Verwaltungen in freier Vereinbarung geregelt.

Außerdem wird überall, wo der Land- oder Seetransit gegenwärtig unentgeltlich oder unter vorteilhafteren Bedingungen stattfindet, dieses Verhältnis beibehalten.

Doch können auf Landtransitbeförderungen von mehr als 3000 Kilometer die Bestimmungen des § 3 des gegenwärtigen Artikels angewandt werden.

6. Die Transitkosten sind von der Verwaltung des Ursprungslandes zu tragen.

7. Die Abrechnung über diese Kosten erfolgt auf Grund von Nachweisungen, die alle sechs Jahre während eines 28tägigen Zeitraums aufgestellt werden; der Zeitraum ist durch die in dem nachfolgenden Artikel 20 vorgesehene Vollzugsordnung zu bestimmen.

Für die Zeit zwischen dem Inkrafttreten des Vertrags von Rom und dem Tage, von dem ab die in der Vollzugsordnung (Artikel 20 des gegenwärtigen Vertrags) erwähnten Transitzählungen gelten, werden die Transitkosten nach den Vorschriften des Washingtoner Vertrags gezahlt.

8. Befreit von jeglichen Land- und Seetransitkosten sind die in den §§ 3 und 4 des nachfolgenden Artikel 11 erwähnten Briefsendungen, die nach dem Ursprungslande zurückgesandten Antwortpostkarten, die nachgesandten oder unrichtig geleiteten Sendungen, die unanbringlichen Sendungen, die Rückscheine, ferner die Postanweisungen und alle anderen postdienstlichen Papiere.

9. Wenn das aus den Abrechnungen über die Transitkosten zwischen zwei Verwaltungen festgestellte jährliche Guthaben nicht mehr als 1000 Franken beträgt, so ist die schuldende Verwaltung von jeder Zahlung in dieser Beziehung befreit.

Wegen der an die russische und japanische Postverwaltung zu zahlenden Transitkosten für die auf der sibirischen Eisenbahn und auf der japanischen Eisenbahn in China zu befördernden Briefschaften vgl. Schlußprotokoll Art. VI.

Art. 5. Porto und allgemeine Versendungsbedingungen.

1. Das Porto für Postsendungen im gesamten Vereinsgebiet, einschließlich ihrer Bestellung in den Vereinsländern, in denen ein Bestellungsdienst besteht oder später eingerichtet wird, wird wie folgt festgesetzt:

1. für jeden Brief bis zum Gewichte von 20 Gramm einschließlich auf 25 Centimen im Frankierungsfall, anderenfalls auf das Doppelte, und für jede weiteren 20 Gramm oder einen Teil von 20 Gramm auf 15 Centimen im Frankierungsfall, anderenfalls auf das Doppelte;

Vgl. Schlußprotokoll Art. III.

2. für die einfache Postkarte oder für jeden der beiden Teile der Postkarte mit bezahlter Antwort auf 10 Centimen im Frankierungsfall, anderenfalls auf das Doppelte;

Vgl. PO. (Nr. XI) § 7.

3. bei Drucksachen jeder Art, Geschäftspapieren und Warenproben für jeden mit einer besonderen Aufschrift versehenen Gegenstand oder jede derartige Sendung und für je 50 Gramm oder einen Teil von 50 Gramm auf 5 Centimen; doch darf der Gegenstand oder die Sendung weder einen Brief noch einen geschriebenen Vermerk, der die Eigenschaft einer eigentlichen und persönlichen Mitteilung hat, enthalten und muß derart beschaffen sein, daß der Inhalt leicht geprüft werden kann.

Das Porto für Geschäftspapiere darf nicht weniger als 25 Centimen und das für Warenproben nicht weniger als 10 Centimen für jede Sendung betragen.

2. Außer den in dem vorstehenden Paragraphen festgesetzten Portobeträgen können erhoben werden:

1. für jede Sendung, die den im Artikel 4 § 3 unter 2, c vorgesehenen Seetransitsätzen unterliegt, und zwar in allen Fällen, in denen diese Transitsätze anwendbar sind, ein einheitliches Zuschlagporto, das bei Briefen 25 Centimen für den einfachen Portosatz, bei Postkarten 5 Centimen für jede Karte und bei anderen Sendungen 5 Centimen für je 50 Gramm oder einen Teil von 50 Gramm nicht übersteigen darf;
2. für jede Sendung, die mit Postverbindungen von Nichtvereinsverwaltungen oder mit außergewöhnlichen Verbindungen innerhalb des Vereins befördert wird, die zu besonderen Kosten Anlaß geben, ein diesen Kosten entsprechendes Zuschlagporto.

Wenn das eine oder andere nach den beiden vorhergehenden Absätzen zulässige Zuschlagporto für die einfache frankierte Postkarte erhoben wird, so gilt das Zuschlagporto auch für jeden Teil der Postkarte mit bezahlter Antwort.

In Deutschland wird Zuschlagporto nicht erhoben.

3. Für unzureichend frankierte Briefsendungen jeder Art wird vom Empfänger das Doppelte des Fehlbetrags eingezogen, doch niemals mehr, als im Bestimmungslande für unfrankierte Briefsendungen von gleicher Gattung, gleichem Gewicht und gleicher Herkunft erhoben wird.

4. Andere Gegenstände als Briefe und Postkarten müssen wenigstens teilweise frankiert sein.

5. Warenprobensendungen dürfen keinen Gegenstand von Handelswert enthalten; sie sollen nicht über 350 Gramm schwer sein und in ihren Ausdehnungen 30 Zentimeter in der Länge, 20 Zentimeter in der Breite und 10 Zentimeter in der Höhe oder, wenn sie Rollenform haben, 30 Zentimeter in der Länge und 15 Zentimeter im Durchmesser nicht überschreiten.

Vgl. PO. (Nr. XI) § 10.

6. Sendungen mit Geschäftspapieren und Drucksachen sollen das Gewicht von 2 Kilogramm nicht überschreiten und an keiner Seite eine Ausdehnung von mehr als 45 Zentimeter haben. Jedoch können Sendungen in Rollenform, deren Durchmesser 10 Zentimeter und deren Länge 75 Zentimeter nicht übersteigt, zur Postbeförderung zugelassen werden.

Vgl. PO. (Nr. XI) § 11.

7. Ausgeschlossen von dem ermäßigten Porto sind, soweit die Vollzugsordnung (Artikel 20 des gegenwärtigen Vertrags) nicht Ausnahmen zuläßt, die zu Frankierungszwecken dienenden Marken und Formulare, gleichviel ob sie entwertet sind oder nicht, ferner alle Drucksachen, wenn sie die Merkmale eines Wertpapiers aufweisen.

a. Das Weltpostvereins-Porto ist in Deutschland einheitlich festgesetzt auf 20 Pfg. für frankierte Briefe, 40 Pfg. für unfrankierte Briefe, 10 Pfg. für einfache Postkarten, 20 Pfg. für Postkarten mit Rückantwort nach und aus allen anderen Vereinsländern. Im Verkehr mit Österreich-Ungarn und Luxemburg bestehen die billigeren Sätze von 10 Pfg. für frankierte Briefe, 20 Pfg. für unfrankierte Briefe, 5 Pfg. für einfache Postkarten, 10 Pfg. für Postkarten mit Rückantwort. Wegen der Taxen im Grenzverkehr vgl. Art. 20 Nr. 3 und Anm.

b. Das Weltpostvereins-Porto für Drucksachen, Geschäftspapiere und Warenproben beträgt in Deutschland 5 Pfg. für je 50 Gramm, jedoch mindestens 20 Pfg. für jede Sendung von Geschäftspapieren, und 10 Pfg. für jede Sendung Warenproben.

c. Das Porto nach dem Vereins-Ausland ist in Deutschland das gleiche wie nach den Vereinsländern.

d. Sendungen, welche den Bestimmungen zu 4—6 nicht entsprechen, werden nicht befördert. Art. 16.

e. Deutscherseits werden Drucksachen in Rollen von 10 Zentimetern Durchmesser und 75 Zentimetern Länge zugelassen (vgl. PO., Nr. XI, § 8 VI).

f. Im inneren deutschen Verkehr sind entwertete und unentwertete Postfreimarken als Drucksachen zulässig.

Art. 6. Einschreibsendungen; Rückscheine; Nachfragen.

1. Die im Artikel 5 bezeichneten Sendungen können unter Einschreibung versandt werden.

Jedoch können die Absender von Postkarten mit Antwort die mit diesen verbundenen Antwortteile nicht einschreiben lassen.

2. Für jede Einschreibsendung hat der Absender zu entrichten:

1. das gewöhnliche Porto für eine frankierte Sendung gleicher Gattung;
2. eine feste Gebühr von höchstens 25 Centimen für die Einschreibung einschließlich der Aus=

fertigung eines Einlieferungsscheins für den Absender.

3. Der Absender kann über die Aushändigung einer Einschreibsendung eine Bescheinigung (Rückschein) erhalten, wenn er bei Stellung seines Antrags eine feste Gebühr von höchstens 25 Centimen entrichtet. Die gleiche Gebühr kann für Nachfragen wegen Einschreibsendungen erhoben werden, wenn der Absender nicht schon die besondere Gebühr für einen Rückschein gezahlt hat.

a. Vgl. Schlußprotokoll Art. IV.

b. Die Einschreibegebühr ist in Deutschland auf 20 Pfg. festgesetzt, ebenso die Rückscheingebühr (vgl. PO., Nr. XI, § 13).

Art. 7. Nachnahmesendungen.

1. Einschreibsendungen können im Verkehre zwischen den Ländern mit Nachnahme belastet werden, deren Verwaltungen die Ausführung eines solchen Dienstes vereinbaren.

Nachnahmesendungen unterliegen derselben Behandlung und denselben Gebühren wie Einschreibsendungen.

Der Höchstbetrag der Nachnahme wird für die einzelne Sendung auf 1000 Franken oder den gleichen Wert dieser Summe festgesetzt.

2. Wenn keine andere Abmachung zwischen den Verwaltungen der beteiligten Länder besteht, ist der vom Empfänger eingezogene Betrag nach Abzug einer Einziehungsgebühr von 10 Centimen und der gewöhnlichen Postanweisungsgebühr, die nach dem

verbleibenden Betrage zu berechnen ist, dem Absender durch Postanweisung zu übersenden.

Der Betrag einer unbestellbaren Nachnahmepostanweisung bleibt zur Verfügung der Verwaltung des Landes, in dem die Nachnahmesendung aufgeliefert worden ist.

3. Im Falle des Verlustes einer mit Nachnahme belasteten Einschreibsendung ist die Post nach den Vorschriften, die im nachfolgenden Artikel 8 für Einschreibsendungen ohne Nachnahme getroffen sind, zur Ersatzleistung verpflichtet.

Nach Aushändigung der Sendung ist die Verwaltung des Bestimmungslandes für den Nachnahmebetrag haftbar, wenn sie nicht beweisen kann, daß die Bestimmungen, welche die Vollzugsordnung (Artikel 20 des gegenwärtigen Vertrags) hinsichtlich der Nachnahmen trifft, nicht beachtet worden sind. Doch bleibt die Verantwortlichkeit der Verwaltung des Bestimmungslandes für die unterbliebene Einziehung des Betrags auch dann bestehen, wenn etwa der Vermerk „Remb." oder die Angabe des Nachnahmebetrags in der Briefkarte fehlt.

Für den Verkehr innerhalb Deutschlands vgl. PO. (Nr. XI) § 19.

Art. 8. Gewährleistung für Einschreibsendungen.

1. Geht eine Einschreibsendung verloren, so hat der Absender oder auf dessen Verlangen der Em-

pfänger, den Fall höherer Gewalt ausgenommen, Anspruch auf eine Entschädigung von 50 Franken.

2. Die Länder, die bereit sind, für den durch höhere Gewalt entstehenden Schaden einzustehen, können hierfür vom Absender eine Zuschlaggebühr von höchstens 25 Centimen für jede Einschreibsendung erheben.

3. Die Verpflichtung zur Zahlung des Ersatzbetrags liegt der Verwaltung ob, der die Aufgabe-Postanstalt angehört. Dieser Verwaltung bleibt der Rückgriff auf die verantwortliche Verwaltung, das heißt auf diejenige vorbehalten, in deren Gebiet oder Betriebe die Sendung verloren gegangen ist.

Wenn im Gebiet oder Betrieb eines Landes, das für den im vorhergehenden Paragraphen erwähnten Schaden eintritt, eine aus einem anderen Lande herrührende Einschreibsendung infolge höherer Gewalt verloren geht, so ist das Land, in dem der Verlust vorgekommen ist, der Aufgabeverwaltung gegenüber hierfür verantwortlich; es wird dabei vorausgesetzt, daß diese Verwaltung ihrerseits die Ersatzverbindlichkeit im Falle der höheren Gewalt ihren Absendern gegenüber übernimmt.

4. Bis zum Nachweise des Gegenteils liegt die Verantwortlichkeit derjenigen Verwaltung ob, welche die Sendung unbeanstandet übernommen hat und weder die Aushändigung an den Empfänger noch die vorschriftsmäßige Weitersendung an die folgende Verwaltung nachweisen kann. Die Verantwortlich-

keit für postlagernde oder sonst zur Abholung bereitgehaltene Sendungen hört auf, sobald sie an eine Person ausgehändigt sind, die sich nach den im Bestimmungslande geltenden Vorschriften ausgewiesen hat und deren Namen und Eigenschaft mit den Angaben in der Aufschrift übereinstimmen.

5. Der Ersatzbetrag soll von der Verwaltung des Aufgabegebiets sobald als möglich und spätestens innerhalb eines Jahres, vom Tage der Nachfrage ab gerechnet, gezahlt werden. Die verantwortliche Verwaltung ist verpflichtet, der Verwaltung des Aufgabegebiets den von dieser gezahlten Ersatzbetrag ohne Verzug zu erstatten.

Die Aufgabeverwaltung ist berechtigt, den Absender für Rechnung der Zwischen- oder der Bestimmungsverwaltung zu entschädigen, wenn diese, nachdem die Sache ordnungsmäßig anhängig gemacht worden ist, ein Jahr hat verstreichen lassen, ohne ihr Folge zu geben. Wenn ferner eine Verwaltung, deren Verantwortlichkeit gehörig festgestellt ist, anfangs die Zahlung der Entschädigung abgelehnt hat, so muß sie außer dem Ersatzbetrage die Nebenkosten tragen, die durch die ungerechtfertigte Verzögerung der Zahlung entstehen.

6. Der Anspruch auf Entschädigung soll nur zulässig sein, wenn er innerhalb eines Jahres, vom Tage der Aufgabe der Einschreibsendung an gerechnet, erhoben wird; nach Ablauf dieses Zeitraums kann der Antragsteller keine Entschädigung mehr beanspruchen.

7. Wenn sich der Verlust während der Beförderung ereignet hat, ohne daß das Land ermittelt werden kann, in dessen Gebiet oder Betriebe dies geschehen ist, so wird der Schaden von den beteiligten Verwaltungen zu gleichen Teilen getragen.

8. Die Postverwaltungen sind für Einschreibsendungen, die von den Empfangsberechtigten gegen Quittung in Empfang genommen worden sind, nicht mehr verantwortlich.

a. In Deutschland werden als Entschädigung für den Verlust einer Einschreibsendung 40 Mark gezahlt; für den durch höhere Gewalt entstandenen Schaden wird nicht gehaftet. Für den deutschen Verkehr vgl. PostG. (Nr. 11) § 10.

b. Die früher einzelnen außereuropäischen Verwaltungen gestattete Vergünstigung, mit Rücksicht auf die innere Landesgesetzgebung die Ersatzleistung für Einschreibsendungen abzulehnen, ist beseitigt.

c. Die Zahlung von Verzugszinsen für den Ersatzbetrag hat vom Tage der Nachfrage ab zu erfolgen, frühestens jedoch von dem Tage ab, an dem ein Anspruch auf Ersatz feststeht, und spätestens nach Ablauf eines Jahres nach Anbringung der Nachfrage. Vgl. „Gerichtliche Entscheidungen“ (Nr. XXIX) A. 16.

d. Im Verkehr zwischen Deutschland und Österreich-Ungarn beträgt die Verjährungsfrist 6 Monate (Postvertrag mit Österreich-Ungarn vom 7. Mai 1872, Art. 16, und Übereinkommen v. 31. Jan. 1879 Art. 1).

e. Für den Verkehr zwischen Deutschland und den deutschen Postanstalten im Ausland und in den deutschen Kolonien finden hinsichtlich der Ersatzleistung die Bestimmungen des Weltpostvertrags Anwendung.

Art. 9. Zurückziehung von Briefsendungen; Änderung der Aufschrift oder der Versendungsbedingungen.

1. Der Absender kann eine Briefsendung, solange sie dem Empfänger noch nicht ausgehändigt ist, zurückziehen oder ihre Aufschrift ändern lassen.

2. Ein solches Verlangen wird brieflich oder telegraphisch auf Kosten des Absenders übermittelt. Dieser hat zu entrichten:

1. wenn die Übermittelung brieflich erfolgt, die Gebühr für einen einfachen Einschreibbrief;
2. wenn die Übermittelung auf telegraphischem Wege geschieht, die Telegrammgebühr nach dem gewöhnlichen Tarife.

3. Der Absender einer mit Nachnahme belasteten Einschreibsendung kann unter den Bedingungen, die für die Anträge auf Änderung der Aufschrift festgesetzt sind, die Streichung oder Ermäßigung des Nachnahmebetrags verlangen.

4. Die Bestimmungen des gegenwärtigen Artikels sind für die Länder nicht verbindlich, deren Gesetzgebung dem Absender nicht gestattet, über eine Sendung während der Beförderung zu verfügen.

Ausgeschlossen ist das im Art. 9 vorgesehene Verfügungsrecht des Absenders wegen der Landesgesetze in Britisch-Indien, Kanada, Kolumbien, Großbritannien und den britischen Kolonien (mit einigen Ausnahmen) Haiti, Panama, S. Domingo und in den französischen Besitzungen in Ozeanien. In der Schweiz kann, sofern der Adressat von dem Eingange der Sendung bereits Kenntnis erhalten oder um deren Aushändigung ersucht hat, der Absender nur mit Zustimmung des Adressaten über die Sendung verfügen. Näheres siehe Briefposttarif.

Art. 10. Festsetzung der Gebühren in anderer als der Frankenwährung.

Die Vereinsländer, die nicht den Franken als Münzeinheit haben, setzen die Gebühren in ihrer eigenen Währung auf die Beträge fest, die den in den einzelnen Artikeln des gegenwärtigen Vertrags bezeichneten Sätzen gleichkommen. Diese Länder sind befugt, die Bruchteile nach der Übersicht abzurunden, die in der Vollzugsordnung (Artikel 20 des gegenwärtigen Vertrags) enthalten ist.

Die Verwaltungen, die Vereinspostanstalten in Nichtvereinsländern unterhalten, setzen ihre Gebühren in gleicher Weise in der örtlichen Währung fest. Wenn zwei oder mehrere Verwaltungen derartige Postanstalten in demselben Nichtvereinsland unterhalten, so werden die von allen diesen Postanstalten anzunehmenden örtlichen Gegenwerte zwischen den beteiligten Verwaltungen in freier Vereinbarung festgesetzt.

Art. 11. Frankierung der Sendungen; Antwortscheine; Gebührenfreiheit.

1. Die Sendungen jeder Art können nur durch die im Aufgabelande für die Briefsendungen des Privatverkehrs gültigen Postwertzeichen frankiert

werden. Doch ist es nicht gestattet, im Auslandsverkehr Postwertzeichen zu verwenden, die zu einem besonderen und das Ausgabeland allein berührenden Zwecke hergestellt worden sind, wie die sogenannten Erinnerungsmarken mit vorübergehender Gültigkeit.

Als gültig frankiert werden die Antwortpostkarten angesehen, auf denen sich Postwertzeichen des Ursprungslandes dieser Karten befinden, sowie die Zeitungen oder Zeitungspakete, die nicht mit Postwertzeichen versehen sind, in der Aufschrift aber die Angabe „Abonnements-poste" tragen und auf Grund des im Artikel 19 des gegenwärtigen Vertrags vorgesehenen besonderen Übereinkommens über den Zeitungsbezug versandt werden.

2. Antwortscheine können zwischen den Ländern ausgetauscht werden, deren Verwaltungen übereingekommen sind, an einem solchen Austausche teilzunehmen. Der Mindestverkaufspreis eines Antwortscheins beträgt 28 Centimen oder den gleichen Wert dieser Summe in der Währung des verkaufenden Landes.

Ein solcher Schein kann in jedem teilnehmenden Lande umgetauscht werden gegen ein Wertzeichen zu 25 Centimen oder dem gleichen Werte dieser Summe in der Währung des Landes, in dem der Umtausch verlangt wird. Die im Artikel 20 des Vertrags vorgesehene Vollzugsordnung bestimmt die sonstigen Bedingungen dieses Umtausches, insbesondere die Beteiligung des Internationalen

Bureaus an der Herstellung und Versendung der bezeichneten Scheine sowie an der Abrechnung.

3. Die auf den Postdienst bezüglichen, zwischen den Postverwaltungen untereinander, zwischen diesen und dem Internationalen Bureau des Weltpostvereins und zwischen den Postanstalten der Vereinsländer ausgetauschten amtlichen Briefsendungen sind von der Frankierung durch gewöhnliche Postwertzeichen ausgenommen und werden gebührenfrei befördert.

4. Dasselbe gilt für Briefsendungen, die sich auf Kriegsgefangene beziehen und unmittelbar oder mittelbar von den Auskunftstellen über Kriegsgefangene aufgeliefert werden oder für sie bestimmt sind. Solche Auskunftstellen können in den kriegführenden Ländern oder in neutralen Ländern, die Kriegführende auf ihrem Gebiet aufgenommen haben, eingerichtet werden.

Briefsendungen, die für Kriegsgefangene bestimmt sind oder von ihnen abgesandt werden, sind gleichfalls von allen Postgebühren im Aufgabe- und im Bestimmungslande sowie in den Zwischenländern befreit.

Die in ein neutrales Land aufgenommenen und daselbst untergebrachten Kriegführenden sind hinsichtlich der Anwendung der obigen Bestimmungen mit den eigentlichen Kriegsgefangenen gleichgestellt.

Die Bestimmungen unter 4 sind übernommen aus Art. 16 der auf dem Friedenskrongreß zu Haag im

Jahre 1899 vereinbarten Bestimmungen, betreffend die Gesetze und Gebräuche des Landkriegs, RGBl. 1901, S. 436ff.

5. Briefsendungen, die auf offenem Meere durch Schiffsbriefkasten oder zu Händen der an Bord befindlichen Postbeamten oder der Schiffsführer aufgeliefert werden, können mit Postwertzeichen und nach dem Tarife des Landes frankiert werden, dem das Schiff angehört oder dessen Flagge es führt. Geschieht die Auflieferung an Bord während des Aufenthalts am Anfangs- oder Endpunkte der Fahrt oder in einem der Zwischenhäfen, so ist die Frankierung nur mit Wertzeichen und nach dem Tarife des Landes gültig, in dessen Gewässern sich das Schiff befindet.

Art. 12. Gebührenbezug.

1. Jede Verwaltung behält unverkürzt die von ihr auf Grund der vorhergehenden Artikel 5, 6, 7, 10 und 11 erhobenen Summen mit Ausnahme der Vergütung für die im § 2 des Artikel 7 bezeichneten Postanweisungen und der für Antwortscheine (Artikel 11) vereinnahmten Beträge.

2. Daher findet unter den im § 1 des gegenwärtigen Artikels gemachten Vorbehalten zwischen den verschiedenen Vereinsverwaltungen keine Abrechnung über die erhobenen Beträge statt.

3. Für Briefe und andere Postsendungen dürfen weder im Ursprungs- noch im Bestimmungslande vom Absender oder Empfänger andere als die in

den oben angegebenen Artikeln vorgesehenen Porto- oder Gebührenbeträge erhoben werden.

Vgl. Schlußprotokoll Art. V.

Art. 13. Eilsendungen.

1. Auf Verlangen des Absenders werden Briefsendungen jeder Art sogleich nach ihrer Ankunft dem Empfänger durch besonderen Boten in den Vereinsländern zugestellt, die bereit sind, sich in ihrem gegenseitigen Verkehre mit diesem Dienstzweige zu befassen.

2. Solche Sendungen werden als „Eilsendungen" bezeichnet und unterliegen einer besonderen Bestellgebühr, die auf 30 Centimen festgesetzt ist und vom Absender neben dem gewöhnlichen Porto zum vollen Betrag im voraus entrichtet werden muß. Die Gebühr verbleibt der Verwaltung des Aufgabelandes.

In Deutschland ist die Eilbestellgebühr auf 25 Pf. festgesetzt.

3. Ist die Sendung nach einem Orte gerichtet, wo keine Postanstalt mit Eilbestelldienst besteht, so kann die Postverwaltung des Bestimmungslandes eine Ergänzungsgebühr erheben, welche die Höhe des in ihrem inneren Verkehre für die Eilbestellung festgesetzten Botenlohns erreichen darf; dabei wird die vom Absender entrichtete feste Gebühr oder der gleiche Wert in der Währung des Landes, das die Ergänzungsgebühr erhebt, angerechnet.

Die Ergänzungsgebühr wird auch im Falle der Nachsendung oder Unbestellbarkeit der Sendung eingezogen; sie verbleibt der Verwaltung, die sie erhoben hat.

4. Eilsendungen, die nicht zum vollen Betrage der im voraus zu entrichtenden Gebühren frankiert sind, werden auf dem gewöhnlichen Wege bestellt, es sei denn, daß sie von der Aufgabeanstalt als Eilsendungen behandelt worden sind.

Wegen der Eilsendungen im deutschen Verkehr vgl. PO. (Nr. XI) § 22.

Art. 14. Nachsendung; unbestellbare Sendungen.

1. Für die Nachsendung von Postsendungen innerhalb des Vereins wird keine Nachschußgebühr erhoben.

2. Bei unbestellbaren Briefschaften wird die Transitentschädigung, die den Zwischenverwaltungen für die erste Beförderung der Briefschaften zukommt, nicht erstattet.

3. Für unfrankierte Briefe und Postkarten sowie für unzureichend frankierte Briefsendungen jeder Art, die nach dem Aufgabelande nachgesandt werden oder als unbestellbar dahin zurückgehen, werden vom Empfänger oder vom Absender dieselben Gebühren erhoben wie für gleichartige Gegenstände, die vom ersten Bestimmungsland unmittelbar nach dem Ursprungslande gerichtet sind.

Art. 15. Austausch geschlossener Briefposten mit Kriegsschiffen.

1. Zwischen den Postanstalten eines der vertragschließenden Länder und den Befehlshabern der Geschwader oder Kriegsschiffe desselben Landes, die in fremden Gewässern weilen, können durch die Land- und Seepostverbindungen anderer Länder geschlossene Briefposten ausgetauscht werden. Dies gilt auch für den Verkehr zwischen dem Befehlshaber eines dieser Geschwader oder Kriegsschiffe und dem Befehlshaber eines anderen Geschwaders oder Kriegsschiffes desselben Landes.

2. In diesen Briefposten dürfen nur solche Briefsendungen jeder Art enthalten sein, die an die Stäbe und Mannschaften der die Briefposten empfangenden oder absendenden Schiffe gerichtet sind oder von ihnen herrühren. Die Tarife und Versendungsbedingungen werden von der Postverwaltung des Landes, dem die Schiffe gehören, nach ihren inländischen Verordnungen bestimmt.

3. Wenn keine andere Vereinbarung zwischen den beteiligten Verwaltungen besteht, hat die Postverwaltung, die solche Briefposten absendet oder empfängt, den Durchgangsverwaltungen Transitkosten nach den Bestimmungen im Artikel 4 zu zahlen.

Art. 16. Verbote.

1. Nicht befördert werden solche Geschäftspapiere, Mustersendungen und Drucksachen, die den für diese

Sendungen nach Artikel 5 des gegenwärtigen Vertrags und nach der Vollzugsordnung (Artikel 20 des Vertrags) erforderlichen Bedingungen nicht entsprechen.

2. Kommen solche Sendungen trotzdem vor, so werden sie nach dem Aufgabeorte zurückgeleitet und dem Absender, wenn möglich, wieder zugestellt, es sei denn, daß die Verwaltung des Bestimmungslandes, falls es sich um wenigstens teilweise frankierte Gegenstände handelt, durch ihre Gesetze oder inneren Verordnungen zur Bestellung der Sendungen ermächtigt ist.

3. Es ist verboten:

1. mit der Post zu versenden:

   a) Warenproben und andere Gegenstände, die ihrer Natur nach für die Postbeamten Gefahren mit sich bringen oder die Briefsendungen beschmutzen oder verderben können;

   b) explodierbare, leicht entzündliche oder gefährliche Stoffe, lebende oder tote Tiere und Insekten, soweit nicht in der Vollzugsordnung (Artikel 20 des Vertrags) Ausnahmen vorgesehen sind;

2. in die gewöhnlichen oder eingeschriebenen Briefsendungen einzulegen:

   a) Münzen;

   b) zollpflichtige Gegenstände;

   c) Gold- oder Silbersachen, Edelsteine, Schmucksachen und andere kostbare Gegenstände, jedoch nur, wenn das Einlegen oder die Beförderung durch die Gesetzgebung der beteiligten Länder verboten ist;

d) Gegenstände jeder Art, deren Einfuhr oder Umlauf im Bestimmungslande verboten ist.

4. Sendungen, die unter die Verbote des vorhergehenden Paragraphen 3 fallen und zu Unrecht zur Beförderung zugelassen worden sind, müssen nach dem Aufgabeorte zurückgesandt werden, es sei denn, daß die Verwaltung des Bestimmungslandes durch ihre Gesetze oder inneren Verordnungen ermächtigt ist, darüber anderweit zu verfügen.

Explodierbare, leicht entzündliche oder gefährliche Stoffe werden jedoch nicht nach dem Aufgabeorte zurückgesandt, sondern von der Verwaltung, die ihr Vorhandensein feststellt, auf der Stelle vernichtet.

5. Der Regierung jedes Vereinslandes bleibt übrigens das Recht vorbehalten, von der Beförderung oder Bestellung auf ihrem Gebiete solche dem ermäßigten Porto unterliegenden Sendungen auszuschließen, die den bestehenden Landesgesetzen, Verordnungen und Vorschriften über die Bedingungen ihrer Veröffentlichung oder Verbreitung nicht genügen; dasselbe gilt für Briefschaften jeder Art, die nach den gesetzlichen oder Verwaltungsvorschriften ihres Landes unstatthafte Bemerkungen, Zeichen usw. offensichtlich tragen.

Vgl. PO. (Nr. XI) § 5 und Anm.

Art. 17. Verbindungen mit Nichtvereinsländern.

1. Die Vereinsverwaltungen, die mit Nichtvereinsländern Verbindungen unterhalten, müssen allen anderen Vereinsverwaltungen dazu behilflich sein,

1. daß durch ihre Vermittelung Briefschaften nach und aus Nichtvereinsländern befördert werden können, sei es in offenem Transit, sei es in geschlossenen Briefposten, wenn diese Versendungsweise von der Abgangs- und der Bestimmungsverwaltung der Kartenschlüsse nach gemeinsamer Übereinkunft zugelassen ist;
2. daß Briefschaften in offenem Transit oder in geschlossenen Briefposten über Gebiete von Nichtvereinsländern oder durch Vermittelung von Verbindungen, die diesen Ländern gehören, ausgetauscht werden können;
3. daß die Briefschaften in Nichtvereinsländern ebenso wie innerhalb des Vereinsgebiets den im Artikel 4 festgesetzten Transitkosten unterworfen werden.

2. Die gesamten Kosten für die Seebeförderung innerhalb und außerhalb des Vereins dürfen 15 Franken für das Kilogramm Briefe und Postkarten und 1 Franken für das Kilogramm anderer Sendungen nicht übersteigen. Diese Kosten werden nach dem Verhältnisse der Entfernungen unter die Verwaltungen, die an der Beförderung teilnehmen, geteilt.

3. Die Kosten für den Land- und Seetransit außerhalb wie innerhalb des Vereinsgebiets werden für die im gegenwärtigen Artikel behandelten Briefsendungen in derselben Weise ermittelt wie die Transitkosten für Briefschaften, die zwischen Vereinsländern durch Vermittelung anderer Vereinsländer ausgetauscht werden.

4. Die Transitkosten für Briefsendungen nach Ländern außerhalb des Weltpostvereins sind von der Verwaltung des Aufgabelandes zu tragen; diese setzt die in ihrem Betriebe für solche Briefsendungen zu erhebenden Gebühren fest; jedoch dürfen die Gebühren nicht niedriger sein als die Normalsätze des Vereins.

5. Die Transitkosten für Briefsendungen aus Nichtvereinsländern sind nicht von der Verwaltung des Bestimmungslandes zu tragen. Diese Verwaltung händigt die Sendungen, die ihr als vollständig frankiert überliefert werden, ohne Erhebung von Porto aus; sie belegt die unfrankierten Briefsendungen mit dem Doppelten des Portos, das in ihrem eigenen Betriebe für gleichartige Gegenstände nach dem Ursprungslande der bezeichneten Sendungen erhoben wird, und die unzureichend frankierten Briefsendungen mit dem Doppelten des Fehlbetrags; doch darf der Betrag, der für unzureichend frankierte Briefsendungen erhoben wird, den Satz nicht übersteigen, der für unfrankierte Briefsendungen von gleicher Gattung, gleichem Gewicht und gleicher Herkunft berechnet wird.

6. Hinsichtlich der Gewährleistung für Einschreibsendungen wird wie folgt verfahren:

bei der Beförderung innerhalb des Vereinsgebiets nach den Festsetzungen des gegenwärtigen Vertrags;

bei der Beförderung außerhalb der Vereinsgrenzen nach den von der vermittelnden Vereinsverwaltung bekannt gemachten Bedingungen.

Art. 18. Falsche Postwertzeichen.

Die Hohen vertragschließenden Teile verpflichten sich, die notwendigen Maßnahmen zu ergreifen oder bei ihren gesetzgebenden Körperschaften vorzuschlagen, um die betrügerische Verwendung gefälschter oder schon gebrauchter Postwertzeichen zur Frankierung von Postsendungen unter Strafe zu stellen. Sie verpflichten sich ferner, die notwendigen Maßnahmen zu treffen oder bei ihren gesetzgebenden Körperschaften vorzuschlagen, um alle betrügerischen Handlungen zum Zwecke der Herstellung, des Verkaufs, des Vertriebs oder der Verbreitung solcher postdienstlichen Vignetten und Wertzeichen zu verbieten und zu verhindern, die gefälscht oder derart nachgemacht sind, daß sie mit den Vignetten und Wertzeichen, die von der Verwaltung eines der vertragschließenden Länder ausgegeben sind, verwechselt werden könnten.

Vgl. PostG. § 27 Nr. 3, StrGB. §§ 275, 276, 360, (4 u. 5), 364.

Art. 19. Dienstzweige, die Gegenstand besonderer Übereinkommen sind.

Der Dienst der Briefe und Kästchen mit Wertangabe, der Postanweisungen, der Postpakete, der Postaufträge, der Ausweisbücher und des Zeitungsbezugs wird durch besondere Übereinkommen zwischen den Ländern oder Ländergruppen des Vereins geregelt.

Vgl. Nr. XIII—XVII. Dem Übereinkommen wegen der Ausweisbücher ist Deutschland nicht beigetreten. Wegen der im inneren deutschen Verkehr und im Verkehr mit Österreich-Ungarn, Belgien und Luxemburg eingeführten Postausweiskarten vgl. PO. (Nr. XI) § 39 I Anm.

Art. 20. Vollzugsordnung; besondere Verwaltungsabkommen.

1. Die Postverwaltungen der Vereinsländer sind befugt, im Einvernehmen miteinander alle für notwendig erachteten Dienstvorschriften in einer Vollzugsordnung festzusetzen.

Die Vollzugsordnungen zu dem Haupt- und zu den Nebenverträgen sind im Weltposthandbuch abgedruckt (vgl. Vorbemerkung c).

2. Die Verwaltungen können außerdem unter sich die erforderlichen Abkommen über solche Angelegenheiten treffen, die nicht die Gesamtheit des Vereins angehen, vorausgesetzt, daß die Abkommen den Festsetzungen des gegenwärtigen Vertrags nicht widersprechen.

3. Den beteiligten Verwaltungen ist jedoch gestattet, sich über die Annahme ermäßigter Gebühren

im Umkreise von 30 Kilometer untereinander zu verständigen.

Kraft dieser Bestimmung bleiben die bisherigen ermäßigten Taxen für Briefe im Grenzverkehr Deutschlands mit Belgien, Dänemark, Niederland und der Schweiz bestehen (10 Pf. für frankierte, 20 Pf. für unfrankierte Briefe, für je 20 Gramm). Im Grenzverkehr mit Dänemark beträgt die Mindesttaxe für Geschäftspapiere 10 Pf.

Art. 21. Innere Gesetzgebung; engere Vereine.

1. Die innere Gesetzgebung der Länder bleibt von dem gegenwärtigen Vertrag in allem unberührt, was durch die Bestimmungen dieses Vertrags nicht vorgesehen ist.

2. Auch beschränkt der Vertrag nicht die Befugnis der vertragschließenden Teile, zur Herabsetzung der Gebühren oder zu jeder anderen Verbesserung des Postverkehrs Verträge untereinander bestehen zu lassen oder abzuschließen sowie engere Vereine aufrechtzuerhalten oder zu gründen.

Wegen des Wechselverkehrs mit Österreich-Ungarn vgl. Art. 5 Anm. a und PostGN. (Nr. VIII) Art. 1 I Anm. c.

Art. 22. Internationales Bureau.

1. Unter dem Namen „Internationales Bureau des Weltpostvereins" soll die Zentralstelle, die unter der oberen Leitung der schweizerischen Postverwaltung wirkt und deren Kosten von sämtlichen Vereinsverwaltungen bestritten werden, bestehen bleiben.

2. Dieses Bureau wird auch künftig die Mitteilungen, die sich auf den Auslands-Postdienst be-

ziehen, sammeln, zusammenstellen, veröffentlichen und verteilen, sich in streitigen Fragen auf Verlangen der Beteiligten gutachtlich äußern, Anträgen auf Änderung der Kongreßurkunden die geschäftliche Folge geben, angenommene Änderungen bekannt machen und sich überhaupt mit den Aufgaben und Arbeiten befassen, die ihm für die Zwecke des Postvereins übertragen werden.

Der Sitz dieses Bureaus ist Bern. Die von ihm herausgegebene Zeitschrift „L'Union Postale" erscheint deutsch, französisch und englisch; sie dient als amtliches Organ des Weltpostvereins und kann durch die Postanstalten bezogen werden. Vgl. auch JTV. (Nr. XXII) Art. 14 und JFTV. (Nr. XXVII) Art. 13.

Art. 23. Erledigung von Streitigkeiten durch Schiedsgericht.

1. Meinungsverschiedenheiten zwischen zwei oder mehreren Vereinsmitgliedern über die Auslegung des gegenwärtigen Vertrags oder über die Verantwortlichkeit, die sich aus der Anwendung des Vertrags für eine Verwaltung ergibt, sollen durch ein Schiedsgericht ausgetragen werden. Zu diesem Schiedsgerichte wählt jede der beteiligten Verwaltungen ein anderes, bei der Angelegenheit nicht unmittelbar beteiligtes Vereinsmitglied.

2. Das Schiedsgericht entscheidet nach einfacher Stimmenmehrheit.

3. Bei Stimmengleichheit wählen die Schiedsrichter zur Entscheidung der streitigen Frage eine

andere Verwaltung, die bei der Angelegenheit ebenfalls unbeteiligt ist.

4. Die Bestimmungen dieses Artikels gelten auch für alle Übereinkommen, die auf Grund des vorstehenden Artikel 19 abgeschlossen sind.

Art. 24. Beitritt zum Vereinsvertrage.

1. Die Länder, die an dem gegenwärtigen Vertrage nicht teilgenommen haben, können ihm auf ihren Antrag beitreten.

2. Der Beitritt wird auf diplomatischem Wege der Regierung der Schweizerischen Eidgenossenschaft angezeigt, die davon allen Vereinsländern Nachricht gibt.

3. Der Beitritt schließt von Rechts wegen die Anerkennung aller Bestimmungen des gegenwärtigen Vertrags und die Zulassung zu allen durch ihn gewährten Vorteilen in sich.

4. Es ist Sache der Regierung der Schweizerischen Eidgenossenschaft, im Einvernehmen mit der Regierung des beteiligten Landes die Höhe des Beitrags zu bestimmen, den die Verwaltung dieses Landes zu den Kosten für das Internationale Bureau zu zahlen hat; das gleiche gilt für die Gebühren, die von dieser Verwaltung nach dem vorhergehenden Artikel 10 zu erheben sind.

Art. 25. Kongresse und Konferenzen.

1. Je nach der Wichtigkeit der zu entscheidenden Fragen treten Kongresse von Bevollmächtigten der

vertragschließenden Länder oder einfache Konferenzen der Verwaltungen zusammen, sobald ein dahin gehender Antrag von mindestens zwei Drittel der Regierungen oder Verwaltungen gestellt oder gebilligt wird.

2. Ein Kongreß soll jedoch spätestens fünf Jahre nach dem Inkrafttreten der auf dem letzten Kongreß geschlossenen Akte abgehalten werden.

3. Jedes Land kann sich durch einen oder mehrere Bevollmächtigte oder durch die Bevollmächtigten eines anderen Landes vertreten lassen; jedoch dürfen Bevollmächtigte eines Landes nur mit der Vertretung zweier Länder einschließlich des eigenen beauftragt werden.

4. Bei den Beratungen hat jedes Land nur eine Stimme.

5. Jeder Kongreß bestimmt den Ort des nächsten Kongresses.

6. Für die Konferenzen setzen die Verwaltungen auf Vorschlag des Internationalen Bureaus den Ort der Zusammenkunft fest.

Art. 26. Vorschläge in der Zeit zwischen den Versammlungen.

1. In der Zeit zwischen den Versammlungen ist jede Postverwaltung eines Vereinslandes berechtigt, den anderen Vereinsverwaltungen durch Vermittelung des Internationalen Bureaus Vorschläge in Vereinsangelegenheiten zu unterbreiten.

Jeder Vorschlag muß, um zur Beratung gestellt zu werden, von mindestens zwei Verwaltungen unterstützt sein, diejenige nicht eingerechnet, von welcher der Vorschlag herrührt. Geht dem Internationalen Bureau nicht zu gleicher Zeit mit dem Vorschlage die erforderliche Zahl von Unterstützungserklärungen zu, so bleibt der Vorschlag ohne Folge.

2. Jeder Vorschlag unterliegt folgendem Verfahren:

Die Vereinsverwaltungen haben sechs Monate Zeit, um die Vorschläge zu prüfen und dem Internationalen Bureau ihre etwaigen Bemerkungen zukommen zu lassen. Abänderungsvorschläge sind unstatthaft. Die Antworten werden von dem Internationalen Bureau zusammengestellt und den Verwaltungen mit der Aufforderung mitgeteilt, sich für oder gegen den Vorschlag auszusprechen. Die Verwaltungen, die nicht binnen sechs Monaten ihre Stimme abgegeben haben, vom Zeitpunkte des zweiten Rundschreibens ab gerechnet, mit dem das Internationale Bureau die Bemerkungen zu ihrer Kenntnis gebracht hat, werden als der Abstimmung sich enthaltend angesehen.

3. Die Vorschläge müssen, um vollstreckbar zu werden, erhalten:

1. Einstimmigkeit, wenn es sich um die Aufnahme neuer Bestimmungen oder um die Änderung der Bestimmungen des gegenwärtigen Artikels und der Artikel 2, 3, 4, 5, 6, 7, 8, 9, 12, 13, 15, 18, 27, 28 und 29 handelt;

2. zwei Drittel der Stimmen, wenn es sich um die Änderung anderer Vertragsbestimmungen handelt als derjenigen der Artikel 2, 3, 4, 5, 6, 7, 8, 9, 12, 13, 15, 18, 26, 27, 28 und 29;
3. einfache Stimmenmehrheit, wenn es sich um die Auslegung der Vertragsbestimmungen handelt; doch gelten im Falle einer Streitigkeit die im vorhergehenden Artikel 23 vorgesehenen Bestimmungen.

4. Die gültigen Beschlüsse werden in den beiden ersten Fällen durch eine diplomatische Erklärung bestätigt, welche die Regierung der Schweizerischen Eidgenossenschaft auszufertigen und allen Regierungen der vertragschließenden Länder zu übersenden hat, im dritten Falle durch eine einfache Mitteilung des Internationalen Bureaus an alle Vereinsverwaltungen.

5. Die angenommenen Änderungen oder Beschlüsse treten frühestens drei Monate nach ihrer Bekanntmachung in Kraft.

Art. 27. Schutzgebiete und Kolonien im Vereine.

Als ein einziges Land oder eine einzige Verwaltung im Sinne der vorhergehenden Artikel 22, 25 und 26 werden angesehen:

1. die deutschen Schutzgebiete in Afrika;
2. die deutschen Schutzgebiete in Asien und Australien;

Die Bestimmungen des WPV. und der zugehörigen Nebenabkommen finden, soweit nicht ausdrücklich ein anderes bestimmt ist, auch auf den Verkehr zwischen Deutschland und den deutschen Schutzgebieten statt.

3. das Britisch-Indische Kaiserreich;
4. das Dominium Canada;
5. der Australische Bund (Common wealth of Australia) mit Britisch-Neuguinea;
6. die Gesamtheit der britischen Kolonien und Schutzgebiete in Südafrika;
7. die Gesamtheit aller anderen britischen Kolonien;
8. die Gesamtheit der im Besitze der Vereinigten Staaten von Amerika befindlichen Inseln, das sind gegenwärtig Hawai, die Philippinen, Porto Rico und Guam;
9. die Gesamtheit der dänischen Kolonien;
10. die Gesamtheit der spanischen Kolonien;
11. Algerien;
12. die französischen Kolonien und Schutzgebiete von Indochina;
13. die Gesamtheit der anderen französischen Kolonien;
14. die Gesamtheit der italienischen Kolonien;
15. die Gesamtheit der niederländischen Kolonien;
16. die portugiesischen Kolonien in Afrika;
17. die Gesamtheit der anderen portugiesischen Kolonien.

Vgl. Schlußprotokoll Art. I und II.

Art. 28. Dauer des Vertrags.

Der gegenwärtige Vertrag soll am 1. Oktober 1907 in Kraft treten und für unbestimmte Zeit gelten; jeder der vertragschließenden Teile hat jedoch das Recht, auf Grund einer von seiner Regierung der Regierung der Schweizerischen Eidgenossenschaft ein Jahr vorher gemachten Mitteilung aus dem Verein auszutreten.

Art. 29. Aufhebung früherer Verträge; Ratifikation.

1. Mit dem Tage des Inkrafttretens des gegenwärtigen Vertrags werden alle Bestimmungen der früher zwischen den Ländern oder Verwaltungen abgeschlossenen Verträge, Übereinkommen oder sonstigen Akte insoweit aufgehoben, als sie mit den Festsetzungen des gegenwärtigen Vertrags nicht im Einklange stehen; doch werden die im vorhergehenden Artikel 21 vorbehaltenen Rechte hierdurch nicht berührt.

2. Der gegenwärtige Vertrag soll sobald als möglich ratifiziert werden. Die Ratifikationsurkunden sollen in Rom ausgewechselt werden.

3. Zu Urkund dessen haben die Bevollmächtigten der obenbezeichneten Länder den gegenwärtigen Vertrag unterzeichnet zu Rom, den sechsundzwanzigsten Mai eintausendneunhundertsechs.

(Unterschriften.)

Schlußprotokoll.

Im Begriffe, zur Unterzeichnung der durch den Weltpostkongreß in Rom vereinbarten Verträge zu schreiten, sind die unterzeichneten Bevollmächtigten über folgendes übereingekommen:

I. Es wird Kenntnis genommen von der Erklärung, welche die britischen Bevollmächtigten im Namen ihrer Regierung abgeben, daß die Stimme, die der Artikel 27,7 des Vertrags der „Gesamtheit aller anderen britischen Kolonien" zuteilt, an Neu-Seeland nebst den Cook- und den übrigen zugehörigen Inseln abgetreten wird.

II. Abweichend vom Artikel 27 des Hauptvertrags wird den niederländischen Kolonien zugunsten von Niederländisch-Indien eine zweite Stimme bewilligt.

III. Abweichend von den Bestimmungen des Artikel 5, § 1 gilt für die Postverwaltungen, die mit Rücksicht auf die Gestaltung ihres inneren Dienstes oder aus sonstigen Gründen den Grundsatz der Erhöhung der Gewichtseinheit für Briefe von 15 auf 20 Gramm sowie den Grundsatz der Ermäßigung des Portos für Briefe, die über die erste Gewichtseinheit hinausgehen, von 25 auf 15 Centimen für jeden weiteren Portosatz nicht annehmen können, folgende Übergangsvorschrift. Diese Postverwaltungen sind berechtigt, die beiden erwähnten Bestimmungen oder die eine oder andere von ihnen auf die bei ihnen aufgelieferten Briefe erst anzuwenden, wenn sie hierzu in der Lage sind, und sich in der Zwischenzeit nach den vom Washingtoner Kongreß hierüber aufgestellten Vorschriften zu richten.

IV. Abweichend vom Artikel 6 des Vertrags, der die Einschreibgebühr auf höchstens 25 Centimen festsetzt, wird vereinbart, daß die außereuropäischen Staaten befugt sind, für die Einschreibung einschließlich der Ausfertigung eines Einlieferungsscheins für den Absender eine Meistgebühr von 50 Centimen beizubehalten.

V. Als Ausnahme von den Bestimmungen des Artikel 12, § 3 des Vertrags hat Persien die Berechtigung, von den Empfängern der vom Ausland eingehenden Drucksachen jeder Art eine Gebühr von 5 Centimen für jede ausgehändigte Sendung zu erheben.

Diese Berechtigung ist Persien vorübergehend eingeräumt.

Die gleiche Befugnis wird China für den Fall eingeräumt, daß es dem Hauptvertrage beitritt.

VI. Als Ausnahme von den Bestimmungen des Artikel 4 des Hauptvertrags und der entsprechenden Paragraphen der Vollzugsordnung zu diesem Vertrag ist bezüglich der Transitkosten, die der russischen Postverwaltung für die mit der sibirischen Eisenbahn zu befördernden Briefschaften zu zahlen sind, folgendes verabredet worden:

1. Die Abrechnung über die Transitkosten für die oben bezeichneten Briefschaften erfolgt vom

Tage der Eröffnung der genannten Eisenbahn ab auf Grund besonderer Nachweisungen, die alle drei Jahre abwechselnd während der ersten 28 Tage des Monats Mai oder November des zweiten Jahres jedes dreijährigen Zeitraums aufgestellt werden und rückwirkende Kraft von Beginn des ersten Jahres ab haben.

2. Die Zählung vom Mai 1908 regelt die Zahlungen, die vom Tage der etwaigen Eröffnung des Verkehrs an bis zum Ende des Jahres 1909 zu leisten sind. Die Zählung vom November 1911 bezieht sich auf die Jahre 1910, 1911 und 1912 usw.

3. Wenn ein Vereinsland die Versendung seiner Briefschaften im Durchgang über die sibirische Eisenbahn während der Geltungsdauer der oben erwähnten Zählung beginnt, hat Rußland das Recht, eine besondere, sich ausschließlich auf diese Briefschaften beziehende Zählung zu fordern.

4. Die Transitkosten, die Rußland für das erste und nötigenfalls für das zweite Jahr jedes dreijährigen Zeitraums zustehen, werden am Ende des Jahres auf Grund der vorhergehenden Zählung vorläufig bezahlt; die Rechnungen sind später nach den Ergebnissen der neuen Zählung zu regeln.

5. Der offene Transit ist auf der erwähnten Eisenbahn nicht zugelassen.

Japan hat die Befugnis, die Bestimmungen jedes Paragraphen des gegenwärtigen Artikels sowohl hinsichtlich der Abrechnung über die Transitkosten anzuwenden, die an Japan für den Land- und Seetransit der auf der japanischen Eisenbahn in China (Mandschurei) beförderten Briefschaften zu zahlen sind, als auch hinsichtlich des Ausschlusses des offenen Transits.

VII. Für Salvador, das dem Verein angehört, sich aber auf dem Kongreß nicht hat vertreten lassen, bleibt das Protokoll für den Beitritt zu den daselbst abgeschlossenen Verträgen oder zu einzelnen von ihnen offen.

Es bleibt ferner zu demselben Zwecke offen:

a) für Nicaragua und Peru, deren Vertreter für den Kongreß nicht mit Vollmachten versehen waren;

Nicaragua und Peru haben nachträglich unterzeichnet.

b) für die Dominikanische Republik, deren Vertreter verhindert war, der Unterzeichnung der Akte beizuwohnen.

Das Protokoll bleibt ebenfalls offen zugunsten des chinesischen Kaiserreichs und des Kaiserreichs Äthiopien, deren Bevollmächtigte zum Kongreß die Absicht ihrer Länder erklärt haben, von einem später festzusetzenden Zeitpunkt ab in den Weltpostverein einzutreten.

VIII. Das Protokoll wird zugunsten der Länder offengehalten, deren Vertreter heute nur den Hauptvertrag oder nur eine gewisse Zahl der vom Kongreß vereinbarten Verträge unterzeichnet haben, damit sie auch den übrigen heute unterzeichneten Verträgen oder einzelnen von ihnen beitreten können.

IX. Die in dem vorstehenden Artikel VII vorgesehenen Beitrittserklärungen müssen durch die beteiligten Regierungen in diplomatischer Form bei der Italienischen Regierung angemeldet werden. Die Frist, die ihnen für diese Anmeldung bewilligt wird, läuft mit dem 1. Juli 1907 ab.

X. Für den Fall, daß eins oder mehrere der Länder, welche die heute in Rom unterzeichneten Postverträge abschließen, den einen oder anderen dieser Verträge nicht ratifizieren sollten, bleiben diese trotzdem für die Staaten, die sie ratifiziert haben, verbindlich.

Zu Urkund dessen haben die unterzeichneten Bevollmächtigten das gegenwärtige Schlußprotokoll aufgenommen, das dieselbe Kraft und dieselbe Gültigkeit haben soll, als wenn seine Bestimmungen in den Verträgen, auf die es sich bezieht, selbst ständen, und haben das Schlußprotokoll in einem Exemplar unterzeichnet, das in dem Archive der Italienischen Regierung niedergelegt und wovon jedem Teile eine Abschrift zugestellt werden muß.

Geschehen zu Rom, den sechsundzwanzigsten Mai eintausendneunhundertsechs.

(Unterschriften.)

XIII.

Wertbrief-Übereinkommen.

Vom 26. Mai 1906.

RGBl. 1907 S. 636—655.

Übereinkommen, betreffend den Austausch von Briefen und Kästchen mit Wertangabe, abgeschlossen zwischen Deutschland und den deutschen Schutzgebieten, der Argentinischen Republik, Österreich, Belgien, Bosnien-Herzegowina, Brasilien, Bulgarien, Chile, der Republik Columbien, Dänemark und den dänischen Kolonien, Ägypten, Spanien, Frankreich, Algerien, den französischen Kolonien und Schutzgebieten von Indochina, der Gesamtheit der anderen französischen Kolonien, Großbritannien und verschiedenen britischen Kolonien, Britisch-Indien, Griechenland, Guatemala, Ungarn, Italien und den italienischen Kolonien, Japan, Luxemburg, Montenegro, Norwegen, den Niederlanden, Niederländisch-Indien, Portugal und den portugiesischen Kolonien, Rumänien, Rußland, Serbien, Schweden, der Schweiz, Tunis und der Türkei.

Die Unterzeichneten, Bevollmächtigte der Regierungen der vorstehend aufgeführten Länder, haben auf Grund des Artikel 19 des Hauptvertrags im

Einvernehmen miteinander und unter Vorbehalt der Ratifikation folgendes Übereinkommen abgeschlossen:

Art. 1. Geltungsbereich des Übereinkommens; Meistgewicht der Wertkästchen.

1. Zwischen den obenbezeichneten Ländern können Briefe mit Wertpapieren sowie Kästchen mit Schmucksachen und kostbaren Gegenständen unter Versicherung des angegebenen Betrags versandt werden.

Die Teilnahme am Wertkästchendienst ist auf die vertragschließenden Länder beschränkt, deren Verwaltungen die Einführung dieses Dienstes in ihrem gegenseitigen Verkehre verabredet haben.

Die Länder sind im Briefposttarif (vgl. Vorbemerkung c zum Hauptvertrag, Nr. XI) aufgeführt.

2. Das Meistgewicht der Kästchen ist auf 1 Kilogramm für jede Sendung festgesetzt.

3. Die Verwaltungen sind berechtigt, für ihren gegenseitigen Verkehr einen Meistbetrag der Wertangabe zu bestimmen; doch darf dieser in keinem Falle unter 10000 Franken für die einzelne Sendung heruntergehen. Die bei der Beförderung beteiligten Verwaltungen sind nur bis zur Höhe des von ihnen angenommenen Meistbetrags haftpflichtig.

Vgl. Schlußprotokoll.

Art. 2. Nachnahmen.

1. Briefe und Kästchen mit Wertangabe können unter den Bedingungen, die in den §§ 1 und 2 des Artikel 7 des Hauptvertrags angegeben sind, mit

Nachnahme belastet werden. Derartige Sendungen unterliegen derselben Behandlung und denselben Gebühren wie Sendungen mit Wertangabe der Gattung, zu der sie gehören.

2. Nach Aushändigung der Sendung ist die Verwaltung des Bestimmungslandes für den Nachnahmebetrag haftbar, wenn sie nicht beweisen kann, daß die Bestimmungen, welche die Vollzugsordnung hinsichtlich der Nachnahmen trifft, nicht beachtet worden sind. Die Verantwortlichkeit der Verwaltung des Bestimmungslandes für die unterbliebene Einziehung des Betrags bleibt auch dann bestehen, wenn etwa der Vermerk „Remb." oder die Angabe des Nachnahmebetrags in der Geldkarte fehlt.

Art. 3. Versendungsweise der Sendungen mit Wertangabe.

1. Die Freiheit des Transits ist auf dem Gebiete jedes der vertragschließenden Länder gewährleistet, die bei der Beförderung beteiligten Verwaltungen übernehmen die Verantwortlichkeit in den Grenzen, die der nachfolgende Artikel 12 bestimmt.

Dasselbe gilt für Seebeförderungen, die durch die Verwaltungen der vertragschließenden Länder ausgeführt oder vermittelt werden, jedoch nur, wenn diese Verwaltungen in der Lage sind, die Verantwortlichkeit für die Wertsendungen auf den Postdampfern oder Schiffen, die sie benutzen, zu übernehmen.

2. Wenn keine andere Abmachung zwischen den Verwaltungen des Aufgabe- und des Bestimmungsgebiets getroffen ist, werden die zwischen nicht angrenzenden Ländern ausgetauschten Wertsendungen in offenem Transit und auf den für die gewöhnlichen Briefschaften benutzten Beförderungswegen versandt.

3. Wenn Briefe und Kästchen mit Wertangabe zwischen zwei Ländern ausgetauscht werden, die sich für ihren gewöhnlichen Verkehr der Vermittelung eines oder mehrerer an dem gegenwärtigen Übereinkommen nicht beteiligten Länder oder von der Verantwortlichkeit befreiten Seepostverbindungen bedienen, so haben sich die Verwaltungen des Aufgabe- und des Bestimmungslandes über etwaige besondere Maßnahmen, wie die Benutzung eines Umwegs, die Beförderung in geschlossenen Beuteln usw., miteinander zu verständigen.

Art. 4. Porto und Versicherungsgebühr.

1. Die im Artikel 4 des Hauptvertrags vorgesehenen Transitkosten sind von der Aufgabeverwaltung an die Verwaltungen zu zahlen, die bei der Beförderung der Briefe mit Wertangabe in offenem oder geschlossenem Transit beteiligt sind.

2. Ein Porto von 50 Centimen ist für jedes Wertkästchen von der Aufgabeverwaltung an die Verwaltung des Bestimmungslandes und an jede bei der Landtransitbeförderung beteiligte Verwaltung

zu entrichten. Die Aufgabeverwaltung hat außerdem ein Porto von einem Franken an jede bei der Seetransitbeförderung beteiligte Verwaltung zu zahlen.

3. Unabhängig von diesen Kosten und Portobeträgen hat die Verwaltung des Aufgabelandes an die Verwaltung des Bestimmungslandes und an jede am Landtransit verantwortlich beteiligte Verwaltung eine Versicherungsgebühr von 5 Centimen für je 300 Franken oder einen Teil von 300 Franken des angegebenen Wertes zu entrichten.

4. Außerdem hat die Aufgabeverwaltung, wenn es sich um eine Seebeförderung mit Verantwortlichkeit handelt, an jede bei dieser Beförderung beteiligte Verwaltung eine Seeversicherungsgebühr von 10 Centimen für je 300 Franken oder einen Teil von 300 Franken des angegebenen Wertes zu vergüten.

5. Die Abrechnung über diese Porto- und Gebührenbeträge erfolgt auf Grund von Nachweisungen, die jährlich während eines 28tägigen Zeitraums aufgestellt werden; der Zeitraum ist durch die in dem nachfolgenden Artikel 16 vorgesehene Vollzugsordnung zu bestimmen.

Art. 5. Gebühren.

1. Die Gebühr für Briefe und Kästchen mit Wertangabe ist im voraus zu entrichten und setzt sich zusammen:

1. für Briefe aus dem Porto und der festen Gebühr für einen Einschreibbrief von gleichem Gewicht und Bestimmungsort — Porto und Gebühr ungeteilt der absendenden Verwaltung verbleibend —; für Kästchen aus einem Porto von 50 Centimen für jedes an der Landbeförderung und von einem Franken für jedes an der Seebeförderung teilnehmende Land;
2. für Briefe und Kästchen aus einer Versicherungsgebühr, die sich aus so viel mal 5 Centimen für je 300 Franken oder einen Teil von 300 Franken des angegebenen Wertes zusammensetzt, als Verwaltungen an der Landbeförderung teilnehmen; hierzu tritt erforderlichenfalls die im § 4 des vorhergehenden Artikel 4 vorgesehene Seeversicherungsgebühr.

Jedem der vertragschließenden Teile ist jedoch mit Rücksicht auf seine Währungs- oder sonstigen Verhältnisse das Recht vorbehalten, eine andere als die obenangegebene Versicherungsgebühr zu erheben, sofern sie 1/4 vom Hundert des angegebenen Betrags nicht übersteigt. Diese Bestimmung hat die Eigenschaft einer Übergangsmaßregel.

2. Der Absender einer Sendung mit Wertangabe erhält bei der Auflieferung unentgeltlich einen Einlieferungsschein.

3. Abgesehen von dem im § 2 des nachfolgenden Artikel 10 bezeichneten Falle der Nachsendung darf

für Briefe und Kästchen mit Wertangabe außer dem etwaigen Bestellgelde keine Postgebühr vom Empfänger erhoben werden.

4. Diejenigen am Übereinkommen teilnehmenden Länder, die nicht den Franken zur Münzeinheit haben, setzen die Gebühren in ihrer eigenen Währung auf die Beträge fest, die den im vorhergehenden § 1 bezeichneten Sätzen gleichkommen. Diese Länder sind befugt, die Bruchteile nach der Übersicht abzurunden, die in der Vollzugsordnung zum Hauptvertrag enthalten ist.

Art. 6. Gebührenfreiheit.

1. Briefe mit Wertangabe, welche die Postverwaltung untereinander oder mit dem Internationalen Bureau austauschen, sind unter den im § 3 des Artikel 11 des Hauptvertrags angegebenen Voraussetzungen von Porto, fester Gebühr und Versicherungsgebühr befreit.

2. Dasselbe gilt für Briefe und Kästchen mit Wertangabe, die unmittelbar oder durch Vermittelung der im § 4 des vorhergenannten Artikel 11 erwähnten Auskunftstellen von Kriegsgefangenen abgesandt oder an sie gerichtet sind.

Vgl. Art. 11 § 4 des Hauptvertrags (Nr. XII) Anm.

3. Für die gebührenfreien Sendungen mit Wertangabe werden die im Artikel 4 des gegenwärtigen Übereinkommens vorgesehenen Beträge nicht vergütet.

Art. 7. Rückscheine und Nachfragen.

1. Der Absender kann unter den Bedingungen, die im § 3 des Artikel 6 des Hauptvertrags für Einschreibsendungen festgesetzt sind, eine Bescheinigung über die Zustellung einer Sendung mit Wertangabe an den Empfänger (Rückschein) erhalten oder nach der Einlieferung seiner Sendung Auskunft über ihren Verbleib verlangen.

2. Die Gebühr für Rückscheine und eintretendenfalls für Nachfragen nach dem Verbleibe der Sendungen gehört ungeteilt der Verwaltung des Landes, das sie erhebt.

Art. 8. Anträge auf Zurückziehung oder auf Änderung der Aufschrift; Ermäßigung des Nachnahmebetrags; Eilbestellung.

1. Der Absender kann unter den Bedingungen und Vorbehalten, die im Artikel 9 des Hauptvertrags für gewöhnliche und eingeschriebene Briefsendungen vorgesehen sind, eine Sendung mit Wertangabe, solange sie dem Empfänger noch nicht ausgehändigt ist, zurückziehen oder ihre Aufschrift zum Zwecke der Nachsendung innerhalb des ursprünglichen Bestimmungslandes oder nach einem anderen der vertragschließenden Länder ändern lassen.

Der Absender einer mit Nachnahme belasteten Sendung mit Wertangabe kann unter den Bedingungen, die für die Anträge auf Änderung der

Aufschrift festgesetzt sind, die Streichung oder Ermäßigung des Nachnahmebetrags verlangen.

2. Er kann ferner verlangen, daß die Sendung sogleich nach ihrer Ankunft unter den im Artikel 13 des Hauptvertrags angegebenen Bedingungen und Vorbehalten dem Empfänger durch besonderen Boten zugestellt werde.

Der Verwaltung des Bestimmnngsorts ist indes das Recht vorbehalten, an Stelle der Sendung selbst nur eine Meldung von ihrem Eingange durch Eilboten bestellen zu lassen, wenn ihre inländischen Verordnungen es bedingen.

Die Länder, bei denen Anträge auf Zurückziehung oder Änderung der Aufschrift, Ermäßigung des Nachnahmebetrags und Eilbestellung zulässig sind, finden sich im Briefposttarif (vgl. Vorbemerkung c zum Hauptvertrag) aufgeführt.

Art. 9. Verbote.

1. Jede betrügerische Angabe eines höheren als des wirklichen Wertes des Inhalts eines Briefes oder Kästchens ist verboten.

Im Falle einer derartigen betrügerischen Angabe verliert der Absender jedes Recht auf Ersatz; auch kann gerichtliche Verfolgung nach der Gesetzgebung des Aufgabelandes eintreten.

Vgl. PostG. (Nr. II) § 8 und Anm.

2. Es ist verboten, in die Wertbriefe einzulegen:

a) Geldstücke;

b) zollpflichtige Gegenstände mit Ausnahme von Wertpapieren;

c) Gold- und Silbersachen, Edelsteine, Schmucksachen und andere kostbare Gegenstände;

d) Gegenstände, deren Einfuhr oder Umlauf im Bestimmungslande verboten ist.

Ferner ist verboten, in die Kästchen mit Wertangabe Briefe oder Angaben, die die Eigenschaft einer brieflichen Mitteilung haben, im Umlaufe befindliche Münzen, Banknoten oder auf den Inhaber lautende Wertpapiere, Urkunden und Gegenstände aus der Gattung der Geschäftspapiere aufzunehmen.

Sendungen, die zu Unrecht zur Beförderung zugelassen worden sind, müssen nach dem Aufgabeorte zurückgesandt werden, es sei denn, daß die Verwaltung des Bestimmungslandes durch ihre Gesetze oder inneren Verordnungen ermächtigt ist, sie den Empfängern auszuhändigen.

Vgl. PO. (Nr. XI) § 5 und Anm.

Art. 10. Nachsendung.

1. Briefe und Kästchen mit Wertangabe, die aus Anlaß der Veränderung des Wohnorts des Empfängers innerhalb des Bestimmungslandes nachgesandt worden sind, unterliegen keiner Nachschußgebühr.

2. Für die Nachsendung nach einem anderen vertragschließenden Lande als dem Bestimmungslande werden zugunsten jeder bei der neuen Beförderung beteiligten Verwaltung die in den §§ 3 und 4 des

Artikel 4 des gegenwärtigen Übereinkommens festgesetzten Versicherungsgebühren vom Empfänger eingezogen. Handelt es sich um ein Kästchen mit Wertangabe, so wird außerdem das im § 2 des vorerwähnten Artikel 4 festgesetzte Porto erhoben.

Anders im inneren Verkehr Deutschlands; vgl. PO. (Nr. XI) § 44.

3. Für die Nachsendung infolge unrichtiger Leitung oder für die Rücksendung im Falle der Unbestellbarkeit wird vom Publikum keine weitere Postgebühr erhoben.

Art. **11.** Zollgebühren; Stempelkontrolle; Stempelgebühren und Prüfungskosten.

1. Die Wertkästchen sind in bezug auf die Erstattung der Abstempelungsgebühren bei der Ausfuhr und in bezug auf die Ausübung der Stempel- und Zollkontrolle bei der Einfuhr der Gesetzgebung des Ursprungs- oder des Bestimmungslandes unterworfen.

2. Die bei der Einfuhr fälligen Stempelgebühren und Prüfungskosten werden von den Empfängern bei der Bestellung eingezogen. Wird aus Anlaß der Veränderung des Wohnorts des Empfängers, der Annahmeverweigerung oder aus einem anderen Grunde ein Kästchen mit Wertangabe nach einem anderen am Austausche teilnehmenden Lande nachgesandt oder nach dem Aufgabelande zurückgesandt, so werden die Gebühren, die bei der Weitersendung nicht niedergeschlagen werden können, zur Einziehung vom Empfänger oder Absender von Postverwaltung zu Postverwaltung weitergerechnet.

Art. 12. Gewährleistung.

1. Wenn ein Brief oder ein Kästchen mit Wertangabe verloren geht, beraubt oder beschädigt wird, so hat, den Fall höherer Gewalt ausgenommen, der Absender oder auf sein Verlangen der Empfänger Anspruch auf einen dem wirklichen Betrage des Verlustes, der Beraubung oder der Beschädigung entsprechenden Ersatz, es sei denn, daß der Schaden durch die Schuld oder Fahrlässigkeit des Absenders oder durch die natürliche Beschaffenheit des Gutes herbeigeführt worden ist. Die Entschädigung darf in keinem Falle den angegebenen Betrag übersteigen.

Ist dem Absender im Falle des Verlustes einer Sendung Ersatz geleistet worden, so hat er außerdem Anspruch auf Erstattung der Beförderungsgebühren und, wenn durch Verschulden der Post eine Nachfrage veranlaßt worden ist, auf Ersatz der postseitig erhobenen Laufzettelgebühren. Die Versicherungsgebühr verbleibt jedoch den Postverwaltungen.

Im inneren deutschen Verkehr und im Verkehr mit Österreich-Ungarn wird auch die Versicherungsgebühr erstattet (vgl. Anm. zu § 50 V PO., Nr. XI).

2. Die Länder, die bereit sind, für den durch höhere Gewalt entstehenden Schaden zu haften, können hierfür in den Grenzen, die im Artikel 5, § 1 letzter Absatz, des gegenwärtigen Übereinkommens gezogen sind, eine Zuschlaggebühr erheben.

In Deutschland wird für den durch höhere Gewalt entstandenen Schaden nicht Ersatz geleistet.

3. Die Verpflichtung zur Zahlung des Ersatzbetrags liegt der Verwaltung ob, der die Aufgabe-Postanstalt angehört. Dieser Verwaltung ist der Rückgriff auf die verantwortliche Verwaltung, das heißt auf diejenige vorbehalten, in deren Gebiet oder Betriebe sich der Verlust, die Beschädigung oder die Beraubung ereignet hat.

Wenn im Gebiet oder Betrieb eines Landes, das für den in dem vorstehenden § 2 erwähnten Schaden eintritt, ein Wertbrief oder ein Wertkästchen infolge höherer Gewalt verloren geht, beraubt oder beschädigt wird, so ist das Land, in dem der Verlust, die Beraubung oder die Beschädigung erfolgt ist, der Aufgabeverwaltung gegenüber hierfür verantwortlich; es wird dabei vorausgesetzt, daß diese Verwaltung ihrerseits die Ersatzverbindlichkeit für Wertsendungen im Falle der höheren Gewalt ihren Absendern gegenüber übernimmt.

4. Bis zum Nachweise des Gegenteils liegt die Verantwortlichkeit derjenigen Verwaltung ob, welche die Sendung unbeanstandet übernommen hat und weder die Aushändigung an den Empfänger noch die vorschriftsmäßige Weitersendung an die folgende Verwaltung nachweisen kann.

5. Der Ersatzbetrag soll von der Verwaltung des Aufgabegebiets sobald als möglich und spätestens innerhalb eines Jahres, vom Tage der Nachfrage ab gerechnet, gezahlt werden. Die verantwortliche Verwaltung ist verpflichtet, der Verwaltung des Aufgabe-

gebiets den von dieser gezahlten Ersatzbetrag ohne Verzug durch Wechsel oder Postanweisung zu erstatten.

Die Aufgabeverwaltung ist berechtigt, den Absender für Rechnung der Zwischen- oder der Bestimmungsverwaltung zu entschädigen, wenn diese, nachdem die Sache ordnungsmäßig anhängig gemacht worden ist, ein Jahr hat verstreichen lassen, ohne ihr Folge zu geben. Wenn ferner eine Verwaltung, deren Verantwortlichkeit gehörig festgestellt ist, anfangs die Zahlung der Entschädigung abgelehnt hat, so muß sie außer dem Ersatzbetrage die Nebenkosten tragen, die aus der ungerechtfertigten Verzögerung der Zahlung entstehen.

Wegen Zahlung von Verzugszinsen vgl. „Gerichtliche Entscheidungen" (Nr. XXIX) A 16.

6. Der Anspruch auf Entschädigung soll nur zulässig sein, wenn er innerhalb eines Jahres, vom Tage der Aufgabe der Sendung mit Wertangabe an gerechnet, erhoben wird; nach Ablauf dieses Zeitraums kann der Antragsteller keine Entschädigung mehr beanspruchen.

Im Verkehr zwischen Deutschland und Österreich-Ungarn beträgt die Verjährungsfrist 6 Monate (vgl. Hauptvertrag (Nr. XII) Art. 8 Anm. d.

7. Die Verwaltung, für deren Rechnung die Ersatzleistung für abhanden gekommene Wertsendungen erfolgt, tritt in alle Rechte des Eigentümers ein.

8. Wenn der Verlust, die Beraubung oder die Beschädigung sich während der Beförderung zwischen den

Auswechselungs-Postanstalten zweier angrenzenden Länder ereignet hat, ohne daß festgestellt werden kann, auf welchem der beiden Gebiete dies geschehen ist, so wird der Schaden von den beiden beteiligten Verwaltungen zu gleichen Teilen getragen.

Vgl. Anm. zu Art. 15 § 7 des Postpaketvertrags (Nr. XV) und Art. 8 § 7 des Hauptvertrags (Nr. XII).

Das ist auch der Fall, wenn bei dem Austausch in geschlossenen Posten der Verlust, die Beraubung oder die Beschädigung im Gebiet oder Betrieb einer nichtverantwortlichen Durchgangsverwaltung stattgefunden hat.

9. Die Postverwaltungen sind für den Inhalt der Sendungen mit Wertangabe, die von den Empfangsberechtigten gegen Quittung im Empfang genommen worden sind, nicht mehr verantwortlich.

Die Verantwortlichkeit der Verwaltungen für postlagernde oder sonst zur Abholung bereitgehaltene Sendungen hört auf, sobald sie an eine Person ausgehändigt sind, die sich nach den im Bestimmungslande geltenden Vorschriften ausgewiesen hat und deren Name und Stand mit den Angaben in der Aufschrift übereinstimmen.

Vgl. „Gerichtliche Entscheidungen" (Nr. XXIX) A 12.

Art. 13. Gesetzgebung der vertragschließenden Länder; besondere Abkommen.

1. Jedem Lande ist das Recht vorbehalten, auf Sendungen mit Wertangabe nach oder aus anderen Ländern seine inneren Gesetze oder Verordnungen

anzuwenden, soweit nicht durch das gegenwärtige Übereinkommen etwas anderes bestimmt ist.

2. Die Festsetzungen des gegenwärtigen Übereinkommens beschränken nicht die Befugnis der vertragschließenden Teile, zur Herabsetzung der Gebühren oder zu jeder anderen Verbesserung des Dienstes besondere Abkommen untereinander bestehen zu lassen oder abzuschließen sowie engere Vereine aufrecht zu erhalten oder zu gründen.

3. Im Verkehre zwischen Verwaltungen, die sich hierüber verständigt haben, können die Absender von Wertkästchen auf Grund vorgängiger Erklärung bei der Einlieferungs-Postanstalt die Bezahlung der nichtpostalischen Gebühren, die etwa im Bestimmungsland erhoben werden, übernehmen, wenn sie sich verpflichten, auf Verlangen der Bestimmungs-Postanstalt die von dieser Anstalt angegebenen Beträge zu zahlen.

Art. **14.** Vorübergehende Einstellung des Dienstes.

Jede der Verwaltungen der vertragschließenden Länder kann den Austausch von Wertsendungen zeitweise, abgehend wie eingehend, ganz oder zum Teil einstellen, wenn außergewöhnliche Verhältnisse vorliegen, die eine derartige Maßnahme zu rechtfertigen geeignet sind. Sie muß jedoch in solchem Falle die beteiligten Verwaltungen unverzüglich, nötigenfalls auf telegraphischem Wege, davon benachrichtigen.

Vgl. PostG. (Nr. II) § 15.

Art. 15. Beitritt neuer Länder.

Den Vereinsländern, die an dem gegenwärtigen Übereinkommen nicht teilgenommen haben, ist der Beitritt auf ihren Antrag und in der Form gestattet, die durch Artikel 24 des Hauptvertrags für den Eintritt in den Weltpostverein vorgeschrieben ist.

Art. 16. Vollzugsordnung.

Die Postverwaltungen der vertragschließenden Länder regeln die Form und Versendungsweise der Briefe und Kästchen mit Wertangabe und setzen alle weiteren Dienstvorschriften fest, die erforderlich sind, um die Ausführung des gegenwärtigen Übereinkommens zu sichern.

Art. 17. Vorschläge in der Zeit zwischen den Versammlungen.

1. In der Zeit zwischen den Versammlungen, die im Artikel 25 des Hauptvertrags vorgesehen sind, ist jede Postverwaltung eines vertragschließenden Landes berechtigt, den andern beteiligten Verwaltungen durch Vermittelung des Internationalen Bureaus Vorschläge in betreff des Wertbrief- und Wertkästchendienstes zu unterbreiten.

Jeder Vorschlag muß, um zur Beratung gestellt zu werden, von mindestens zwei Verwaltungen unterstützt sein, diejenige nicht eingerechnet, von welcher der Vorschlag herrührt. Geht dem Internationalen Bureau nicht zu gleicher Zeit mit dem Vorschlage die erforderliche Zahl von Unterstützungserklärungen zu, so bleibt der Vorschlag ohne Folge.

2. Jeder Vorschlag unterliegt dem im § 2 des Artikel 26 des Hauptvertrags festgesetzten Verfahren.

3. Die Vorschläge müssen, um vollstreckbar zu werden, erhalten:

1. Einstimmigkeit, wenn es sich um die Aufnahme neuer Bestimmungen oder um die Änderung der Bestimmungen des gegenwärtigen Artikels und der Artikel 1, 2, 3, 4, 5, 6, 7, 8, 12 und 18 handelt;
2. zwei Drittel der Stimmen, wenn es sich um die Änderung anderer Bestimmungen des gegenwärtigen Übereinkommens als derjenigen der Artikel 1, 2, 3, 4, 5, 6, 7, 8, 12, 17 und 18 handelt;
3. einfache Stimmenmehrheit, wenn es sich um die Auslegung der Bestimmungen des gegenwärtigen Übereinkommens handelt; doch gelten im Falle einer Streitigkeit die im Artikel 23 des Hauptvertrags vorgesehenen Bestimmungen.

4. Die gültigen Beschlüsse werden in den beiden ersten Fällen durch eine diplomatische Erklärung, im dritten Falle durch eine Mitteilung im Verwaltungswege in der im Artikel 26 des Hauptvertrags bezeichneten Form bestätigt.

5. Die angenommenen Änderungen oder Beschlüsse treten frühestens drei Monate nach ihrer Bekanntmachung in Kraft.

Art. 18. Dauer des Übereinkommens; Aufhebung früherer Bestimmungen.

1. Das gegenwärtige Übereinkommen soll am 1. Oktober 1907 in Kraft treten und gleiche Dauer haben wie der Hauptvertrag; jedem Lande ist jedoch das Recht vorbehalten, auf Grund einer von seiner Regierung der Regierung der Schweizerischen Eidgenossenschaft ein Jahr vorher gemachten Mitteilung von dem Übereinkommen zurückzutreten.

2. Mit dem Tage des Inkrafttretens des gegenwärtigen Übereinkommens werden alle früher zwischen den vertragschließenden Ländern oder ihren Verwaltungen vereinbarten Bestimmungen insoweit aufgehoben, als sie mit den Festsetzungen des gegenwärtigen Übereinkommens nicht im Einklange stehen; doch werden die Bestimmungen des vorhergehenden Artikel 13 hierdurch nicht berührt.

3. Das gegenwärtige Übereinkommen soll sobald als möglich ratifiziert werden. Die Ratifikationsurkunden sollen in Rom ausgewechselt werden.

Zu Urkund dessen haben die Bevollmächtigten der obenbezeichneten Länder das gegenwärtige Übereinkommen unterzeichnet zu Rom, den sechsundzwanzigsten Mai eintausendneunhundertsechs.

(Unterschriften.)

Schlußprotokoll.

Im Begriffe, zur Unterzeichnung des Übereinkommens, betreffend den Austausch von Briefen und Kästchen mit Wertangabe, zu schreiten, sind die unterzeichneten Bevollmächtigten über folgendes übereingekommen:

Einziger Artikel.

Abweichend von der Bestimmung im Artikel 1, § 3 des Übereinkommens, daß bei Festsetzung des Meistbetrags der Wertangabe in keinem Falle unter den Betrag von 10000 Franken heruntergegangen werden darf, wird vereinbart, daß ein Land, das in seinem inneren Verkehr einen geringeren Meistbetrag als 10000 Franken angenommen hat, diese Summe auch für seinen Austausch von Wertbriefen und Wertkästchen mit dem Auslande festsetzen darf.

Zu Urkund dessen haben die unterzeichneten Bevollmächtigten das gegenwärtige Schlußprotokoll aufgenommen, das dieselbe Kraft und dieselbe Gültigkeit haben soll, als wenn seine Bestimmungen in dem Übereinkommen, worauf es sich bezieht, selbst ständen, und haben das Schlußprotokoll in einem Exemplar unterzeichnet, das im Archive der Italienischen Regierung niedergelegt und wovon jedem Teile eine Abschrift zugestellt werden wird.

Geschehen zu Rom, den sechsundzwanzigsten Mai eintausendneunhundertsechs.

(Unterschriften.)

XIV.

Postanweisungs-Übereinkommen.

Vom 26. Mai 1906.

RGBl. 1907 S. 656—672.

Übereinkommen, betreffend den Postanweisungsdienst, abgeschlossen zwischen Deutschland und den deutschen Schutzgebieten, der Argentinischen Republik, Österreich, Belgien, Bolivien, Bosnien-Herzegowina, Brasilien, Bulgarien, Chile, der Republik Columbien, Kreta, Dänemark und den dänischen Kolonien, Ägypten, Frankreich, Algerien, den französischen Kolonien und Schutzgebieten von Indochina, der Gesamtheit der anderen französischen Kolonien, Griechenland, Ungarn, Italien und den italienischen Kolonien, Japan, der Republik Liberia, Luxemburg, Montenegro, Norwegen, den Niederlanden, den niederländischen Kolonien, Peru, Portugal und den portugiesischen Kolonien, Rumänien, Serbien, dem Königreiche Siam, Schweden, der Schweiz, Tunis, der Türkei und Uruguay.

a. Deutschland hat außerdem mit folgenden Ländern besondere Abkommen, betreffend den Postanweisungsdienst, abgeschlossen: Costa Rica, Kuba, Finnland, den französischen Kolonien, Großbritannien und Irland sowie sämtlichen britischen Kolonien, Mexiko, den portugiesischen Kolonien,

Rußland, den Vereinigten Staaten von Amerika und deren Besitzungen.

b. Der innere deutsche Postanweisungsverkehr ist geregelt durch §§ 20, 21 der PO. (Nr. XI).

Die Unterzeichneten, Bevollmächtigte der Regierungen der vorstehend aufgeführten Länder, haben auf Grund des Artikel 19 des Hauptvertrags im Einvernehmen miteinander und unter Vorbehalt der Ratifikation folgendes Übereinkommen abgeschlossen:

Art. 1. Einleitende Bestimmungen.

Der Austausch von Geldbeträgen im Wege der Postanweisung zwischen denjenigen vertragschließenden Ländern, deren Verwaltungen die Einführung dieses Dienstes verabreden, unterliegt den Bestimmungen des gegenwärtigen Übereinkommens.

Art. 2. Einzahlung; Meistbetrag; Übertragbarkeit.

1. Grundsätzlich sollen die Postanweisungsbeträge in klingender Münze von den Absendern eingezahlt und an die Empfänger ausgezahlt werden; die Verwaltungen sind aber befugt, zu diesem Zwecke jedes in ihrem Lande in gesetzlichem Umlaufe befindliche Papiergeld anzunehmen und zu verwenden, doch muß dabei der etwaige Kursunterschied berücksichtigt werden.

2. Der Betrag einer Postanweisung darf 1000 Franken Metallgeld oder eine annähernd gleiche

21*

Summe in der Währung jedes Landes nicht übersteigen.

Vgl. Schlußprotokoll.

3. Wenn keine andere Vereinbarung zwischen den beteiligten Verwaltungen besteht, wird der Betrag jeder Postanweisung in der Metallwährung des Landes ausgedrückt, in dem er ausgezahlt werden soll. Zu diesem Zwecke setzt erforderlichenfalls die Verwaltung des Aufgabelandes selbst das Verhältnis fest, nach dem ihre Währung in die Metallwährung des Bestimmungslandes umzuwandeln ist.

Die Verwaltung des Aufgabelandes setzt erforderlichenfalls den Einzahlungskurs auch dann fest, wenn dieses Land und das Bestimmungsland dieselbe Währung haben.

4. Jedem der vertragschließenden Länder ist das Recht vorbehalten, das Eigentum an den Postanweisungen, die aus einem anderen dieser Länder herrühren, innerhalb seines eigenen Gebiets für übertragbar durch Indossament zu erklären.

Von diesem Recht ist in Deutschland kein Gebrauch gemacht.

Art. 3. Gebühren; Auszahlungsscheine; Zurückziehung und Änderung der Aufschrift; Eilbestellung.

1. Die vom Absender zu entrichtende allgemeine Gebühr für jede auf Grund des vorhergehenden Artikels stattfindende Geldübermittelung wird in

Metallgeld auf 25 Centimen für je 50 Franken oder einen Teil von 50 Franken, oder auf den gleichen Wert in der Währung der vertragschließenden Länder festgesetzt, wobei etwaige Bruchteile abgerundet werden können.

Die auf den Postdienst bezüglichen amtlichen Postanweisungen, die zwischen den Postverwaltungen oder den diesen Verwaltungen unterstellten Postanstalten ausgetauscht werden, sind von jeder Gebühr befreit; das gleiche gilt auch für Postanweisungen, die für Kriegsgefangene bestimmt sind oder von ihnen aufgegeben sind.

Vgl. Hauptvertrag (Nr. XII) Art. 11 § 4 Anm.

2. Die Verwaltung, welche die Postanweisungen angenommen hat, vergütet der Verwaltung, die sie ausgezahlt hat, eine Gebühr von $^1/_4$ vom Hundert des Gesamtbetrags der ausgezahlten Postanweisungen, abzüglich der gebührenfreien.

3. Die Postanweisungen, die durch Vermittelung eines der Länder, die an dem Übereinkommen teilnehmen, zwischen einem anderen dieser Länder und einem nichtteilnehmenden Lande ausgetauscht werden, können zugunsten der Vermittelungsverwaltung einer Zuschlaggebühr unterworfen werden; diese Gebühr wird vom Betrage der Anweisung abgezogen und stellt den Anteil des an dem Übereinkommen nichtteilnehmenden Landes dar.

4. Für Postanweisungen und die auf ihnen erteilten Quittungen sowie für die den Absendern

ausgehändigten Einlieferungsscheine darf über die nach § 1 des gegenwärtigen Artikels zu zahlende Gebühr hinaus außer dem Bestellgelde für die etwaige Auszahlung in der Wohnung und der im vorstehenden § 3 vorgesehenen Zuschlaggebühr keine Abgabe oder Gebühr erhoben werden.

5. Der Absender kann über die Auszahlung einer Postanweisung eine Bescheinigung (Auszahlungsschein) erhalten, wenn er eine feste Gebühr im voraus entrichtet, welche derjenigen gleichkommt, die im Aufgabelande für Rückscheine zu Einschreibsendungen erhoben wird. Die Gebühr verbleibt ungeteilt der Verwaltung des Aufgabelandes.

Wenn ein solcher Schein nicht bei der Einlieferung der Postanweisung gefordert worden ist, kann der Absender ihn auch später verlangen, jedoch nur in der durch § 3 des Artikel 7 festgesetzten Frist und gegen Entrichtung einer festen Gebühr, die 25 Centimen nicht übersteigen darf..

Im inneren deutschen Verkehr sind Postanweisungen mit angehängter Karte zur Empfangsbestätigung zugelassen; vgl. PO. (Nr. 11) § 20 II.

6. Der Absender kann unter den Bedingungen und Vorbehalten, die im Artikel 9 des Hauptvertrags für gewöhnliche Briefsendungen festgesetzt sind, eine Postanweisung zurückziehen oder ihre Aufschrift ändern lassen, solange der Empfänger weder die Postanweisung selbst noch ihren Betrag in Empfang genommen hat.

7. Desgleichen kann der Absender verlangen, daß der Postanweisungsbetrag unter den im Artikel 13 des Hauptvertrags angegebenen Bedingungen dem Empfänger sogleich nach Ankunft der Anweisung durch besonderen Boten zugestellt werde.

Vgl. zu §§ 6, 7 den Briefposttarif (Vorbemerkung c zum Hauptvertrag XII).

8. Der Verwaltung des Bestimmungslandes ist indes das Recht vorbehalten, an Stelle des Geldes nur eine Meldung von dem Eingange der Postanweisung oder die Postanweisung selbst durch Eilboten bestellen zu lassen, wenn ihre inländischen Verordnungen es bedingen.

Art. 4. Telegraphische Postanweisungen.

1. Die Postanweisungen können im Verkehre zwischen denjenigen Postverwaltungen telegraphisch überwiesen werden, deren Länder durch einen Staatstelegraphen verbunden sind oder die bereit sind, zu diesem Zwecke die Privattelegraphen zu benutzen; solche Postanweisungen werden als telegraphische bezeichnet.

2. Die telegraphischen Postanweisungen können wie die gewöhnlichen Telegramme und unter denselben Bedingungen wie diese dem Verfahren der Dringlichkeit, der bezahlten Antwort, der Vergleichung und der Empfangsanzeige unterworfen und, wenn sie nach einem an den ausländischen Telegraphenverkehr nicht angeschlossenen Orte bestimmt sind,

durch die Post weiterbefördert oder durch Eilboten bestellt werden. Auch kann die Ausstellung eines von der Post zu übersendenden Auszahlungsscheins verlangt werden.

Die Absender können unter den Bedingungen und Vorbehalten, die im Artikel 9 des Hauptvertrags für gewöhnliche Briefsendungen festgesetzt sind, telegraphische Postanweisungen zurückziehen oder deren Aufschrift ändern lassen, solange der Empfänger weder die Postanweisung selbst noch ihren Betrag in Empfang genommen hat. Die Bestimmungsanstalt darf jedoch einem derartigen Verlangen erst nach Eingang der Einzahlungsmeldung Folge geben.

Die Absender telegraphischer Postanweisungen können dem vorgeschriebenen Wortlaute der Anweisung Mitteilungen für den Empfänger hinzufügen, wenn sie die tarifmäßige Gebühr dafür entrichten.

3. Der Aufgeber einer telegraphischen Postanweisung hat zu entrichten:

a) die gewöhnliche Postanweisungsgebühr und, wenn ein Auszahlungsschein verlangt ist, die feste Gebühr für diesen Schein;

b) die Gebühr für das Telegramm.

4. Die telegraphischen Postanweisungen werden mit keinen anderen Gebühren als denjenigen belastet, die in dem gegenwärtigen Artikel vorgesehen sind oder deren Erhebung nach den Telegraphenordnungen für den Auslandsverkehr zulässig ist.

Art. 5. Nachsendung.

1. Bei Veränderung des Wohnorts des Empfängers können die gewöhnlichen Postanweisungen aus einem der Länder, die am Übereinkommen teilnehmen, nach einem anderen dieser Länder nachgesandt werden. Hat das neue Bestimmungsland eine andere Währung als das ursprüngliche, so wird der Betrag der Postanweisung von der nachsendenden Postanstalt in die Währung des neuen Bestimmungslandes nach dem Verhältnis umgerechnet, das für die Umwandlung von Postanweisungen aus dem ursprünglichen nach dem neuen Bestimmungslande gilt. Für die Nachsendung wird eine Zuschlaggebühr nicht erhoben. Das neue Bestimmungsland bezieht indes in jedem Falle für sich den Gebührenanteil, der ihm zustehen würde, wenn die Anweisung von vornherein dorthin gerichtet gewesen wäre; das geschieht auch dann, wenn die wirklich erhobene Gebühr infolge eines zwischen dem Aufgabe- und dem ursprünglichen Bestimmungslande bestehenden Sonderabkommens niedriger ist als die Gebühr, die im Artikel 3 des gegenwärtigen Übereinkommens vorgesehen ist.

Die Umrechnung des Betrags unterbleibt jedoch, wenn die Anweisung nach dem Aufgabelande, nach dem ersten Bestimmungsland oder nach einem Lande, das dieselbe Währung wie eins dieser beiden Länder hat, nachgesandt wird. Je nach Lage des Falles wird die Postanweisung entweder mit ihrem ursprünglichen Betrag oder mit der Summe, die in der Währung des Aufgabelandes eingezahlt und im Postvermerk angegeben ist, ausgezahlt.

2. Die telegraphischen Postanweisungen können unter denselben Bedingungen wie die gewöhnlichen auf dem Postwege nach einem neuen Bestimmungsorte nachgesandt werden.

3. Unterhält die Verwaltung des neuen mit der des ursprünglichen Bestimmungslandes einen Austausch von telegraphischen Postanweisungen, so kann die Nachsendung der gewöhnlichen oder der telegraphischen Postanweisungen nach Eingang der Einzahlungsmeldung auf telegraphischem Wege erfolgen, wenn der Absender oder der Empfänger es verlangt. In solchem Falle wird die Ursprungs-Postanweisung von der nachsendenden Anstalt quittiert und wie eine ausgezahlte Postanweisung verrechnet; die für die neue Beförderung entstehenden Post- und Telegrammgebühren werden von dem weiterzusendenden Betrag abgezogen.

Art. 6. Abrechnungen.

1. Die Postverwaltungen der vertragschließenden Länder stellen zu den in der nachstehenden Vollzugsordnung festgesetzten Zeitpunkten Rechnungen auf, die alle bei ihren Postanstalten ausgezahlten Postanweisungsbeträge enthalten; nach gegenseitiger Prüfung und Feststellung werden die Rechnungen, wenn keine andere Verabredung besteht, von der schuldenden Verwaltung in Goldgeld des Landes,

für das sich ein Guthaben ergibt, in der durch die Vollzugsordnung festgesetzten Frist beglichen.

2. Zu diesem Zwecke wird, wenn die Postanweisungen in verschiedenen Währungen ausgezahlt worden sind, die geringere Forderung in die Währung umgewandelt, auf welche die größere Forderung lautet, und zwar zum Pariwerte der Goldmünzen der beiden Länder; doch können abweichende Vereinbarungen getroffen werden.

3. Wird das aus einer Rechnung sich ergebende Guthaben nicht in den festgesetzten Fristen bezahlt, so ist der Betrag dieses Guthabens vom Tage des Ablaufs der Fristen ab bis zum Tage der Zahlung zu verzinsen. Die Zinsen werden mit jährlich 5 vom Hundert berechnet und der säumigen Verwaltung in der nächsten Rechnung in Schuld gestellt.

Die Abrechnung und der damit zusammenhängende Schriftwechsel werden für das ganze Reich durch das Postanweisungsamt in Berlin, NW 7, besorgt, das hinsichtlich Bayerns und Württembergs mit der Postanweisungskontrolle in Bamberg und dem Postanweisungsamt in Stuttgart in Abrechnung tritt.

Art. 7. Gewährleistung; Verjährung unanbringlicher Postanweisungen.

1. Für die auf Postanweisungen eingezahlten Beträge wird den Absendern bis zum Zeitpunkte der richtigen Auszahlung an die Empfänger oder an deren Bevollmächtigte Gewähr geleistet.

2. Die von jeder Verwaltung vereinnahmten Summen für Postanweisungen, deren Betrag in den

durch die Gesetze oder Verordnungen des Aufgabelandes festgesetzten Fristen von den Berechtigten nicht zurückgefordert worden ist, verfallen endgültig der Verwaltung, die diese Postanweisungen angenommen hat.

Die Beträge fließen in Deutschland in die Postunterstützungskasse, PostG. (Nr. II) § 26.

3. Der Anspruch auf Entschädigung wegen Auszahlung eines Postanweisungsbetrags an eine unberechtigte Person soll nur zulässig sein, wenn er innerhalb eines Jahres, vom Tage des Ablaufs der bestimmungsmäßigen Gültigkeitsfrist der Postanweisung an gerechnet, erhoben wird; nach Ablauf dieses Zeitraums hört die Haftpflicht der Ververwaltungen für Auszahlungen auf Grund gefälschter Quittungen auf.

Im Verkehr mit Österreich-Ungarn dauert die Verjährungsfrist 6 Monate.

Desgleichen hört die Haftpflicht für postlagernde Anweisungen mit der Auszahlung an eine Person auf, die nach den im Bestimmungslande gültigen Vorschriften nachgewiesen hat, daß ihr Name und Stand mit den Angaben in der Aufschrift der Anweisung übereinstimmen.

Art. 8. Engere Vereine.

Die Festsetzungen des gegenwärtigen Übereinkommens beschränken nicht die Befugnis der vertragschließenden Teile, zur Herabsetzung der Gebühren oder zu jeder anderen Verbesserung des Dienstes besondere Abkommen untereinander bestehen zu lassen oder abzuschließen sowie engere Vereine aufrecht zu erhalten oder zu gründen.

Art. 9. Außergewöhnliche Einstellung des Dienstes.

Jede Verwaltung kann den Austausch von Postanweisungen im Verkehre mit dem Auslande vorübergehend ganz oder teilweise einstellen, wenn außergewöhnliche Verhältnisse vorliegen, die eine derartige Maßnahme zu rechtfertigen geeignet sind. Sie muß jedoch in solchem Falle die beteiligten Verwaltungen unverzüglich, nötigenfalls auf telegraphischem Wege, davon benachrichtigen.

Vgl. PostG. (Nr. II) § 15.

Art. 10. Beitritt zum Übereinkommen.

Den Vereinsländern, die an dem gegenwärtigen Übereinkommen nicht teilgenommen haben, ist der Beitritt auf ihren Antrag und in der Form gestattet, die durch Artikel 24 des Hauptvertrags für den Eintritt in den Weltpostverein vorgeschrieben ist.

Art. 11. Bezeichnung der am Postanweisungsaustausche teilnehmenden Postanstalten; Vollzugsordnung.

Die Postverwaltungen der vertragschließenden Länder bezeichnen, jede für ihren Bereich, diejenigen Postanstalten, die Postanweisungen nach Maßgabe der vorstehenden Artikel annehmen und auszahlen sollen. Sie setzen die Form und Versendungsweise der Postanweisungen, die Form der im Artikel 6 bezeichneten Abrechnungen sowie alle weiteren Dienstvorschriften fest, die erforderlich sind, um die Ausführung des gegenwärtigen Übereinkommens zu sichern.

Art. 12. Vorschläge in der Zeit zwischen den Versammlungen.

1. In der Zeit zwischen den Versammlungen, die im Artikel 25 des Hauptvertrags vorgesehen sind, ist jede Postverwaltung eines vertragschließenden Landes berechtigt, den anderen beteiligten Verwaltungen durch Vermittelung des Internationalen Bureaus Vorschläge in betreff des Postanweisungsdienstes zu unterbreiten.

Jeder Vorschlag muß, um zur Beratung gestellt zu werden, von mindestens zwei Verwaltungen unterstützt sein, diejenige nicht eingerechnet, von welcher der Vorschlag herrührt. Geht dem Internationalen Bureau nicht zu gleicher Zeit mit dem Vorschlage die erforderliche Zahl von Unterstützungserklärungen zu, so bleibt der Vorschlag ohne Folge.

2. Jeder Vorschlag unterliegt dem im § 2 des Artikel 26 des Hauptvertrags festgesetzten Verfahren.

3. Die Vorschläge müssen, um vollstreckbar zu werden, erhalten:

1. Einstimmigkeit, wenn es sich um die Aufnahme neuer Bestimmungen oder um die Änderung

der Bestimmungen des gegenwärtigen Artikels und der Artikel 1, 2, 3, 4, 6 und 14 handelt;

2. zwei Drittel der Stimmen, wenn es sich um die Änderung anderer als der vorstehend bezeichneten Artikel handelt;

3. einfache Stimmenmehrheit, wenn es sich um die Auslegung der Bestimmungen des gegenwärtigen Übereinkommens handelt; doch gelten im Falle einer Streitigkeit die im Artikel 23 des Hauptvertrags vorgesehenen Bestimmungen.

4. Die gültigen Beschlüsse werden in den beiden ersten Fällen durch eine diplomatische Erklärung, im dritten Falle durch eine Mitteilung im Verwaltungswege in der im Artikel 26 des Hauptvertrags bezeichneten Form bestätigt.

5. Die angenommenen Änderungen oder Beschlüsse treten frühestens drei Monate nach ihrer Bekanntmachung in Kraft.

Art. 13. Beteiligung anderer Verwaltungen am Postanweisungsdienste.

Die Länder, in denen der Postanweisungsdienst von einer anderen Verwaltung als der Postverwaltung wahrgenommen wird, können an dem Austausche teilnehmen, der durch die Bestimmungen des gegenwärtigen Übereinkommens geregelt ist.

Es ist Sache der Verwaltung, die in diesen Ländern mit dem Postanweisungsdienste beauftragt ist, sich mit der Postverwaltung zu verständigen, um die vollständige Ausführung aller Bedingungen des Übereinkommens zu sichern.

Die Postverwaltung dient der anderen Verwaltung in allen ihren Beziehungen mit den Postverwaltungen der übrigen vertragschließenden Länder und dem Internationalen Bureau als Vermittlerin.

Art. 14. Dauer des Übereinkommens; Ratifikation.

1. Das gegenwärtige Übereinkommen soll am 1. Oktober 1907 in Kraft treten.

2. Es soll die gleiche Dauer haben wie der Hauptvertrag; jedem Lande ist jedoch das Recht vorbehalten, auf Grund einer von seiner Regierung der Regierung der Schweizerischen Eidgenossenschaft ein Jahr vorher gemachten Mitteilung von dem Übereinkommen zurückzutreten.

3. Mit dem Tage des Inkrafttretens des gegenwärtigen Übereinkommens werden alle früher zwischen den Regierungen der Verwaltungen der vertragschließenden Teile vereinbarten Bestimmungen insoweit aufgehoben, als sie mit den Festsetzungen des gegenwärtigen Übereinkommes nicht im Einklange stehen; doch werden die im Artikel 8 vorbehaltenen Rechte hierdurch nicht berührt.

4. Das gegenwärtige Übereinkommen soll sobald als möglich ratifiziert werden. Die Ratifikationsurkunden sollen in Rom ausgewechselt werden.

Zu Urkund dessen haben die Bevollmächtigten der obenbezeichneten Länder das gegenwärtige Übereinkommen unterzeichnet zu Rom, den sechsundzwanzigsten Mai eintausendneunhundertsechs.

(Unterschriften.)

Schlußprotokoll.

Im Begriffe, zur Unterzeichnung des Übereinkommens, betreffend den Postanweisungsdienst, zu schreiten, sind die unterzeichneten Bevollmächtigten über folgendes übereingekommen:

Einziger Artikel.

Abweichend von der Bestimmung im Artikel 2, § 2 des Übereinkommens, daß der Meistbetrag einer Postanweisung 1000 Franken Metallgeld oder eine annähernd gleiche Summe in der Währung jedes Landes beträgt, wird vereinbart, daß Bolivien, Bulgarien, die Republik Columbien, Griechenland und die Türkei diesen Meistbetrag auf 500 Franken Metallgeld beschränken dürfen.

Außerdem ist der bulgarischen Postverwaltung, deren Gesetzgebung die Anwendung der im Artikel 3 des Übereinkommens vorgesehenen Gebühren gegenwärtig nicht zuläßt, die Befugnis zugestanden worden, für die in Bulgarien eingelieferten Postanweisungen die im Washingtoner Übereinkommen vorgesehenen Gebühren anzuwenden.

Zu Urkund dessen haben die unterzeichneten Bevollmächtigten das gegenwärtige Schlußprotokoll aufgenommen, das dieselbe Kraft und dieselbe Gültigkeit haben soll, als wenn seine Bestimmungen in dem Übereinkommen, worauf es sich bezieht, selbst ständen, und haben das Schlußprotokoll in einem Exemplar unterzeichnet, das im Archive der Italienischen Regierung niedergelegt und wovon jedem Teile eine Abschrift zugestellt werden wird.

Geschehen zu Rom, den sechsundzwanzigsten Mai eintausendneunhundertsechs.

(Unterschriften.)

XV.

Postpaket-Vertrag.

Vom 26. Mai 1906.

RGBl. 1907 S. 672—699.

Vertrag, betreffend den Austausch von Postpaketen, abgeschlossen zwischen Deutschland und den deutschen Schutzgebieten, der Argentinischen Republik, Österreich, Belgien, Bolivien, Bosnien-Herzegowina, Bulgarien, Chile, der Republik Columbien, Kreta, Dänemark und den dänischen Kolonien, Ägypten, Spanien, Frankreich, Algerien, den französischen Kolonien und Schutzgebieten von Indochina, der Gesamtheit der übrigen französischen Kolonien, Griechenland, Guatemala, Ungarn, Britisch-Indien, Italien und den italienischen Kolonien, Japan, Luxemburg, Montenegro, Norwegen, den Niederlanden, den niederländischen Kolonien, Peru, Persien, Portugal und den portugiesischen Kolonien, Rumänien, Rußland, Serbien, dem Königreiche Siam, Schweden, der Schweiz, Tunis, der Türkei, Uruguay und den Vereinigten Staaten von Venezuela.

a. Wegen der größeren Bedeutung des Postpaketabkommens ist dieses als Vertrag (convention) bezeichnet worden.

b. Wegen der Taxen und Versendungsbedingungen für Postpakete vgl. Paketposttarif (Vorbem. c zum Hauptvertrag Nr. XII).

Die Unterzeichneten, Bevollmächtigte der Regierungen der vorstehend aufgeführten Länder, haben auf Grund des Artikel 19 des Hauptvertrags im Einvernehmen miteinander und unter Vorbehalt der Ratifikation folgenden Vertrag abgeschlossen:

Art. 1. Gegenstand des Vertrags.

1. Unter der Bezeichnung „Postpakete" können zwischen den obengenannten Ländern Pakete mit oder ohne Wertangabe bis zum Gewichte von 5 Kilogramm versandt werden.

Vgl. wegen Bolivien Schlußprotokoll II.

Als Ausnahme hiervon ist es jedem Lande gestattet, sich mit der Beförderung von Paketen mit Wertangabe sowie von sperrigen Paketen nicht zu befassen.

Jedes Land setzt für sein Gebiet den Meistbetrag der Wertangabe fest; dieser darf in keinem Falle unter 500 Franken heruntergehen.

Im Verkehre zwischen zwei oder mehreren Ländern, die Meistbeträge von verschiedener Höhe angenommen haben, muß die niedrigste Grenze gegenseitig eingehalten werden.

2. Die Postverwaltungen der beteiligten Länder können die Zulassung von Paketen im Gewichte von mehr als 5 Kilogramm auf der Grundlage der Bestimmungen des Vertrags verabreden; hierbei bleibt

den Verwaltungen vorbehalten, das Porto und im Falle des Verlustes, der Beraubung oder der Beschädigung den Ersatzbetrag zu erhöhen.

3. Die Vollzugsordnung enthält die sonstigen Bedingungen, unter denen Pakete zur Beförderung zugelassen werden.

Art. 2. Transit der Pakete.

1. Die Freiheit des Transits ist auf dem Gebiete jedes der vertragschließenden Länder gewährleistet; die bei der Beförderung beteiligten Verwaltungen übernehmen die Verantwortlichkeit in den Grenzen, die der nachfolgende Artikel 15 bestimmt.

Vgl. Schlußprotokoll Art. III.

2. Wenn keine andere Abmachung zwischen den beteiligten Verwaltungen getroffen ist, werden Postpakete, die zwischen nichtangrenzenden Ländern ausgetauscht werden, bloßgehend überwiesen.

Art. 3. Transitvergütungen.

1. Die Verwaltung des Ursprungslandes hat an jede am Landtransit teilnehmende Verwaltung 50 Centimen für das Paket zu vergüten.

2. Außerdem hat die Verwaltung des Ursprungslandes bei ein- oder mehrfacher Seebeförderung an jede Verwaltung, die an der Seebeförderung teilnimmt, und eintretendenfalls für jeden Dienst derselben Verwaltung für das Paket zu vergüten:

25 Centimen für jede Strecke, die 500 Seemeilen nicht übersteigt;

50 Centimen für jede Strecke, die größer als 500 Seemeilen ist, aber 2500 Seemeilen nicht übersteigt;

1 Franken für jede Strecke, die größer als 2500 Seemeilen ist, aber 5000 Seemeilen nicht übersteigt;

1 Franken 50 Centimen für jede Strecke, die größer als 5000 Seemeilen ist, aber 8000 Seemeilen nicht übersteigt;

2 Franken für jede Strecke von mehr als 8000 Seemeilen.

Die Beförderungsstrecken werden nach der mittleren Entfernung zwischen den in Betracht kommenden Häfen der beiden in Verbindung stehenden Länder berechnet.

Bei Paketen bis zu 1 Kilogramm darf jedoch die Vergütung, die an jede an der Seebeförderung beteiligte Verwaltung zu zahlen ist, ohne Rücksicht auf die Entfernungsstrecke den Betrag von 1 Franken für das Stück nicht übersteigen.

Vgl. Schlußprotokoll Art. III.

3. Für sperrige Pakete werden die durch die vorstehenden §§ 1 und 2 festgesetzten Vergütungssätze um 50 vom Hundert erhöht.

4. Unabhängig von diesen Transitvergütungen hat die Verwaltung des Aufgabelandes für Pakete mit Wertangabe an jede Verwaltung, die an der Beförderung verantwortlich teilnimmt, und eintretendenfalls für jeden Dienst derselben Verwaltung

einen Anteil an Versicherungsgebühr zu entrichten; dieser Anteil beträgt beim Landtransit 5 Centimen und beim Seetransit 10 Centimen für je 300 Franken oder einen Teil von 300 Franken.

Art. 4. Frankierungszwang.

Postpakete müssen frankiert werden.

Art. 5. Gebühren und Zuschlaggebühren; Rückscheine.

1. Das Porto für Postpakete setzt sich aus einer Gebühr zusammen, die für jedes Paket so viel mal 50 Centimen oder den gleichen Wert in der Währung jedes Landes beträgt, als Verwaltungen an der Landbeförderung teilnehmen; hierzu treten erforderlichenfalls die im § 2 des vorhergehenden Artikel 3 vorgesehene Vergütung für den Seetransit und die in den nachfolgenden Paragraphen erwähnten Porto- und Gebührenbeträge. Die Gegenwerte werden durch die Vollzugsordnung festgesetzt.

Vgl. Schlußprotokoll Art. III.

2. Sperrige Pakete unterliegen einem Portozuschlage von 50 vom Hundert, der nötigenfalls auf eine durch 5 Centimen teilbare Summe abgerundet wird.

3. Bei Paketen mit Wertangabe tritt für den unteilbaren Betrag von je 300 Franken hinzu:

a) eine Gebühr von 5 Centimen für jede an der Landbeförderung teilnehmende Verwaltung;

b) eine Gebühr von 10 Centimen für jede Seebeförderung.

Jedem der vertragschließenden Teile ist jedoch mit Rücksicht auf seine Währungs- oder sonstigen Verhältnisse das Recht vorbehalten, eine von den obigen Sätzen abweichende Versicherungsgebühr zu erheben, sofern sie 1/4 vom Hundert des angegebenen Betrags nicht übersteigt. Diese Bestimmung hat die Eigenschaft einer Übergangsmaßregel.

4. Den vertragschließenden Ländern steht die Befugnis zu, für jedes bei ihren Anstalten eingelieferte oder dahin bestimmte Postpaket ein Zuschlagporto von 25 Centimen zu erheben. Diese Bestimmung gilt als Übergangsmaßregel.

Ausnahmsweise kann dieses Zuschlagporto für die Argentinische Republik, Bolivien, Brasilien, Chile, Columbien, Britisch-Indien, die niederländischen Kolonien, Guatemala, Nicaragua, Peru, das Europäische und das Asiatische Rußland — für jedes besonders —, Salvador, Siam, Schweden, die Asiatische Türkei, Uruguay nnd Venezuela auf höchstens 75 Centimen, für Griechenland auf 50 Centimen und für die Dominikanische Republik auf 40 Centimen erhöht werden.

Vgl. Schlußprotokoll Art. III.

5. Für die Beförderung zwischen dem Festlande von Frankreich einerseits und Algerien und Corsica andererseits wird als Seetransitvergütung ein Zuschlag von 25 Centimen für jedes Paket vom Absender erhoben, außerdem bei Paketen mit Wertangabe als Versicherungsgebühr ein Zuschlag von

10 Centimen für je 300 Franken oder einen Teil davon.

Für jedes Paket mit Wertangabe von oder nach Corsica und von oder nach Algerien wird als corsischer oder als algerischer Landgebührenanteil ein Zuschlag zur Versicherungsgebühr von 5 Centimen für je 300 Franken oder einen Teil davon vom Absender erhoben.

Der spanischen Verwaltung steht es frei, für die Beförderung zwischen dem Festlande von Spanien und den Balearen ein Zuschlagporto von 25 Centimen und für die Beförderung zwischen dem Festlande von Spanien und den Canarischen Inseln ein solches von 50 Centimen zu erheben.

6. Der Absender eines Postpakets kann gegen eine im voraus zu entrichtende feste Gebühr von höchstens 25 Centimen eine Bescheinigung über die Zustellung des Pakets (Rückschein) erhalten. Die gleiche Gebühr kann für die nach der Einlieferung gehaltenen Nachfragen nach dem Verbleibe von Paketen erhoben werden, wenn der Absender nicht schon die besondere Gebühr für Erlangung eines Rückscheins entrichtet hat. Diese Gebühr verbleibt ungeteilt der Verwaltung des Ursprungslandes.

Art. 6. Vergütungen an die Bestimmungs- und die Durchgangsverwaltungen.

Die absendende Verwaltung vergütet für jedes Paket:

a) an die Verwaltung des Bestimmungsgebiets 50 Centimen; hierzu treten erforderlichenfalls die in den §§ 2, 4 und 5 des vorhergehenden Artikel 5 vorgesehenen Zuschlagbeträge, eine Gebühr von 5 Centimen für je 300 Franken oder einen Teil von 300 Franken des angegebenen Wertbetrags und die im Artikel 8 vorgesehene Eilbestellgebühr;

b) an jede etwaige Durchgangsverwaltung die im Artikel 3 vorgesehenen Sätze.

Art. 7. Gebühren für die Bestellung und für die Erfüllung von Zollförmlichkeiten.

Das Bestimmungsland kann für die Bestellung und für die Erfüllung der Zollförmlichkeiten eine Gebühr erheben, deren Gesamtbetrag 25 Centimen für jedes Paket nicht übersteigen darf. Wenn keine andere Vereinbarung zwischen den beteiligten Verwaltungen besteht, wird diese Gebühr vom Empfänger bei der Aushändigung des Pakets eingezogen.

Art. 8. Nachnahmepakete.

1. Pakete können im Verkehre zwischen den Ländern mit Nachnahme belastet werden, deren Verwaltungen sich über die Einführung eines solchen Dienstes verständigen. Der Höchstbetrag der Nachnahme ist für jedes Paket auf 1000 Franken oder den gleichen Wert dieser Summe in der Währung des Aufgabelandes festgesetzt.

Jede Verwaltung hat jedoch das Recht, diesen Höchstbetrag auf 500 Franken oder den gleichen Wert dieser Summe in ihrer Währung herabzusetzen.

2. Vom Absender eines mit Nachnahme belasteten Pakets wird eine besondere Gebühr erhoben, die 20 Centimen für den unteilbaren Satz von je 20 Franken des Nachnahmebetrags nicht übersteigen darf.

Diese Gebühr wird zwischen der Verwaltung des Aufgabelandes und der des Bestimmungslandes in der durch die Vollzugsordnung vorgeschriebenen Weise geteilt.

3. Die Abwickelung der eingezogenen Nachnahmebeträge geschieht durch Nachnahme-Postanweisungen, die unentgeltlich ausgefertigt werden.

Der Betrag einer unbestellbaren Nachnahme-Postanweisung bleibt zur Verfügung der Verwaltung des Aufgabelandes der Nachnahmesendung.

In Deutschland fließen die Beträge zur Post-Unterstützungskasse (vgl. PostG., Nr. II, § 26).

In jeder sonstigen Beziehung sind die Nachnahme-Postanweisungen den Bestimmungen des Übereinkommens, betreffend den Austausch von Postanweisungen, unter den in der Vollzugsordnung vorgesehenen Vorbehalten unterworfen.

4. Für den Verlust eines Nachnahmepakets ist die Post unter den im nachfolgenden Artikel 15 für Pakete ohne Nachnahme festgesetzten Bedingungen haftpflichtig.

Nach Aushändigung der Sendung ist die Verwaltung des Bestimmungslandes für den Nachnahmebetrag verantwortlich, wenn sie nicht beweisen kann, daß das Paket und die zugehörige Adresse bei der Überweisung an ihre Dienststelle die Bezeichnungen nicht trugen, welche die Vollzugsordnung für Nachnahmepakete vorschreibt.

Art. 9. Eilbestellung.

1. Auf Verlangen des Absenders werden die Pakete sogleich nach ihrer Ankunft dem Empfänger durch besonderen Boten in den Vereinsländern zugestellt, deren Verwaltungen sich über die Einführung dieses Dienstes in ihrem gegenseitigen Verkehre verständigen.

Derartige Sendungen werden als Eilsendungen bezeichnet und unterliegen einer besonderen Gebühr; diese beträgt 50 Centimen und muß vom Absender neben dem gewöhnlichen Porto zum vollen Betrag im voraus entrichtet werden, ohne Unterschied, ob im Bestimmungslande das Paket selbst oder nur eine Meldung von seinem Eingange dem Empfänger durch Eilboten zugestellt wird. Die Gebühr gehört zu den Vergütungen, die dem Bestimmungslande zukommen.

2. Ist das Paket nach einem Orte ohne Eilbestelldienst gerichtet, so kann die Verwaltung des Bestimmungslandes für die Bestellung des Pakets oder für die Aufforderung an den Empfänger, das Paket

abzuholen, eine Ergänzungsgebühr erheben, welche die Höhe des in ihrem inneren Verkehre für die Eilbestellung festgesetzten Botenlohns erreichen darf; dabei wird die vom Absender entrichtete feste Gebühr oder der gleiche Wert in der Währung des Landes, das die Ergänzungsgebühr erhebt, angerechnet. Die Ergänzungsgebühr wird auch im Falle der Nachsendung oder der Unbestellbarkeit der Sendung eingezogen; sie verbleibt der Verwaltung, die sie erhoben hat.

3. Die Bestellung oder die Übersendung einer Aufforderung an den Empfänger wird nur ein einziges Mal versucht. Ist dieser Versuch erfolglos, so wird das Paket nicht mehr als Eilsendung angesehen und unter den für gewöhnliche Pakete geltenden Bedingungen bestellt.

4. Wird ein Eilpaket wegen Veränderung des Wohnorts des Empfängers nach einem anderen Lande nachgesandt, ohne daß eine Bestellung durch Eilboten versucht worden ist, so wird die vom Absender entrichtete feste Gebühr dem neuen Bestimmungslande vergütet, wenn es sich mit der Eilbestellung befaßt; ist dies nicht der Fall, so verbleibt die Gebühr, wie auch bei unbestellbaren Paketen, der Verwaltung des ersten Bestimmungslandes.

Art. 10. Pakete für Kriegsgefangene.

Mit Ausnahme der Nachnahmepakete sind Postpakete, die an Kriegsgefangene gerichtet oder von ihnen aufgeliefert sind, im Aufgabe- und im Bestimmungslande sowie in den Durchgangsländern von allen durch den gegenwärtigen Vertrag vorgesehenen Gebühren befreit. Für diese gebührenfrei beförderten Pakete werden die in den Artikeln 3, 5, 6, 7 und 9 des gegenwärtigen Vertrags vorgesehenen Beträge nicht vergütet.

Vgl. Hauptvertrag (Nr. XII) Art. 11 § 4 Anm.

Art. 11. Verbot, andere als die im Vertrage vorgesehenen Gebühren zu erheben; Entrichtung der Zollgebühren.

1. Die Pakete, auf die sich der gegenwärtige Vertrag bezieht, dürfen mit keinen anderen als den in den einzelnen Artikeln dieses Vertrags vorgesehenen Postgebühren belastet werden.

Dem Bestimmungslande steht das Recht zu, für Pakete, die nicht innerhalb der durch ihre Inlandsbestimmungen festgesetzten Frist von der Post abgeholt werden, eine Lagergebühr von den Empfängern zu erheben. Die Höhe der Gebühr wird durch die innere Gesetzgebung jedes Landes bestimmt.

Lagergebühren kommen in Deutschland nicht zur Erhebung (vgl. PosttaxG., Nr. V, § 8).

2. Zollgebühren oder andere nichtpostalische Gebühren sind von den Empfängern der Pakete zu zahlen. Es können jedoch im Verkehre zwischen den Verwaltungen, die sich hierüber verständigt haben, auch die Absender auf Grund vorgängiger Erklärung bei der Einlieferungs-Postanstalt die Bezahlung

dieser Gebühren übernehmen; sie sind in solchem Falle auf Verlangen der Bestimmungs-Postanstalt zur Zahlung der von dieser Anstalt angegebenen Beträge verpflichtet.

Die Verwaltung, welche die Verzollung für Rechnung des Absenders vornehmen läßt, ist berechtigt, hierfür eine besondere Gebühr zu erheben; diese Gebühr darf nicht mehr als 25 Centimen für das Paket betragen.

Art. 12. Zurückziehung oder Änderung der Aufschrift; Streichung oder Ermäßigung des Nachnahmebetrags.

Der Absender kann unter den Bedingungen und Vorbehalten, die im Artikel 9 des Hauptvertrags für Briefsendungen festgesetzt sind, ein Packet zurückziehen oder die Aufschrift ändern lassen; verlangt er die Rück- oder die Nachsendung eines Pakets, so ist er verpflichtet, die Zahlung des Portos für die neue Beförderung vorher sicherzustellen.

Der Absender eines Nachnahmepakets kann auch den Betrag der Nachnahme streichen oder ermäßigen lassen. Anträge hierauf werden in gleicher Weise wie Anträge auf Zurückziehung oder Aufschriftänderung übersandt.

Art. 13. Nachsendung unbestellbarer Pakete; Niederschlagung der Zollgebühren.

Für die Nachsendung von Postpaketen von einem Lande nach einem anderen aus Anlaß der Veränderung des Wohnorts der Empfänger werden die in den §§ 1 bis 5 des Artikel 5 festgesetzten Gebühren von den Empfängern oder von den Absendern eingezogen; das gleiche gilt für die Rücksendung unbestellbarer oder von der Zollbehörde zurückgewiesener Postpakete. Empfänger oder Absender sind auch zur Erstattung von Zoll- und sonstigen besonderen Gebühren verpflichtet, deren Niederschlagung im Bestimmungslande nicht gestattet ist.

Die vertragschließenden Verwaltungen verpflichten sich, bei ihren Zollbehörden dahin zu wirken, daß Zollgebühren, die auf den nach dem Aufgabelande zurückgesandten oder nach einem dritten Lande nachgesandten Paketen lasten, niedergeschlagen werden.

Art. 14. Verbote.

1. Wenn keine andere Abmachung zwischen den vertragschließenden Ländern besteht, ist es verboten, Pakete mit der Post zu versenden, die enthalten:

a) explodierbare, leicht entzündliche oder gefährliche Stoffe, lebende Tiere und Insekten, soweit nicht in der Vollzugsordnung Ausnahmen vorgesehen sind;

b) Briefe oder Angaben, die die Eigenschaft einer brieflichen Mitteilung haben;

c) Gegenstände, deren Zulassung durch die Zoll- oder sonstigen Gesetze und Verordnungen nicht gestattet ist.

Außerdem ist es verboten, nach Ländern, die Wertangabe zulassen, gemünztes Geld, Gold- oder Silbersachen und andere kostbare Gegenstände in Paketen ohne Wertangabe zu versenden. Doch ist es gestattet, die offene Rechnung, wenn sie keine anderen Angaben als solche enthält, die das Wesen der Rechnung ausmachen, und eine einfache Abschrift der Aufschrift des Pakets mit Angabe der Adresse des Absenders in die Sendung einzulegen.

2. Wird eine Sendung, die unter eins dieser Verbote fällt, von einer Vereinsverwaltung an eine andere ausgeliefert, so verfährt diese in der Weise und unter Beobachtung der Formen, die durch ihre Gesetze und inneren Verordnungen vorgesehen sind.

Vgl. PO. (Nr. XI) § 6.

Art. 15. Gewährleistung.

1. Wenn ein Postpaket verloren geht, beraubt oder beschädigt wird, so hat, den Fall höherer Gewalt ausgenommen, der Absender und in dessen Ermangelung oder auf sein Verlangen der Empfänger Anspruch auf einen dem wirklichen Betrage des Verlustes, der Beraubung oder der Beschädigung entsprechenden Ersatz, es sei denn, daß der Schaden durch die Schuld oder Fahrlässigkeit des Absenders oder durch die natürliche Beschaffenheit des Gutes herbeigeführt worden ist. Die Entschädigung darf bei gewöhnlichen Paketen 25 Franken und bei Wertpaketen den Betrag der Wertangabe nicht übersteigen.

a. Vgl. wegen Bolivien Schlußprotokoll II.

b. Beschädigung liegt auch vor, wenn der Inhalt infolge verzögerter Beförderung oder Bestellung verdorben ist (vgl. documents du congrès postal de Lisbonne Bd. 1 S. 297 u. 299 und Bd. 2 S. 271 u. 272 sowie de Rome Bd. 1 S. 361 und 362, Bd. 2 S. 404 u. 405).

Wenn für den Verlust oder den vollständigen Verderb eines Pakets Ersatz geleistet worden ist, so hat der Absender außerdem Anspruch auf Erstattung der Beförderungsgebühren. Ist durch Verschulden der Post eine Nachfrage veranlaßt worden, so werden dem Absender auch die postseitig erhobenen Laufzettelgebühren erstattet.

Die Versicherungsgebühr verbleibt jedoch den Postverwaltungen.

Bei Sendungen des inneren deutschen Verkehrs und des Wechselverkehrs mit Österreich-Ungarn wird auch die Versicherungsgebühr erstattet (vgl. Anm. zu PO., Nr. XI, § 50 V).

2. Die Länder, die bereit sind, für den durch höhere Gewalt entstehenden Schaden zu haften, können unter den Bedingungen, die im Artikel 12, § 2 des Übereinkommens, betreffend den Austausch von Briefen und Kästchen mit Wertangabe, angegeben sind, für Pakete mit Wertangabe eine Zuschlaggebühr erheben.

In Deutschland wird bei Paketen des Weltpostvereins für den durch höhere Gewalt entstandenen Schaden Ersatz nicht geleistet.

3. Die Verpflichtung zur Zahlung des Ersatzbetrags liegt der Verwaltung ob, der die Aufgabe-

anstalt angehört. Dieser Verwaltung bleibt der Rückgriff auf die verantwortliche Verwaltung, das heißt auf diejenige vorbehalten, in deren Gebiet oder Betriebe der Verlust, die Beraubung oder die Beschädigung erfolgt ist.

Wenn im Gebiet oder Betrieb eines Landes, das für den in dem vorstehenden § 2 erwähnten Schaden eintritt, ein Paket mit Wertangabe infolge höherer Gewalt verloren geht, beraubt oder beschädigt wird, so ist das Land, in dem sich der Verlust, die Beraubung oder die Beschädigung ereignet hat, der Aufgabeverwaltung gegenüber hierfür verantwortlich; es wird dabei vorausgesetzt, daß diese Verwaltung ihrerseits die Ersatzverbindlichkeit für Wertsendungen im Falle der höheren Gewalt ihren Absendern gegenüber übernimmt.

4. Bis zum Nachweise des Gegenteils liegt die Verantwortlichkeit derjenigen Verwaltung ob, die das Paket unbeanstandet übernommen hat und weder seine Aushändigung an den Empfänger noch die vorschriftsmäßige Weitersendung an die folgende Verwaltung nachweisen kann.

5. Der Ersatzbetrag soll von der Verwaltung des Aufgabelandes sobald als möglich und spätestens innerhalb eines Jahres, vom Tage der Nachfrage ab gerechnet, gezahlt werden. Die verantwortliche Verwaltung ist verpflichtet, der Verwaltung des Aufgabelandes den von dieser gezahlten Ersatzbetrag ohne Verzug zu erstatten.

Die Aufgabeverwaltung ist berechtigt, den Absender für Rechnung der Zwischen- oder der Bestimmungsverwaltung zu entschädigen, wenn diese, nachdem die Sache ordnungsmäßig anhängig gemacht worden ist, ein Jahr hat verstreichen lassen, ohne ihr Folge zu geben. Wenn ferner eine Verwaltung, deren Verantwortlichkeit gehörig festgestellt ist, anfangs die Zahlung der Entschädigung abgelehnt hat, so muß sie außer dem Ersatzbetrage die Nebenkosten tragen, die durch die ungerechtfertigte Verzögerung der Zahlung entstehen.

Wegen der Verzugszinsen für den Ersatzbetrag vgl. „Gerichtliche Entscheidungen“ (Nr. XXIX) A 16.

6. Der Anspruch auf Entschädigung soll nur zulässig sein, wenn er innerhalb eines Jahres, vom Tage der Einlieferung eines Postpakets an gerechnet, erhoben wird; nach Ablauf dieses Zeitraums kann der Antragsteller keine Entschädigung mehr beanspruchen.

7. Wenn der Verlust, die Beraubung oder die Beschädigung sich während der Beförderung zwischen den Auswechselungsanstalten zweier angrenzenden Länder ereignet hat, ohne daß festgestellt werden kann, auf welchem der beiden Gebiete dies geschehen ist, so wird der Schaden von den beteiligten Verwaltungen zu gleichen Teilen getragen; das gleiche gilt für den Fall, daß bei der summarischen Eintragung der gewöhnlichen Pakete in die Frachtkarten nicht festgestellt werden kann, auf welchem Gebiete

der Verlust, die Beraubung oder die Beschädigung des Pakets eingetreten ist.

Die Bestimmung bezieht sich nur auf die Beförderungsstrecke zwischen zwei Auswechselungspostanstalten, nicht aber auf die ganze Beförderungsstrecke in den beteiligten Ländern. Ist nicht zu ermitteln, in welchem Gebiet der Schaden entstanden ist, so ist es der freien Vereinbarung der beteiligten Verwaltungen überlassen, in analoger Anwendung dieser Bestimmung und des Art. 8 § 7 des Hauptvertrags (Nr. XII) den Schaden zu gleichen Teilen zu tragen.

Die Verantwortlichkeit für postlagernde oder sonst zur Abholung bereitgehaltene Sendungen hört auf, sobald sie an eine Person ausgehändigt sind, die sich nach den im Bestimmungslande geltenden Vorschriften ausgewiesen hat und deren Name und Stand mit den Angaben in der Aufschrift übereinstimmen.

8. Die Verwaltungen sind für Postpakete, die von den Empfangsberechtigten in Empfang genommen worden sind, nicht mehr verantwortlich.

Art. 16. Betrügerische Wertangabe.

Jede betrügerische Angabe eines höheren als des wirklichen Wertes des Paketinhalts ist verboten. Im Falle einer derartigen betrügerischen Angabe verliert der Absender jedes Recht auf Ersatz; auch kann gerichtliche Verfolgung nach der Gesetzgebung des Aufgabelandes eintreten.

Vgl. PostG. (Nr. II) § 8 und Anm.

Art. 17. Vorübergehende Einstellung des Dienstes.

Jede Verwaltung kann den Austausch von Postpaketen vorübergehend ganz oder teilweise einstellen, wenn außergewöhnliche Verhältnisse vorliegen, die eine derartige Maßnahme zu rechtfertigen geeignet sind. Sie muß jedoch in solchem Falle die beteiligten Verwaltungen unverzüglich, nötigenfalls auf telegraphischem Wege, davon benachrichtigen.

Vgl. PostG. (Nr. II) § 15.

Art. 18. Innere Gesetzgebung.

Die innere Gesetzgebung jedes der vertragschließenden Länder bleibt in allem anwendbar, was durch die Bestimmungen des gegenwärtigen Vertrags nicht vorgesehen ist.

Art. 19. Engere Vereine.

1. Die Festsetzungen des gegenwärtigen Vertrags beschränken nicht die Befugnis der vertragschließenden Teile, zur Herabsetzung der Gebühren oder zu jeder anderen Verbesserung des Dienstes besondere Verträge untereinander bestehen zu lassen oder abzuschließen sowie engere Vereine aufrecht zu erhalten oder zu gründen.

2. Wenn jedoch die Postverwaltungen der Länder, die an dem gegenwärtigen Vertrage teilnehmen, mit nicht am Vertrage teilnehmenden Ländern einen Austausch von Postpaketen unterhalten, so gestatten sie

allen anderen teilnehmenden Verwaltungen, diese Verbindungen zum Austausche von Postpaketen mit den Ländern, die nicht am Vertrage teilnehmen, zu benutzen.

Art. 20. Beitritt zum Vertrage.

1. Den Ländern des Weltpostvereins, die an dem gegenwärtigen Vertrage nicht teilgenommen haben, ist der Beitritt auf ihren Antrag und in der Form gestattet, die durch Artikel 24 des Hauptvertrags für den Eintritt in den Weltpostverein vorgeschrieben ist.

2. Wenn indes das Land, das dem gegenwärtigen Vertrage beizutreten wünscht, die Befugnis in Anspruch nimmt, ein höheres Zuschlagporto als 25 Centimen für jedes Paket zu erheben, so teilt die Regierung der Schweizerischen Eidgenossenschaft das Beitrittsgesuch allen vertragschließenden Ländern mit. Das Beitrittsgesuch gilt als genehmigt, wenn binnen sechs Monaten kein Einspruch erhoben worden ist.

Art. 21. Vollzugsordnung.

Die Postverwaltungen der vertragschließenden Länder bezeichnen die Anstalten oder Orte, die sie zum Austausche von Postpaketen mit dem Auslande zulassen; sie regeln die Versendungsweise dieser Pakete und setzen alle weiteren Dienstvorschriften fest, die erforderlich sind, um die Ausführung des gegenwärtigen Vertrags zu sichern.

Art. 22. Kongresse und Konferenzen.

Eine Revision des Vertrags findet unter den im Artikel 25 des Hauptvertrags festgesetzten Bedingungen statt.

Art. 23. Vorschläge in der Zeit zwischen den Kongressen.

1. In der Zeit zwischen den Versammlungen, die im Artikel 25 des Hauptvertrags vorgesehen sind, ist jede Postverwaltung eines vertragschließenden Landes berechtigt, den anderen beteiligten Verwaltungen durch Vermittelung des Internationalen Bureaus Vorschläge in betreff des Postpaketdienstes zu unterbreiten.

Jeder Vorschlag muß, um zur Beratung gestellt zu werden, von mindestens zwei Verwaltungen unterstützt sein, diejenige nicht eingerechnet, von welcher der Vorschlag herrührt. Geht dem Internationalen Bureau nicht zu gleicher Zeit mit dem Vorschlage die erforderliche Zahl von Unterstützungserklärungen zu, so bleibt der Vorschlag ohne Folge.

2. Jeder Vorschlag unterliegt dem im § 2 des Artikel 26 des Hauptvertrags festgesetzten Verfahren.

3. Die Vorschläge müssen, um vollstreckbar zu werden, erhalten:

a) Einstimmigkeit, wenn es sich um die Aufnahme neuer Bestimmungen oder um die Änderung der Bestimmungen des gegenwärtigen Artikels und der Artikel 1, 2, 3, 4, 5, 6, 7, 8, 9, 10,

11, 12, 14, 15, 16, 17, 22 und 24 des gegenwärtigen Vertrags handelt;

b) zwei Drittel der Stimmen, wenn es sich um die Änderung anderer Bestimmungen des gegenwärtigen Vertrags als derjenigen der vorbezeichneten Artikel handelt;

c) einfache Stimmenmehrheit, wenn es sich um die Auslegung der Bestimmungen des gegenwärtigen Vertrags handelt; doch gelten im Falle einer Streitigkeit die im Artikel 23 des Hauptvertrags vorgesehenen Bestimmungen.

4. Die gültigen Beschlüsse werden in den beiden ersten Fällen durch eine diplomatische Erklärung, im dritten Falle durch eine Mitteilung im Verwaltungswege in der im Artikel 26 des Hauptvertrags bezeichneten Form bestätigt.

5. Die Änderungen oder Beschlüsse treten frühestens drei Monate nach ihrer Bekanntmachung in Kraft.

Art. 24. Dauer des Vertrags; Aufhebung früherer Vereinbarungen; Ratifikation.

1. Der gegenwärtige Vertrag soll am 1. Oktober 1907 in Kraft treten.

2. Er soll gleiche Dauer haben wie der Hauptvertrag; jedem Lande ist jedoch das Recht vorbehalten, auf Grund einer von seiner Regierung der Regierung der Schweizerischen Eidgenossenschaft ein Jahr vorher gemachten Mitteilung von dem Vertrage zurückzutreten.

3. Mit dem Tage des Inkrafttretens des gegenwärtigen Vertrags werden alle früher zwischen den vertragschließenden Ländern oder ihren Verwaltungen vereinbarten Bestimmungen insoweit aufgehoben, als sie mit den Festsetzungen des gegenwärtigen Vertrags nicht im Einklange stehen; doch werden die in den vorhergehenden Artikeln 18 und 19 vorbehaltenen Rechte hierdurch nicht berührt.

4. Der gegenwärtige Vertrag soll sobald als möglich ratifiziert werden. Die Ratifikationsurkunden sollen in Rom ausgewechselt werden.

Zu Urkund dessen haben die Bevollmächtigten der oben bezeichneten Länder den gegenwärtigen Vertrag unterzeichnet zu Rom, den sechsundzwanzigsten Mai eintausendneunhundertsechs.

(Unterschriften.)

Schlußprotokoll.

Im Begriffe, zur Unterzeichnung des am heutigen Tage abgeschlossenen Vertrags, betreffend den Austausch von Postpaketen, zu schreiten, sind die unterzeichneten Bevollmächtigten über folgendes übereingekommen:

I. Jedes Land, in dem sich die Post zurzeit nicht mit der Beförderung von Postpaketen befaßt und das dem oben erwähnten Vertrage beitritt, ist befugt, den Vertrag durch die Eisenbahn- und Schiffahrtsunternehmungen ausführen zu lassen. Es kann zugleich den Dienst auf Pakete von und nach solchen Orten beschränken, für die diese Unternehmungen den Betrieb wahrnehmen.

Die Postverwaltung eines solchen Landes hat sich mit den Eisenbahn- und Schiffahrtsunternehmungen darüber zu verständigen, daß die vollständige Ausführung aller Festsetzungen des Vertrags durch diese Unternehmungen sichergestellt und insbesondere der Auswechselungsdienst an der Grenze eingerichtet wird.

Sie wird ihnen für alle Beziehungen mit den Postverwaltungen der übrigen vertragschließenden Länder sowie mit dem Internationalen Bureau als Vermittlerin dienen.

Von der Befugnis haben Frankreich und Spanien Gebrauch gemacht, wo der Postpaketdienst durch die Eisenbahngesellschaften wahrgenommen wird.

II. Als Ausnahme von den Bestimmungen des § 1 des Arikel 1 und des Artikel 15 des Vertrags wird Bolivien das Recht eingeräumt, vorläufig das Gewicht der Pakete, die in seinem Betriebe zugelassen sind, auf 3 Kilogramm und dem Meistbetrag der Entschädigung, der im Falle des Verlustes, der Beraubung oder der Beschädigung eines das Gewicht von 3 Kilogramm nicht überschreitenden Postpakets ohne Wertangabe zu zahlen ist, auf 15 Franken zu beschränken.

III. Von den Bestimmungen des § 1 des Artikel 2, der §§ 1 und 2 des Artikel 3 und der §§ 1 und 4 des Artikel 5 des Vertrags werden folgende Ausnahmen zugelassen:

1. Die russische Regierung darf die Landtransitvergütung für das Europäische und Asiatische Rußland — für jedes besonders — auf 1 Franken 25 Centimen erhöhen.
2. Die türkische Regierung darf die Landtransitvergütung für Postpakete, die im Durchgange durch die Asiatische Türkei befördert werden, auf 1 Franken 25 Centimen erhöhen.
3. Für die Beförderung der bei den argentinischen Postanstalten der Südküste, in Feuerland und auf den anliegenden Inseln eingelieferten und dahin bestimmten Postpakete wird ein Zuschlagporto bis zu 1 Franken 25 Centimen für das Stück und für die Beförderung der Pakete mit Wertangabe von und nach denselben Postanstalten eine Ergänzungsgebühr von 10 Centimen für je 300 Franken oder einen Teil von 300 Franken erhoben.
4. Die Republik Columbien, Peru, die Vereinigten Staaten von Venezuela und Brasilien dürfen vorübergehend erhöhen:
   a) die Landtransitvergütung auf 1 Franken;
   b) das Zuschlagporto für die in ihrem Gebiet aufgelieferten und dahin bestimmten Postpakete auf 1 Franken 25 Centimen.

5. Persien braucht Postpakete im Durchgange durch sein Gebiet nicht zu befördern. Diese Befugnis ist Persien nur vorläufig eingeräumt.
6. Britisch-Indien hat die Befugnis, auf die aus seinem Gebiete herrührenden Postpakete nach anderen Ländern einen nach verschiedenen Gewichtssätzen abgestuften Tarif anzuwenden; doch darf der Durchschnitt der Portosätze das Normalporto, einschließlich des Zuschlagportos, auf das es Anspruch hat, nicht übersteigen.

   Diese Befugnis ist auch allen Ländern, die dem Vertrag in der Zeit bis zum nächsten Kongresse beitreten, zugestanden.
7. Die Länder, die gegenwärtig durch langfristige Verträge mit Schiffsgesellschaften gebunden sind und daher die im Artikel 3 festgesetzten Seetransitsätze nicht sogleich anwenden können, dürfen die durch den Washingtoner Vertrag festgesetzten Sätze aufrecht erhalten, bis sie in der Lage sind, die neuen Tarife einzuführen.

IV. Griechenland, Tunis und die Asiatische Türkei haben die Befugnis, Pakete, deren Ausdehnung und Raumgröße das in der Vollzugsordnung für die Seebeförderungen zugestandene Meistmaß überschreiten, vorläufig nicht zuzulassen.

Zu Urkund dessen haben die unterzeichneten Bevollmächtigten das gegenwärtige Schlußprotokoll aufgenommen, das dieselbe Kraft und dieselbe Gültigkeit haben soll, als wenn seine Bestimmungen in dem Vertrage ständen, und haben das Schlußprotokoll in einem Exemplar unterzeichnet, das im Archiv der italienischen Regierung niedergelegt und davon jedem Teile eine Abschrift zugestellt werden wird.

Rom, den sechsundzwanzigsten Mai eintausendneunhundertsechs.

(Unterschriften.)

XVI.

Postauftrags-Übereinkommen.

Vom 26. Mai 1906.

RGBl. 1907 S. 700—710.

Übereinkommen, betreffend den Postauftragsdienst, abgeschlossen zwischen Deutschland und den deutschen Schutzgebieten, Österreich, Belgien, Chile, Kreta, Dänemark, Egypten, Frankreich und Algerien, Griechenland, Ungarn, Italien und den italienischen Kolonien, Luxemburg, Norwegen, den Niederlanden, Niederländisch-Indien, Portugal, und den portugiesischen Kolonien, Rumänien, Schweden, der Schweiz, Tunis und der Türkei.

Für den inneren Verkehr zu vgl. PO. (Nr. XI) § 18.

Die Unterzeichneten, Bevollmächtigte der Regierungen der vorstehend aufgeführten Länder, haben auf Grund des Artikel 19 des Hauptvertrags im Einvernehmen miteinander und unter Vorbehalt der Ratifikation folgendes Übereinkommen abgeschlossen:

Art. 1. Einleitende Bestimmungen.

Der Austausch der durch Vermittelung der Post einzulösenden Wertpapiere zwischen denjenigen vertragschließenden Ländern, deren Postverwaltungen verabreden, sich in ihrem gegenseitigen Verkehre mit diesem Dienste zu befassen, unterliegt den Bestimmungen des gegenwärtigen Übereinkommens.

Art. 2. Zur Einlösung zugelassene Papiere; Meistbetrag; Proteste.

1. Zur Einlösung sind zugelassen Quittungen, Rechnungen, Anweisungen, Wechsel, Zins- und Dividendenscheine, abgelaufene Wertpapiere und überhaupt alle Handels- oder sonstigen Wertpapiere, die ohne Kosten zahlbar sind und deren Gesamtbetrag für die einzelne Sendung 1000 Franken Metallgeld oder eine gleiche Summe in der Währung jedes Landes nicht übersteigt. Die Postverwaltungen zweier miteinander in Verkehr stehenden Länder können in gegenseitigem Einvernehmen einen höheren Meistbetrag zulassen.

Die Verwaltungen, die sich mit der Einlösung von Zins- oder Dividendenscheinen und von abgelaufenen Wertpapieren nicht befassen können, teilen dies den anderen beteiligten Verwaltungen durch Vermittelung des Internationalen Bureaus mit.

2. Die Postverwaltungen der vertragschließenden Länder können es auch übernehmen, Handelspapiere protestieren zu lassen, bei Schuldforderungen die Einleitung des gerichtlichen Verfahrens herbeizuführen und im Einvernehmen miteinander die erforderlichen Bestimmungen über diesen Dienst zu treffen.

Art. 3. Einzuziehender Betrag.

Wenn keine andere Vereinbarung zwischen den beteiligten Verwaltungen getroffen ist, wird der durch die Post einzuziehende Betrag der Wertpapiere in der Währung des Landes angegeben, das mit der Einziehung beauftragt ist.

Art. 4. Versendung; Zahl der Anlagen.

1. Die Versendung der einzulösenden Wertpapiere geschieht in eingeschriebenem Briefe, den der Absender unmittelbar an die Postanstalt zu richten hat, welche die Beträge einziehen soll.

2. Eine Sendung darf mehrere Wertpapiere enthalten, deren Beträge durch dieselbe Postanstalt von mehreren Zahlungspflichtigen zugunsten derselben Person einzuziehen sind. Eine Sendung darf indes Wertpapiere für höchstens 5 verschiedene Zahlungspflichtige enthalten.

Im inneren deutschen Verkehr sind mehrere Zahlungspflichtige nicht zugelassen.

Art. 5. Gebühr; Einlieferungsschein.

1. Die Gebühr für eine Sendung, die dem vorhergehenden Artikel 4 entspricht, darf nicht über die für einen Einschreibbrief von gleichem Gewichte hinausgehen. Sie verbleibt ungeteilt der Postverwaltung des Aufgabelandes.

2. Ein Einlieferungsschein wird dem Beteiligten bei der Aufgabe der Sendung unentgeltlich ausgehändigt.

Art. 6. Unzulässigkeit von Teilzahlungen.

Teilzahlungen sind nicht gestattet. Jedes Wertpapier muß zum vollen Betrag und auf einmal eingelöst werden, anderenfalls gilt es als verweigert.

Art. 7. Einziehungsgebühr.

1. Die Verwaltung, die mit der Einziehung beauftragt ist, erhebt von dem Betrag eines jeden eingelösten Wertpapiers eine Gebühr von 10 Centimen oder den gleichen Wert in der Währung des Bestimmungslandes.

2. Über diese Einziehungsgebühr wird zwischen den beteiligten Verwaltungen nicht abgerechnet.

Art. 8. Übermittelung des eingezogenen Betrags; Rücksendung nichteingelöster Wertpapiere.

1. Über den eingezogenen Betrag wird nach Abzug:
a) der im Artikel 7 festgesetzten Einziehungsgebühr,
b) der gewöhnlichen Postanweisungsgebühr und
c) der für die Wertpapiere etwa aufgewandten Stempelgebühren und des etwaigen Kursunterschiedes

von der Postanstalt, welche die Einziehung besorgt hat, zugunsten des Auftraggebers eine Postanweisung ausgefertigt. Diese Postanweisung wird ihm kostenfrei übersandt.

2. Die Wertpapiere, deren Betrag nicht hat eingezogen werden können, werden portofrei und ohne Anrechnung irgendeiner Gebühr an die Aufgabe-

Postanstalt zurückgesandt. Die Verwaltung, die mit der Einziehung beauftragt ist, ist zu keiner Maßnahme der Rechtswahrung oder Feststellung der Nichtzahlung verpflichtet.

Art. 9. Anwendung der Bestimmungen des Postanweisungs-Übereinkommens.

1. Die Bestimmungen des Übereinkommens, betreffend den Austausch von Postanweisungen, gelten, soweit sie dem gegenwärtigen Übereinkommen nicht widersprechen, auch für Postanweisungen, die nach dem vorstehenden Artikel 8 zur Abführung der durch die Post eingezogenen Beträge ausgestellt werden.

Postauftrags-Postanweisungen, die aus irgendeinem Grunde an die Empfänger nicht ausgezahlt worden sind, werden jedoch nicht an die Verwaltung des Aufgabelandes der Postanweisungen zurückgezahlt; der Betrag dieser Postanweisungen verbleibt nach Ablauf der gesetzlichen Aufbewahrungsfrist der Verwaltung des Aufgabelandes der einzulösenden Wertpapiere.

2. Postauftrags-Postanweisungen sind bis zu dem im § 1 des Artikel 2 festgesetzten Meistbetrage zulässig.

Art. 10. Zurückziehung der Postaufträge; Berichtigung des Auftragsformulars.

Der Absender einer Postauftragssendung kann unter den Bedingungen und Vorbehalten, die im Artikel 9 des Hauptvertrags für gewöhnliche und eingeschriebene Briefsendungen vorgesehen sind,

1. die ganze Sendung oder einzelne in ihr enthaltene Wertpapiere zurückziehen sowie
2. irrtümliche Angaben auf dem Formulare, das die Sendung begleitet, berichtigen lassen,

solange die Wertpapiere weder von den Zahlungspflichtigen eingelöst noch von der Postanstalt, die mit der Einziehung beauftragt ist, zurückgesandt oder weitergegeben worden sind.

Art. 11. Gewährleistung im Falle des Verlustes.

1. Im Falle des Verlustes eines Einschreibbriefs, der einzulösende Wertpapiere enthält, wird dem Auftraggeber, den Fall höherer Gewalt ausgenommen, eine Entschädigung von 50 Franken unter den im Hauptvertrage festgesetzten Bedingungen gezahlt.

2. Die Fälle, in denen eine Sendung mit nichteingelösten Wertpapieren auf dem Rückweg in Verlust geraten ist, fallen unter die Bestimmungen des vorstehenden § 1.

3. Im Falle des Verlustes eingezogener Geldbeträge ist die Verwaltung, welcher der Verlust zuzuschreiben ist, zur vollen Erstattung der verloren gegangenen Summen verpflichtet.

Art. 12. Gewährleistung im Falle der Verzögerung.

Die Verwaltungen übernehmen weder für Verzögerungen in der Beförderung der Einschreibbriefe, welche die einzulösenden Wertpapiere enthalten, noch für Verzögerungen in der Beförderung der Wertpapiere selbst oder der Postauftragsanweisungen irgendwelche Verantwortlichkeit.

Art. 13. Engere Vereine.

Die Festsetzungen des gegenwärtigen Übereinkommens beschränken nicht die Befugnis der vertragschließenden Teile, zur Verbesserung des Postauftragsdienstes mit dem Auslande besondere Abkommen untereinander bestehen zu lassen oder abzuschließen sowie engere Vereine aufrecht zu erhalten oder zu gründen.

Art. 14. Innere Gesetzgebung.

Ferner bleibt die innere Gesetzgebung der vertragschließenden Länder von dem gegenwärtigen Übereinkommen in allem unberührt, was durch dieses Übereinkommen nicht vorgesehen ist.

Art. 15. Anwendung der Bestimmungen des inneren Verkehrs.

1. Jede Verwaltung soll befugt sein, in Ermangelung ausdrücklicher Bestimmungen des gegenwärtigen Übereinkommens die entsprechenden Bestimmungen ihres inneren Verkehrs anzuwenden.

2. Es ist jedoch ausdrücklich untersagt, im Aufgabe- oder im Bestimmungsland irgendeine andere Abgabe oder Gebühr als die durch das gegenwärtige Übereinkommen vorgesehenen zu erheben.

Art. 16. Außergewöhnliche Einstellung des Dienstes.

Jede Verwaltung kann den Postauftragsdienst vorübergehend ganz oder teilweise einstellen, wenn außergewöhnliche Verhältnisse vorliegen, die eine derartige Maßnahme zu rechtfertigen geeignet sind. Sie muß jedoch in solchem Falle die beteiligten Verwaltungen unverzüglich, nötigenfalls auf telegraphischem Wege, davon benachrichtigen.

Vgl. PostG. (Nr. II) § 15.

Art. 17. Beteiligung der Postanstalten am Postauftragsdienste; Vollzugsordnung.

1. Die Postverwaltungen der vertragschließenden Länder lassen zum Auftragsdienst alle Postanstalten zu, die am Postanweisungsverkehre mit dem Auslande teilnehmen.

2. Sie setzen im Einvernehmen miteinander die Art der Einlieferung und der Übersendung der einzulösenden Wertpapiere sowie alle weiteren Dienstvorschriften fest, die erforderlich sind, um die Ausführung des gegenwärtigen Übereinkommens zu sichern.

Art. 18. Beitritt zum Übereinkommen.

Den Vereinsstaaten, die an dem gegenwärtigen Übereinkommen nicht teilgenommen haben, ist der Beitritt auf ihren Antrag und in der Form gestattet, die durch den Hauptvertrag für den Eintritt in den Weltpostverein vorgeschrieben ist.

Art. 19. Vorschläge in der Zeit zwischen den Versammlungen.

1. In der Zeit zwischen den Versammlungen, die im Hauptvertrage vorgesehen sind, ist jede Postverwaltung eines vertragschließenden Landes berechtigt, den anderen beteiligten Verwaltungen durch Vermittelung des Internationalen Bureaus Vorschläge in betreff des Postauftragsdienstes zu unterbreiten.

Jeder Vorschlag muß, um zur Beratung gestellt zu werden, von mindestens zwei Verwaltungen unterstützt sein, diejenige nicht eingerechnet, von welcher der Vorschlag herrührt. Geht dem Internationalen Bureau nicht zu gleicher Zeit mit dem Vorschlage die erforderliche Zahl von Unterstützungserklärungen zu, so bleibt der Vorschlag ohne Folge.

2. Jeder Vorschlag unterliegt dem im § 2 des Artikel 26 des Hauptvertrags festgesetzten Verfahren.

3. Die Vorschläge müssen, um vollstreckbar zu werden, erhalten:

1. Einstimmigkeit, wenn es sich um die Aufnahme neuer Bestimmungen oder um die Änderung der Bestimmungen des gegenwärtigen Artikels und der Artikel 1, 2, 3, 4, 5, 6, 7, 8, 9, 10, 11, 12, 13, 14, 15, 16, 18 und 20 des gegenwärtigen Übereinkommens handelt;
2. zwei Drittel der Stimmen, wenn es sich um die Änderung der Bestimmungen des Artikel 17 handelt;

3. einfache Stimmenmehrheit, wenn es sich um die Auslegung der Bestimmungen des gegenwärtigen Übereinkommens handelt; doch gelten im Falle einer Streitigkeit die im Artikel 23 des Hauptvertrags vorgesehenen Bestimmungen.

4. Die gültigen Beschlüsse werden in den beiden ersten Fällen durch eine diplomatische Erklärung, im dritten Falle durch eine Mitteilung im Verwaltungswege in der im Hauptvertrage bezeichneten Form bestätigt.

5. Die angenommenen Änderungen oder Beschlüsse treten frühestens drei Monate nach ihrer Bekanntmachung in Kraft.

Art. 20. Dauer des Übereinkommens; Ratifikation.

1. Das gegenwärtige Übereinkommen soll am 1. Oktober 1907 in Kraft treten.

2. Es soll gleiche Dauer haben wie der Hauptvertrag; jedem Lande ist jedoch das Recht vorbehalten, auf Grund einer von seiner Regierung der Regierung der Schweizerischen Eidgenossenschaft ein Jahr vorher gemachten Mitteilung von dem Übereinkommen zurückzutreten. Während dieses letzten Jahres bleibt das Übereinkommen voll und ganz in Kraft; die Abwickelung und Begleichung der Abrechnungen nach Ablauf des genannten Zeitraums wird dadurch nicht berührt.

3. Mit dem Tage des Inkrafttretens des gegenwärtigen Übereinkommens werden alle früher zwischen den Regierungen oder Verwaltungen der vertragschließenden Teile vereinbarten Bestimmungen insoweit aufgehoben, als sie mit den Festsetzungen des gegenwärtigen Übereinkommens nicht im Einklange stehen; doch werden die im Artikel 13 vorbehaltenen Rechte hierdurch nicht berührt.

4. Das gegenwärtige Übereinkommen soll sobald als möglich ratifiziert werden. Die Ratifikationsurkunden sollen in Rom ausgewechselt werden.

Zu Urkund dessen haben die Bevollmächtigten der obenbezeichneten Länder das gegenwärtige Übereinkommen unterzeichnet zu Rom, den sechsundzwanzigsten Mai eintausendneunhundertsechs.

(Unterschriften.)

XVII.

Zeitungs-Übereinkommen.

Vom 26. Mai 1906.

RGBl. 1907 S. 710—719.

Übereinkommen, betreffend den Postbezug von Zeitungen und Zeitschriften, abgeschlossen zwischen Deutschland und den deutschen Schutzgebieten, der Argentinischen Republik, Österreich, Belgien, Bulgarien, Chile, der Republik Columbien, Dänemark und den dänischen Kolonien, Egypten, Griechenland, Ungarn, Italien und den italienischen Kolonien, Luxemburg, Montenegro, Norwegen, den Niederlanden, Portugal und den potugiesischen Kolonien, Rumänien, Serbien, Schweden, der Schweiz, der Türkei und Uruguay.

Die Unterzeichneten, Bevollmächtigte der Regierungen der vorstehend aufgeführten Länder, haben auf Grund des Artikel 19 des Hauptvertrags im Einvernehmen miteinander und unter Vorbehalt der Ratifikation folgendes Übereinkommen abgeschlossen:

Art. 1. Einleitende Bestimmungen.

Der Bezug von Zeitungen und Zeitschriften durch die Post zwischen denjenigen vertragschließenden Ländern, deren Postverwaltungen sich über die Einführung dieses Dienstes in ihrem gegenseitigen Verkehre verständigen, unterliegt den Bestimmungen des gegenwärtigen Übereinkommens.

Art. 2. Annahme der Bestellungen.

Die Postanstalten jedes Landes nehmen Bestellungen des Publikums auf die in den vertragschließenden Ländern erscheinenden Zeitungen und Zeitschriften an.

Dieser Dienst erstreckt sich auch auf die in allen anderen Ländern erscheinenden Zeitungen und Zeitschriften, die einzelne Verwaltungen zu liefern in der Lage sind; doch werden die Vorschriften des Artikel 16 des Hauptvertrags hierdurch nicht berührt.

Art. 3. Bezugspreis und Bezugszeiten.

1. Der Bezugspreis ist bei der Bestellung für die ganze Bezugszeit zu entrichten.

Preisänderungen kommen nur für Zeitungsbestellungen in Betracht, die erfolgen, nachdem die veränderten Preise der Absatzpostanstalt bekannt geworden sind. Sie haben keine rückwirkende Kraft.

2. Der Bezug kann nur für die in den amtlichen Verzeichnissen angegebenen Zeiträume verlangt werden.

Art. 4. Verantwortlichkeit.

Die Postverwaltungen übernehmen bei der Vermittelung des Zeitungsbezugs keine Verantwortlichkeit in betreff der den Herausgebern zufallenden Obliegenheiten und Verbindlichkeiten.

Sie sind zu keiner Erstattung verpflichtet, wenn eine Zeitung oder Zeitschrift im Laufe der Bezugszeit zu erscheinen aufhört oder ihre Herausgabe unterbrochen wird.

Art. 5. Auswechselungs-Postanstalten.

Der Bezug ausländischer Zeitungen wird durch Auswechselungs-Postanstalten, die von jeder Verwaltung zu bezeichnen sind, vermittelt.

Art. 6. Festsetzung der Bezugspreise.

1. Jede Verwaltung setzt die Preise fest, zu denen sie den anderen Verwaltungen die Zeitungen und Zeitschriften des eigenen und eintretendenfalls jedes anderen Landes liefert.

Jedoch dürfen diese Preise in keinem Falle höher sein als die, welche die Bezieher im Inlande zu zahlen haben; beim Verkehre zwischen nichtangrenzenden Ländern treten die den Durchgangsverwaltungen zu zahlenden Transitkosten (Artikel 4 des Hauptvertrags) hinzu.

2. Die Transitkosten werden im voraus auf Grund der Häufigkeit des Erscheinens und des Durchschnittsgewichts der Zeitungen überschläglich berechnet.

Art. 7. Festsetzung des vom Bezieher zu zahlenden Preises.

1. Die Postverwaltung des Bestimmungslandes setzt den Preis, den der Bezieher zu zahlen hat,

fest, indem sie dem nach dem vorstehenden Artikel 6 berechneten Einkaufspreise die ihr gut scheinende Vergütung, Vermittelungs- oder Bestellgebühr hinzurechnet; doch dürfen diese Aufschläge die Sätze nicht überschreiten, die für den Zeitungsbezug im Innern des Bestimmungslandes erhoben werden. Zutreffendenfalls tritt noch die durch die Gesetzgebung dieses Landes festgesetzte Stempelgebühr hinzu.

2. Haben zwei miteinander in Verkehr stehende Länder nicht dieselbe Münzwährung, so rechnet die Verwaltung des Bestimmungslandes den Einkaufspreis in ihre Währung um. Nehmen die Verwaltungen am Postanweisungs-Übereinkommen teil, so wird nach dem für Postanweisungen geltenden Verhältnis umgerechnet, falls die Verwaltungen nicht ein mittleres Umrechnungsverhältnis verabreden.

Art. 8. Befreiung von der Abrechnung über Vergütungen und Gebühren.

Über die auf Grund der vorhergehenden Artikel 6 und 7 festgesetzten Vergütungen und Gebühren wird zwischen den beteiligten Verwaltungen nicht abgerechnet.

Art. 9. Unregelmäßigkeiten.

Die Postverwaltungen haben jeder begründeten Beschwerde über Verzögerungen oder Unregelmäßigkeiten irgendwelcher Art im Zeitungsbezug ohne Kosten für die Bezieher Folge zu geben.

Art. 10. Vierteljährliche Rechnungen.

1. Die Rechnungen über gelieferte und bestellte Zeitungen werden vierteljährlich aufgestellt. Nach gegenseitiger Prüfung und Feststellung werden diese Rechnungen in Metallgeld des Landes, für das sich ein Guthaben ergibt, beglichen.

2. Zu diesem Zwecke wird, wenn keine andere Verabredung zwischen den beteiligten Verwaltungen besteht, der Unterschied sobald als möglich durch Postanweisung beglichen.

Haben zwei miteinander in Verkehr stehende Länder nicht dieselbe Münzwährung, so wird, falls keine andere Vereinbarung getroffen ist, entsprechend den Bestimmungen des Artikel 6 des Postanweisungs-Übereinkommens die geringere Forderung in die Währung umgewandelt, auf welche die größere Forderung lautet.

3. Die zu diesem Zwecke ausgestellten Postanweisungen unterliegen keiner Gebühr und können über den durch jenes Übereinkommen festgesetzten Meistbetrag hinausgehen.

4. Rückständige Zahlungen sind mit jährlich 5 vom Hundert zugunsten der fordernden Verwaltung zu verzinsen.

Art. 11. Engere Vereine.

Die Festsetzungen des gegenwärtigen Übereinkommens beschränken nicht die Befugnis der vertragschließenden Teile zur Verbesserung, Erleichterung oder Vereinfachung des Bezugs ausländischer Zeitungen besondere Abkommen untereinander bestehen zu lassen oder abzuschließen.

Art. 12. Beitritt zum Übereinkommen.

Den Vereinsländern, die an dem gegenwärtigen Übereinkommen nicht teilgenommen haben, ist der Beitritt auf ihren Antrag und in der Form gestattet, die durch Artikel 24 des Hauptvertrags für den Eintritt in den Weltpostverein vorgeschrieben ist.

Art. 13. Form und Fristen der Rechnungen; Vollzugsordnung.

Die Postverwaltungen der vertragschließenden Länder stellen die Form der Rechnungen, die im vorstehenden Artikel 10 erwähnt sind, fest, bestimmen die Zeiten, zu denen sie aufgestellt werden sollen, und regeln alle weiteren Dienstvorschriften, die erforderlich sind, um die Ausführung des gegenwärtigen Übereinkommens zu sichern.

Art. 14. Anwendung der Bestimmungen des inneren Verkehrs.

Jede Verwaltung soll befugt sein, in Ermangelung ausdrücklicher Bestimmungen des gegenwärtigen Übereinkommens die entsprechenden Bestimmungen ihres inneren Dienstes anzuwenden.

Art. 15. Vorschläge in der Zeit zwischen den Versammlungen.

1. In der Zeit zwischen den Versammlungen, die im Hauptvertrage vorgesehen sind, ist jede Post-

verwaltung eines vertragschließenden Landes berechtigt, den anderen beteiligten Verwaltungen durch Vermittelung des Internationalen Bureaus Vorschläge in betreff des Zeitungsbezugs zu unterbreiten.

Jeder Vorschlag muß, um zur Beratung gestellt zu werden, von mindestens zwei Verwaltungen unterstützt sein, diejenige nicht eingerechnet, von welcher der Vorschlag herrührt. Geht dem Internationalen Bureau nicht zu gleicher Zeit mit dem Vorschlage die erforderliche Zahl von Unterstützungserklärungen zu, so bleibt der Vorschlag ohne Folge.

2. Jeder Vorschlag unterliegt dem durch § 2 des Artikel 26 des Hauptvertrags vorgeschriebenen Verfahren.

3. Die Vorschläge müssen, um vollstreckbar zu werden, erhalten:

1. Einstimmigkeit, wenn es sich um die Aufnahme neuer Bestimmungen oder um die Änderung der Bestimmungen des gegenwärtigen Artikels und der Artikel 1, 2, 3, 4, 5, 6, 7, 8, 9, 10, 11, 12, 14, 16 und 17 des gegenwärtigen Übereinkommens handelt;
2. zwei Drittel der Stimmen, wenn es sich um die Änderung des Artikel 13 handelt;
3. einfache Stimmenmehrheit, wenn es sich um die Auslegung der Bestimmungen des gegenwärtigen Übereinkommens handelt; doch gelten

im Falle einer Streitigkeit die im Artikel 23 des Hauptvertrags vorgesehenen Bestimmungen.

4. Die gültigen Beschlüsse werden in den beiden ersten Fällen durch eine diplomatische Erklärung, im dritten Falle durch eine Mitteilung im Verwaltungswege in der im Artikel 26 des Hauptvertrags bezeichneten Form bestätigt.

5. Die angenommenen Änderungen oder Beschlüsse treten frühestens drei Monate nach ihrer Bekanntmachung in Kraft.

Art. 16. Dauer des Übereinkommens.

1. Das gegenwärtige Übereinkommen soll am 1. Oktober 1907 in Kraft treten.

2. Es soll die gleiche Dauer haben wie der Hauptvertrag; jedem Lande ist jedoch das Recht vorbehalten, auf Grund einer von seiner Regierung bei der Regierung der Schweizerischen Eidgenossenschaft ein Jahr vorher gemachten Mitteilung von dem Übereinkommen zurückzutreten.

3. In einem solchen Falle sollen die laufenden Zeitungsbestellungen bis zum Ende der Bezugszeit nach den Bestimmungen des gegenwärtigen Übereinkommens besorgt werden.

Art. 17. Aufhebung früherer Bestimmungen; Ratifikation.

1. Mit dem Tage des Inkrafttretens des gegenwärtigen Übereinkommens werden alle früher

zwischen den Regierungen oder Verwaltungen der vertragschließenden Teile vereinbarten Bestimmungen über den Zeitungsbezug insoweit aufgehoben, als sie mit den Festsetzungen des gegenwärtigen Übereinkommens nicht im Einklange stehen; doch werden die im Artikel 11 vorbehaltenen Rechte hierdurch nicht berührt.

2. Das gegenwärtige Übereinkommen soll sobald als möglich ratifiziert werden. Die Ratifikationsurkunden sollen in Rom ausgewechselt werden.

3. Zu Urkund dessen haben die Bevollmächtigten der obenbezeichneten Länder das gegenwärtige Übereinkommen unterzeichnet zu Rom, den sechsundzwanzigsten Mai eintausendneunhundertsechs.

(Unterschriften.)

XVIII.

Gesetz

über das Telegraphenwesen des Deutschen Reichs.

Vom 6. April 1892.

RGBl. S. 467—470.
Ausgegeben zu Berlin den 12. April 1892.
Gesetzeskraft mit dem 26. April 1892.

Das TG. ist abgeändert durch die TGN. vom 7. März 1908 (Nr. XXVI).

Wir **Wilhelm**, von Gottes Gnaden Deutscher Kaiser, König von Preußen ꝛc.
verordnen im Namen des Reichs, nach erfolgter Zustimmung des Bundesrats und des Reichstags, was folgt:

§ 1. Das Recht, Telegraphenanlagen für die Vermittelung von Nachrichten zu errichten und zu betreiben, steht ausschließlich dem Reich zu. Unter Telegraphenanlagen sind die Fernsprechanlagen mit begriffen.

a. Das Telegraphenregal, dessen Feststellung den Hauptzweck des G. bildet, umfaßt nicht nur den Betrieb, sondern auch die Errichtung von Telegraphenanlagen für die Vermittelung von Nachrichten, und zwar ohne Unterschied, ob der Betrieb unentgeltlich oder gegen Bezahlung geschieht.

Durch die TGN. vom 7. März 1908 (Nr. XXVI) ist es auch auf die Funkentelegraphie sowie auf die optische und akustische Schiffstelegraphie ausgedehnt worden. Soweit nicht die Novelle anders bestimmt, gelten die Bestimmungen des TG. auch für die Funkentelegraphie. Vgl. PostG. § 1.

b. In Bayern und Württemberg steht das Telegraphenregal diesen Bundesstaaten zu. § 15.

c. Durch Kaiserliche Verordnung vom 16. Okt. 1901 (RGBl. S. 379) und vom 15. Juni 1906 (RGBl. S. 843) ist das Telegraphenregal für Kiautschou und für die übrigen deutschen Schutzgebiete eingeführt worden.

d. Wegen des Schutzes der öffentlichen Telegraphenanlagen vgl. StrGB. §§ 317—320.

§ 2. Die Ausübung des im § 1 bezeichneten Rechts kann für einzelne Strecken oder Bezirke an Privatunternehmer und muß an Gemeinden für den Verkehr innerhalb des Gemeindebezirks verliehen werden, wenn die nachsuchende Gemeinde die genügende Sicherheit für einen ordnungsmäßigen Betrieb bietet und das Reich eine solche Anlage weder errichtet hat, noch sich zur Errichtung und zum Betriebe einer solchen bereit erklärt.

Die Verleihung erfolgt durch den Reichskanzler oder die von ihm hierzu ermächtigten Behörden.

Die Bedingungen der Verleihung sind in der Verleihungsurkunde festzustellen.

a. Die Verleihung für einzelne Strecken oder Bezirke an Privatunternehmer ist dem Ermessen der zuständigen Behörden anheimgestellt, an Gemeinden muß sie für den Verkehr innerhalb des Gemeindebezirks unter den in Absatz 1 bezeichneten Voraussetzungen erteilt werden.

b. Als ordnungsmäßig würde ein den Vorschriften dieses Gesetzes und der TO. entsprechender Betrieb anzusehen sein.

c. Für das Reichspostgebiet erfolgt die Verleihung durch das Reichs-Postamt, in einzelnen Fällen durch die Ober-Postdirektionen (Erlasse des Reichskanzlers v. 5. Mai 1892 und 30. April 1902), in Bayern und Württemberg durch das Staatsministerium.

§ 3. Ohne Genehmigung des Reichs können errichtet und betrieben werden:

1. Telegraphenanlagen, welche ausschließlich dem inneren Dienste von Landes- oder Kommunalbehörden, Deichkorporationen, Siel- und Entwässerungsverbänden gewidmet sind;
2. Telegraphenanlagen, welche von Transportanstalten auf ihren Linien ausschließlich zu Zwecken ihres Betriebes oder für die Vermittelung von Nachrichten innerhalb der bisherigen Grenzen benutzt werden;
3. Telegraphenanlagen
   a) innerhalb der Grenzen eines Grundstücks,
   b) zwischen mehreren einem Besitzer gehörigen oder zu einem Betriebe vereinigten Grundstücken, deren keines von dem anderen über 25 Kilometer in der Luftlinie entfernt ist,

   wenn diese Anlagen ausschließlich für den der Benutzung der Grundstücke entsprechenden unentgeltlichen Verkehr bestimmt sind.

a. § 3 hat durch die TGN. v. 7. März 1908 (Nr. XXVI) einen zweiten Absatz erhalten. Außerdem sind §§ 3a u. 3b eingeschaltet worden.

b. Die im öffentlichen Interesse zugelassenen Befreiungen von dem Telegraphenregal (zu 1) beschränken sich auf die im Gesetz namhaft gemachten Behörden, Korporationen und Verbände.

c. Nach dem Reglement v. 7. März 1876 (ZBl. S. 156 f.) dürfen die Eisenbahn-Telegraphen-Stationen Telegramme annehmen: wenn keine Reichs-Telegraphen-Anstalt an demselben Orte ist, von jedermann; wenn eine Reichs-Telegraphen-Anstalt an demselben Orte ist, nur von solchen Personen, die mit den Zügen ankommen, abreisen oder durchreisen. In diesem Umfange und unter den sonst im Regl. v. 7. März 1876 festgesetzten Bedingungen können nunmehr von Transportanstalten auf ihren Linien Telegraphenanlagen ohne Genehmigung des Reichs für die Vermittelung von Nachrichten betrieben werden.

d. Zu 3 b vgl. „Gerichtliche Entscheidungen" (Nr. XXIX) A 23.

§ 4. Durch die Landes-Zentralbehörde wird, vorbehaltlich der Reichsaufsicht (Art. 4 Ziffer 10 der Reichsverfassung), die Kontrolle darüber geführt, daß die Errichtung und der Betrieb der im § 3 bezeichneten Telegraphenanlagen sich innerhalb der gesetzlichen Grenzen halten.

§ 5. Jedermann hat gegen Zahlung der Gebühren das Recht auf Beförderung von ordnungsmäßigen Telegrammen und auf Zulassung zu einer ordnungsmäßigen telephonischen Unterhaltung durch die für den öffentlichen Verkehr bestimmten Anlagen.

Wegen Einziehung der Gebühren vgl. FGO. (Nr. XXIII) § 8.

Vorrechte bei der Benutzung der dem öffentlichen Verkehr dienenden Anlagen und Ausschließungen von der Benutzung sind nur aus Gründen des öffentlichen Interesses zulässig.

a. Vgl. JTV. (Nr. XXII) Art. 1, TO. (Nr. XXI) § 1 und PostG. (Nr. II) § 3.

b. Der Vorrang bei der Beförderung dringender Privat-Telegramme vor den gewöhnlichen Privat-Telegrammen (TO. Nr. XXI, § 2) ist nach wie vor zulässig, da jedermann gegen Zahlung der Gebühren das Recht auf Beförderung dringender Privat-Telegramme verlangen kann.

§ 6. Sind an einem Orte Telegraphenlinien für den Ortsverkehr, sei es von der Reichs-Telegraphenverwaltung, sei es von der Gemeindeverwaltung oder von einem anderen Unternehmer, zur Benutzung gegen Entgelt errichtet, so kann jeder Eigentümer eines Grundstücks gegen Erfüllung der von jenen zu erlassenden und öffentlich bekannt zu machenden Bedingungen den Anschluß an das Lokalnetz verlangen.

Die Benutzung solcher Privatstellen durch Unbefugte gegen Entgelt ist unzulässig.

a. Die Bedingungen für die Beteiligung an den Fernsprech-Einrichtungen der Telegr.-Verwaltung sind in der FGO. nebst Ausf.-Bestimmungen, Nr. XXIII u. XXIV enthalten. Zu Abs. 2 vgl. FGO. (Nr. XXIII) § 2 Abs. 2, § 5 Abs. 4, § 9 Nr. 3.

§ 7. Die für die Benutzung von Reichs-Telegraphen- und Fernsprech-Anlagen bestehenden Gebühren können nur auf Grund eines Gesetzes erhöht werden. Ebenso ist eine Ausdehnung der gegenwärtig bestehenden Befreiungen von solchen Gebühren nur auf Grund eines Gesetzes zulässig.

a. Die Festsetzung der Gebühren für Telegramme und Fernsprechanschlüsse ist bisher gemäß Art. 48 RV. ausschließlich im Verwaltungswege erfolgt. Vgl. TO. (Nr. XXI) §§ 7 ff., ITV. (Nr. XXII) Art. 10, IFTV. (Nr. XXVII) Art. 10. Jetzt können Herabsetzungen der Gebühren nach wie vor im Verwaltungswege, allgemeine Erhöhungen dagegen nur auf Grund eines Gesetzes bewirkt werden. Infolgedessen ist die Neuregelung der Fernsprechgebühren durch Gesetz, die FGO. (Nr. XXIII), erfolgt.

b. Die Bestimmungen über die gebührenfreie Beförderung von Telegrammen sind durch die Kaiserliche Verordnung vom 2. Juni 1877, Nr. XXVIII, festgesetzt. Eine Ausdehnung der Befreiungen ist nur auf Grund eines Gesetzes zulässig. Vgl. PortofreiheitsG. § 10.

c. § 7 Satz 1 findet bis zum 1. Juli 1913 auf den funkentelegraphischen Verkehr keine Anwendung (vgl. Ziffer 3 der TGN. v. 7. März 1908, Nr. XXVI).

§ 8. Das Telegraphengeheimnis ist unverletzlich, vorbehaltlich der gesetzlich für strafgerichtliche Untersuchungen, im Konkurse und in zivilprozessualischen Fällen oder sonst durch Reichsgesetz festgestellten Ausnahmen. Dasselbe erstreckt sich auch darauf, ob und zwischen welchen Personen telegraphische Mitteilungen stattgefunden haben.

a. ITV. (Nr. XXII) Art. 2, Strafprozeßordnung §§ 99—101, Konkursordnung § 121 in der Fassung v. 20. Mai 1898, RGBl. S. 612, Militär-Strafgerichtsordnung v. 1. Dez. 1898 §§ 233 f., RGBl. S. 1189. Vgl. PostG. (Nr. II) § 5.

b. Verletzung des Telegraphengeheimnisses bildet für Telegraphenbeamte ein Amtsvergehen und wird gemäß StrGB. § 355 bestraft.

§ 9. Mit Geldstrafe bis zu eintausendfünfhundert Mark oder mit Haft oder mit Gefängnis bis zu sechs Monaten wird bestraft, wer vorsätzlich entgegen den Bestimmungen dieses Gesetzes eine Telegraphenanlage errichtet oder betreibt.

§ 10. Mit Geldstrafe bis zu einhundertundfünfzig Mark wird bestraft, wer den in Gemäßheit des § 4 erlassenen Kontrollvorschriften zuwiderhandelt.

§ 11. Die unbefugt errichteten oder betriebenen Anlagen sind außer Betrieb zu setzen oder zu beseitigen. Den Antrag auf Einleitung des hierzu nach Maßgabe der Landesgesetzgebung erforderlichen Zwangsverfahrens stellt der Reichskanzler, oder die vom Reichskanzler dazu ermächtigten Behörden.

Der Rechtsweg bleibt vorbehalten.

Durch die Beschreitung des Rechtweges wird das Zwangsverfahren nicht aufgehalten.

§ 12. Elektrische Anlagen sind, wenn eine Störung des Betriebes der einen Leitung durch die andere eingetreten oder zu befürchten ist, auf Kosten desjenigen Teiles, welcher durch eine spätere Anlage oder durch eine später eintretende Änderung seiner bestehenden Anlage diese Störung oder die Gefahr derselben veranlaßt, nach Möglichkeit so auszuführen, daß sie sich nicht störend beeinflussen.

a. Vgl. TelegraphenwegeG. (Nr. XIX) §§ 5 u. 6.

b. In Preußen sind die Verwaltungsbehörden durch Zirkular v. 16. März 1886 (Minist.-Blatt für die innere Verwaltung S. 85) angewiesen, die für elektrische Anlagen erforderliche straßenbau- und verkehrspolizeiliche Erlaubnis nicht zu erteilen, ohne wegen der im Interesse der Reichs-Telegraphenverwaltung zu stellenden besonderen Bedingungen mit der beteiligten Ober-Postdirektion in Verbindung getreten zu sein. Bei Genehmigung elektrischer Kleinbahnen auf preußischem Staatsgebiet haben die im Runderlaß des preußischen Ministers der öffentlichen Arbeiten v. 31. Dezember 1896 festgestellten Bedingungen nebst den beigegebenen „Vorschriften zum Schutze der Reichs-Telegraphen- und Fernsprechanlagen, welche beim Bau und Betrieb elektrischer, mit Gleichstrom betriebener Straßen- und Kleinbahnen zu beachten sind“, als Grundlage zu dienen.

c. Zur Auslegung des § 12 vgl. „Gerichtliche Entscheidungen“ (Nr. XXIX) A 18, 19 u. 20.

§ 13. Die auf Grund der vorstehenden Bestimmung entstehenden Streitigkeiten gehören vor die ordentlichen Gerichte.

Das gerichtliche Verfahren ist zu beschleunigen (§§ 198, 202 bis 204 der Reichs-Zivilprozeßordnung). Der Rechtsstreit gilt als Feriensache (§ 202 des Gerichtsverfassungsgesetzes, § 201 der Reichs-Zivilprozeßordnung).

Jetzt §§ 221, 224—226 und 223 der ZPO. in der Fassung v. 20. Mai 1898, RGBl. 410 ff.

§ 14. Das Reich erlangt durch dieses Gesetz keine weitergehenden als die bisher bestehenden Ansprüche auf die Verfügung über fremden Grund und Boden, insbesondere über öffentliche Wege und Straßen.

Die Materie ist jetzt geregelt durch das TelegraphenwegeG. (Nr. XIX). Vgl. auch Ausf.-Bestimmungen zur FGO. (Nr. XXIV) Ziffer 2.

§ 15. Die Bestimmungen dieses Gesetzes gelten für Bayern und Württemberg mit der Maßgabe, daß für ihre Gebiete die für das Reich festgestellten Rechte diesen Bundesstaaten zustehen und daß die Bestimmungen des § 7 auf den inneren Verkehr dieser Bundesstaaten keine Anwendung finden.

Urkundlich unter Unserer Höchsteigenhändigen Unterschrift und beigedrucktem Kaiserlichen Insiegel.

Gegeben im Schloß zu Berlin, den 6. April 1892.

(L. S.) **Wilhelm.**

Graf von Caprivi.

XIX.

Telegraphenwege-Gesetz.

Vom 18. Dezember 1899.

(RGBl. S. 705.)

Gesetzeskraft mit dem 1. Januar 1900 (§ 19).

(Begründung zu dem Entwurf des G., Drucksachen des Deutschen Reichstags, 10. Legislatur-Periode, I. Session 1898/1900 Nr. 17a, Kommissionsber. ebenda Nr. 498.)

Wir **Wilhelm**, von Gottes Gnaden Deutscher Kaiser, König von Preußen ꝛc.

verordnen im Namen des Reichs, nach erfolgter Zustimmung des Bundesrats und des Reichstags, was folgt:

§ 1. Die Telegraphenverwaltung ist befugt, die Verkehrswege für ihre zu öffentlichen Zwecken dienenden Telegraphenlinien zu benutzen, soweit nicht dadurch der Gemeingebrauch der Verkehrswege dauernd beschränkt wird. Als Verkehrswege im Sinne dieses Gesetzes gelten, mit Einschluß des Luftraums und des Erdkörpers, die öffentlichen Wege, Plätze, Brücken und die öffentlichen Gewässer nebst deren dem öffentlichen Gebrauche dienenden Ufern.

Unter Telegraphenlinien sind die Fernsprechlinien mitbegriffen.

a. Der Begriff der zu öffentlichen Zwecken dienenden Telegraphenlinien ist derselbe wie in den §§ 317 u. 318 StrGB. Vgl. RGSt. Bd. 29 S. 244. Die Telegraphenlinien der Privatunternehmer (§§ 2 u. 3 des TG. [Nr. XVIII]) fallen nicht unter das TelegraphenwegeG.

b. Der Begriff der öffentlichen Wege, Plätze, Brücken und Gewässer richtet sich nach dem Landesrecht. Vgl. § 15.

c. Unter dem Luftraum über den öffentlichen Wegen und dem Erdkörper unter solchen Wegen ist nur der in gerader Linie darüber und darunter befindliche Raum zu verstehen.

d. Vgl. „Gerichtliche Entscheidungen" (Nr. XXIX) A 17.

e. Wegen des Begriffs „Telegraphenverwaltung" vgl. §§ 16 u. 17.

f. Unter „Telegraphenlinien" sind „oberirdische" und „unterirdische" zu verstehen.

§ 2. Bei der Benutzung der Verkehrswege ist eine Erschwerung ihrer Unterhaltung und eine vorübergehende Beschränkung ihres Gemeingebrauchs nach Möglichkeit zu vermeiden.

Wird die Unterhaltung erschwert, so hat die Telegraphenverwaltung dem Unterhaltungspflichtigen die aus der Erschwerung erwachsenden Kosten zu ersetzen.

Nach Beendigung der Arbeiten an der Telegraphenlinie hat die Telegraphenverwaltung den Verkehrsweg sobald als möglich wieder instand zu setzen, sofern nicht der Unterhaltungspflichtige erklärt hat, die Instandsetzung selbst vornehmen zu wollen. Die Telegraphenverwaltung hat dem Unterhaltungspflichtigen die Auslagen für die von ihm vorgenommene Instandsetzung zu vergüten und den durch die Arbeiten an der Telegraphenlinie entstandenen Schaden zu ersetzen.

§ 3. Ergibt sich nach Errichtung einer Telegraphenlinie, daß sie den Gemeingebrauch eines Verkehrswegs, und zwar nicht nur vorübergehend, beschränkt oder die Vornahme der zu seiner Unterhaltung erforderlichen Arbeiten verhindert oder der Ausführung einer von dem Unterhaltungspflichtigen beabsichtigten Änderung des Verkehrswegs entgegensteht, so ist die Telegraphenlinie, soweit erforderlich, abzuändern oder gänzlich zu beseitigen.

Soweit ein Verkehrsweg eingezogen wird, erlischt die Befugnis der Telegraphenverwaltung zu seiner Benutzung.

In allen diesen Fällen hat die Telegraphenverwaltung die gebotenen Änderungen an der Telegraphenlinie auf ihre Kosten zu bewirken.

a. Die Voraussetzungen und das Verfahren für die Einziehung oder Verlegung eines Verkehrsweges richten sich nach dem Landesrecht.

b. Vgl. § 13 Abs. 4.

§ 4. Die Baumpflanzungen auf und an den Verkehrswegen sind nach Möglichkeit zu schonen, auf das Wachstum der Bäume ist tunlichst Rücksicht zu nehmen. Ausästungen können nur insoweit verlangt werden, als sie zur Herstellung der Telegraphenlinien oder zur Verhütung von Betriebsstörungen erforderlich sind; sie sind auf das unbedingt notwendige Maß zu beschränken.

Die Telegraphenverwaltung hat dem Besitzer der Baumpflanzungen eine angemessene Frist zu setzen, innerhalb welcher er die Ausästungen selbst vornehmen kann. Sind die Ausästungen innerhalb der Frist nicht oder nicht genügend vorgenommen, so bewirkt die Telegraphenverwaltung die Ausästungen. Dazu ist sie auch berechtigt, wenn es sich um die dringliche Verhütung oder Beseitigung einer Störung handelt.

Die Telegraphenverwaltung ersetzt den an den Baumpflanzungen verursachten Schaden und die Kosten der auf ihr Verlangen vorgenommenen Ausästungen.

a. Wegen der Ausästung vgl. Ausführungs-Bestimmungen (Nr. XX) 1.

Zum Fällen von Bäumen ist die Telegraphenverwaltung nicht berechtigt.

b. Der Schaden bestimmt sich nach BGB. §§ 251—256.

§ 5. Die Telegraphenlinien sind so auszuführen, daß sie vorhandene besondere Anlagen (der Wegeunterhaltung dienende Einrichtungen, Kanalisations-, Wasser-, Gasleitungen, Schienenbahnen, elektrische Anlagen und dergleichen) nicht störend beeinflussen. Die aus der Herstellung erforderlicher Schutzvorkehrungen erwachsenden Kosten hat die Telegraphenverwaltung zu tragen.

Die Verlegung oder Veränderung vorhandener besonderer Anlagen kann nur gegen Entschädigung und nur dann verlangt werden, wenn die Benutzung des Verkehrswegs für die Telegraphenlinie sonst unterbleiben müßte und die besondere Anlage anderweit ihrem Zwecke entsprechend untergebracht werden kann.

Auch beim Vorhandensein dieser Voraussetzungen hat die Benutzung des Verkehrswegs für die Telegraphenlinie zu unterbleiben, wenn der aus der Verlegung oder Veränderung der besonderen Anlage entstehende Schaden gegenüber den Kosten, welche der Telegraphenverwaltung aus der Benutzung eines anderen ihr zur Verfügung stehenden Verkehrswegs erwachsen, unverhältnismäßig groß ist.

Diese Vorschriften finden auf solche in der Vorbereitung befindliche besondere Anlagen, deren Herstellung im öffentlichen Interesse liegt, entsprechende Anwendung. Eine Entschädigung auf Grund des Abs. 2 wird nur bis zu dem Betrage der Aufwendungen gewährt, die durch die Vorbereitung entstanden sind. Als in der Vorbereitung begriffen gelten Anlagen, sobald sie auf Grund eines im einzelnen ausgearbeiteten Planes die Genehmigung des Auftraggebers und, soweit erforderlich, die Genehmigungen der zuständigen Behörden und des Eigentümers oder des sonstigen Nutzungsberechtigten des in Anspruch genommenen Weges erhalten haben.

a. Vgl. TG. (Nr. XVIII) § 12.

b. Wegen Mitwirkung der Telegraphenverwaltung bei der Genehmigung von Kleinbahnen in Preußen vgl. die §§ 4 und 8 des Preußischen KleinbahnG. v. 28. Juli 1892

(PrGS. S. 225), und wegen der elektrischen Kleinbahnen TG. Nr. XVIII, § 12 Anm. b.

c. Wegen der Entschädigung vgl. § 13.

d. § 5 behandelt die Fälle, in denen die besonderen Anlagen vorhanden sind und die Telegraphenlinien neu angelegt werden, § 6 die umgekehrten Fälle, wenn die Telegraphenlinien vorhanden und die besonderen Anlagen später hinzukommen.

§ 6. Spätere besondere Anlagen sind nach Möglichkeit so auszuführen, daß sie die vorhandenen Telegraphenlinien nicht störend beeinflussen.

Dem Verlangen der Verlegung oder Veränderung einer Telegraphenlinie muß auf Kosten der Telegraphenverwaltung stattgegeben werden, wenn sonst die Herstellung einer späteren besonderen Anlage unterbleiben müßte oder wesentlich erschwert werden würde, welche aus Gründen des öffentlichen Interesses, insbesondere aus volkswirtschaftlichen oder Verkehrsrücksichten, von den Wegeunterhaltungspflichtigen oder unter überwiegender Beteiligung eines oder mehrerer derselben zur Ausführung gebracht werden soll. Die Verlegung einer nicht lediglich dem Orts-, Vororts- oder Nachbarortsverkehr dienenden Telegraphenlinie kann nur dann verlangt werden, wenn die Telegraphenlinie ohne Aufwendung unverhältnismäßig hoher Kosten anderweitig ihrem Zwecke entsprechend untergebracht werden kann.

Muß wegen einer solchen späteren besonderen Anlage die schon vorhandene Telegraphenlinie mit Schutzvorkehrungen versehen werden, so sind die dadurch entstehenden Kosten von der Telegraphenverwaltung zu tragen.

Überläßt ein Wegeunterhaltungspflichtiger seinen Anteil einem nicht unterhaltungspflichtigen Dritten, so sind der Telegraphenverwaltung die durch die Verlegung oder Veränderung oder durch die Herstellung der Schutzvorkehrungen erwachsenden Kosten, soweit sie auf dessen Anteil fallen, zu erstatten.

Die Unternehmer anderer als der in Abs. 2 bezeichneten besonderen Anlagen haben die aus der Verlegung oder Veränderung der vorhandenen Telegraphenlinien oder aus der Herstellung der erforderlichen Schutzvorkehrungen an solchen erwachsenden Kosten zu tragen.

Auf spätere Änderungen vorhandener besonderer Anlagen finden die Vorschriften der Abs. 1 bis 5 entsprechende Anwendung.

a. Vgl. § 5 Anm. a.

b. Wegen des Begriffs „besondere Anlagen" vgl. § 5 Abs. 1.

c. Zur Auslegung des § 6 vgl. „Gerichtliche Entscheidungen" (Nr. XXIX) A 21 u. 22.

d. Vgl. § 5 Anm. d.

§ 7. Vor der Benutzung eines Verkehrswegs zur Ausführung neuer Telegraphenlinien oder wesentlicher Änderungen vorhandener Telegraphenlinien hat die Telegraphenverwaltung einen Plan aufzustellen. Der Plan soll die in Aussicht genommene Richtungslinie, den Raum, welcher für die oberirdischen oder unterirdischen Leitungen in Anspruch genommen wird, bei oberirdischen Linien auch die Entfernung der Stangen von einander und deren Höhe, soweit dies möglich ist, angeben.

Der Plan ist, sofern die Unterhaltungspflicht an dem Verkehrsweg einem Bundesstaat, einem Kommunalverband oder einer anderen Körperschaft des öffentlichen Rechtes obliegt, dem Unterhaltungspflichtigen, andernfalls der unteren Verwaltungsbehörde mitzuteilen; diese hat, soweit tunlich, die Unterhaltungspflichtigen von dem Eingange des Planes zu benachrichtigen. Der Plan ist in allen Fällen, in denen die Verlegung oder Veränderung einer der im § 5 bezeichneten Anlagen verlangt wird oder die Störung einer solchen Anlage zu erwarten ist, dem Unternehmer der Anlage mitzuteilen.

Außerdem ist der Plan bei den Post- oder Telegraphenämtern, soweit die Telegraphenlinie deren Bezirke berührt, auf die Dauer von vier Wochen öffentlich auszulegen. Die Zeit der Auslegung soll mindestens in einer der Zeitungen, welche im betreffenden Bezirke zu den Veröffentlichungen der unteren Verwaltungsbehörden dienen, bekannt gemacht werden. Die Auslegung kann unterbleiben, soweit es sich lediglich um die Führung von Telegraphenlinien durch den Luftraum über den Verkehrswegen handelt.

a. Vgl. Ausf.-Bestimmungen (Nr. XX) 2, 3, 4.

b. Untere Verwaltungsbehörden sind in Preußen die Landräte und in den Stadtkreisen die Gemeindevorstände, höhere Verwaltungsbehörden die Regierungspräsidenten. Für die übrigen Bundesstaaten vgl. ADA. II Abt. 2 Anl. 2. Die Bestimmungen hierüber sind durch die Landeszentralbehörden getroffen (§ 14).

§ 8. Die Telegraphenverwaltung ist zur Ausführung des Planes befugt, wenn nicht gegen diesen von den Beteiligten binnen vier Wochen bei der Behörde, welche den Plan ausgelegt hat, Einspruch erhoben wird.

Die Einspruchsfrist beginnt für diejenigen, denen der Plan gemäß den Vorschriften des § 7 Abs. 2 mitgeteilt ist, mit der Zustellung, für andere Beteiligte mit der öffentlichen Auslegung.

Der Einspruch kann nur darauf gestützt werden, daß der Plan eine Verletzung der Vorschriften der §§ 1 bis 5 dieses Gesetzes oder der auf Grund des § 18 erlassenen Anordnungen enthält.

Über den Einspruch entscheidet die höhere Verwaltungsbehörde. Gegen die Entscheidung findet, sofern die höhere Verwaltungsbehörde nicht zugleich Landes-Zentralbehörde ist, binnen einer Frist von zwei Wochen nach der Zustellung die Beschwerde an die Landes-Zentralbehörde statt. Die Landes-Zentralbehörde hat in allen Fällen vor der Entscheidung die Zentral-Telegraphenbehörde zu hören. Auf Antrag der Telegraphenverwaltung kann die Entscheidung der höheren Verwaltungsbehörde für vorläufig vollstreckbar erklärt werden. Wird eine für vorläufig vollstreckbar erklärte Entscheidung aufgehoben oder abgeändert, so ist die Telegraphenverwaltung zum Ersatze des Schadens verpflichtet, der dem Gegner durch die Ausführung der Telegraphenlinie entstanden ist.

a. Vgl. Ausf.-Bestimmungen (Nr. XX) 5.

b. Die Einwände, die gegen den Plan erhoben werden können, müssen sich aus §§ 1—2, 4—5 herleiten; sie können von jedermann, der ein Interesse daran hat, geltend gemacht werden.

c. Vgl. § 7 Anm. b.

d. Wegen der Entschädigung vgl. § 13.

e. Neben dem Schaden werden auch die Kosten des Streitverfahrens ersetzt.

§ 9. Auf Verlangen einer Landes-Zentralbehörde ist den von ihr bezeichneten öffentlichen Behörden Kenntnis von dem Plane durch Mitteilung einer Abschrift zu geben.

§ 10. Wird ohne wesentliche Änderung vorhandener Telegraphenlinien die Überschreitung des in dem ursprünglichen Plane für die Leitungen in Anspruch genommenen Raumes beabsichtigt und ist davon eine weitere Beeinträchtigung der Baumpflanzungen durch Ausästungen zu befürchten, so ist den Eigentümern der Baumpflanzungen vor der Ausführung Gelegenheit zur Wahrnehmung ihrer Interessen zu geben.

a. Wegen des Begriffs „wesentliche Änderungen" vgl. Ausf.-Bestimmungen (Nr. XX) 2.

b. Die Entscheidung hinsichtlich der vom Besitzer erhobenen Bedenken steht der Telegr.-Verwaltung zu.

c. Wegen der Ausästungen und des Schadensersatzes vgl. § 4.

§ 11. Die Reichs-Telegraphenverwaltung kann die Straßenbau- und Polizeibeamten mit der Beaufsichtigung und vorläufigen Wiederherstellung der Telegraphenleitungen nach näherer Anweisung der Landes-Zentralbehörde beauftragen; sie hat dafür den Beamten im Einvernehmen mit der ihnen vorgesetzten Behörde eine besondere Vergütung zu zahlen.

Vgl. Ausf.-Bestimmungen (Nr. XX) 6.

§ 12. Die Telegraphenverwaltung ist befugt, Telegraphenlinien durch den Luftraum über Grundstücken, die nicht Verkehrswege im Sinne dieses Gesetzes sind, zu führen, soweit nicht dadurch die Benutzung des Grundstücks nach den zur Zeit der Herstellung der Anlage bestehenden Verhältnissen wesentlich beeinträchtigt wird. Tritt später eine solche Beeinträchtigung ein, so hat die Telegraphenverwaltung auf ihre Kosten die Leitungen zu beseitigen.

Beeinträchtigungen in der Benutzung eines Grundstücks, welche ihrer Natur nach lediglich vorübergehend sind, stehen der Führung der Telegraphenlinien durch den Luftraum nicht entgegen, doch ist der entstehende Schaden zu ersetzen. Ebenso ist für Beschädigungen des Grundstücks und seines Zubehörs, die infolge der Führung der Telegraphenlinien durch den Luftraum eintreten, Ersatz zu leisten.

Die Beamten und Beauftragten der Telegraphenverwaltung, welche sich als solche ausweisen, sind befugt, zur Vornahme notwendiger Arbeiten an

Telegraphenlinien, insbesondere zur Verhütung und Beseitigung von Störungen, die Grundstücke nebst den darauf befindlichen Baulichkeiten und deren Dächern mit Ausnahme der abgeschlossenen Wohnräume während der Tagesstunden nach vorheriger schriftlicher Ankündigung zu betreten. Der dadurch entstehende Schaden ist zu ersetzen.

a. Vgl. Bürgerl. Gesetzbuch § 905.

b. Ein Recht zur Aufstellung von Gestängen und Stützpunkten auf Gebäuden und Grundstücken gibt der § 12 der Telegraphenverwaltung nicht. Vgl. Ausf.-Bestimmungen zur FGO. (Nr. XXIV) 2.

c. § 12 findet auch auf das Eisenbahngelände Anwendung, wenn nichts anderes vereinbart ist (vgl. § 15).

d. Wegen Berechnung des Schadens vgl. § 4 Anm. b.

e. Das Betreten der Grundstücke usw. ist auch zulässig zur Herstellung einer neuen Linie.

§ 13. Die auf den Vorschriften dieses Gesetzes beruhenden Ersatzansprüche verjähren in zwei Jahren. Die Verjährung beginnt mit dem Schlusse des Jahres, in welchem der Anspruch entstanden ist.

Ersatzansprüche aus den §§ 2, 4, 5 und 6 sind bei der von der Landes-Zentralbehörde bestimmten Verwaltungsbehörde geltend zu machen. Diese setzt die Entschädigung vorläufig fest.

Gegen die Entscheidung der Verwaltungsbehörde steht binnen einer Frist von einem Monat nach der Zustellung des Bescheids die gerichtliche Klage zu.

Für alle anderen Ansprüche steht der Rechtsweg sofort offen.

a. Verwaltungsbehörden im Sinne des Abs. 2 sind in

Preußen die Regierungspräsidenten. Für die übrigen Bundesstaaten vgl. ADA. II. Abt. 2 Anl. 2.

b. Die Verwaltungsbehörde hat hinsichtlich der Ansprüche aus § 4 vor der gerichtlichen Entscheidung darüber zu befinden, ob und wem gegenüber eine Ersatzpflicht besteht.

§ 14. Die Bestimmung darüber, welche Behörden in jedem Bundesstaat untere und höhere Verwaltungsbehörden im Sinne dieses Gesetzes sind, steht der Landes-Zentralbehörde zu.

Vgl. Anm. b zu § 7 und Anm. a zu § 13.

§ 15. Die bestehenden Vorschriften und Vereinbarungen über die Rechte der Telegraphenverwaltung zur Benutzung des Eisenbahngeländes werden durch dieses Gesetz nicht berührt.

a. Die Verpflichtungen der Eisenbahnen im Interesse der Reichstelegraphie sind durch Bundesratsbeschluß v. 21. Dez. 1868 festgesetzt (Handb. für Post und Telegraphie, Berlin 1900 bei v. Decker, S. 293 und ADA. II Abt. 2).

b. Kleinbahnen auf öffentlichen Wegen fallen unter die §§ 1—8, auf privatem Grund und Boden unter § 12.

§ 16. Telegraphenverwaltung im Sinne dieses Gesetzes ist die Reichs-Telegraphenverwaltung, die Königlich bayerische und die Königlich württembergische Telegraphenverwaltung.

§ 17. Die Vorschriften dieses Gesetzes finden auf Telegraphenlinien, welche die Militärverwaltung oder die Marineverwaltung für ihre Zwecke herstellen läßt, entsprechende Anwendung.

§ 18. Unter Zustimmung des Bundesrats kann der Reichskanzler Anordnungen treffen:

1. über das Maß der Ausästungen;

2. darüber, welche Änderungen der Telegraphenlinien im Sinne des § 7 Abs. 1 als wesentlich anzusehen sind;
3. über die Anforderungen, welche an den Plan auf Grund des § 7 Abs. 1 im einzelnen zu stellen sind;
4. über die unter Zuziehung der Beteiligten vorzunehmenden Ortsbesichtigungen und über die dabei entstehenden Kosten;
5. über das Einspruchsverfahren und die dabei entstehenden Kosten;
6. über die Höhe der den Straßenbau- und Polizeibeamten zu gewährenden Vergütungen für die im Interesse der Reichs-Telegraphenverwaltung geforderten Dienstleistungen.

Vgl. Nr. XX.

§ 19. Dieses Gesetz tritt am 1. Januar 1900 in Kraft.

Auf die vorhandenen, zu öffentlichen Zwecken dienenden Linien der Telegraphenverwaltung (§§ 16 und 17) findet dieses Gesetz Anwendung, soweit nicht entgegenstehende besondere Vereinbarungen getroffen sind.

Urkundlich unter Unserer Höchsteigenhändigen Unterschrift und beigedrucktem Kaiserlichen Insiegel.

Gegeben Neues Palais, den 18. Dezember 1899.

(L. S.) **Wilhelm.**

Fürst zu Hohenlohe.

XX.

Ausführungsbestimmungen
zum
Telegraphenwege-Gesetze.

Vom 26. Januar 1900.
(RGBl. S. 7.)

Auf Grund des § 18 des Telegraphenwege-Gesetzes vom 18. Dezember 1899 (Reichs-Gesetzbl. S. 705) wird nach Zustimmung des Bundesrats folgendes angeordnet:

1. Die Ausästungen sind in dem Maße zu bewirken, daß die Baumpflanzungen mindestens 60 Zentimeter nach allen Richtungen von den Leitungen entfernt sind. Ausästungen über die Entfernung von 1 Meter im Umkreise der Leitungen können nicht verlangt werden. Innerhalb dieser Grenzen sind die Ausästungen soweit vorzunehmen, als zur Sicherung des Telegraphenbetriebs erforderlich ist.
2. Wesentliche Änderungen der Telegraphenlinien im Sinne des § 7 Abs. 1 sind:

A. bei oberirdischen Linien, für deren Stützpunkte die Verkehrswege benutzt werden, die Umwandelung einer Linie mit einfachen Gestängen in eine solche mit Doppelgestängen,

die erstmalige Ausrüstung des Gestänges mit Querträgern, wenn diese weiter als 60 Zentimeter von der Stange seitlich ausladen,

die Änderung der Richtungslinie, insbesondere die Umlegung der Linie von der einen auf die andere Seite des Verkehrswegs;

B. bei oberirdischen Linien, welche die Verkehrswege nur im Luftraum überschreiten,

die Änderung der Richtungslinie.

Beschränken sich die unter A und B bezeichneten Änderungen auf einzelne Stützpunkte, so sind sie als wesentliche nicht anzusehen.

C. bei unterirdischen Linien,

die Vermehrung, Vergrößerung oder Umlegung der zur Aufnahme der Kabel dienenden Kanäle,

die Vermehrung oder Umlegung der unmittelbar in den Erdboden eingebetteten Kabel.

Umlegungen auf kurzen Strecken, welche mit Zustimmung des Wegeunterhaltungspflichtigen sowie der Unternehmer der von der Umlegung betroffenen besonderen Anlagen geschehen, sind als wesentliche Änderungen nicht anzusehen.

3. Der nach § 7 Abs. 1 aufzustellende Plan soll im einzelnen folgenden Anforderungen entsprechen:

Er soll eine Wegezeichnung im Maßstabe von mindestens 1 : 50000 enthalten, in welche die Richtung der Telegraphenlinie eingetragen ist und aus der sich erkennen läßt, welcher Teil des Verkehrswegs benutzt werden soll. Ferner sind in dem Plane anzugeben:

A. bei oberirdischen Linien, für deren Stützpunkte die Verkehrswege benutzt werden,
   - der mittlere Stangenabstand,
   - die für die Linie oder für deren einzelne Teile in Aussicht genommenen Stangenlängen,
   - das Stangenbild,
   - bei Kreuzungen der Wege die Mindesthöhe des untersten Drahtes über der Oberfläche des Verkehrswegs, im übrigen die Mindesthöhe des untersten Drahtes über dem Fußpunkte der Stange;

B. bei oberirdischen Linien, welche die Verkehrswege nur im Luftraum überschreiten,
   - die Bezeichnung der beiden seitlichen Stützpunkte,
   - deren Stangenbild,
   - die Mindesthöhe des untersten Drahtes über der Oberfläche des Verkehrswegs;

C. bei unterirdischen Linien,

die Tiefe des Kabellagers unter der Oberfläche des Verkehrswegs,

die Art und Größe der zur Einbettung der Kabel etwa herzustellenden Kanäle.

Wird die Umlegung oder Veränderung vorhandener oder solcher in der Vorbereitung befindlicher besonderer Anlagen verlangt, deren Herstellung im öffentlichen Interesse liegt, so ist in dem Plane darauf hinzuweisen.

Die Behörde, welche den Plan auslegt, hat ihn mit ihrer Unterschrift zu versehen. Die Post- oder Telegraphenämter, bei welchen der Plan ausgelegt wird, haben den ersten Tag der Auslegung auf dem Plane zu vermerken.

4. Die Telegraphenverwaltung hat vor der Feststellung des Planes auf Verlangen eines der Beteiligten, welchen nach § 7 Abs. 2 der Plan besonders mitzuteilen ist, bei einer Ortsbesichtigung mitzuwirken. Die Kosten der Ortsbesichtigung trägt die Telegraphenverwaltung.

Den Beteiligten wird für ihr Erscheinen oder für ihre Vertretung vor der Behörde eine Entschädigung nicht gewährt.

5. Für das Einspruchsverfahren gelten folgende Bestimmungen:

A. Der Einspruch ist schriftlich oder zu Protokoll zu erklären. Die Einspruchsschrift soll die zur Begründung des Einspruchs dienenden Tatsachen enthalten.

Zur Entgegennahme des Einspruchs sind an Stelle der Behörde, die den Plan ausgelegt hat, auch die Post- und Telegraphenämter ermächtigt, bei denen der Plan ausgelegt ist.

B. Nach Ablauf der Einspruchsfrist werden die Einsprüche gegen den Plan, sofern dies die Behörde, die den Plan ausgelegt hat, zur Aufklärung der Sachlage oder zur Herbeiführung einer Verständigung für zweckdienlich erachtet, in einem Termine vor einem Beauftragten der genannten Behörde erörtert.

C. Zu dem Termine werden diejenigen, welche Einspruch erhoben haben, vorgeladen.

Denjenigen, welchen der Plan gemäß § 7 Abs. 2 mitgeteilt ist, wird von dem Termine Kenntnis gegeben.

Die Erschienenen werden mit ihren Erklärungen zu Protokoll gehört.

Der Beauftragte hat die Verhandlungen nach ihrem Abschlusse der Behörde, die den Plan ausgelegt hat, einzureichen.

D. Die Behörde, die den Plan ausgelegt hat, übersendet die Verhandlungen, sofern die erhobenen Einsprüche nicht zurückgenommen sind, der höheren Verwaltungsbehörde.

E. Die höhere Verwaltungsbehörde entscheidet auf Grund der ihr übersandten Verhandlungen und des Ergebnisses der etwa weiter von ihr angestellten Ermittelungen.

Sie hat ihre Entscheidung der Behörde, die den Plan ausgelegt hat, sowie denjenigen, welche Einspruch erhoben haben, zuzustellen.

F. Die Beschwerde ist bei der höheren Verwaltungsbehörde, deren Entscheidung angefochten werden soll, oder bei der Landes-Zentralbehörde schriftlich einzulegen und zu rechtfertigen.

G. Zustellungen erfolgen unter entsprechender Anwendung der §§ 208 bis 213 der Zivilprozeßordnung (Reichs-Gesetzbl. 1898 S. 410 ff.).

H. Die in dem Einspruchsverfahren zugezogenen Zeugen und Sachverständigen erhalten Gebühren nach Maßgabe der Gebührenordnung für Zeugen und Sachverständige (Reichs-Gesetzbl. 1898 S. 689 ff.).

J. Im Einspruchsverfahren kommen Gebühren und Stempel nicht zum Ansatze.

Die durch unbegründete Einwendungen erwachsenen Kosten fallen demjenigen zur Last, der sie verursacht hat; die übrigen Kosten trägt die Telegraphenverwaltung. Die Bestimmung der Nr. 4 Abs. 2 findet Anwendung.

K. Im Einspruchsverfahren ist von Amts wegen über die Verpflichtung zur Tragung der entstandenen Kosten und über die Höhe der zu erstattenden Beträge zu entscheiden.

Die Kosten werden durch Vermittelung der höheren Verwaltungsbehörde in derselben Weise beigetrieben wie Gemeindeabgaben.

L. Das Einspruchsverfahren ist in allen Instanzen als schleunige Angelegenheit zu behandeln.

6. Soweit den Straßenbau- und Polizeibeamten die Beaufsichtigung und die vorläufige Wiederherstellung der Reichs-Telegraphenleitungen übertragen wird, erhalten sie dafür eine Vergütung von 3 Mark bis 4 Mark für das Jahr und das Kilometer Linie. Für die Ermittelung der Täter vorsätzlicher oder fahrlässiger Beschädigungen der Reichs-Telegraphenlinien erhalten die Straßenbau- und Polizeibeamten Belohnungen bis zur Höhe von 15 Mark.

Durch diese Bestimmung hat der Bundesratsbeschluß vom 25. Juni 1869, betreffend die Verpflichtung der Straßenbauverwaltung im Interesse der Telegraphenanlagen, seine Wirksamkeit verloren.

Berlin, den 26. Januar 1900.

Der Reichskanzler.

In Vertretung:
von Podbielski.

XXI.

Telegraphenordnung

vom 16. Juni 1904.

(ZBl. S. 229ff.)

---

a. Die TO. v. 16. Juni 1904, die am 1. Juli 1904 an die Stelle der seit dem 1. Juli 1897 gültig gewesenen TO. v. 9. Juni 1897 getreten ist, hat durch die Verordnung des Reichskanzlers v. 14. März 1905 (ZBl. S. 56) eine Abänderung erfahren, die in dem Text berücksichtigt ist.

b. Auf den innern Verkehr in Bayern und in Württemberg findet die TO. keine Anwendung, wohl aber auf den Verkehr zwischen dem Reichs-Telegraphengebiet einerseits, Bayern und Württemberg andererseits, sowie zwischen Bayern und Württemberg. RV. Art. 52.

c. Für den Gebrauch der Funkentelegraphie im öffentlichen Verkehr ist unterm 30. März 1905 eine besondere „Vorschrift" erlassen worden (ABl. S. 57).

Auf Grund der Artikel 48 und 52 der Reichsverfassung wird nachstehende Telegraphenordnung erlassen:

§ 1. Benutzung des Telegraphen.

I. Die Benutzung der für den öffentlichen Verkehr bestimmten Telegraphen steht jedermann zu. Die Verwaltung hat jedoch das Recht, ihre Linien und Anstalten zeitweise ganz oder zum Teil für alle oder für gewisse Gattungen von Telegrammen zu schließen.

Vgl. TG. (Nr. XVIII) § 5, ITV. (Nr. XXII) Art. 1 u. 8, Ausf.-Bestimmungen zur FGO. (Nr. XXIV) 5.

II. Privattelegramme, deren Inhalt gegen die Gesetze verstößt oder aus Rücksichten des öffentlichen Wohles oder der Sittlichkeit für unzulässig erachtet wird, werden zurückgewiesen. Die Entscheidung über die Zulässigkeit des Inhalts steht dem Vorsteher der Aufgabeanstalt, der Zwischen- oder Ankunftsanstalt oder dessen Vertreter, in zweiter Instanz der dieser Anstalt vorgesetzten Telegraphenbehörde und in letzter Instanz der obersten Telegraphenbehörde zu; gegen die Entscheidung der obersten Telegraphenbehörde findet eine Berufung nicht statt. Bei Staatstelegrammen steht den Telegraphenanstalten eine Prüfung der Zulässigkeit des Inhalts nicht zu.

§ 2. Einteilung der Telegramme.

I. Die Telegramme werden in folgende Gattungen eingeteilt:

1. Staatstelegramme,
2. Telegraphen-Diensttelegramme,
3. a) dringende } Privattelegramme.
   b) gewöhnliche }

Bei Beförderung genießen die Staatstelegramme, die als solche bezeichnet und durch Siegel oder Stempel beglaubigt sein müssen, vor den übrigen Telegrammen, die Telegraphen-Diensttelegramme vor den Privattelegrammen und die dringenden

Privattelegramme vor den gewöhnlichen Privattelegrammen den Vorrang.

II. Nach der Abfassung des Textes sind zu unterscheiden:

1. Telegramme in offener Sprache,
2. Telegramme in geheimer Sprache.

Die geheime Sprache scheidet sich in verabredete und chiffrierte Sprache.

Ein Telegramm kann ausschließlich in offener, verabredeter oder chiffrierter Sprache abgefaßt sein, oder diese Sprachen können nebeneinander gebraucht werden; in dem zuletzt bezeichneten Falle heißt das Telegramm ein gemischtes.

III. Unter „Telegrammen in offener Sprache" werden solche Telegramme verstanden, deren Text in einer oder mehreren der für den telegraphischen Verkehr zugelassenen Sprachen derart abgefaßt ist, daß er einen verständlichen Sinn gibt. Sie behalten die Eigenschaft als Telegramme in offener Sprache auch, wenn sie Handelszeichen, abgekürzte und in der gewöhnlichen oder Handelskorrespondenz gebräuchliche Ausdrücke oder — sofern es sich um Seetelegramme handelt — durch Buchstaben dargestellte Zeichen des allgemeinen Handelskodex enthalten. Für Telegramme in offener Sprache sind neben der deutschen folgende Sprachen gestattet: anamitisch, arabisch, armenisch, dänisch, englisch, flämisch, französisch, griechisch, hebräisch, holländisch, italienisch, japanisch, lateinisch, luxemburgisch, malayisch, norwegisch, persisch, portugiesisch, rumänisch, schwedisch, siamesisch, slawisch (böhmisch, bulgarisch, kroatisch, illyrisch, polnisch, russisch, kleinrussisch, ruthenisch, serbisch, slawonisch, slowakisch, slowenisch), spanisch, ungarisch und türkisch. Bei der Niederschrift der in fremden Sprachen abgefaßten Telegramme sind lateinische oder deutsche Schriftzeichen anzuwenden. Für Telegramme, die streckenweise oder ausschließlich durch Telegraphen der im Deutschen Reich gelegenen Eisenbahnen zu befördern sind, ist jedoch die Fassung in deutscher Sprache Bedingung, soweit nicht für einzelne Bahnen und Stationen der Gebrauch fremder Sprachen ausdrücklich nachgegeben wird. Werden Telegramme vom Bahntelegraphen bei der Weiterbeförderung zurückgewiesen, weil sie in einer fremden Sprache abgefaßt sind, so werden sie mit der Post weitergesandt.

IV. Als „Telegramme in verabredeter Sprache" werden diejenigen Telegramme angesehen, deren Text aus Wörtern besteht, die weder in einer noch in mehreren der für den telegraphischen Verkehr in offener Sprache zugelassenen Sprachen verständliche Sätze bilden.

Diese Wörter müssen, gleichviel ob es wirkliche oder künstliche sind, aus Silben bestehen, die sich nach dem Gebrauche der deutschen, englischen, französischen, holländischen, italienischen, portugiesischen, spanischen oder lateinischen Sprache aussprechen lassen; sie dürfen höchstens 10 Buchstaben nach dem Morsealphabet enthalten. Wortbildungen, die diesen Bedingungen nicht entsprechen, werden der chiffrierten Sprache zugerechnet und demgemäß taxiert; doch werden diejenigen, die durch sprachwidrige Zusammenziehung zweier oder mehrerer Wörter der offenen Sprache gebildet sind, überhaupt nicht zugelassen.

V. Unter „Telegrammen in chiffrierter Sprache" versteht man diejenigen Telegramme, deren Text gebildet wird:

1. aus einzeln, in Gruppen oder Reihen stehenden arabischen Ziffern mit geheimer Bedeutung oder aus einzeln, in Gruppen oder Reihen stehenden Buchstaben mit geheimer Bedeutung;
2. aus Wörtern, Namen, Buchstabenausdrücken oder Zusammenstellungen, die weder den Bedingungen der offenen Sprache, noch denen der verabredeten Sprache genügen.

Ziffern und Buchstaben mit geheimer Bedeutung dürfen nebeneinander im Texte desselben Telegramms nicht vorkommen. Die unter III erwähnten Handelszeichen usw. werden nicht als Buchstabengruppen mit geheimer Bedeutung angesehen.

Nach ITV. Art. 6 können internationale Staats- und Diensttelegramme im gesamten Verkehr in geheimer Sprache abgefaßt werden; Privattelegramme in geheimer Sprache können nur zwischen denjenigen Staaten gewechselt werden, welche diese Art der Korrespondenz zulassen.

§ 3. Allgemeine Erfordernisse der Telegramme.

I. Die Urschrift jedes Telegramms muß in solchen deutschen oder lateinischen Buchstaben oder in solchen Zeichen, die sich durch den Telegraphen wiedergeben lassen, leserlich geschrieben sein. Einschaltungen, Randzusätze, Streichungen oder Überschreibungen müssen vom Absender oder von seinem Beauftragten bescheinigt werden.

II. Der Absender eines Privattelegramms ist verpflichtet, sich auf Verlangen der Aufgabeanstalt über seine Persönlichkeit auszuweisen. Anderseits steht es ihm frei, in sein Telegramm die Beglaubigung seiner Unterschrift aufnehmen zu lassen (vgl. unter X).

Die Beglaubigung ist in der Weise, wie sie befördert wird, bei der Wortzählung (§ 6) mitzurechnen.

III. Die einzelnen Teile eines Telegramms müssen in nachstehender Ordnung aufeinander folgen:

1. die besonderen Angaben,
2. die Adresse,
3. der Text

   und

4. die Unterschrift.

IV. Die etwaigen besonderen Angaben bezüglich der bezahlten Antwort, der Empfangsanzeige, der Dringlichkeit, der Vergleichung, der Nachsendung, der Weiterbeförderung, der offenen oder der eigenhändigen (nur an den Empfänger selbst zu bewirkenden) Bestellung des Telegramms usw. müssen vom Absender in der Urschrift, und zwar unmittelbar vor der Adresse niedergeschrieben werden. Für diese Vermerke sind folgende, zwischen Doppelstriche zu setzende Abkürzungen zugelassen:

= D = für „dringend",
= RP = für „Antwort bezahlt",
= RPx = für „Antwort bezahlt x Wörter",
= RPD = für „dringende Antwort bezahlt",
= RPDx = für „dringende Antwort bezahlt x Wörter",
= TC = für „Vergleichung",
= PC = für „Telegramm mit telegraphischer Empfangsanzeige",
= PCD = für „Telegramm mit dringender telegraphischer Empfangsanzeige",
= PCP = für „Telegramm mit Empfangsanzeige durch die Post",
= FS = für „nachsenden",
= PR = für „Post eingeschrieben",
= XP = für „Eilbote bezahlt",
= RXP = für „Antwort und Bote bezahlt",
= RO = für „offen bestellen",
= MP = für „eigenhändig bestellen",
= J = für „Tages- (von 10 Uhr abends bis 6 Uhr morgens nicht zu bestellendes) Telegramm",
= TR = für „telegraphenlagernd",
= GP = für „postlagernd",

= GPR = für „postlagernd eingeschrieben"
= TMx = für „x Adressen".

V. **Jede Adresse** muß, um zulässig zu sein, mindestens zwei Wörter enthalten, wovon das erste den Empfänger bezeichnet, das zweite den Namen der Bestimmungs-Telegraphenanstalt angibt. Dieser muß im deutschen Verkehr so geschrieben sein wie im „Verzeichnis der Telegraphenanstalten im Deutschen Reich", im außerdeutschen Verkehr wie im „Verzeichnis der für den internationalen Verkehr geöffneten Telegraphenanstalten". Im Auslandsverkehr ist der Name des Bestimmungslandes oder des Bezirks unbedingt erforderlich, sofern der Name der Bestimmungsanstalt noch nicht in dem amtlichen Verzeichnis veröffentlicht ist.

Die Verzeichnisse können durch Vermittelung der Post- und Telegraphenanstalten bezogen werden.

Die Adresse muß alle Angaben enthalten, die nötig sind, um die Zustellung des Telegramms an den Empfänger zu sichern. Diese Angaben sind in der Sprache des Bestimmungslandes oder in französischer Sprache zu schreiben; die Namen und Vornamen werden jedoch so zugelassen, wie sie der Absender niedergeschrieben hat. Die Adresse muß ferner so beschaffen sein, daß die Zustellung an den Empfänger ohne Nachforschungen und Rückfragen erfolgen kann. Sie muß für die großen Städte die Straße und die Hausnummer oder, in Ermangelung dessen, Näheres über die Berufsart des Empfängers oder andere zweckentsprechende Angaben enthalten. Selbst für kleinere Orte ist es wünschenswert, daß dem Namen des Empfängers eine ergänzende Bezeichnung beigefügt wird, die geeignet ist, im Falle einer Entstellung des Eigennamens der Bestimmungsanstalt für die Ermittelung des Empfängers einen Anhalt zu gewähren. Der Name der Bestimmungs-Telegraphenanstalt ist hinter die Angaben der Adresse zu setzen, die zur Bezeichnung des Empfängers, seiner Wohnung usw. dienen.

Ist ein Telegramm an eine Person gerichtet, die sich bei einer anderen aufhält, so muß vor dem Namen usw. der letzteren Person „bei", „durch Vermittelung von" oder eine andere gleichbedeutende Angabe stehen.

Telegramme, deren Adresse den vorstehend im Abs. 1 vorgesehenen Anforderungen nicht entspricht, werden zurückgewiesen; falls die Adresse sonst den Anforderungen nicht genügt und der Absender auf der Beförderung besteht, erfolgt die Annahme nur auf Gefahr des Absenders. Dieser kann eine nachträgliche Vervollständigung des Fehlenden nur gegen Aufgabe und Bezahlung eines neuen Telegramms beanspruchen (vgl. § 22).

a. Der Beförderungsweg der Telegramme wird von der Telegraphenbehörde bestimmt. Der Aufgeber eines nach dem Auslande gerichteten Telegrammes kann jedoch den Beförderungsweg vorschreiben, falls nicht bei Beförderung auf demselben eine erhebliche Verzögerung wahrscheinlich ist.

b. Post-, telegraphen- und bahnhoflagernde Telegramme mit Chiffreadressen sind zulässig.

VI. Die Aufgabe von Telegrammen mit der Bezeichnung „bahnhoflagernd“ ist zulässig.

Bahnhoflagernde Telegramme sind nur im deutschen Verkehr zulässig.

VII. Die Anwendung einer abgekürzten Adresse ist zulässig, wenn sie vorher vom Empfänger mit der Telegraphenanstalt seines Wohnorts vereinbart worden ist. Wer eine mit der Telegraphenanstalt vereinbarte abgekürzte Adresse hinterlegt hat, ist berechtigt, diese Adresse in den für ihn bestimmten Telegrammen an Stelle des vollen Namens und der Wohnungsangabe anwenden zu lassen. Der Name der Bestimmungs-Telegraphenanstalt muß außerdem angegeben werden.

Bei telegraphischen Postanweisungen ist die Anwendung einer abgekürzten Adresse zur Bezeichnung des Geldempfängers unzulässig, ebenso in Telegrammen, die als Briefe bestellt werden sollen.

VIII. Für die Hinterlegung und Anwendung einer abgekürzten Adresse bei einer Telegraphenanstalt wird eine im voraus zu entrichtende Jahresgebühr von 30 ℳ erhoben. Die Vereinbarung gilt zunächst für die Dauer eines Jahres; fällt der Endpunkt nicht mit dem Ablauf eines Kalendervierteljahrs zusammen, so läuft die Vereinbarung bis zum Schlusse des Kalendervierteljahrs. Erfolgt nicht drei Monate vorher eine schriftliche Kündigung, so verlängert sich die Vereinbarung auf unbestimmte Zeit unter Vorbehalt einer dreimonatigen, nur zum Ende eines Kalendervierteljahrs zulässigen schriftlichen Kündigung.

IX. Als eine Abkürzung der Adresse wird es auch angesehen, wenn der Empfänger verlangt, daß an ihn gerichtete Telegramme, ohne nähere Angaben in der Adresse, zu gewissen Zeiten in bestimmten Lokalen, z. B. an Wochentagen in dem Geschäftslokal, an Sonntagen in der Wohnung, oder zu gewissen Stunden in dem Kontor, zu anderen in der Wohnung oder der Börse regelmäßig bestellt werden. Für diese besondere Art der Zustellung hat der Empfänger entweder eine Pauschgebühr oder Einzelgebühren für alle ohne besondere Angaben in der Adresse zuzustellenden Telegramme zu zahlen. Es ist zulässig, daß Personen, welche diese Einrichtung nicht regelmäßig benutzen, sich ihrer ausnahmsweise für ein oder mehrere Telegramme bedienen.

Im Falle einer regelmäßigen Benutzung gelten die Fristen unter VIII.

Die Pauschgebühr beträgt wie diejenige für eine abgekürzte Adresse 30 ℳ für das Jahr; sie wird auch dann erhoben, wenn der Empfänger für die an ihn gerichteten Telegramme mit der Telegraphenanstalt eine abgekürzte Adresse vereinbart hat.

Die Einzelgebühr beträgt 30 Pf. für das Telegramm, sie ist jedoch bei gleichzeitiger Abtragung mehrerer Telegramme durch denselben Boten an denselben Empfänger nur einmal zu entrichten. Sie wird nicht erhoben, wenn der Botenlohn für eine

Landbestellung vorausbezahlt ist (§ 16, VI), die Aushändigung an den Empfänger aber auf dessen Wunsch innerhalb des Ortsbestellbezirks geschieht; eine Rückzahlung des Mehrbetrags findet nicht statt.

Verlangt der Empfänger, daß Telegramme an ihn, die gewöhnlich innerhalb des Ortsbestellbezirks zu bestellen sind, zu gewissen Zeiten nach dem Landbestellbezirk abgetragen werden, so hat er neben der hierfür zu entrichtenden Jahres- oder Einzelgebühr noch den bestimmungsmäßigen Eilbotenlohn für jede Bestellung zu zahlen.

Die nach den Börsen gerichteten, dort aber während der Börsenstunden nicht bestellbaren Telegramme werden den Empfängern ohne besonderes Verlangen durch Boten usw. in der Wohnung usw. zugestellt. In solchen Fällen wird, wenn der Empfänger sich diese anderweitige Zustellung der Telegramme nicht bereits durch Entrichtung der Jahresgebühr gesichert hat, ebenfalls die Einzelgebühr von 30 Pf. für das Telegramm oder die Bestellung erhoben.

Ebenso haben Fernsprechteilnehmer neben den sonstigen Gebühren die Jahresgebühr von 30 ℳ oder die Einzelgebühr von 30 Pf. zu entrichten, wenn auf ihren Antrag von der die Regel bildenden Art der Telegrammzustellung — durch Boten oder durch den Fernsprecher — zu gewissen Zeiten oder in einzelnen Fällen abgewichen werden soll, ohne daß die Telegrammadressen über die abweichende Zustellung Angaben enthalten. Die Gebühr wird nicht erhoben, wenn die Telegramme durch Boten abgetragen werden müssen, weil die Teilnehmerstelle geschlossen oder ohne Schuld des Teilnehmers nicht zu errufen ist.

X. Telegramme ohne Text werden zugelassen. Ein ausschließlich aus einem oder mehreren Interpunktionszeichen gebildeter Text ist unzulässig.

Eine Unterschrift ist nicht erforderlich. Sie kann in gebräuchlicher Abkürzung geschrieben oder durch eine vereinbarte abgekürzte Adresse ersetzt werden. Die etwaige Beglaubigung der Unterschrift (vgl. unter II) ist hinter diese zu setzen.

XI. Privattelegramme nach dem Auslande, die zur Umgehung der veröffentlichten Tarife unter vorgeschobener Adresse nach einem Zwischenorte gerichtet sind, um von dort aus an den wirklichen Empfänger weitertelegraphiert zu werden — Telegramme unter Deckadresse —, sind von der Beförderung ausgeschlossen.

Liegt Grund zu der Annahme vor, daß ein Telegramm dieser Bestimmung zuwider unter Deckadresse befördert werden soll, so hat der Absender auf Verlangen nachzuweisen, daß der Text des Telegramms endgültig für den in der Adresse bezeichneten Empfänger bestimmt ist.

§ 4. Aufgabe von Telegrammen.

I. Die Aufgabe von Telegrammen kann bei jeder für den Telegraphenverkehr geöffneten Telegraphenanstalt (auch brieflich) erfolgen.

Telegramme können auch bei den Eisenbahn-Telegraphenstationen aufgegeben werden. Vgl. Reglement v. 7. März 1876 (ZBl. S. 156 und ADA. II Abt. 2 S. 56).

II. Telegramme können auch bei den Bahnposten, und zwar in der Regel mittels der an den Bahnpostwagen befindlichen Briefeinwürfe, zur Beförderung an die nächste Telegraphenanstalt eingeliefert, sowie den Telegraphenboten und den Landbriefträgern bei der Bestellung von Telegrammen oder Postsendungen zur Besorgung der Aufgabe übergeben werden.

III. An größeren Verkehrsorten können sämtliche Postanstalten, auch wenn mit ihnen eine Telegraphenbetriebstelle nicht verbunden ist, zur Annahme von Telegrammen ermächtigt werden; auch ist die Benutzung der Briefkasten zur Auflieferung von Telegrammen gestattet.

IV. Die Aufgabe von Telegrammen kann auch mittels Fernsprechers oder Ferndruckers nach den darüber erlassenen besonderen Bestimmungen erfolgen.

Vgl. Ausf.-Bestimmungen zur FGO. (Nr. XXIV) 14.

V. Für die Mitnahme der Telegramme durch die Telegraphenboten und die Landbriefträger wird eine Zuschlaggebühr von 10 Pf. für jedes Telegramm erhoben.

§ 5. Dienststunden der Telegraphenanstalten.

Die Telegraphenanstalten werden hinsichtlich der Zeit, in der sie für den Verkehr mit dem Publikum offen zu halten sind, unterschieden in:

a) Anstalten mit ununterbrochenem Dienste (Tag und Nacht),
b) Anstalten mit verlängertem Tagesdienste (bis Mitternacht),
c) Anstalten mit vollem Tagesdienste (bis 9 Uhr abends),
d) Anstalten mit beschränktem Tagesdienste.

An Sonn- und Festtagen wird jedoch von den meisten Anstalten beschränkter Dienst abgehalten. Die Dienststunden der Anstalten unter b und c beginnen vom 1. April bis Ende September um 7, vom 1. Oktober bis Ende März um 8 Uhr morgens. Die Dienststunden der Anstalten unter d werden, ebenso wie der Dienst an Sonn- und Festtagen, den örtlichen Bedürfnissen entsprechend für jeden Ort besonders festgestellt.

a. Wegen der Verzeichnisse der Telegraphenanstalten vgl. § 3 V.
b. Wegen der Dienststunden der Postanstalten vgl. PO. (Nr. XI) § 30.

§ 6. Wortzählung.

Bei Ermittelung der Wortzahl eines Telegramms gelten die folgenden Regeln:

a) Alles, was der Absender in die Urschrift seines Telegramms zum Zwecke der Beförderung an den Empfänger niederschreibt, wird bei der Berechnung der Gebühren mitgezählt, mit Ausnahme der Interpunktionszeichen, Bindestriche und Apostrophe. Werden Interpunktionszeichen nicht einzeln angewandt, sondern hintereinander wiederholt, so werden sie wie Gruppen von Ziffern taxiert.

b) Der Name der Abgangsanstalt, der Tag, die Stunde und Minute der Aufgabe werden von Amts wegen in die dem Empfänger zuzustellende Ausfertigung eingeschrieben. Nimmt der Absender diese Angaben ganz oder teilweise in den Text seines Telegramms auf, dann werden sie bei der Wortzählung mitgerechnet.

c) In den Telegrammen, deren Text ausschließlich in offener Sprache abgefaßt ist, wird jedes einzelne Wort und jede zulässige Wortbildung bis zu 15 Buchstaben nach dem (durch die Ausführungs-Übereinkunft zum internationalen Telegraphenvertrage eingeführten) Morsealphabet als ein Taxwort gerechnet. Bei längeren Wörtern zählt der Überschuß, je bis zu 15 Buchstaben, für ein oder mehrere weitere Taxwörter.

Die Adreßwörter der in verabredeter, chiffrierter oder gemischter Sprache abgefaßten Telegramme werden in gleicher Weise taxiert (vgl. auch f 1).

d) Die größte Länge eines Taxwortes in verabredeter Sprache ist auf 10 Buchstaben festgesetzt.

e) In gemischten Telegrammen werden die Textwörter in offener Sprache folgendermaßen gezählt: Ist der Text des gemischten Telegramms aus Wörtern der offenen und der verabredeten

Sprache zusammengesetzt, so gelten die Textwörter in offener Sprache bis zu 10 Buchstaben für je ein Taxwort; bei längeren Wörtern wird jede folgende Reihe von 10 Buchstaben oder der etwaige Überschuß für ein weiteres Taxwort gerechnet. Wenn das gemischte Telegramm außerdem chiffrierte Stellen enthält, so werden diese nach den Bestimmungen unter h gezählt.

Enthält das gemischte Telegramm nur Stellen in offener und solche in chiffrierter Sprache, so werden die in offener Sprache abgefaßten Stellen den Bestimmungen unter c, die in chiffrierter Sprache abgefaßten den Vorschriften unter h entsprechend gezählt.

f) Als je ein Wort werden gezählt:

1. in der Adresse

a) der Name der Bestimmungsanstalt, mit Einschluß der etwaigen zusätzlichen Bezeichnung,

b) der Name des Bestimmungslandes oder der Unterabteilung des Gebiets,

ohne Rücksicht auf die Zahl der zu ihrem Ausdrucke gebrauchten Wörter und Buchstaben, unter der Bedingung, daß diese Wörter so geschrieben sind, wie sie in den amtlichen Verzeichnissen der Telegraphenanstalten erscheinen,

2. alle einzeln stehenden Zeichen, Buchstaben oder Ziffern,

3. das Unterstreichungszeichen,
4. die Klammer (die beiden Zeichen, die sie bilden),
5. die Anführungszeichen (die beiden Zeichen am Anfang und am Ende einer Stelle),
6. die nach § 3, IV zugelassenen Abkürzungen für die besonderen Angaben vor der Adresse.

g) Die durch einen Apostroph getrennten oder durch einen Bindestrich verbundenen Wörter werden als einzelne Wörter gezählt.

h) Die Ziffer- oder Buchstabengruppen werden für so viele Wörter gezählt, als sie je 5 Ziffern oder 5 Buchstaben enthalten, nebst einem Worte mehr für den Überschuß. Dieselbe Regel findet Anwendung auf die Zählung der Buchstaben- oder Zifferngruppen, die entweder als Handelsmarken oder in den Seetelegrammen angewandt werden (vgl. §§ 2, III und 15, I).

i) Es werden als eine Ziffer oder ein Buchstabe in der Gruppe, in der sie vorkommen, gezählt: die Punkte, Kommas, Bindestriche und Bruchstriche, ebenso jeder Buchstabe, der den Ziffern angehängt wird, um sie als Ordnungszahlen zu bezeichnen, sowie den Ziffern angehängte Buchstaben, die zur Angabe der Wohnungsnummer in einer Adresse dienen. In gleicher Weise wird bei der Taxierung der von Grundzahlen abgeleiteten Wörter „Neunziger", „Tausender" usw. verfahren, wenn sie in Ziffern mit beigefügten Buchstaben geschrieben sind, z. B. „90er", „1000er".

k) Sprachwidrige Zusammenziehungen oder Veränderungen von Wörtern werden nicht zugelassen. Es dürfen jedoch die Namen von Städten und Ländern, die Geschlechtsnamen derselben Person, die Namen von Orten, Plätzen, Boulevards, Straßen und andere Benennungen öffentlicher Wege, die Schiffsnamen, die in Buchstaben ausgeschriebenen ganzen Zahlen, Brüche, Dezimalzahlen und gemischten Zahlen sowie die in der englischen und französischen Sprache zugelassenen zusammengesetzten Wörter, für welche dies durch Vorlegung eines Wörterbuchs nachgewiesen werden kann, als ein Wort ohne Apostroph oder Bindestrich geschrieben werden.

l) Wenn die Aufgabeanstalt nach der Taxierung bemerkt, daß ein Telegramm, sei es unzulässige Zusammenziehungen oder Veränderungen von Wörtern, sei es Ausdrücke oder Wörter enthält, die, ohne die Bedingungen der offenen oder verabredeten Sprache zu erfüllen, nach den Bestimmungen für diese Sprachen gezählt worden sind, so wendet sie auf jene Ausdrücke oder Wörter zur Berechnung der vom Absender zu erhebenden Ergänzungsgebühr die Bestimmungen an, denen sie hätten unterworfen werden müssen. Die Zusammenziehungen oder Veränderungen werden für so viele Wörter gezählt, als sie enthalten würden, wenn sie dem Brauche entsprechend geschrieben worden wären.

Ebenso verfährt die Aufgabeanstalt, wenn die Unregelmäßigkeiten ihr durch eine Zwischenanstalt oder durch die Ankunftsanstalt angezeigt werden.

m) Die Wortzählung der Aufgabeanstalt ist für die Gebührenberechnung bei der Annahme des Telegramms entscheidend.

§ 7. Gebühren für gewöhnliche Telegramme.

I. Für das gewöhnliche Telegramm wird auf alle Entfernungen eine Gebühr von 5 Pf. für jedes Wort, mindestens jedoch der Betrag von 50 Pf. erhoben.

II. Für gewöhnliche Stadttelegramme (Telegramme am Empfänger im Orts- oder Landbestellbezirke des Aufgabe-Postorts) wird eine Gebühr von 3 Pf. für jedes Wort, mindestens jedoch der Betrag von 30 Pf. erhoben. Für Stadttelegramme nach dem Landbestellbezirke tritt hierzu noch der wirklich erwachsende Botenlohn.

Für Telegramme nach dem Landbestellbezirke des Auflieferungsorts, die gegen die Gebühr für Stadttelegramme und die wirklich entstehenden Botenkosten zur Beförderung durch Eilboten aufgegeben, jedoch telegraphisch übermittelt worden sind, wird nachträglich die volle gewöhnliche Telegrammgebühr berechnet. Zur Deckung des Unterschieds werden die vorausbezahlten oder hinterlegten Botenkosten verwandt; der etwa verbleibende Betrag wird dem Absender erstattet, ein etwaiger Fehlbetrag aber von ihm eingezogen.

III. Für jedes bei einer Eisenbahn-Telegraphenstation aufgegebene Telegramm kann von den Eisenbahnverwaltungen ein Zuschlag von 20 Pf. vom Absender erhoben werden. Außerdem sind die Eisenbahn-Telegraphenstationen berechtigt, für jedes von ihnen bestellte Telegramm vom Empfänger ein Bestellgeld von 20 Pf. zu erheben. Beides zusammen darf aber für die ausschließlich mit dem Bahntelegraphen beförderten Telegramme nicht erhoben werden. Für diese Telegramme ist vielmehr nur die Erhebung der Bestellgebühr von 20 Pf. zulässig.

IV. Die für den telegraphischen Verkehr mit dem Auslande maßgebenden Tarife können bei den Telegraphenanstalten eingesehen werden.

Die Tarife sind enthalten in dem „Gebührentarif für die Deutschen Telegraphenanstalten“ (Berlin, Reichsdruckerei) und in dem Postblatt (vgl. Vorbem. c zum FTG. [Nr. XXII] und PosttaxG. § 11 [Nr. V] Anm. b); außerdem in dem abgekürzten Gebührentarif (Plakattarif), der von den Post- und Telegraphenanstalten für 10 Pf. bezogen werden kann.

V. Ein bei Berechnung der Gebühren sich ergebender, durch 5 nicht teilbarer Pfennigbetrag wird bis zu einem solchen aufwärts abgerundet.

Wegen Einziehung der Gebühren vgl. § 17 und FGO. (Nr. XXIII) § 8, wegen der gebührenfreien Beförderung Nr. XXVIII.

§ 8. Dringende Telegramme.

Der Absender eines Privattelegramms kann für dieses den Vorrang bei der Beförderung und der Bestellung vor den gewöhnlichen Privattelegrammen erlangen, wenn er das Wort „dringend" oder abgekürzt die Bezeichnung = D = vor die Adresse setzt und die dreifache Gebühr eines gewöhnlichen Telegramms von gleicher Länge erlegt. Für dringende Telegramme wird demnach eine Gebühr von 15 Pf., bei Stadttelegrammen eine Gebühr von 9 Pf. für das Wort, mindestens jedoch der Betrag von 1 ℳ 50 Pf. bzw. von 90 Pf. erhoben (vgl. § 7). Der im § 7 unter III angegebene Zuschlag für die bei einer Eisenbahn-Telegraphenstation aufgegebenen Telegramme kommt dagegen nur einfach — wie für gewöhnliche Telegramme — zur Erhebung.

§ 9. Bezahlte Antwort.

I. Der Absender eines Telegramms kann die Antwort, die er von dem Empfänger verlangt, vorausbezahlen. Zu dem Zwecke hat er in der Urschrift vor der Adresse den Vermerk „Antwort bezahlt" oder = RP = niederzuschreiben. Dieser Vermerk bedeutet, daß 10 Wörter für die Antwort im voraus bezahlt werden sollen. Wünscht der Absender mehr Wörter vorauszubezahlen, so hat er noch die Wortzahl hinzuzufügen, z. B. = RP 24 =. Weniger als 10 Wörter für die Antwort im voraus zu bezahlen, ist nicht zulässig.

Der Absender, der eine **dringende** Antwort vorausbezahlen will, hat den unter Umständen durch die Angabe der Wortzahl zu ergänzenden Vermerk „dringende Antwort bezahlt“ oder = RPD = vor der Adresse niederzuschreiben; es kommt alsdann die Gebühr eines dringenden Telegramms von entsprechender Wortzahl zur Erhebung.

Die Vorausbezahlung einer Antwort ist auch bei Stadttelegrammen zugelassen. Die Gebühr wird nach den Sätzen für derartige Telegramme berechnet.

II. Am Bestimmungsort übersendet die Ankunftsanstalt dem Empfänger mit der Telegrammausfertigung einen Schein, welcher dem Inhaber die Befugnis erteilt, in den Grenzen der vorausbezahlten Gebühr ein Telegramm an eine beliebige Bestimmung innerhalb 6 Wochen, vom Tage der Ausstellung des Scheins ab gerechnet, unentgeltlich aufzugeben.

III. Wenn die für ein Antwortstelegramm zu entrichtende Gebühr den vorausbezahlten Betrag übersteigt, so ist der Mehrbetrag bar zu entrichten. Im entgegengesetzten Falle wird der Unterschied zwischen dem Werte des Antwortscheins und dem wirklich fälligen Gebührenbetrage dem Absender des Ursprungstelegramms auf Antrag erstattet, sofern der Unterschied mindestens 80 Pf. beträgt (vgl. § 21, II g).

IV. Eine Rückzahlung der Antwortgebühr tritt ferner in den unter § 18 und § 21, II f erwähnten Fällen ein.

Die von einer deutschen Telegraphenanstalt ausgestellten Antwortscheine werden bei der Auflieferung von Telegrammen an Zahlungs Statt angenommen. Eine Einlösung gegen bar findet nicht statt.

§ 10. Telegramme mit Vergleichung.

I. Der Absender eines Telegramms hat die Befugnis, dessen Vergleichung zu verlangen. In diesem Falle hat er vor der Adresse den Vermerk „Vergleichung" oder = TC = niederzuschreiben. Das Telegramm ist dann von allen Anstalten, die bei seiner Beförderung mitwirken, vollständig zu vergleichen.

II. Die Gebühr für die Vergleichung eines Telegramms ist gleich einem Viertel der Gebühr für ein gewöhnliches Telegramm von gleicher Länge.

§ 11. Empfangsanzeigen.

I. Der Absender eines Telegramms kann verlangen, daß ihm Tag und Stunde der Bestellung des Telegramms sofort nach deren Ausführung telegraphisch oder brieflich angezeigt werde. Wenn das Telegramm seiner endgültigen Bestimmung mittels der Post zugeführt wird, so gibt die Empfangsanzeige Tag und Stunde der Übergabe an die Post an.

II. Die telegraphische Anzeige kann als gewöhnliches oder als dringendes Telegramm befördert werden. Im ersten Falle hat der Absender vor die Adresse den Vermerk „Empfangsanzeige" oder = PC =, im anderen Falle den Vermerk

„Dringende Empfangsanzeige" oder = PCD = zu setzen. Wird Empfangsanzeige **durch die Post** verlangt, so ist vor der Adresse der Vermerk „Empfangsanzeige mittels Post" oder = PCP = niederzuschreiben.

III. Für telegraphische Empfangsanzeige ist, je nachdem sie als gewöhnliches oder als dringendes Telegramm befördert werden soll, dieselbe Gebühr, wie für ein gewöhnliches oder wie für ein dringendes Telegramm von 10 Wörtern zu zahlen; für Empfangsanzeige mittels Post sind 20 Pf. zu entrichten.

IV. Kann das Telegramm bei der Ankunft nicht bestellt werden, dann wird die im § 20 vorgesehene Unbestellbarkeitsmeldung sogleich erlassen. Die Empfangsanzeige wird später abgesandt, wenn die Bestellung des Telegramms während der Aufbewahrungsfrist noch möglich geworden ist. Bleibt das Telegramm endgültig unbestellbar, so wird eine Empfangsanzeige nicht abgelassen.

V. Der Absender kann verlangen, daß ihm die Empfangsanzeige nach einem anderen Orte als nach dem Aufgabeorte des Ursprungstelegramms übermittelt werde, wenn er die dazu erforderlichen Angaben in das Ursprungstelegramm aufnimmt.

VI. Die Gebühr für die Empfangsanzeige wird in den im § 18 erwähnten Fällen und ferner — auf Antrag — dann erstattet, wenn die Empfangsanzeige nicht abgelassen worden ist (vgl. unter IV und § 21, IId).

§ 12. Telegraphische Postanweisungen.

I. Die Telegraphenanstalten an Orten mit einer Postanstalt sind ermächtigt, in Vertretung der Orts-Postanstalt Beträge auf Postanweisungen, die auf telegraphischem Wege überwiesen werden sollen, von den Absendern entgegenzunehmen. Auf Eisenbahn-Telegraphenstationen findet diese Bestimmung keine Anwendung.

II. Auch sind die Telegraphenanstalten, mit Ausnahme der Eisenbahn-Telegraphenstationen, ermächtigt, Postanweisungen, die bei ihnen auf telegraphischem Wege eingehen, in Vertretung der Ortspostanstalt an den Empfänger auszuzahlen, bevor die Postanweisungen an die Postanstalt bestellt werden:

a) wenn der Absender die Auszahlung durch die Telegraphenanstalt gewünscht hat, was durch den Zusatz auf der Postanweisung: „telegraphenlagernd" oder = TR = auszudrücken ist;

b) wenn der Empfänger der Telegraphenanstalt den Wunsch ausgedrückt hat, die Zahlung gleich nach der Ankunft der Anweisung bei der Telegraphenanstalt in Empfang zu nehmen.

In beiden Fällen muß sich der Empfänger, falls er nicht persönlich und als verfügungsfähig bekannt ist, vor der Auszahlung des Betrags über seine Persönlichkeit ausweisen.

a. Vgl. PO. (Nr. XI) § 21.

b. **Mit welchen außerdeutschen Ländern telegraphische Postanweisungen zulässig sind, ist im Briefposttarif (vgl. Anm. b zu § 11 PosttaxG., Nr. V) angegeben.**

§ 13. Nachsendung von Telegrammen.

I. Der Absender eines Telegramms kann durch den Vermerk „nachsenden" oder = FS = vor der Adresse verlangen, daß es sofort nach der vergeblich versuchten Zustellung von der Bestimmungsanstalt telegraphisch nachgesandt wird.

II. Der Vermerk „nachsenden" oder = FS = kann auch von mehreren hintereinander stehenden Bestimmungsangaben begleitet sein; das Telegramm wird dann nacheinander an jeden der angegebenen Bestimmungsorte, nötigenfalls bis zum letzten, befördert.

III. Bei der Aufgabe eines nachzusendenden Telegramms ist nur die auf die erste Beförderungsstrecke entfallende Gebühr zu entrichten, wobei die vollständige Adresse in die Wortzahl einbegriffen wird. Für jede Nachtelegraphierung an einen neuen Bestimmungsort wird die volle tarifmäßige Gebühr nach der Zahl der jedesmal beförderten Wörter berechnet. Die Nachsendungsgebühren werden vom Empfänger erhoben.

IV. Jedermann kann nach gehörigem Ausweis verlangen, daß die unter seiner Adresse bei einer Telegraphenanstalt ankommenden Telegramme an eine neue, von ihm angegebene Adresse telegraphisch nachgesandt werden. Die Anträge sind schriftlich oder mittels gebührenpflichtiger Dienstnotiz (vgl. § 22) oder durch die Post zu stellen, und zwar entweder durch den Empfänger selbst oder in seinem Namen durch eine der im § 19 unter VI aufgeführten Personen, welche die Telegramme an Stelle des Empfängers in Empfang nehmen können. Wer einen solchen Antrag stellt, verpflichtet sich damit, die Gebühren zu zahlen, die von der Bestellungsanstalt etwa nicht eingezogen werden können.

V. Wird bei der versuchten Bestellung eines Privattelegramms, das nicht die Angabe „nachsenden" oder = FS = trägt, die neue Adresse ohne das Verlangen telegraphischer Nachsendung mitgeteilt, so wird eine Ausfertigung des Telegramms mit der Post nachgesandt, wenn nicht ausdrücklich beantragt worden ist, daß es aufbewahrt werden soll. Die briefliche Nachsendung kann auch in der unter IV bezeichneten Weise beantragt werden.

Wegen Nachsendung telegraphischer Postanweisungen vgl. PO. (Nr. XI) § 21 VII.

Privattelegramme, deren Aufgabeort außerhalb Europas liegt, werden dagegen auch ohne besonderen Antrag telegraphisch nachgesandt, falls der neue Aufenthaltsort des Empfängers in Deutschland liegt und der Empfänger die telegraphische Nachsendung nicht ausgeschlossen hat.

Staats- und Diensttelegramme werden stets ohne besonderen Antrag telegraphisch nachgesandt, wenn der neue Aufenthaltsort des Empfängers unzweifelhaft bekannt ist.

VI. Wer ein Telegramm nachsenden läßt, kann die Nachsendungsgebühr selbst entrichten, vorausgesetzt, daß das Telegramm nur nach einem einzigen Orte nachzusenden ist und die Nachsendung nach anderen Orten nicht verlangt wird. Es steht ihm in diesem Falle auch frei, zu verlangen, daß die Nachsendung als „dringend" erfolgt; er muß dann aber die dreifache Gebühr selbst entrichten.

§ 14. Vervielfältigung von Telegrammen.

I. Ein Telegramm kann entweder an mehrere Empfänger an einem Orte oder in verschiedenen, aber zum Bestellbezirk derselben Telegraphenanstalt gehörenden Orten, oder an denselben Empfänger nach verschiedenen Wohnungen an demselben Orte oder in verschiedenen, aber zum Bestellbezirke derselben Telegraphenanstalt gehörenden Orten gerichtet werden. Zu dem Zwecke ist vor die Adresse der gebührenpflichtige Vermerk: „x Adressen" oder = TMx = zu setzen. Der Name der Bestimmungsanstalt erscheint nur einmal am Ende der Adresse.

II. Der Absender eines zu vervielfältigenden Telegramms muß vor den Adressen der einzelnen Empfänger die etwa erforderlichen besonderen Angaben (vgl. § 3, IV) niederschreiben; handelt es sich jedoch um die Vervielfältigung eines dringenden oder zu vergleichenden Telegramms, so genügt es, wenn die sich auf die Dringlichkeit oder Vergleichung beziehende Angabe der ersten Adresse voransteht.

III. Ist ein zu vervielfältigendes Telegramm an mehrere Empfänger gerichtet, so darf jede Ausfertigung des Telegramms nur die ihr zukommende Adresse tragen, es sei denn, daß der Absender das Gegenteil verlangt hätte. Dieses Verlangen muß durch den vor die Adressen zu setzenden gebührenpflichtigen Zusatz „sämtliche Adressen mitteilen" ausgedrückt werden.

IV. Das zu vervielfältigende Telegramm wird als ein einziges Telegramm taxiert, wobei alle Adressen in die Wortzahl eingerechnet werden. Neben der Wortgebühr werden als Vervielfältigungsgebühr für die zweite und jede weitere Ausfertigung von nicht mehr als 100 Wörtern je 40 Pf. erhoben. Für die mehr als 100 Wörter umfassenden Ausfertigungen erhöht sich diese Gebühr für jede weitere Reihe oder den Bruchteil einer Reihe von 100 Wörtern um je 40 Pf. Die Vervielfältigungsgebühr wird für jede Ausfertigung nach den in ihr enthaltenen Wörtern besonders festgestellt. Bei dringenden Telegrammen beträgt die Gebühr für die zweite oder jede weitere Ausfertigung 80 Pf. für je 100 Wörter.

V. Wenn für einzelne Ausfertigungen eines zu vervielfältigenden Telegramms nach § 21 eine Gebührenerstattung einzutreten hat, so ist der zu erstattende Betrag für jede Vervielfältigung gleich der erhobenen Gesamtgebühr, geteilt durch die Zahl der

Vervielfältigungen; hierbei wird das Telegramm selbst gleichfalls als eine Vervielfältigung gezählt.

§ 15. Seetelegramme.

I. Seetelegramme sind Telegramme, die mit Schiffen in See mittels der an der Küste vorhandenen Seetelegraphen gewechselt werden. Sie müssen entweder in deutscher Sprache oder in Zeichen des allgemeinen Handelskodex abgefaßt sein.

Auch die mittels der Funkentelegraphie mit Schiffen in See gewechselten Telegramme sind Seetelegramme.

II. Wenn sie für Schiffe in See bestimmt sind, muß die Adresse außer den gewöhnlichen Angaben den Namen oder die amtliche Nummer und die Nationalität des Bestimmungsschiffes enthalten. Die von einem Schiffe in See kommenden Telegramme werden in Zeichen des Handelskodex an die Bestimmungsanstalt weiterbefördert, wenn das absendende Schiff es verlangt hat. Ist dieses Verlangen nicht gestellt worden, so werden die Telegramme durch den Vorstand der Seetelegraphenanstalt in die gewöhnliche Sprache übersetzt und in dieser weitertelegraphiert.

III. Der Absender eines für ein Schiff in See bestimmten Telegramms kann bestimmen, wie lange das Telegramm für das Schiff durch die Seetelegraphenanstalt bereitgehalten werden soll. In diesem Falle setzt er vor die Adresse den Vermerk „x Tage", wobei er die Zahl der Tage, den Aufgabetag des Telegramms eingerechnet, angibt.

Ist das Schiff, für welches ein Seetelegramm bestimmt ist, innerhalb der vom Absender angegebenen Frist oder in Ermangelung einer solchen Angabe am 29. Tage morgens nicht angekommen, so gibt die Seetelegraphenanstalt dem Absender davon Kenntnis. Dieser hat die Befugnis, durch eine telegraphisch oder auch mit der Post zu befördernde gebührenpflichtige Dienstnotiz (vgl. § 22) von der Seetelegraphenanstalt zu verlangen, daß sie sein Telegramm noch weiter während eines neuen Zeitraums von 30 Tagen für die Zustellung bereithält, und so fort. Stellt der Absender kein solches Verlangen, so wird das Telegramm am Ende des 30. Tages (den Tag der Aufgabe nicht mitgerechnet) als unbestellbar zurückgelegt.

IV. Die Gebühr für Telegramme, die durch Vermittelung einer Seetelegraphenanstalt mit Schiffen in See ausgewechselt werden, beträgt 80 Pf. für das Telegramm. Sie wird den nach den sonstigen Bestimmungen zu erhebenden Gebühren hinzugerechnet. Die Gesamtgebühr für die an Schiffe in See gerichteten Telegramme wird vom Absender und für die von Schiffen kommenden Telegramme vom Empfänger erhoben.

§ 16. Weiterbeförderung.

I. Die nach Orten ohne Telegraphenanstalt gerichteten Telegramme werden von der äußersten oder der vom Absender bezeichneten Telegraphenanstalt entweder durch die Post oder durch Eilboten, oder durch Post und Eilboten über die Telegraphenlinien hinaus weiterbefördert.

II. Der Absender hat die Art der von ihm verlangten Weiterbeförderung in einem gebührenpflichtigen Zusatze vor der Adresse anzugeben. Dieser Zusatz hat zu lauten: „Post", „Eilbote", „Eilbote bezahlt" oder =XP= usw. (vgl. § 3, IV).

Ist keine Bestimmung über die Art der Weiterbeförderung getroffen, dann wählt die Ankunfts-Telegraphenanstalt die zweckmäßigste Art nach ihrem besten Ermessen. Das gleiche findet statt, wenn die vom Absender angegebene Art der Weiterbeförderung sich als unausführbar erweist.

A. Weiterbeförderung mit der Post.

III. Die Ankunfts-Telegraphenanstalt ist berechtigt, sich der Post zu bedienen:

a) wenn in dem Telegramm die Art der Weiterbeförderung nicht angegeben ist;
b) wenn es sich um eine von dem Empfänger zu bezahlende Weiterbeförderung durch Eilboten handelt, und jener sich früher geweigert hat, Kosten derselben Art zu bezahlen.

IV. Die Ankunftsanstalt ist verpflichtet, sich der Post zu bedienen:

a) wenn dies ausdrücklich vom Absender (vgl. unter II) oder vom Empfänger (vgl. § 13, V) verlangt worden ist,
b) wenn dieser Anstalt kein schnelleres Beförderungsmittel zu Gebote steht.

V. Telegramme jeder Art, welche durch die Post an ihre Bestimmung gelangen, also auch solche, die postlagernd niedergelegt werden sollen, werden von der Ankunftsanstalt ohne Kosten für den Absender und für den Empfänger als gewöhnliche Briefe zur Post gegeben. Ausgenommen sind jedoch folgende Fälle:

1. Telegramme, die als eingeschriebene Briefe zur Post gegeben werden sollen, sind mit der vor der Adresse niederzuschreibenden Angabe „Post eingeschrieben" oder = PR =, oder, sofern es sich zugleich um postlagernde Telegramme handelt, mit dem Vermerk „postlagernd eingeschrieben" oder = GPR = zu versehen; sie unterliegen, wenn die Briefe innerhalb Deutschlands auszuhändigen sind, einer vom Absender zu entrichtenden Einschreibgebühr von 20 Pf. Diese Einschreibgebühr von 20 Pf. kommt auch bei der Auflieferung aller Telegramme mit Empfangsanzeige, die mit der Post weiterbefördert oder postlagernd niedergelegt werden sollen, zur Erhebung, da derartige Telegramme stets als eingeschriebene Briefe zur Post gegeben werden.
2. Telegramme, die einer an der Grenze gelegenen deutschen Telegraphenanstalt zur Weiterbeförderung mit der Post nach dem Nachbargebiet oder darüber hinaus übermittelt werden sollen, ohne daß die über die Grenze führenden Telegraphenverbindungen unterbrochen sind, werden als ge-

wöhnliche oder als eingeschriebene frankierte Briefe zur Post gegeben, je nachdem der Absender dies durch den gebührenpflichtigen Vermerk „Post“ bzw. „Post eingeschrieben“ oder = PR = verlangt hat. Die vom Absender vorauszubezahlende Gebühr beträgt im ersten Falle 20 Pf., im zweiten Falle 40 Pf. Hat der Absender keine Postgebühren im voraus entrichtet, so werden die Telegramme der Post als gewöhnliche, nicht frankierte Briefe übergeben. Das Porto wird dann vom Empfänger eingezogen.

B. Weiterbeförderung durch Eilboten.

a. Vgl. PO. (Nr. XI) § 22.

b. Wegen der Weiterbeförderung der Telegramme durch Eilboten in außerdeutschen Ländern vgl. die Tarife, Anm. zu § 7 IV.

VI. Die Kosten für die Zustellung von Telegrammen mittels Eilboten an Empfänger außerhalb des Ortsbestellbezirks der Bestimmungs-Telegraphenanstalt können vom Absender durch Entrichtung einer festen Gebühr von 40 Pf. für jedes Telegramm vorausbezahlt werden. Der Absender hat in diesem Falle den Vermerk „Eilbote bezahlt“ oder = XP = vor die Telegrammadresse zu setzen. Ferner steht es dem Absender eines Telegramms mit bezahlter Antwort frei, die etwa entstehende Eilbestellgebühr für das Antworttelegramm nach dem Satze von 40 Pf. im voraus bei der Aufgabe des Ursprungstelegramms zu entrichten. Das Ursprungstelegramm ist in diesem Falle vor der Adresse mit dem taxpflichtigen Vermerk „Antwort und Bote bezahlt" oder = RXP = zu versehen.

Hat der Absender den Eilbotenlohn nicht vorausbezahlt, so werden die wirklich erwachsenden Auslagen vom Empfänger oder, falls dieser nicht zu ermitteln ist oder die Zahlung verweigert, vom Absender eingezogen.

Die Ankunftsanstalt ist befugt, die Eilbotenbestellung auch für ein Telegramm mit der Bezeichnung „Post" anzuwenden, sofern der Empfänger schriftlich den Wunsch ausgedrückt hat, seine Telegramme durch Eilboten zu erhalten. In diesem Falle haftet allein der Empfänger für den entstehenden Botenlohn.

VII. Auf Verlangen des Absenders oder des Empfängers werden Telegramme auch von einem Orte mit Telegraphenanstalt nach einem anderen Orte mit Telegraphenanstalt durch Eilboten befördert. Es geschieht dies jedoch nur dann, wenn die Telegraphenanstalt am Bestimmungsorte den Dienst geschlossen hat und die Entfernung zwischen den beiden Anstalten nicht über 15 km beträgt. Geht in solchen Fällen das Verlangen auf Verwendung von Eilboten vom Absender aus, so hat dieser den Botenlohn im voraus zu entrichten; ist die Höhe des Botenlohns nicht bekannt, so muß der Absender einen entsprechenden Betrag bei der Aufgabeanstalt hinterlegen. Verlangt der Empfänger die Zustellung von Telegrammen durch eine benachbarte Telegraphenanstalt, so hat er sich ein für allemal zur Tragung des Botenlohns zu verpflichten; vom Absender vorausbezahlter Botenlohn wird in solchen Fällen angerechnet.

VIII. Die auf Verlangen des Absenders von einem Orte mit Telegraphenanstalt nach einem anderen Orte mit Telegraphenanstalt durch Boten zu befördernden Telegramme müssen, wenn die Bestellung nicht von einer bestimmten Anstalt aus gewünscht, sondern die Wahl des Ortes, von welchem aus die Bestellung erfolgen soll, den Unterwegsanstalten überlassen wird, mit dem taxpflichtigen, als ein Wort zu berechnenden Vermerk = XP [Betrag des hinterlegten Botenlohns in Pfennig] =, z. B. = XP 120 =, versehen werden; dagegen ist, wenn der Absender eine bestimmte Anstalt für die Ausführung der Bestellung in Aussicht genommen hat, der als drei Wörter zählende Vermerk = XP [Betrag des vorausbezahlten oder hinterlegten Botenlohns] von [Name der Bestellanstalt] =, z. B. = XP 120 von Glauchau =, anzuwenden.

IX. Wenn ein Telegramm, für welches nach den Bestimmungen unter VII Botenlohn hinterlegt ist, auf telegraphischem Wege bis zum Bestimmungsorte hat befördert werden können, so wird dem Absender der hinterlegte Betrag nach Abzug einer Gebühr von 20 Pf. zurückgezahlt.

X. Bei gleichzeitiger Abtragung mehrerer Telegramme durch denselben Boten an denselben Empfänger findet die Bestimmung unter VI Abs. 2 gleichmäßig Anwendung. Werden durch denselben Boten an denselben Empfänger gleichzeitig solche Telegramme abgetragen, für welche der Botenlohn im voraus bezahlt ist, und solche, bei denen dies nicht der Fall ist, so hat der Empfänger den erwachsenen Botenlohn abzüglich der vorausbezahlten Beträge zu entrichten. Die auf etwa gleichzeitig abzutragende Eilpostsendungen im voraus bezahlte Bestellgebühr bleibt hierbei außer Betracht.

Vgl. PO. (Nr. XI) § 22 VII.

XI. In geeigneten Fällen werden auf besonderes schriftliches Verlangen des Empfängers die für ihn eingehenden Telegramme von der Telegraphenanstalt nicht durch Eilboten bestellt, sondern den Boten des Empfängers bei der Abholung von Postsendungen mitgegeben. Unzuträglichkeiten, die etwa aus dieser Einrichtung entstehen, hat die Telegraphenverwaltung nicht zu vertreten.

§ 17. Erhebung der Gebühren.

I. Sämtliche bekannte Gebühren sind bei der Aufgabe der Telegramme im voraus zu entrichten.

Wegen der gebührenfreien Beförderung von Telegrammen vgl. Nr. XXVIII.

II. Eine Gebührenerhebung vom Empfänger am Bestimmungsorte tritt jedoch in den Ausnahmefällen ein, welche

a) für die nachzusendenden Telegramme (§ 13),
b) für die Seetelegramme (§ 15),
c) für die Eilbestellung von Telegrammen (§ 16),
d) für die Bestellung nach bestimmten, in der Adresse nicht angegebenen Örtlichkeiten (§ 3, IX)

vorgesehen sind.

Ferner sind die Bestimmungsanstalten befugt, vom Empfänger die Gebühren einzuziehen, die infolge unzulässiger Wortzusammenziehungen oder Veränderungen von Wörtern bei der Aufgabeanstalt zu wenig erhoben worden sind (vgl. § 6 I).

Sind Gebühren bei der Bestellung zu erheben, so wird das Telegramm dem Empfänger nur gegen Zahlung des Gebührenbetrags ausgehändigt.

III. Die Gebühren können bei den Telegraphenanstalten in Postfreimarken oder bar — bei den Eisenbahn-Telegraphenstationen nur bar — entrichtet werden. Eine Bescheinigung über die erhobenen Gebühren wird nur auf Verlangen und gegen Entrichtung eines Zuschlags von 10 Pf. erteilt. Die Auflieferung gebührenfreier Staatstelegramme wird auf Verlangen unentgeltlich bescheinigt.

Besondere Telegraphen-Freimarken, wie sie durch BG. v. 16. Mai 1869 (BGBl. S. 377) eingeführt waren, sind jetzt im Reichstelegraphen-Gebiete nicht mehr im Gebrauch.

IV. Auf Antrag kann Personen, die sich des Telegraphen häufiger bedienen, gestattet werden, die Gebühren für die von ihnen aufgegebenen Telegramme monatlich zu entrichten. Sie haben alsdann an die betreffende Verkehrsanstalt, bei welcher sie ihre Telegramme aufgeben wollen, einen entsprechenden Vorschuß einzuzahlen und als besondere Vergütung für die entstehende Mühewaltung eine Gebühr von 50 Pf. für den Kalendermonat und außerdem für jedes Telegramm, dessen Gebühren gestundet werden, 2 Pf. zu entrichten. Auf Eisenbahn-Telegraphenstationen findet diese Bestimmung keine Anwendung.

Vgl. PO. (Nr. XI) § 50 VII, und wegen exekutivischer Eintreibung FGO. (Nr. XXIII) § 8.

§ 18. Zurückziehung von Telegrammen auf Verlangen des Absenders.

I. Jedes Telegramm kann vom Absender oder von seinem Beauftragten, die sich als solche auszuweisen haben, zurückgezogen oder in der Beförderung aufgehalten werden, sofern es noch Zeit ist. Wenn in einem solchen Falle die Beförderung des Telegramms noch nicht begonnen hat, so werden dem Absender die Gebühren nach Abzug von 20 Pf. erstattet. Hat die Abtelegraphierung bereits begonnen, so verbleiben die Gebühren der Telegraphenverwaltung; vorausbezahlte Beträge für Weiterbeförderung, bezahlte Antwort, Empfangsanzeige usw. werden jedoch dem Absender zurückgezahlt, wenn die vorausbezahlte Leistung nicht ausgeführt worden ist (vgl. § 21, II d).

Vgl. PO. (Nr. XI) § 33.

II. Ein Telegramm, welches durch die Ursprungsanstalt bereits befördert worden ist, kann nur durch ein besonderes, von der Aufgabeanstalt nach den Bestimmungen im § 22 zu erlassendes gebührenpflichtiges Diensttelegramm zurückgezogen werden. Der Antrag ist schriftlich zu stellen. Ist das anzuhaltende Telegramm dem Empfänger bereits zugestellt, so wird er von der Zurückziehung benachrichtigt, sofern das von der Aufgabeanstalt abgelassene gebührenpflichtige Diensttelegramm keine gegenteilige Angabe enthält. Von der Zurückziehung des Ursprungstelegramms oder von der Aushändigung des vorerwähnten Diensttelegramms an den Empfänger wird dem Absender mittels unfrankierten Briefes oder, falls er die Gebühr für eine telegraphische Antwort vorausbezahlt hat, telegraphisch Kenntnis gegeben. Die Gebühren für das Telegramm selbst, das auf Verlangen des Absenders unterwegs angehalten wird, werden nicht erstattet, wohl aber vorausbezahlte Beträge für Nebenleistungen (vgl. Schlußsatz unter I), wenn diese nicht ausgeführt worden sind.

§ 19. Zustellung der Telegramme am Bestimmungsorte.

I. Die Telegramme werden bei der Aufnahme oder gleich nach der Ankunft bei der Bestimmungsanstalt, wenn die offene Bestellung nicht ausdrücklich verlangt ist, verschlossen (vgl. unter VI).

II. Sie werden, ihrer Adresse entsprechend, entweder nach der Wohnung, dem Geschäftslokal usw. des Empfängers bestellt oder weiterbefördert oder postlagernd, telegraphenlagernd oder bahnhoflagernd niedergelegt. Sie können den Empfängern auch mittels Fernsprechers oder Ferndruckers nach den hierüber erlassenen besonderen Bestimmungen übermitelt werden. Ferner dürfen Telegramme durch die bei einzelnen Postanstalten eingerichteten verschließbaren Abholungsfächer (Schließfächer) ausgegeben werden, wenn die Inhaber bei der Überlassung der Schließfächer die Abholungserklärung auf Telegramme ausgedehnt haben. Staatstelegramme, dringende Telegramme, Telegramme mit Empfangsanzeige, Telegramme, für die Botenlohn vorausbezahlt ist, eigenhändig zu bestellende Telegramme sowie telegraphische Postanweisungen werden indes, der Erklärung des Empfängers ungeachtet, bestellt; dasselbe geschieht mit den Telegrammen, die nicht am Tage nach dem Eingang abgeholt worden sind. Telegramme, für die der Empfänger Gebühren zu entrichten hat, werden bei der Ausgabe durch die Schließfächer wie die mit Porto belasteten Postsendungen behandelt. (Wegen der Abholung von Telegrammen vgl. ferner auch § 16, XI.)

a. Wegen des Ortsbestellbezirks, innerhalb dessen die Bestellung unentgeltlich erfolgt, vgl. PO. (Nr. XI) § 36. Die Abgrenzung der Ortsbestellbezirke ist Sache der Ober-Postdirektionen.

b. Die Gebühr für die Übermittelung durch den Fernsprecher beträgt 10 Pf. für das Telegramm (Ausf.Best. zur FGO. [Nr. XXIV] 14 Abs. II.)

c. Wegen der Schließfächer vgl. PO. (Nr. XI) § 42.

III. Die Bestellung oder Weiterbeförderung der Telegramme geschieht mit tunlichster Beschleunigung nach der Reihenfolge ihrer Aufnahme und ihres Ranges. Die mit dem besonderen Vermerk = J = oder „Tages" versehenen Telegramme werden jedoch von 10 Uhr abends bis 6 Uhr morgens nicht bestellt.

IV. Staats-, Dienst- und dringende Privattelegramme werden mit Vorrang vor anderen Telegrammen bestellt.

V. Die Aushändigung der Staatstelegramme und der Telegramme mit bezahlter Empfangsanzeige erfolgt gegen Vollziehung eines Empfangsscheins. Zur Vollziehung des Empfangsscheins über ein an eine Behörde oder deren Vorstand gerichtetes Staatstelegramm kann, wenn nicht eine besondere schriftliche Verfügung darüber getroffen ist, nur der Vorstand der Behörde oder, in dessen Abwesenheit sein Stellvertreter als berechtigt angesehen werden.

VI. Privattelegramme sowie die nicht an eine Behörde oder deren Vorstand gerichteten dienstlichen Telegramme werden dagegen im Falle der Abwesenheit des Empfängers an ein erwachsenes Familienmitglied oder, wenn auch ein solches nicht zur Stelle ist, an die Geschäftsgehilfen, die Dienerschaft, die Haus- oder Wirtsleute, den Türhüter des Gasthofs oder des Hauses bestellt, wenn der Empfänger für derartige Fälle nicht einen besonderen Bevollmächtigten der Telegraphenanstalt schriftlich namhaft gemacht oder der Absender durch den vor die Adresse gesetzten Vermerk „eigenhändig bestellen" oder =MP= verlangt hat, daß die Zustellung nur zu Händen des Empfängers selbst stattfinden soll.

Der Absender kann auch verlangen, daß das Telegramm offen bestellt wird; in diesem Falle muß vor der Adresse der Vermerk „offen bestellen" oder =RO= stehen.

VII. Befinden sich Privatbriefkasten oder Einwürfe an der Tür usw. der Wohnung des Empfängers, so können die Telegramme, für welche Empfangsbescheinigungen nicht abzugeben sind, in jene Briefkasten usw. gesteckt werden; Telegramme, welche den Vermerk „eigenhändig bestellen" oder =MP= tragen, werden jedoch stets an den Empfänger selbst bestellt. Ebenso werden Telegramme mit dem Vermerk „postlagernd" oder =GP= und „telegraphenlagernd" oder =TR= nur dem Empfänger oder seinem Bevollmächtigten nach gehörigem Ausweis ausgehändigt. Telegramme, welche die Bezeichnung „bahnhoflagernd" tragen, werden an den Bahnhofsvorsteher oder dessen Stellvertreter abgegeben.

VIII. Die an Reisende in einem Gasthofe gerichteten Telegramme werden, wenn der Empfänger noch nicht eingetroffen ist, an den Wirt usw. des Gasthofs mit dem Ersuchen abgegeben, das Telegramm vorläufig in Verwahrung zu nehmen und dem Empfänger bei seinem Eintreffen auszuhändigen. Gewöhnliche Telegramme dieser Art werden am nächsten Tage durch einen Boten gegen Hinterlassung eines Benachrichtigungszettels wieder abgeholt und zur Verkehrsanstalt zurückgebracht, wenn sie dem Empfänger inzwischen nicht haben ausgehändigt werden können; bei dringenden Telegrammen erfolgt die Abholung bereits nach 3 bis 4 Stunden, wobei die Nachtzeit von 10 Uhr abends bis 6 Uhr morgens nicht mitgerechnet wird. Nunmehr wird die Unbestellbarkeitsmeldung an die Aufgabeanstalt erlassen; im übrigen werden die Telegramme wie alle sonstigen unbestellbaren Telegramme behandelt.

IX. Ist weder der Empfänger noch sonst jemand aufzufinden, dem das Telegramm ausgehändigt werden darf, so hat der Bote, wenn es sich um ein Telegramm handelt, für welches ein Empfangsschein ausgefertigt ist, oder wenn sich die Bestellung eines Telegramms ohne Empfangsschein durch Einlegen in einen Privatbriefkasten oder auf andere Weise nicht ermöglichen läßt, einen Benachrichtigungszettel in der Wohnung usw. des Empfängers zurückzulassen oder an die Eingangstür zu heften, das Telegramm selbst aber zur Anstalt zurückzubringen. Mit den Telegrammen, welche den Vermerk „eigenhändig bestellen" oder = MP = tragen, wird in gleicher Weise verfahren, wenn der Empfänger nicht selbst angetroffen wird.

X. Falls der Bote bei der Bestellung von Telegrammen mit Empfangsscheinen den Empfänger nicht selbst antrifft und das Telegramm einem anderen aushändigt, hat dieser in dem Empfangsscheine seiner eigenen Unterschrift das Wort „für" und den Namen des Empfängers beizufügen.

XI. Dem Boten ist die Annahme von Geschenken untersagt.

§ 20. Unbestellbare Telegramme.

I. Die Unbestellbarkeit eines Telegramms und ihre Gründe werden der Ursprungsanstalt telegraphisch gemeldet. Liegt für die Unbestellbarkeit ein Grund vor, der nicht ohne weiteres aus dienstlicher Veranlassung beseitigt werden kann und muß, und ist der Absender des unbestellbaren Telegramms aus der Unterschrift oder auf andere Weise mit genügender Sicherheit bekannt, so stellt die Ursprungsanstalt die Unbestellbarkeitsmeldung dem Absender sobald als möglich zu. Dieser kann die Adresse des unbestellbar gemeldeten Telegramms nur durch ein von der Ursprungsanstalt abzulassendes gebührenpflichtiges Diensttelegramm (vgl. § 22) vervollständigen, berichtigen oder bestätigen.

II. Ein von dem abtragenden Boten als unbestellbar zur Anstalt zurückgebrachtes Telegramm wird bei dieser aufbewahrt. Hat der Empfänger das Telegramm innerhalb sechs Wochen nicht abgefordert, so wird es vernichtet. In gleicher Weise wird mit Telegrammen verfahren, welche die Bezeichnung „telegrahen-" oder „bahnhoflagernd" tragen; Telegramme mit dem Vermerke „postlagernd" in der Adresse werden einen Monat aufbewahrt. Für die

Aufbewahrungsfristen von Seetelegrammen sind die Bestimmungen im § 15 maßgebend.

§ 21. Erstattung und Nachzahlung von Gebühren.

I. Die Telegraphenverwaltung leistet für die richtige Überkunft der Telegramme oder deren Überkunft und Zustellung innerhalb bestimmter Frist keine Gewähr und hat Nachteile, die durch Verlust, Entstellung oder Verspätung der Telegramme entstehen, nicht zu vertreten.

a. Vgl. JTV. (Nr. XXII) Art. 3.

b. §§ 89 und 31 BGB. finden nicht Anwendung.

II. Auf Antrag wird jedoch erstattet:

a) die volle Gebühr für jedes Telegramm, das durch Schuld des Telegraphenbetriebs nicht an seine Bestimmung gelangt ist;

b) die volle Gebühr für jedes Telegramm, das durch Schuld des Telegraphenbetriebs nicht innerhalb 12 Stunden oder später angekommen ist, als es mit der Post (als Eilbrief) angekommen wäre. Die Dauer des Dienstschlusses der Anstalten, sofern sie die Ursache der Verzögerung ist, sowie die Dauer der Beförderung durch Eilboten werden in die Frist von 12 Stunden jedoch nicht eingerechnet;

c) die volle Gebühr für jedes verglichene Telegramm in geheimer Sprache sowie für jedes Telegramm in offener Sprache, das infolge von Irrtümern bei der Übermittelung nachweislich seinen Zweck nicht hat erfüllen können, sofern die Fehler nicht durch gebührenpflichtige Dienstnotiz berichtigt worden sind (vgl. § 22);

d) die Gebühr für eine besondere Dienstleistung, die nicht ausgeführt worden ist (z. B. für Vergleichung);

e) die volle Gebühr für jede telegraphisch oder mit der Post beförderte gebührenpflichtige Dienstnotiz, deren Absendung durch einen Fehler des Betriebs veranlaßt worden ist (vgl. auch § 22, III);

f) der volle Betrag der für eine Antwort vorausbezahlten Summe, wenn das Ursprungstelegramm unbestellbar gewesen ist oder der Empfänger die Annahme des Antwortscheins verweigert hat;

g) der Unterschied zwischen dem Wert eines Scheines für die vorausbezahlte Antwort und der Gebühr für das unter Benutzung des Scheines aufgelieferte Telegramm, sofern er mindestens 80 Pf. beträgt;

h) die Gebühr für die bei der Beförderung ausgelassenen Wörter, wenn sie mindestens 80 Pf. beträgt und der Fehler nicht durch eine gebührenpflichtige Dienstnotiz berichtigt worden ist.

Die Beschwerden oder Rückforderungen sind bei der Aufgabeanstalt einzureichen. Als Beweisstück ist beizufügen:

eine schriftliche Erklärung der Bestimmungsanstalt oder des Empfängers, wenn das Telegramm verzögert oder nicht angekommen ist, die dem Empfänger zugestellte Ausfertigung, wenn es sich um eine Entstellung handelt.

III. Bei Rückforderungen wegen Entstellungen muß nachgewiesen werden, daß und durch welche Fehler das Telegramm derart entstellt ist, daß es seinen Zweck nicht hat erfüllen können.

IV. Jeder Anspruch auf Erstattung der Gebühr muß bei Verlust des Anrechts binnen fünf Monaten, vom Tage der Auflieferung des Telegramms an gerechnet, anhängig gemacht werden.

Im internationalen Verkehr beträgt diese Frist gleichfalls fünf Monate.

Wer einen Antrag auf Erstattung von Telegrammgebühren stellt, hat eine Gebühr von 20 Pf. zu entrichten. Diese Gebühr wird zurückgezahlt, wenn der Erstattungsantrag sich als begründet erweist.

Im außerdeutschen Verkehr beträgt die Gebühr 40 Pf., im außereuropäischen 150 Pf.

V. In den Fällen unter II a, b, c und h bezieht sich die Erstattung lediglich auf die Gebühr einschließlich der Nebengebühren für die Telegramme selbst, die verzögert, entstellt oder nicht angekommen sind, und auf die Gebühren für die im § 22 vorgesehenen Telegramme, nicht aber auf die Gebühren für solche Telegramme, welche durch die Verzögerung, Entstellung oder Nichtankunft jener Telegramme etwa veranlaßt oder nutzlos gemacht worden sind.

VI. Gebühren, die bei der Aufgabe zu wenig erhoben sind oder vom Empfänger nicht haben eingezogen werden können, sind vom Absender nachzuzahlen. Zu viel erhobene Gebühren werden zurückgezahlt.

Vgl. PG. (Nr. II) § 25, PO. (Nr. XI) § 50. Die Befugnis zur exekutivischen Einziehung unbezahlt gebliebener Gebühren im Verwaltungswege erstreckt sich auch auf die Telegraphengebühren einschl. der Fernsprechgebühren. FGO. (Nr. XXIII) § 8.

VII. Der Betrag der vom Absender zu viel verwandten Postfreimarken wird jedoch nur auf seinen Antrag erstattet.

§ 22. Berichtigungstelegramme.

I. Der Absender und der Empfänger eines jeden beförderten oder in der Beförderung begriffenen Telegramms oder deren Bevollmächtigte können innerhalb der für die Aufbewahrung des Telegrammmaterials geltenden Frist, nachdem sie sich vorher, wenn nötig, über ihre Berechtigung und ihre Person ausgewiesen haben, auf telegraphischem Wege Auskunft über das Telegramm verlangen oder Bestimmung darüber treffen. Sie können auch ein Telegramm, das sie aufgegeben oder erhalten haben, entweder durch die Bestimmungs- oder die Ursprungsanstalt oder durch eine Durchgangsanstalt vollständig oder teilweise wiederholen lassen. Sie haben folgende Beträge zu hinterlegen:

1. die Gebühr für das Telegramm, welches das Verlangen enthält;
2. die Gebühr für ein Antworttelegramm, wenn auf Verlangen des Empfängers eine Übermitte-

lung, die er für fehlerhaft hält, wiederholt werden soll, oder wenn in anderen Fällen eine telegraphische Antwort gewünscht wird.

II. Die Telegramme, welche die Berichtigung, Ergänzung oder Zurückziehung von bereits beförderten oder in der Beförderung begriffenen Telegrammen bezwecken, ebenso alle übrigen, solche Telegramme betreffenden Mitteilungen, dürfen, wenn sie für eine Telegraphenanstalt bestimmt sind, nur von Amt an Amt als gebührenpflichtige, vom Absender oder Empfänger zu bezahlende Dienstnotizen gerichtet werden.

III. Die Gebühren für die Berichtigungstelegramme, durch welche die Wiederholung einer als fehlerhaft vermuteten Stelle verlangt worden ist, werden einschließlich der Gebühren für die Antworten auf Antrag zurückgezahlt, wenn die Wiederholung erweist, daß das oder die wiederholten Wörter im Ursprungstelegramm unrichtig wiedergegeben worden sind. Wenn im Ursprungstelegramm einige Wörter richtig und die anderen unrichtig wiedergegeben worden sind, so wird die Gebühr für die Wörter nicht erstattet, welche in dem Berichtigungstelegramm und in der Antwort sich ausschließlich auf die im Ursprungstelegramm richtig übermittelten Wörter beziehen.

Wenn die vorgekommenen Entstellungen indes verhindert haben, den Sinn der nicht entstellten Wörter zu erfassen, so wird auch die Gebühr für die richtig übermittelten Wörter erstattet.

IV. Die Gebühr für das Ursprungstelegramm, das zu dem Antrag auf Berichtigung Anlaß gegeben hat, wird nicht zurückgezahlt.

V. Die vorerwähnten Mitteilungen über schon beförderte Telegramme können durch Vermittelung der Aufgabe- oder der Ankunfts-Telegraphenanstalt auch mittels Post gemacht werden. Die Gebühr für eine derartige Mitteilung beträgt 20 Pf. Außerdem hat der Antragsteller noch weitere 20 Pf. zu entrichten, wenn er eine Antwort durch die Post verlangt.

§ 23. Telegrammabschriften.

I. Der Absender und der Empfänger oder auch deren Bevollmächtigte, falls sie sich als solche gehörig ausweisen, sind berechtigt, sich beglaubigte Abschriften der von ihnen aufgegebenen und der an sie gerichteten Telegramme ausfertigen zu lassen, wenn sie Ort und Tag der Aufgabe genau angeben können und die Urschriften noch vorhanden sind. Die Urschriften werden 8 Monate lang aufbewahrt.

II. Für jede Abschrift eines nach Aufgabeort und Aufgabezeit genau bezeichneten Telegramms sind bei Telegrammen bis zu 100 Wörtern 40 Pf., bei längeren Telegrammen 40 Pf. mehr für jede weitere volle oder angefangene Reihe von 100 Wörtern zu entrichten. Bei ungenau bezeichneten Telegrammen sind außer der Schreibgebühr die durch die Aufsuchung des Telegramms entstehenden Kosten zu zahlen.

§ 24. Geltungsbereich.

I. Die vorstehenden Bestimmungen gelten, soweit nicht Abweichungen ausdrücklich vorgeschrieben sind, auch für die Telegramme, welche auf dem Eisenbahntelegraphen befördert werden.

II. Auf den telegraphischen Verkehr mit dem Auslande finden in erster Linie die Bestimmungen des internationalen Telegraphenvertrags und der dazu gehörigen Ausführungs-Übereinkunft sowie der etwaigen besonderen Telegraphenverträge Anwendung; daneben gilt die Telegraphenordnung insoweit, als jene Bestimmungen nicht entgegenstehen.

III. Auf den inneren Verkehr in Bayern und Württemberg finden die Bestimmungen dieser Verordnung keine Anwendung.

§ 25. Zeitpunkt der Einführung.

Gegenwärtige Telegraphenordnung tritt am 1. Juli 1904 in Kraft.

Berlin, den 16. Juni 1904.

Der Reichskanzler.

In Vertretung:

Kraetke.

XXII.

Internationaler Telegraphen-Vertrag

vom 10./22. Juli 1875.

ABl. der Reichs-Telegraphen-Verwaltung von 1875 S. 243.

Geltung vom 1. Januar 1876 ab.

---

a. Am 25. Juli 1850 wurde zwischen Preußen, Österreich, Bayern und Sachsen der Deutsch-Österreichische Telegraphenverein errichtet, der durch einen im Jahre 1852 von Preußen mit Frankreich und Belgien abgeschlossenen Vertrag engere Beziehungen zu verschiedenen west- und südeuropäischen Staaten erhielt. Eine umfassende Regelung der internationalen Telegraphenbeziehungen erfolgte dann durch die Bildung des Allgemeinen Telegraphenvereins auf der Pariser Konferenz im Jahre 1865, an der die meisten europäischen Telegraphenverwaltungen teilnahmen. Seinen weiteren Ausbau erhielt der Verein auf den Tel.-Konferenzen in Wien 1868, Rom 1871/72, St. Petersburg 1875, London 1879, Berlin 1885, Paris 1890, Budapest 1896 und London 1903. Der gegenwärtig gültige Vertrag ist am 10./22. Juli 1875 in St. Petersburg abgeschlossen worden. Er findet seine Ergänzung in einer Ausführungs-Übereinkunft, die in der von der Londoner Konferenz beschlossenen Fassung seit 1. Juli 1904 Gültigkeit hat. Die Ausführungs-Übereinkunft enthält auch die Bestimmungen über den **internationalen Fernsprechdienst** (Art. LXVIII). Die Art. 1—3, 5—8, 11, 12 und 17 finden auch auf die internationale Funkentelegraphie Anwendung (Art. 17 des IFTV. Nr. XXVII).

Der Vertrag hat Gültigkeit für die Gebiete der Staats-Telegraphenverwaltungen in Europa (hinsichtlich Deutschlands auch für die deutschen Schutzgebiete), für Algerien, die Argentinische Republik, das Asiatische Rußland, die Asiatische Türkei, den Australischen Staatenbund (Neu-Süd-Wales, Queensland, Süd-Australien, West-Australien, Tasmanien, Viktoria), Brasilien, Britisch-Indien, Britisch-Ostafrika, Ceylon, Egypten, Französisch Indo-China, Japan, Kap-Kolonie, Madagaskar, Natal, Neu-Kaledonien, Neu-Seeland, Niederländisch-Indien, Oranjefluß-Kolonie, Persien, die portugiesischen Kolonien (in Afrika, Asien und Ozeanien), Senegal, Siam, Transvaal, Tunis, Uganda und Uruguay. Ferner sind **folgende Privat-Telegraphengesellschaften dem Vertrage beigetreten**: Black Sea Telegraph Company in London für ihre Linie Odessa—Konstantinopel; The Commercial Cable Company in Paris für ihre Linie zwischen Frankreich und Irland; Compagnie française des câbles télégraphiques in Paris für ihre Linie zwischen Frankreich und New York sowie für ihre Linien zwischen Cuba—Haiti—San Domingo—Curaçao—la Guayra (Venezuela); Compagnie Télégraphique et Téléphonique de la Plata in Buenos Aires für ihre Anstalten in Argentinien sowie in Uruguay: Buenos Aires, La Plata, Rosario, Colonia, San José, Montevideo; Deutsch-Atlantische Telegraphengesellschaft in Cöln für ihre Linien Borkum—Fayal (Azoren)—New York und Borkum—Vigo (Spanien); Direct Spanish Telegraph Company in London für ihre Linien zwischen Spanien, England und Frankreich; Direct West India Cable Company in London für ihre Linie Jamaica—Bermuda; Eastern Telegraph Company in London für ihre sämtlichen Linien zwischen England, Spanien, Portugal, Malta, Italien, Griechenland, Türkei, Egypten und Britisch-Indien; Eastern Extension Australasia and China Telegraph Company in London für ihre Linien in Asien, Australien und Afrika; Halifax and Bermudas Cable Company in London für ihre Linie zwischen Halifax (Nova Scotia) und Bermuda; Indo-European Telegraph Company in London für ihre Linien zwischen England und Persien; South American Cable Company in London für ihre Linie St. Louis (Senegal)—Pernambuco; Det Store Nordiske Telegraph Selskab (Große Nordische Telegraphengesellschaft) in Kopenhagen für ihre Linien in Europa: zwischen Dänemark und Frankreich, England, Norwegen, Rußland, Schweden, zwischen England und Norwegen, Schweden, zwischen Norwegen und Schottland, zwischen Schweden und Rußland; West African Telegraph Company in London für ihre Linien an der westafrikanischen Küste; Western Telegraph Company in London für ihre Linien von Portugal über Madeira und St. Vincent nach Brasilien und Uruguay; West India and Panama Telegraph Company in London für ihre die Inseln West-Indiens verbindenden Linien. Die nicht beigetretenen Gesellschaften bringen die Bestimmungen des Vertrags teils vollständig, teils im wesentlichen zur Anwendung.

b. Der nachstehend mitgeteilte deutsche Text des Intern. Tel.-Vertrags ist amtliche Übersetzung; der Urtext ist französisch.

c. Der Intern. Tel.-Vertrag ist nebst der Ausführungs-Übereinkunft französisch und deutsch in der durch die Londoner Tel.-Konferenz festgestellten Revision in besonderer Ausgabe (Druck der Reichsdruckerei) erschienen. Die Tarifsätze für das Ausland und die Einzelbestimmungen enthält der „Gebührentarif für die Deutschen Telegraphenanstalten" (Berlin, Reichsdruckerei), sowie der in kürzeren Zeiträumen erscheinende, durch alle Postanstalten zum Preise von 10 Pf. zu beziehende abgekürzte Telegrammtarif in

Plakatform und das Postblatt (vgl. PosttaxG. Nr. V, § 11 Anm. b).

d. Vgl. Internationaler Vertrag zum Schutze der unterseeischen Telegraphenkabel v. 14. März 1884 (RGBl. 1888 S. 151) und G. zur Ausführung des internationalen Vertrages zum Schutze der unterseeischen Telegraphenkabel v. 14. März 1884 v. 21. Nov. 1887 (RGBl. 1888 S. 169).

Art. 1. Die Hohen vertragschließenden Teile gestehen jedermann das Recht zu, mittels der internationalen Telegraphen zu korrespondieren.

Vgl. Art. 7 u. 8, TG. (Nr. XVIII) § 5, TO. (Nr. XXI) § 1.

Art. 2. Sie verpflichten sich, alle Maßregeln zu ergreifen, welche notwendig sind, um das Geheimnis der Telegramme und deren gute Beförderung zu sichern.

TG. (Nr. XVIII) § 8 und Anmerkungen.

Art. 3. Dieselben erklären jedoch, daß sie in bezug auf den internationalen Telegraphendienst keinerlei Verantwortlichkeit übernehmen.

TO. (Nr. XXI) § 21.

Art. 4. Jede Regierung verpflichtet sich, für den internationalen Telegraphendienst besondere Leitungen zu verwenden, und zwar in genügender Anzahl, um eine rasche Übermittelung der Telegramme zu sichern.

Diese Leitungen sollen in der nach den Erfahrungen des Dienstes am meisten bewährten Weise hergestellt und verwendet werden.

Art. 5. Die Telegramme werden in drei Gattungen eingeteilt:

1. Staats-Telegramme: d. h. solche, welche vom Staatsoberhaupte, von den Ministern, den Oberbefehlshabern der Land- oder Seemacht und den diplomatischen oder Kosular-Agenten der vertragschließenden Regierungen ausgehen, sowie die Antworten auf eben diese Telegramme.

2. Dienst-Telegramme: d. h. solche, welche von den Telegraphenverwaltungen der vertragschließenden Staaten ausgehen und sich entweder auf den internationalen Telegraphendienst oder auf solche Gegenstände von öffentlichem Interesse beziehen, über welche die genannten Verwaltungen sich verständigt haben.

3. Privat-Telegramme.

Bei der Beförderung genießen die Staats-Telegramme den Vorzug vor den übrigen Telegrammen.

TO. (Nr. XXI) § 2 I.

Art. 6. Die Staats- und Dienst-Telegramme können im gesamten Verkehr in geheimer Sprache abgefaßt werden.

Privat-Telegramme können in geheimer Sprache zwischen zwei Staaten gewechselt werden, welche diese Art der Korrespondenz zulassen.

Diejenigen Staaten, welche Privat-Telegramme in geheimer Sprache bei der Aufgabe und bei der Ankunft nicht zulassen, müssen dieselben im Transit gestatten, sofern nicht der im Artikel 8 bezeichnete Fall der Verkehrseinstellung vorliegt.

TO. (Nr. XXI) § 2 II—V.

Art. 7. Die Hohen vertragschließenden Teile behalten sich die Befugnis vor, die Beförderung eines jeden Privat-Telegramms zu verhindern, welches für die Sicherheit des Staates gefährlich erscheint oder gegen die Landesgesetze, die öffentliche Ordnung oder die guten Sitten verstößt.

TO. (Nr. XXI) § 1 II.

Art. 8. Jede Regierung behält sich ferner die Befugnis vor, den internationalen Telegraphendienst, wenn sie es für notwendig erachtet, entweder überhaupt oder nur auf gewissen Linien und für gewisse Arten von Korrespondenzen, auf unbestimmte Zeit einzustellen, wobei ihr jedoch die Verpflichtung obliegt, hiervon sofort jeder der übrigen vertragschließenden Regierungen Kenntnis zu geben.

TO. (Nr. XXI) § 1, I.

Art. 9. Die Hohen vertragschließenden Teile verpflichten sich, jedem Aufgeber zu gestatten, die verschiedenen Einrichtungen, welche zum Zwecke der größeren Sicherung und Erleichterung der Beförderung und Zustellung der Korrespondenzen zwischen den Telegraphenverwaltungen der vertragschließenden Staaten übereinstimmend verabredet worden sind, zu benutzen.

Auch verpflichten sie sich, ihn in den Stand zu setzen, von den Vorkehrungen Gebrauch zu machen, welche durch irgend einen anderen Staat hinsichtlich der Benutzung von besonderen Einrichtungen für die

Beförderung und Zustellung getroffen und kundgemacht sind.

Art. 10. Die Hohen vertragschließenden Teile erklären, für die Aufstellung der internationalen Tarife nachstehende Grundlagen anzunehmen:

Die Gebühr soll für alle Telegramme, welche zwischen den Telegraphenanstalten von je zwei der vertragschließenden Staaten auf dem nämlichen Wege gewechselt werden, eine einheitliche sein. In Europa kann jedoch ein und derselbe Staat, hinsichtlich der Anwendung der einheitlichen Gebühr, in höchstens zwei große Gebiete eingeteilt werden.

Der Gebührensatz wird von Staat zu Staat im Einvernehmen zwischen den Regierungen der äußersten und der dazwischen gelegenen Staaten festgestellt.

Die auf den telegraphischen Verkehr zwischen den vertragschließenden Staaten anwendbaren Tarifsätze können zu jeder Zeit im gemeinsamen Einverständnis abgeändert werden.

Der Frank bildet die Münzeinheit für die Aufstellung der internationalen Tarife.

Vgl. Art. 10 des JFTV. (Nr. XXVII).

Art. 11. Die auf den internationalen Telegraphendienst der vertragschließenden Staaten bezüglichen Telegramme werden auf dem ganzen Netze der genannten Staaten gebührenfrei befördert.

Art. 12. Die Hohen vertragschließenden Teile sind sich gegenseitig über die von jedem derselben erhobenen Gebühren Rechnung schuldig.

Art. 13. Die Bestimmungen des gegenwärtigen Vertrages werden durch eine Ausführungs-Übereinkunft ergänzt, deren Vorschriften von den Verwaltungen der vertragschließenden Staaten im gemeinsamen Einverständnis jederzeit abgeändert werden können.

Vgl. Vorbemerkung a.

Art. 14. Ein Zentralorgan, welches unter die Ober-Aufsicht der obersten Verwaltung einer der vertragschließenden Regierungen und zwar der durch Ausführungs-Übereinkunft hierzu bestimmten Regierung, gestellt ist, hat auf die internationale Telegraphie bezüglichen Nachrichten jeder Art zu sammeln, zusammenzustellen und zu veröffentlichen, die Anträge betreffend Abänderungen der Tarife oder der Ausführungs-Übereinkunft in die Wege zu leiten, die angenommenen Änderungen bekannt zu geben und im allgemeinen alle Fragen zu studieren und alle Arbeiten auszuführen, mit welchen es im Interesse der internationalen Telegraphie betraut werden sollte.

Die Kosten, welche aus dieser Einrichtung entstehen, werden von sämtlichen Verwaltungen der vertragschließenden Staaten getragen.

Der Sitz des Internationalen Tel.-Bureaus ist in Bern; die von demselben herausgegebene Monatsschrift Journal Télégraphique erscheint in französischer Sprache. Vgl. IFTV. (Nr. XXVII) Art. 13 und WPV. (Nr. XII) Art. 22.

Art. 15. Der Tarif und die Ausführungs-Übereinkunft, welche in Artikel 10 und 13 vorgesehen worden, sind dem gegenwärtigen Vertrage angeschlossen. Dieselben haben die gleiche Gültigkeit und treten zu gleicher Zeit in Kraft wie dieser letztere.

Sie werden Revisionen unterworfen, wobei alle Staaten, welche daran teilgenommen haben, sich vertreten lassen können.

Zu diesem Behufe werden von Zeit zu Zeit Verwaltungs-Konferenzen stattfinden; jede Konferenz wird den Ort und die Zeit der nächstfolgenden Zusammenkunft selbst festsetzen.

Die letzte Revision der Ausführungs-Übereinkunft ist unterm 10. Juli 1903 zu London erfolgt, mit Geltung v. 1. Juli 1904 ab.

Art. 16. Diese Konferenzen werden aus Abgesandten gebildet, welche die Verwaltungen der vertragschließenden Staaten vertreten.

Bei den Beratungen hat jede Verwaltung Anrecht auf eine Stimme, unter dem Vorbehalt jedoch, daß, sofern es sich um verschiedene Verwaltungen einer und derselben Regierung handelt, der bezügliche Antrag auf diplomatischem Wege bei der Regierung desjenigen Landes, wo die Konferenz sich versammeln soll, vor deren Eröffnungstermin eingebracht wird, und daß jede dieser Verwaltungen eine besondere und für sich bestehende Vertretung hat.

Die aus den Beratungen der Konferenzen sich ergebenden Abänderungen sind erst dann ausführbar, wenn sie die Bestätigung aller Regierungen der vertragschließenden Staaten erlangt haben.

Art. 17. Die Hohen vertragschließenden Teile behalten sich gegenseitig das Recht vor, abgesondert unter sich besondere Übereinkunft jeder Art über solche Teile des Dienstes abzuschließen, an welchen nicht die Gesamtheit der Staaten beteiligt ist.

Art. 18. Den Staaten, welche an dem gegenwärtigen Vertrage nicht teilgenommen haben, wird auf ihr Verlangen der Beitritt zu demselben gestattet.

Von diesem Beitritt wird demjenigen der vertragschließenden Staaten, in dessen Bereich die letzte Konferenz stattgefunden hat, und durch diesen Staat allen übrigen Staaten auf diplomatischem Wege Kenntnis gegeben.

Der Beitritt schließt von Rechts wegen die Zustimmung zu allen Klauseln und die Teilnahme an allen Vorteilen in sich, welche im gegenwärtigen Vertrage festgesetzt worden sind.

Art. 19. Die telegraphischen Beziehungen zu denjenigen Staaten, welche dem gegenwärtigen Vertrage nicht beigetreten sind, oder zu den Privatgesellschaften werden im allgemeinen Interesse der fortschreitenden Verkehrsentwickelung durch die im Artikel 13 des gegenwärtigen Vertrages vorgesehene Ausführungs-Übereinkunft geregelt.

Art. 20. Der gegenwärtige Vertrag tritt mit dem 1. Januar 1876 neuen Stils in Kraft und bleibt auf unbestimmte Zeit und bis zum Ablauf eines Jahres von dem Tage ab, an welchem er gekündigt worden ist, in Gültigkeit.

Die Kündigung kommt nur für den Staat zur Geltung, welcher sie ausgesprochen hat. Für die übrigen vertragschließenden Teile bleibt der Vertrag in Kraft.

21. und letzter Artikel.

Der gegenwärtige Vertrag soll ratifiziert werden, und sollen die Ratifikationen in möglichst kurzer Frist zu St. Petersburg ausgewechselt werden.

Urkundlich dessen haben die betreffenden Bevollmächtigten denselben unterzeichnet und mit beigedrucktem Insiegel versehen.

So geschehen zu St. Petersburg, den 10./22. Juli achtzehnhundertfünfundsiebzig.

(Unterschriften.)

XXIII.

Fernsprechgebühren-Ordnung.

Vom 20. Dezember 1899.

(RGBl. S. 711.)

Geltung vom 1. April 1900 ab (§ 11).

Begründung zu dem Entwurf des G.: Drucksachen des D. Reichstags, 10. Legislaturperiode I. Session 1898/1900 Nr. 129, Kommissionsbericht ebenda Nr. 387.

Wir **Wilhelm**, von Gottes Gnaden Deutscher Kaiser, König von Preußen 2c. verordnen im Namen des Reichs, nach erfolgter Zustimmung des Bundesrats und des Reichstags, was folgt:

§ 1. Für jeden Anschluß an ein Fernsprechnetz wird eine Pauschgebühr erhoben.

§ 2. Die Pauschgebühr beträgt

in Netzen von nicht über 50 Teilnehmeranschlüssen	80 Mark,
bei mehr als 50 bis einschließlich 100 Teilnehmeranschlüssen . .	100 "
bei mehr als 100 bis einschließlich 200 Teilnehmeranschlüssen . .	120 "
bei mehr als 200 bis einschließlich 500 Teilnehmeranschlüssen . .	140 "

bei mehr als 500 bis einschließlich 1000 Teilnehmeranschlüssen . . 150 Mark,
bei mehr als 1000 bis einschließlich 5000 Teilnehmeranschlüssen . . 160 "
bei mehr als 5000 bis einschließlich 20000 Teilnehmeranschlüssen . . 170 "
bei mehr als 20000 Teilnehmeranschlüssen . . . . 180 "

jährlich für jeden Anschluß, welcher von der Vermittelungsstelle nicht weiter als 5 Kilometer entfernt ist. In Netzen mit mehreren Vermittelungsstellen wird diese Entfernung von der Hauptvermittelungsstelle gerechnet.

Die Entfernung von 5 km wird nach der Luftlinie gemessen.

Teilnehmer, welche die Pauschgebühr zahlen, sind berechtigt, die Benutzung ihres Anschlusses zu Gesprächen mit anderen Teilnehmern desselben Netzes Dritten unentgeltlich zu gestatten.

Eine Vergütung darf auch nicht in der Form einer Entschädigung für Hergabe des Raumes oder in anderer Form erhoben werden. Vgl. § 5 Abs. 4 u. § 9 Nr. 3.

§ 3. Für die Berechnung der Pauschgebühr ist die Zahl der bei Beginn des Kalenderjahrs vorhandenen Teilnehmeranschlüsse maßgebend. Die hiernach festgestellte Pauschgebühr tritt mit dem folgenden 1. April in Kraft. Änderungen der Pauschgebühr gegenüber dem Vorjahre sind in den Orten, für welche sie gelten, amtlich bekannt zu machen.

Soweit auf Grund der neuen Feststellung eine Erhöhung der Pauschgebühr eintritt, sind die Teilnehmer berechtigt, ihre Anschlüsse zum Zeitpunkte des Inkrafttretens der Erhöhung mit einmonatiger Frist zu kündigen.

§ 4. An Orten ohne Fernsprechnetz wird für jeden Teilnehmeranschluß, welcher nicht mehr als 5 Kilometer von der Vermittelungsstelle entfernt ist, eine Pauschgebühr von 80 Mark für den Anschluß erhoben.

§ 5. Jeder Teilnehmer ist berechtigt, an Stelle der Pauschgebühr eine Grundgebühr für die Überlassung und Unterhaltung der Apparate sowie für den Bau und die Instandhaltung der Sprechleitungen und Gesprächsgebühren für jede hergestellte Verbindung, mindestens jedoch für 400 Gespräche jährlich, zu zahlen.

Die Grundgebühr beträgt

in Netzen von nicht über 1000 Teilnehmeranschlüssen	60 Mark,
bei mehr als 1000 bis einschließlich 5000 Teilnehmeranschlüssen . . .	75 „
bei mehr als 5000 bis einschließlich 20000 Teilnehmeranschlüssen . .	90 „
bei mehr als 20000 Teilnehmeranschlüssen	100 „

jährlich für jeden Anschluß, welcher von der Vermittelungsstelle nicht weiter als 5 Kilometer entfernt ist. In Netzen mit mehreren Vermittelungsstellen wird diese Entfernung von der Hauptvermittelungsstelle gerechnet.

Die Entfernung wird nach der Luftlinie gemessen.

Die Gesprächsgebühr beträgt 5 Pf. für jede Verbindung.

Die Gebühr von 5 Pf. gilt nur für den Tagesdienst. Wegen der Gebühr für die Nachtzeit vgl. § 10 Nr. 2 u. Ausf.-Bestimmungen (Nr. XXIV) 12.

Der Teilnehmer, welcher Gesprächsgebühr entrichtet, darf sich von Dritten, die seinen Anschluß benutzen, diese Gebühr erstatten lassen.

Vgl. § 2 Abs. 2.

Der Teilnehmer hat die Erklärung, daß er Gesprächsgebühren entrichten wolle, entweder bei Gelegenheit seines ersten Anschlusses oder spätestens einen Monat vor Beginn eines neuen Rechnungsjahrs abzugeben. Wenn er eine solche Erklärung nicht abgegeben hat, so wird er zur Zahlung der Pauschgebühr herangezogen.

Die Bestimmungen des § 3 finden auf die Grundgebühr entsprechende Anwendung.

Der Anschluß gegen Gesprächsgebühren findet in Netzen, in welchen die Pauschgebühr 80 Mark beträgt, nicht statt.

§ 6. Die in den §§ 1 bis 5 bestimmten Gebührensätze können durch den Reichskanzler ermäßigt werden.

Vgl. TG. (Nr. XVIII) § 7.

§ 7. Für die Benutzung der Verbindungsanlagen zwischen verschiedenen Netzen oder Orten mit öffentlichen Fernsprechstellen werden Gesprächsgebühren erhoben. Sie betragen für eine Verbindung von nicht mehr als 3 Minuten Dauer

bei einer Entfernung

bis zu	25	Kilometer	einschließlich		20	Pfennig,
„ „	50	„	„		25	„
„ „	100	„	„		50	„
„ „	500	„	„	1 Mark,		
„ „	1000	„	„	1 „	50	„
von mehr als	1000	Kilometer		2 „ .		

Auf die Berechnung der Entfernung finden die Vorschriften im § 2 Abs. 2 des Gesetzes über das Posttaxwesen vom 28. Oktober 1871 (RGBl. S. 358) sinngemäß Anwendung.

§ 8. Soweit sich die Gebühren vorher feststellen lassen, sind sie vierteljährlich im voraus fällig.

Auf die Einziehung der Telegraphengebühren einschließlich der Fernsprechgebühren findet § 25 des Postgesetzes vom 28. Oktober 1871 (RGBl. S. 347) Anwendung.

§ 9. 1. Für dringende Gespräche wird die dreifache Gebühr (§ 10) erhoben.

2. Für Anschlüsse, welche nach vorheriger Ankündigung während mindestens acht auf einander folgender Wochen nicht benutzt werden, wird für jede angefangene Woche der Benutzungszeit der

fünfzigste Teil der Pauschgebühr (§ 2), für jede Woche der übrigen Zeit des Jahres der fünfzigste Teil der Grundgebühr (§ 5) erhoben.

3. Die Fernsprech-Teilnehmer solcher benachbarten Orte, welche zufolge Anordnung des Reichskanzlers eine gemeinsame Ortstaxe für Briefe erhalten, dürfen mit den Netzen der anderen benachbarten Orte ohne Zuschlag sprechen; wollen sie von dieser Befugnis Gebrauch machen, so haben sie, falls die Pauschgebühr in einem dieser Nachbarorte höher ist, als die in ihrem eigenen Netz, an Stelle der letzteren jene höhere Pauschgebühr zu zahlen. Die Teilnehmer sind berechtigt, die Benutzung ihres Anschlusses zu Gesprächen mit Teilnehmern der anderen benachbarten Orte, mit denen sie selbst für die Pauschgebühr sprechen dürfen, Dritten unentgeltlich zu gestatten.

a. Wegen der Nachbarorte vgl. PGN. (Nr. VIII) Art. 1 II und PO. (Nr. XI) § 37 I und II.
b. Vgl. Anm. zu § 2 letzter Abs.

§ 10. Die Bedingungen für die Benutzung der Fernsprecheinrichtungen und die Gebühren für den Fernsprechverkehr werden, soweit vorstehend nicht Bestimmungen getroffen sind, durch Anordnung des Reichskanzlers festgesetzt.

Der Reichskanzler bestimmt insbesondere:

1. die Zuschläge für Pausch- und Grundgebühr für Anschlüsse, welche weiter als 5 Kilometer von der

Hauptvermittelungsanstalt entfernt sind, für die Hergabe besonderer Apparate und für die Benutzung besonders kostspieliger Sprechleitungen;

2. die Gebühr für Verbindungen zur Nachtzeit;
3. die Gebühren für Anschlüsse, welche mehreren Personen unter Benutzung einer und derselben Anschlußleitung gewährt werden;
4. die Gebühren für die Benutzung öffentlicher Fernsprechstellen und für die Übermittelung von Telegrammen durch den Fernsprecher;
5. die Gebühren für die Verlegung oder die vorzeitige Aufhebung von Sprechstellen;
6. die Gebühren für die Gesprächsverbindungen im Vororts-, Nachbarorts- und Bezirksverkehr, unbeschadet der Bestimmungen im § 9 Nr. 3;
7. die Gebühren für die besonderen Telegraphenanlagen und die Nebentelegraphenanlagen;
8. die Festsetzung von Pauschgebühren für die Benutzung von Fernleitungen zur Nachtzeit;
9. die Gebühren für die Benutzung der Verbindungsanlagen nach dem Auslande, unbeschadet der Bestimmungen im Artikel 52 Abs. 3 der Reichsverfassung.

Die Anordnungen des Reichskanzlers sind bekannt zu machen.

Vgl. Nr. XXIV u. XXV.

Außerdem sind zu Nr. 2 folgende zwei Erlasse des Reichskanzlers ergangen:

I. Bestimmungen über die Benutzung der Fernsprechverbindungsleitungen zur Nachtzeit.

Vom 19. September 1901 (ZBl. S. 342).

Geändert durch den im Text berücksichtigten Erlaß vom 11. Februar 1905 (ZBl. S. 32).

---

1. Die Fernsprechverbindungen zwischen Orten, in denen Nacht-Fernsprechdienst abgehalten wird, können von den Fernsprechteilnehmern zur Nachtzeit sowohl zu Einzelgesprächen als auch zu Gesprächen im Abonnement benutzt werden. Als Nachtzeit gelten, soweit nicht für einzelne Orte etwas anderes bestimmt ist, die Stunden von 9 Uhr nachmittags bis 8 Uhr vormittags.
2. Gewöhnliche und dringende Einzelgespräche sind unter denselben Bedingungen, wie am Tage zulässig. Sie können indes nur zu den durch Abonnements nicht belegten Zeiten abgewickelt werden.
3. Abonnementsgespräche sind für solche Gesprächsverbindungen zulässig, welche täglich zwischen denselben Teilnehmern zu denselben Zeiten hergestellt werden.

Jedes Abonnement umfaßt mindestens die Dauer eines Monats. Es kann jederzeit beginnen, aber die Monatsdauer wird stets vom folgenden 1. oder 16. des Monats gerechnet. Für die Zeit bis zum Beginn des Monatsabonnements ist der anteilige Betrag der Monatsabonnementsgebühr mit der ersten Monatsgebühr zu entrichten. Die Lösung des Abonnements findet nur statt mit Ablauf des 15. oder zu Ende eines Monats.

Für Abonnementsgespräche ist die Hälfte der Gebühren gleich langer gewöhnlicher Tagesgespräche zu entrichten. Die Gebühr ist im voraus fällig. Bei

Berechnung des Monatsbetrags wird der Monat zu 30 Tagen berechnet.

Eine Erstattung von Gebühren für nicht benutzte Gesprächsverbindungen erfolgt nicht. Ist indes die Gesprächszeit nicht oder nicht völlig ausgenutzt worden, weil der Betrieb gestört war, so wird dem Teilnehmer, wenn möglich, in derselben Nacht ein Ausgleich geboten. Ist wegen Störung des Betriebs das Gespräch überhaupt nicht zustande gekommen, und hat ein Ausgleich nicht erfolgen können, so wird auf Antrag des Teilnehmers ein Dreißigstel der Monatsgebühr für das Gespräch zurückgezahlt.

4. Der Antrag auf Überlassung eines Abonnements ist bei der Vermittelungsanstalt am Orte anzubringen, mit welcher auch die Zeit der Abonnementsgespräche im voraus vereinbart wird.

Die Mindestdauer eines Gesprächs beträgt sechs, die Höchstdauer zwölf Minuten.

5. Abonnementsgespräche dürfen nur in Angelegenheiten des Teilnehmers oder der zu seinem Hausstand oder Geschäfte gehörigen Personen geführt werden.

II. Verbindungen zur Nachtzeit im Vororts- und Bezirksfernsprechverkehre.

Vom 9. Januar 1902 (ZBl. S. 8).

Geändert durch den im Text berücksichtigten Erlaß vom 18. Februar 1904 (ZBl. S. 51).

Vom 15. Jan. d. J. ab finden auf Verbindungen zur Nachtzeit im Vororts- und Bezirksverkehre die Bestimmungen über die Benutzung der Fernsprech-Verbindungsleitungen zur Nachtzeit vom 19. Sept. 1901 (ZBl. S. 342) mit der Maßgabe Anwendung, daß zwischen Sprechstellen verschiedener Ortsnetze ohne Fernsprechnachtdienst dauernde Nachtverbindungen hergestellt werden können, welche hinsichtlich der Gebührenfestsetzung als gewöhnliche Gesprächsverbindungen von drei Minuten Dauer gelten.

Demgemäß wird im Vororts- und Bezirksverkehr erhoben:

a. für jedes gewöhnliche oder dringende Einzelgespräch zur Nachtzeit die nach den Festsetzungen in den §§ 7 und 9 der Fernsprechgebühren-Ordnung und unter Nr. 13 und 18 der dazu erlassenen Ausführungsbestimmungen (ZBl. S. 242) zu berechnende Gebühr für ein Tagesgespräch von gleicher Dauer,

b. für Gesprächsverbindungen zur Nachtzeit im Abonnement, die täglich zwischen denselben Teilnehmern zu denselben Zeiten hergestellt werden, die Hälfte der nach der Fernsprechgebühren-Ordnung und den zugehörigen Ausführungsbestimmungen für gewöhnliche Tagesgespräche von gleicher Dauer sich ergebenden Gebühren

gleichviel, ob der Teilnehmer, welcher die Verbindung verlangt, eine jährliche Pauschgebühr für den Verkehr innerhalb des Netzes zahlt oder nicht.

§ 11. Dies Gesetz tritt mit dem 1. April 1900 in Kraft.

Die erste Bekanntmachung der Pauschgebühren und der Grundgebühren hat bis zum 15. Januar 1900 zu erfolgen.

Die im § 5 Abs. 5 erwähnte Erklärung ist seitens der vorhandenen Teilnehmer erstmalig bis zum 15. Februar 1900 abzugeben.

Teilnehmer, deren Jahresgebühren vor dem Inkrafttreten dieses Gesetzes niedriger waren, als die Pauschgebühr nach den Bestimmungen dieses Gesetzes, sind befugt, ihre Anschlüsse zum 1. April 1900 zu kündigen. Die Kündigung hat bis zum 15. Februar 1900 zu erfolgen.

§ 12. Auf den inneren Verkehr von Bayern und den inneren Verkehr von Württemberg finden die §§ 1 bis 7, 9, 10 und 11 dieses Gesetzes keine Anwendung.

Urkundlich unter Unserer Höchsteigenhändigen Unterschrift und beigedrucktem Kaiserlichen Insiegel.

Gegeben Neues Palais, den 20. Dezember 1899.

(L. S.) **Wilhelm.**

Fürst zu Hohenlohe.

XXIV.

Ausführungsbestimmungen

zur

Fernsprechgebühren-Ordnung.

Vom 26. März 1900.

(ZBl. S. 242.)

Geltung vom 1. April 1900 ab.

Geändert durch die im Text berücksichtigten Erlasse v. 28. Juni 1901 (ZBl. S. 235), 28. Sept. 1902 (ZBl. S. 366), 8. Dez. 1902 (ZBl. S. 416), 27. Febr. 1903 (ZBl. S. 86), 11. Juli 1903 (ZBl. S. 446), 6. Sept. 1903 (ZBl. S. 634), 18. Febr. 1904 (ZBl. S. 51), 31. Okt. 1904 (ZBl. S. 391), 15. Dez. 1904 (ZBl. S. 433).

Auf Grund des § 10 der Fernsprechgebühren-Ordnung vom 20. Dezember 1899 (Reichs-Gesetzbl. S. 711) wird folgendes bestimmt:

I. Bedingungen für die Benutzung der Anlagen.

1. Die Dienststunden der Vermittelungsanstalten werden durch die Telegraphenverwaltung festgesetzt.

Vgl. PO. (Nr. XI) § 30 und TO. (Nr. XXI) § 5.

2. Wer die Herstellung eines Haupt- oder Nebenanschlusses an ein Fernsprechnetz oder an eine öffent-

liche Fernsprechstelle oder die Verlegung seiner Fernsprechstelle beantragt, hat vor der Herstellung des Anschlusses oder vor der Ausführung der Verlegung nach näherer Bestimmung der Telegraphenverwaltung die schriftliche Genehmigung des Eigentümers zur Einführung der Leitungen in das anzuschließende Gebäude und zur Einrichtung der Sprechstellen in dem Gebäude beizubringen. Die Genehmigung hat sich auch auf die Anbringung aller Vorrichtungen (Gestänge, Stützen usw.) zu erstrecken, welche zur Herstellung, Instandhaltung und Erweiterung des Telegraphen- und Fernsprechnetzes erforderlich sind. Die Beibringung dieser Genehmigung des Eigentümers ist Bedingung für die Herstellung oder Verlegung des Fernsprechanschlusses.

a. Vgl. TelegraphenwegeG. (Nr. XIX) § 12 und Anm. b.

b. Wegen der Frage, ob der Mieter einer Wohnung vom Vermieter die Gestattung des Anschlusses an den Fernsprechverkehr und die Abgabe der hierzu erforderlichen Einwilligungserklärung fordern kann, vgl. RG. Bd. 37 S. 212.

3. Die Verlegung eines Fernsprechanschlusses innerhalb des Bereichs desselben Fernsprechnetzes kann verlangt werden, sofern den vorbezeichneten Voraussetzungen genügt ist. Die Verlegung in den Anschlußbereich eines anderen Fernsprechnetzes ist nicht zulässig.

4. Der Teilnehmer haftet für die von ihm selbst oder von anderen verschuldeten sowie für alle durch Feuer verursachten Beschädigungen des Fernsprech-

anschlusses und seines Zubehörs sowie für alle durch Diebstahl entstehenden Verluste innerhalb der Grenzen des angeschlossenen Gebäudes.

5. Die Telegraphenverwaltung hat das Recht, die Einstellung des Fernsprechbetriebs zeitweise ganz oder für gewisse Gattungen von Nachrichten anzuordnen.

Vgl. TG. (Nr. XVIII) § 5, ITV. (Nr. XXII) Art. 7 und 8, TO. (Nr. XXI) § 1.

Bei nicht pünktlicher Zahlung der Gebühren, bei mißbräuchlicher Benutzung des Fernsprechers, bei eigenmächtiger Abänderung der technischen Einrichtungen oder bei vorsätzlicher Beschädigung der Einrichtungen durch den Teilnehmer, dessen Angehörige, Hausgenossen oder Dienstleute, bei Einschaltung von selbstbeschafften Apparaten ohne Genehmigung der Verwaltung, bei der Anschließung von Nebenstellen ohne Vorwissen der Verwaltung sowie bei ungebührlichem Benehmen der den Anschluß benutzenden Personen gegenüber den Beamten der Vermittelungsanstalt steht der Telegraphenverwaltung das Recht zu, den Fernsprechanschluß ohne Kündigung aufzuheben. Die Aufhebung befreit den Teilnehmer weder von seiner Vertretungsverbindlichkeit nach Nr. 4 noch von der Verpflichtung zur Gebührenzahlung bis zum Ablaufe des unter Nr. 8 festgesetzten Zeitraums.

6. Die Telegraphenverwaltung haftet nicht für den durch die Einstellung des Betriebs, durch Be-

triebsstörungen oder durch unrichtige Nachrichtenübermittelung entstehenden Schaden.

Vgl. TO. (Nr. XXI) § 21.

7. Besondere Telegraphenanlagen zur unmittelbaren Verbindung von Wohn- oder Geschäftsräumen derselben Person oder von Wohn- oder Geschäftsräumen verschiedener Personen, sowie Nebentelegraphenanlagen zum unmittelbaren Anschluß eines Wohn- oder Geschäftsraums an eine Telegraphenanstalt werden für Rechnung der Telegraphenverwaltung auf kürzere Entfernungen hergestellt, sofern davon keine erheblichen Schwierigkeiten für den Telegraphen- oder Fernsprechbetrieb zu erwarten sind. Die besonderen Telegraphenanlagen und die Nebentelegraphenanlagen werden entweder zu Morsebetrieb oder zu Fernsprechbetrieb oder zu Ferndruckerbetrieb eingerichtet.

Die Bestimmungen unter Nr. 1 finden auf Nebentelegraphenanlagen, die Bestimmungen unter Nr. 2 bis 6 auf besondere Telegraphenanlagen und auf Nebentelegraphenanlagen sinngemäß Anwendung. Soweit für eine besondere, nicht zu öffentlichen Zwecken dienende Telegraphenanlage die Benutzung eines Verkehrswegs erforderlich ist, hat der Antragsteller die Genehmigung des Wegeunterhaltungspflichtigen beizubringen.

An welche Telegraphenanstalten die Nebentelegraphenanlagen anzuschließen sind, bestimmt die Telegraphenverwaltung, in deren Ermessen es auch steht, eine Nebentelegraphenanlage von der einen Telegraphenanstalt abzuzweigen und an eine andere anzuschließen.

Die Anlagen dürfen nur durch den Inhaber oder die zu seinem Hausstand oder seinem Geschäfte gehörigen Personen benutzt werden Anderen Personen darf der Inhaber die Benutzung weder gegen Bezahlung noch unentgeltlich gestatten.

Vgl. FGO. (Nr. XXIII) Anm. zu § 2 letzter Abs.

Ein unmittelbarer Verkehr zwischen mehreren an dieselbe Telegraphenanstalt angeschlossenen Nebentelegraphenanlagen findet nicht statt.

An Orten, an welchen sich eine Fernsprech-Vermittelungsanstalt oder eine öffentliche Fernsprechstelle befindet, werden Nebentelegraphenanlagen zu Fernsprechbetrieb nicht errichtet. Sobald bei Telegraphenanstalten, an welche Nebentelegraphenanlagen zu Fernsprechbetrieb angeschlossen sind, Fernsprech-Vermittelungsanstalten oder öffentliche Fernsprechstellen eingerichtet werden, wird die Nebentelegraphenanlage zu Fernsprechbetrieb in einen Fernsprechanschluß umgewandelt.

8. Die Überlassung der Fernsprechanschlüsse und der Nebentelegraphenanlagen zu Ferndruckerbetrieb geschieht zunächst auf die Dauer eines Jahres, die der übrigen Nebentelegraphenanlagen auf 5 Jahre, die der besonderen Telegraphenanlagen auf 10 Jahre vom Tage der Übergabe ab. Fällt der Endpunkt des Zeitraums nicht mit dem Ablauf eines Kalender-

vierteljahrs zusammen, so dauert die Überlassung bis zum Ablaufe des Vierteljahrs. Erfolgt nicht drei Monate vorher eine schriftliche Kündigung, so dauert die Überlassung weiter auf unbestimmte Zeit unter Vorbehalt einer dreimonatigen nur zum Ende eines Kalendervierteljahrs zulässigen schriftlichen Kündigung.

Die Bestimmung im zweiten Absatze des § 3 der Fernsprechgebühren-Ordnung wird hierdurch nicht berührt.

Der Telegraphenverwaltung bleibt vorbehalten, die Verpflichteten bei Todesfall des Inhabers der Anlage, bei Verlegung des Wohnsitzes oder des Geschäfts an einen anderen Ort, bei Aufgabe des Geschäfts oder aus anderen erheblichen Billigkeitsgründen auf Antrag schon vor Ablauf der Überlassungsdauer aus ihrer Verbindlichkeit zu entlassen.

Für Ausstellungen und ähnliche Veranstaltungen können Fernsprechanschlüsse mit kürzerer Überlassungsdauer als 1 Jahr hergestellt werden. Die Bedingungen und Gebühren für solche Anschlüsse werden von der Telegraphenverwaltung festgesetzt.

II. Gebühren.

9. Bei Fernsprechanschlüssen, welche in der Luftlinie weiter als 5 km von der (Haupt-) Vermittelungsanstalt entfernt sind, wird eine jährliche Zuschlaggebühr erhoben, welche

bei einfachen Leitungen . . . . 3 ℳ,
bei Doppelleitungen . . . . 5 „

für jede angefangenen 100 Meter der überschießenden Leitungslänge beträgt. Diese ist nach dem nächsten ohne Aufwendung besonderer Kosten für die Herstellung der Leitung benutzbaren Wege zu messen, auch wenn die Leitung tatsächlich auf einem Umwege geführt wird.

Bei Fernsprechanschlüssen, welche in der Luftlinie weiter als 10 km von der (Haupt-) Vermittelungsanstalt entfernt sind, wird für die überschießende Leitungslänge außerdem ein Baukostenzuschuß erhoben, welcher

bei einfachen Leitungen . . . . . . 10 *M*,
bei Doppelleitungen . . . . 15 „

für jede angefangenen 100 Meter der nach der wirklichen Länge gemessenen Leitungsstrecke beträgt.

Wenn auf Antrag Fernsprechanschlüsse an eine andere als die nächste Vermittelungsanstalt geführt werden, so wird für die innerhalb der Grenze von 5 km mehr herzustellende Leitungsstrecke neben den sonst fälligen Gebühren ebenfalls ein Baukostenzuschuß, und zwar in gleicher Höhe wie vorstehend angegeben, erhoben.

Wenn eine Vermittelungsanstalt im dienstlichen Interesse aufgehoben und mit einer anderen vereinigt wird, so werden die jährlichen Zuschlaggebühren für die zur Zeit der Vereinigung vorhandenen und von der aufgehobenen auf die vereinigte Vermittelungsanstalt übertragenen Anschlüsse auch ferner nach der Entfernung von der bisherigen Vermittelungsanstalt berechnet, sofern nicht die Berechnung nach der Entfernung von der vereinigten Vermittelungsanstalt für den Teilnehmer günstiger ist. Baukostenzuschüsse werden aus Anlaß einer solchen Übertragung vorhandener Anschlüsse nicht erhoben.

10. Für die Benutzung besonders kostspieliger Leitungen wird neben den sonst fälligen Gebühren eine auf volle Mark aufwärts abzurundende jährliche Zuschlaggebühr von 10 Prozent der Mehrkosten erhoben.

Als besonders kostspielige Leitungen werden solche angesehen, deren Herstellungskosten die unter gewöhnlichen Verhältnissen aufzuwendenden Beträge um mehr als 300 M. übersteigen.

11. Die jährliche Zuschlaggebühr für die Anbringung und Instandhaltung eines zweiten oder mehrerer Wecker auf demselben Grundstücke wie die Sprechstelle beträgt

für jeden Wecker . . . . 3 ℳ.

Für die Anbringung und Instandhaltung eines zweiten Mikrophons werden jährlich 5 ℳ erhoben.

Für besondere Wecker anderer als der in der Telegraphenverwaltung gebräuchlichen Art sind neben einer Jahresgebühr von 3 ℳ die Selbstkosten der Beschaffung, Anbringung und Instandhaltung zu erstatten. Für die auf Verlangen der Teilnehmer angebrachten zweiten Fernhörer sind ebenfalls die Selbstkosten zu erstatten. Diese besonderen Wecker und Fernhörer gehen in das Eigentum der Teilnehmer über.

12. Die Gebühr für eine Verbindung zur Nachtzeit beträgt im Orts- und Nachbarortsverkehr 20 Pf.

In Ortsnetzen ohne Nachtdienst sowie im Nachbarortsverkehre zwischen zwei Ortsnetzen, die nicht beide Nachtdienst haben, können Verbindungen für die Dauer der ganzen Nacht hergestellt werden. Für jede Herstellung einer solchen Verbindung ist eine Gebühr von 20 Pf. zu entrichten. Für vorher angemeldete derartige Verbindungen zwischen denselben Sprechstellen beträgt die Pauschgebühr

monatlich . . . . 1 ℳ,
vierteljährlich . . . . 2 „ 50 Pf.

13. Bei Gesprächen, die von öffentlichen Fernsprechstellen ausgehen, beträgt die Gebühr für eine Verbindung von nicht mehr als 3 Minuten Dauer

im Orts- und Nachbarortsverkehre. . 10 Pf.,
im Vorortsverkehre . . . . 20 „ .

Für Gespräche im Fernverkehre werden die im § 7 der Fernsprechgebühren-Ordnung festgesetzten Gebühren erhoben.

13a. Für die vorherige Übermittelung des Namens der Person, mit der ein Gespräch im Vororts- oder Fernverkehr geführt werden soll, beträgt die Gebühr 25 Pf. Kommt das Gespräch infolge von Leitungsstörung nicht zustande, so ist weder diese Gebühr, noch die Gebühr für das Gespräch selbst zu entrichten. Unterbleibt das Gespräch aus anderen Gründen, so wird die Gebühr für das Gespräch erhoben; doch kommt in diesem Falle die Gebühr für die vorherige Übermittelung des Namens nicht in Ansatz.

14. Die Gebühr für die Aufnahme von Nachrichten durch die Vermittelungsanstalt zum Zwecke der Weiterbeförderung beträgt 1 Pf. für das Wort, mindestens 20 Pf. Überschießende Beträge sind auf die nächste höhere durch 10 teilbare Summe abzurunden. Für die Weiterbeförderung durch die Post, durch Eilboten oder Telegraph werden außerdem die tarifmäßigen Gebühren erhoben; Stundungsgebühren kommen nicht zum Ansatze.

Die Gebühr für das Zusprechen eines angekommenen Telegramms an den Teilnehmer beträgt ohne Rücksicht auf die Wortzahl 10 Pf.

Vgl. TO. (Nr. XXI) § 19 II.

15. Bei der Verlegung von Fernsprechstellen werden erhoben für Verlegungen innerhalb desselben Raumes

bei einfachen Leitungen . . . . 4 *M*,
bei Doppelleitungen . . . . 6 „

für Verlegungen innerhalb desselben Grundstücks

bei einfachen Leitungen . . . . 6 *M*,
bei Doppelleitungen . . . . 10 „

für Verlegungen nach anderen Grundstücken

bei einfachen Leitungen . . . . 15 *M*,
bei Doppelleitungen . . . . 25 „.

Ist die neue Stelle weiter als 10 km von der (Haupt-)Vermittelungsanstalt entfernt, so ist für die außerhalb der Entfernungsgrenze von 10 km herzustellende neue Leitung der Baukostenzuschuß nach Nr. 9 auch dann zu zahlen, wenn die frühere Stelle ebenfalls außerhalb jener Entfernungsgrenze lag.

16. Die Gebühr für die Aufhebung von Fernsprechanschlüssen vor Ablauf der Überlassungsdauer beträgt

für jede Fernsprechstelle . . . . . . 15 ℳ.

Daneben ist für abzubrechende Gestänge und Leitungen der der noch nicht abgelaufenen Überlassungsdauer entsprechende Teil der Herstellungs- und Abbruchskosten zu erstatten.

Diese Beträge bleiben unerhoben, wenn die Überlassungsdauer zu dem Zeitpunkte, bis zu welchem die fortlaufenden Gebühren für den Fernsprechanschluß im voraus entrichtet sind, abgelaufen ist.

17. Für die Herstellung und Unterhaltung von besonderen Telegraphenanlagen und von Nebentelegraphenanlagen werden erhoben

für jeden Apparat

bei Anwendung von Morseapparaten 50 ℳ,
bei Anwendung von Fernsprechern . 20 „

jährlich. Wenn mehr als zwei dieser Apparate mit einander in Verbindung gesetzt werden können, wird für jeden Apparat eine jährliche Zuschlaggebühr von 10 ℳ erhoben. Für die Lieferung, Aufstellung und Unterhaltung der Ferndrucker und der dazu gehörigen technischen Einrichtungen haben die Inhaber der besonderen und Nebentelegraphenanlagen auf ihre

Kosten zu sorgen. Dabei dürfen nur solche Ferndruckersysteme Verwendung finden, die von der Reichs-Telegraphenverwaltung zugelassen sind.

Für jeden zur Einschaltung gelangenden Ferndrucker ist an die Reichs-Telegraphenverwaltung eine Gebühr von jährlich 10 ℳ zu entrichten; können mehr als zwei dieser Apparate mit einander verbunden werden, so tritt für jeden Apparat eine jährliche Zuschlaggebühr von 10 ℳ hinzu.

Bei der Verwendung von Klappenschränken werden erhoben:

für jede durch eine Leitung besetzte Klappe, ohne Rücksicht darauf, wohin die Leitung führt . . . . 10 ℳ,

für jeden mit den Klappenschränken verbundenen Abfrageapparat die Gebühr nach Absatz 1 und 2 einschließlich der Zuschlaggebühr.

Für jedes angefangene Kilometer Verbindungsleitung werden erhoben:

bei einfachen Leitungen an Holzgestänge 30 ℳ,

bei Doppelleitungen an Holzgestänge . 50 „,

bei einfachen Leitungen an eisernem Gestänge und bei Einzeladern in Kabeln . . . . 45 „,

bei Doppelleitungen an eisernem Gestänge und bei Doppeladern in Kabeln 75 „

jährlich.

Die Leitungslänge ist nach dem nächsten ohne Aufwendung besonderer Kosten für die Herstellung der Leitung benutzbaren Wege zu messen, auch wenn die Leitung tatsächlich auf einem Umwege geführt wird.

Die Bestimmungen unter Nr. 10, 11, 15 und 16 finden auf besondere Telegraphenanlagen und Nebentelegraphenanlagen entsprechend Anwendung, die Bestimmungen unter Nr. 14 gelten für Nebentelegraphenanlagen zu Morse- oder zu Fernsprechbetrieb mit der Maßgabe, daß für die Beförderung der Nachrichten zwischen der Telegraphenanstalt und der Nebentelegraphenstelle mittels der Verbindungsleitung besondere Gebühren nicht erhoben werden. In Nebentelegraphenanlagen zu Ferndruckerbetrieb wird für die Beförderung der Nachrichten zwischen der Telegraphenanstalt und der Nebentelegraphenstelle die Hälfte der in Nr. 14 festgesetzten Gebühren erhoben.

18. Die Gesprächgebühr beträgt im Nachbarortsverkehr für jede Verbindung 10 Pf., im Vorortsverkehr für jede Verbindung von nicht mehr als 3 Minuten Dauer 20 Pf.

Im Nachbarortsverkehr dürfen die Teilnehmer, welche Grundgebühr und Gesprächgebühren entrichten, gegen die Gebühr von 5 Pf. für jede Verbindung sprechen; wollen sie von dieser Befugnis Gebrauch machen, so haben sie, falls die Grundgebühr in einem der Nachbarorte höher ist, als die in ihrem eigenen Netze, an Stelle der letzteren jene höhere Grundgebühr zu zahlen. Die gegen die Gebühr von 5 Pf.

geführten Nachbarortsgespräche werden auf die nach § 5 der FGO. von den Teilnehmern jährlich zu bezahlenden 400 Ortsgespräche angerechnet.

Teilnehmer in Ortsnetzen, in denen der Anschluß gegen Grundgebühr nicht stattfindet, haben im Nachbarortsverkehr mit Netzen, in denen die Grundgebühr 60 ℳ beträgt, für jede Verbindung eine Gebühr von 5 Pf. zu entrichten. Wird in einem der Nachbarorte eine Grundgebühr von mehr als 60 ℳ erhoben, so dürfen die Teilnehmer des Ortsnetzes ohne Grundgebühr im Nachbarortsverkehr ebenfalls gegen die Gebühr von 5 Pf. für jede Verbindung sprechen; wollen sie von dieser Befugnis Gebrauch machen, so haben sie als Zuschlag zur Fernsprechpauschgebühr jährlich den Betrag zu entrichten, um den die höchste der in den Ortsnetzen des Nachbarortsverkehrs gezahlten Grundgebühren den Betrag von 60 ℳ übersteigt.

Die Pauschgebühren für Verbindungen im Vororts- und Bezirksverkehr, die Gebühren für die Benutzung von Fernleitungen zur Nachtzeit und für die Benutzung der Verbindungsleitungen nach dem Ausland, unbeschadet der Bestimmungen im Artikel 52 Abs. 3 der Reichsverfassung, werden von der Telegraphenverwaltung festgesetzt und bekannt gemacht.

Die Teilnehmer, welche die Pauschgebühr im Vorortsverkehr zahlen, sind berechtigt, die Benutzung ihres Anschlusses zu Gesprächen mit Teilnehmern an anderen Orten desselben Vorortsnetzes, mit denen sie selbst für die Pauschgebühr sprechen dürfen, Dritten unentgeltlich zu gestatten. Im Bezirksverkehre verbleibt es bei den für die einzelnen Bezirksnetze geltenden besonderen Bestimmungen.

Dringende Gespräche sind, wie im Fernverkehr, auch im Vorortsverkehr sowie von öffentlichen Sprechstellen aus im Orts- und Nachbarortsverkehr zulässig. Die Gebühr für ein dringendes Gespräch von nicht mehr als 3 Minuten Dauer beträgt im Orts- und Nachbarortsverkehr 30 Pf., im Vorortsverkehr 60 Pf.

19. Soll ein Fernsprechanschluß, eine besondere Telegraphenanlage oder eine Nebentelegraphenanlage im Laufe eines Vierteljahrs in Betrieb genommen werden, so ist die Gebühr für die Zeit bis zum Ende dieses Vierteljahrs am Tage der Übergabe der Anlagen fällig.

Die Baukostenzuschüsse, die Kosten für Wecker besonderer Art und für zweite Fernhörer sowie die Kosten für die Verlegung und die vorzeitige Aufhebung der Anlagen sind vor der Ausführung der Arbeiten zu entrichten.

Im übrigen werden die Gebühren, welche sich nicht vierteljährlich vorher feststellen lassen, sofort nach der die Gebührenerhebung begründenden Handlung fällig.

Der Inhaber eines Fernsprechanschlusses, einer besonderen Telegraphenanlage oder einer Nebentelegraphenanlage ist Schuldner sämtlicher für die

Benutzung der Anlage zu entrichtenden Gebühren. Er hat die von der Telegraphenverwaltung in Rechnung gestellten Gebühren zu bezahlen, vorbehaltlich seines Rechtes auf Rückforderung im Falle der nachgewiesenen Unrichtigkeit. Er darf sich von Dritten, die seinen Fernsprechanschluß zu Gesprächen benutzen, für welche Einzelgebühren zu entrichten sind, diese Gebühren erstatten lassen.

20. Wenn eine ohne Verschulden des Inhabers eingetretene Unterbrechung eines Fernsprechanschlusses, einer besonderen Telegraphenanlage oder einer Nebentelegraphenanlage, nachdem sie zur Kenntnis der Telegraphenverwaltung gelangt ist, länger als vier Wochen fortdauernd bestanden hat, so wird für diese Zeit eine Gebühr nicht erhoben.

Für die Dauer der Schließung eines Fernsprechanschlusses, einer besonderen Telegraphenanlage oder einer Nebentelegraphenanlage nach Nr. 5 wird eine Gebühr nicht erhoben.

III. Schlußbestimmungen.

21. Die vorstehenden Bestimmungen treten mit dem 1. April 1900 in Kraft. Die über die vorhandenen besonderen Telegraphenanlagen und Nebentelegraphenanlagen geschlossenen Verträge bleiben bis zu dem Zeitpunkt in Geltung, zu welchem sie durch Kündigung gelöst werden können. Die Telegraphenverwaltung ist jedoch befugt, die Anwendung dieser Bestimmungen auf vorhandene besondere Telegraphen-

anlagen und Nebentelegraphenanlagen auf Antrag der Beteiligten schon zu einem früheren Zeitpunkte zu bewilligen.

22. Auf den inneren Verkehr von Bayern und den inneren Verkehr von Württemberg finden diese Bestimmungen keine Anwendung.

Berlin, den 26. März 1900.

Der Reichskanzler.

In Vertretung:

von Podbielski.

XXV.

Bestimmungen über Fernsprech-Nebenanschlüsse.

Vom 31. Januar 1900.

(ZBl. S. 23.)

Geltung vom 1. April 1900 ab.

Geändert durch die im Text berücksichtigten Erlasse v. 15. Nov. 1901 (ZBl. S. 409), 11. Juli 1903 (ZBl. S. 446), 22. März 1907 (ZBl. S. 67).

I. Zulassung von Nebenanschlüssen.

1. Die Teilnehmer an den Fernsprechnetzen können in ihren auf dem Grundstück ihres Hauptanschlusses befindlichen Wohn- oder Geschäftsräumen Nebenstellen errichten und mit dem Hauptanschlusse verbinden lassen.

Flächen, die durch fremden Grund und Boden, öffentliche Wege, Plätze oder öffentliche Gewässer von dem Grundstücke des Hauptanschlusses getrennt sind, gelten als besondere Grundstücke.

Zur Bestimmung des Begriffs „Nebenanschluß“ vgl. „Gerichtliche Entscheidungen“ (Nr. XXIX) A 24.

2. Diejenigen Teilnehmer an den Fernsprechnetzen, welche die Pauschgebühr zahlen, können in den

auf dem Grundstück ihres Hauptanschlusses befindlichen Wohn- oder Geschäftsräumen anderer Personen oder in Wohn- und Geschäftsräumen auf anderen Grundstücken, mit Zustimmung der Berechtigten, Nebenstellen, die nicht weiter als 15 km von der (Haupt-)Vermittelungsanstalt entfernt sind, errichten und mit ihrem Hauptanschlusse verbinden lassen. Die Inhaber von Hauptanschlüssen dürfen Nebenstellen anderen Personen nicht gewerbsmäßig überlassen.

3. Mehr als 5 Nebenanschlüsse dürfen mit demselben Hauptanschlusse nicht verbunden werden. Den Teilnehmern ist überlassen, die Herstellung und Instandhaltung der auf dem Grundstücke des Hauptanschlusses befindlichen Nebenanschlüsse durch die Reichs-Telegraphenverwaltung oder durch Dritte bewirken zu lassen. Die nicht von der Reichs-Telegraphenverwaltung hergestellten Nebenanschlüsse müssen den von der Reichs-Telegraphenverwaltung festzusetzenden technischen Anforderungen entsprechen.

Vor der Inbetriebnahme sind die Nebenanschlüsse dem Postamt, Telegraphenamt oder Stadt-Fernsprechamt anzumelden, welchem die Vermittelungsanstalt unterstellt ist. Dieses ist befugt, jederzeit zu prüfen, ob die Nebenanschlüsse den technischen Anforderungen genügen.

Die Herstellung und Instandhaltung der nicht auf dem Grundstücke des Hauptanschlusses befindlichen Nebenanschlüsse wird der Reichs-Telegraphenverwaltung vorbehalten.

4. Die Inhaber der Nebenstellen sind zum Sprechverkehr mit der Hauptstelle sowie mit anderen an dieselbe Hauptstelle angeschlossenen Nebenstellen befugt. Sprechverbindungen mit dritten Personen werden ihnen in demselben Umfange gewährt, wie dem Inhaber der Hauptstelle.

Soweit nichts Abweichendes bestimmt ist, finden für die Benutzung des Nebenanschlusses die für den Hauptanschluß geltenden Bestimmungen entsprechend Anwendung.

Die unter 2. bezeichneten Nebenanschlüsse werden, sofern nichts Gegenteiliges verlangt wird, in das Teilnehmerverzeichnis aufgenommen.

5. Der Inhaber des Hauptanschlusses ist Schuldner der durch die Benutzung des Nebenanschlusses erwachsenden Gebühren.

Die Einzelgebühren für Gespräche von oder nach Nebenstellen werden fällig, sobald die Verbindung mit den zugehörigen Hauptstellen von der Vermittelungsanstalt ausgeführt worden ist.

6. Das Recht zur Benutzung des Nebenanschlusses erlischt mit dem Rechte zur Benutzung des Hauptanschlusses. Außerdem kann es durch die Reichs-Telegraphenverwaltung entzogen werden: im Falle mißbräuchlicher Benutzung des Nebenanschlusses oder wenn sich ergibt, daß dieser den

technischen Anforderungen nicht genügt, oder falls sonst aus der Benutzung des Nebenanschlusses erhebliche Schwierigkeiten für den Fernsprechbetrieb entstehen.

II. Gebühren für Nebenanschlüsse.

Die Gebühren für Nebenanschlüsse werden auf Grund des § 10 der Fernsprechgebühren-Ordnung vom 20. Dez. 1899 (RGBl. S. 711), wie folgt, festgesetzt:

A. Für die Errichtung und Instandhaltung des Nebenanschlusses durch die Reichs-Telegraphenverwaltung werden erhoben:

1. für Nebenanschlüsse in den auf dem Grundstücke des Hauptanschlusses befindlichen Wohn- oder Geschäftsräumen des Inhabers des Hauptanschlusses
   für jeden Nebenanschluß jährlich . 20 ℳ,
2. für andere Nebenanschlüsse
   für jeden Nebenanschluß jährlich . 30 ℳ,
3. sind zur Verbindung der Nebenstelle mit dem Hauptanschlusse mehr als 100 Meter Leitung erforderlich, so werden außerdem für jede angefangenen weiteren 100 Meter Leitung erhoben
   bei einfacher Leitung jährlich . . . . 3 ℳ,
   bei Doppelleitung jährlich . . . . . 5 ℳ,
4. bei Nebenanschlüssen, die weiter als 10 km von der (Haupt-)Vermittelungsanstalt entfernt sind, werden für die überschießende, von der Haupt-

sprechstelle zu messende Leitungslänge dieselben Baukostenzuschüsse erhoben, wie bei Hauptanschlüssen.

B. Für Nebenanschlüsse, die nicht von der Reichs-Telegraphenverwaltung hergestellt und instandzuhalten sind, werden erhoben:

1. für Nebenanschlüsse in den auf dem Grundstücke des Hauptanschlusses befindlichen Wohn- oder Geschäftsräumen des Inhabers des Hauptanschlusses für jeden Nebenanschluß jährlich . 10 ℳ,
2. für andere Nebenanschlüsse für jeden Nebenanschluß jährlich. . 15 ℳ

C. In Bezirks-Fernsprechnetzen wird für Nebenanschlüsse an solche Hauptanschlüsse, deren Inhaber die Pauschgebühr für die Benutzung der Verbindungsleitungen zahlen, zu den nach II A 2 und B 2 zu entrichtenden Gebühren ein Zuschlag von 100 ℳ jährlich für jeden Nebenanschluß erhoben. Für Nebenanschlüsse, deren Inhaber die Vergütung nach II A 1 und B 1 zu entrichten haben, wird dieser Zuschlag nicht erhoben.

III. Vorstehende Bestimmungen treten mit dem 1. April 1900 in Kraft.

Berlin, den 31. Januar 1900.

Der Reichskanzler.
In Vertretung:
von Podbielski.

XXVI.

Gesetz,

betreffend die Abänderung des Gesetzes über das Telegraphenwesen des Deutschen Reichs vom 6. April 1892.

Vom 7. März 1908.

(RGBl. S. 79.)

Begründung zu dem Entwurf des G., Drucksachen des Deutschen Reichstags, 12. Legislaturperiode, I. Session 1907/1908 Nr. 560, Kommissionsbericht ebenda Nr. 681.

Wir **Wilhelm**, von Gottes Gnaden Deutscher Kaiser, König von Preußen rc.

verordnen im Namen des Reichs, nach erfolgter Zustimmung des Bundesrats und des Reichstags, was folgt:

Einziger Artikel.

Das Gesetz über das Telegraphenwesen des Deutschen Reichs vom 6. April 1892 (Reichs-Gesetzbl. S. 467) wird dahin geändert:

1. Der § 3 erhält folgenden Abs. 2:

Elektrische Telegraphenanlagen, welche ohne metallische Verbindungsleitungen Nachrichten vermitteln, dürfen nur mit Genehmigung des Reichs errichtet und betrieben werden.

a. Die Wahl der funkentelegraphischen Apparatsysteme ist frei (vgl. Ausführungsübereinkunft zum IFTV. Art. I).

b. Die Funken-Telegraphenanlagen (einschl. der Anlagen für drahtlose Telephonie) fallen nach § 3 Abs. 2 allgemein unter das Telegraphenregal des Reichs (bzw. Bayerns und Württembergs, § 15 des TG., Nr. XVIII), ebenso wie nach § 3a auch die optische und akustische Schiffstelegraphie.

c. Die Ausnahmen des § 3 Abs. 1 des TG. (Nr. XVIII) finden auf Funken-Telegraphenanlagen keine Anwendung. Vgl. Art. 1 des IFTV. (Nr. XXVII).

2. Hinter § 3 werden folgende Vorschriften eingeschaltet:

§ 3a. Auf deutschen Fahrzeugen für Seefahrt oder Binnenschiffahrt dürfen Telegraphenanlagen, welche nicht ausschließlich zum Verkehr innerhalb des Fahrzeugs bestimmt sind, nur mit Genehmigung des Reichs errichtet und betrieben werden.

Der Begriff „Deutsche Fahrzeuge für Seefahrt oder Binnenschiffahrt" umfaßt alle zur Führung der Reichsflagge berechtigten Seefahrzeuge und Binnenschiffe, außerdem die nicht zur Führung der Reichsflagge berechtigten Fahrzeuge für die Binnenschiffahrt, die in einem deutschen Bundesstaate beheimatet sind (§§ 1—3 des G., betreffend das Flaggenrecht der Kauffahrteischiffe, v. 22. Juni 1899, RGBl. S. 319, §§ 26 und 26a in der Fassung des G. v. 29. Mai 1901, RGBl. S. 184, § 6 des G., betreffend die privatrechtlichen Verhältnisse der Binnenschiffahrt, Fassung v. 28. Mai 1898, RGBl. S. 868).

§ 3b. Der Reichskanzler trifft die Anordnungen über den Betrieb von Telegraphenanlagen auf fremden Fahrzeugen für Seefahrt oder Binnenschiffahrt, welche sich in deutschen Hoheitsgewässern aufhalten.

a. Die §§ 3a und 3b beschränken sich nicht auf Funken-Telegraphenanlagen, sondern umfassen alle zum Verkehr mit dem Lande oder mit anderen Schiffen bestimmten Telegraphenanlagen (z. B. auch Telegraphie mittels Scheinwerfer und Blinkfeuer, Unterwasser-Schalltelegraphen).

b. Der Begriff „Fahrzeuge" ist umfassender als „Schiffe" (vgl. Anm. zu § 3a).

c. Gegenüber bayerischen und württembergischen Fahrzeugen steht das im § 3a festgestellte Telegraphenregal, gegenüber fremden Schiffen in bayerischen und württembergischen Hoheitsgewässern das im § 3b festgestellte Verordnungsrecht diesen Bundesstaaten zu.

3. Der § 7 erhält folgenden Abs. 2:

Die Vorschrift des Abs. 1 Satz 1 findet auf Anlagen der im § 3 Abs. 2 bezeichneten Art erst vom 1. Juli 1913 ab Anwendung.

Die vorläufige Nichtanwendung des § 7 auf den funkentelegraphischen Verkehr ist durch den Mangel ausreichender Erfahrungen auf diesem Gebiete begründet. Vgl. wegen der Gebühren Art. 10 des JFTV. (Nr. XXVII) und Art. XII der zugehörigen Ausführungsübereinkunft.

Urkundlich unter Unserer Höchsteigenhändigen Unterschrift und beigedrucktem Kaiserlichen Insiegel.

Gegeben Wilhelmshaven, den 7. März 1908.

(L. S.) **Wilhelm.**

Fürst von Bülow.

XXVII.

Internationaler Funkentelegraphenvertrag.

Vom 3. November 1906.

Geltung vom 1. Juli 1908 ab (Art. 22).

---

a. Nachdem zur Herbeiführung einer internationalen Regelung der Funkentelegraphie für den Schiffsverkehr auf Deutschlands Anregung hin im Jahre 1903 eine Vorkonferenz der wichtigsten Küstenstaaten Europas und der Vereinigten Staaten von Amerika in Berlin stattgefunden hatte, trat am 3. Okt. 1906 in Berlin eine allgemeine Internationale Konferenz zusammen, die durch den „Internationalen Funkentelegraphenvertrag" v. 3. Nov. 1906 und das „Zusatzabkommen" vom gleichen Tage, das den Verkehr von Schiff zu Schiff betrifft, der weiteren Entwicklung der Funkentelegraphie in den internationalen Beziehungen die Wege ebnet.

Der Vertrag findet seine Ergänzung in einer Ausführungsübereinkunft. Außerdem finden auch eine Reihe von Bestimmungen der ITV. (Nr. XXII) auf die Funkentelegraphie Anwendung; vgl. Art. 17.

b. Der nachstehend mitgeteilte deutsche Text ist amtliche Übersetzung; der Urtext ist französisch.

Internationaler Funkentelegraphenvertrag

abgeschlossen zwischen Deutschland, den Vereinigten Staaten von Amerika, Argentinien, Österreich,

Ungarn, Belgien, Brasilien, Bulgarien, Chile, Dänemark, Spanien, Frankreich, Großbritannien, Griechenland, Italien, Japan, Mexiko, Monaco, Norwegen, den Niederlanden, Persien, Portugal, Rumänien, Rußland, Schweden, der Türkei und Uruguay.

Wegen Italiens vgl. Schlußprotokoll unter VI.

Die unterzeichneten Bevollmächtigten der Regierungen der vorstehend aufgeführten Länder haben, nachdem sie zu einer Konferenz in Berlin zusammengetreten sind, im gemeinsamen Einverständnis und unter Vorbehalt der Ratifikation folgenden Vertrag abgeschlossen.

Art. 1. Die Hohen vertragschließenden Teile verpflichten sich, die Bestimmungen des gegenwärtigen Vertrages auf alle dem öffentlichen Verkehr zwischen dem Lande und den Schiffen in See dienenden Funkentelegraphenstationen — Küsten- und Bordstationen — anzuwenden, die von den vertragschließenden Teilen errichtet oder betrieben werden.

Sie verpflichten sich ferner, die Befolgung dieser Bestimmungen den Privatunternehmern aufzuerlegen, die sie zur Errichtung oder zum Betriebe von Funkentelegraphenstationen ermächtigen, seien dies Küstenstationen für den öffentlichen Verkehr zwischen dem Lande und den Schiffen in See oder Stationen an Bord von Schiffen, die ihre Flagge führen, gleichviel ob die Bordstationen dem öffentlichen Verkehr dienen oder nicht.

Art. 2. Unter Küstenstation wird jede Funkentelegraphenstation verstanden, die auf festem Lande oder auf einem dauernd verankerten Schiffe errichtet ist und zum Austausche von Nachrichten mit den Schiffen in See benutzt wird.

Jede Funkentelegraphenstation auf einem nicht dauernd verankerten Schiffe wird Bordstation genannt.

Art. 3. Die Küstenstationen und die Bordstationen sind ohne Unterschied des von ihnen benutzten funkentelegraphischen Systems zum wechselseitigen Austausch der Funkentelegramme verpflichtet.

Vgl. Schlußprotokoll unter II—IV.

Art. 4. Die Bestimmungen des Artikel 3 stehen Beschränkungen des öffentlichen Verkehrs einer Station nicht entgegen, die durch den Zweck des Nachrichtenaustausches oder durch andere von dem angewendeten System unabhängige Umstände begründet sind.

Art. 5. Jeder der Hohen vertragschließenden Teile verpflichtet sich, die Küstenstationen durch besondere Leitungen mit dem Telegraphennetze verbinden zu lassen oder zum mindesten solche andere Maßnahmen zu treffen, die einen schleunigen Austausch der Telegramme zwischen den Küstenstationen und dem Telegraphennetze sicherstellen.

Art. 6. Die Hohen vertragschließenden Teile werden einander die Namen der im Artikel 1 bezeichneten Küsten- und Bordstationen sowie alle in der Ausführungsübereinkunft näher bezeichneten Angaben mitteilen, die zur Erleichterung und zur Beschleunigung des funkentelegraphischen Nachrichten-austausches geeignet sind.

Art. 7. Jeder der Hohen vertragschließenden Teile behält sich das Recht vor, bei den im Artikel 1 bezeichneten Stationen unabhängig von den Einrichtungen, über die entsprechend Artikel 6 Angaben veröffentlicht werden, zum Zweck einer besonderen funkentelegraphischen Nachrichtenübermittelung die Errichtung und den Betrieb anderer Einrichtungen anzuordnen oder zuzulassen, deren Einzelheiten nicht veröffentlicht zu werden brauchen.

Art. 8. Der Betrieb der Funkentelegraphenstationen ist möglichst so einzurichten, daß er den Dienst anderer derartiger Stationen nicht stört.

Art. 9. Die Funkentelegraphenstationen sind verpflichtet, Anrufe von Schiffen in Seenot mit unbedingtem Vorrang entgegenzunehmen, zu beantworten und ihnen gebührend Folge zu geben.

Art. 10. Die Gesamtgebühr für Funkentelegramme umfaßt:

1. die Gebühr für die Seebeförderung, und zwar
   a) die „Küstengebühr", die der Küstenstation zukommt,
   b) die „Bordgebühr", die der Bordstation zukommt,
2. die nach den allgemeinen Bestimmungen berechnete Gebühr für die Beförderung auf den Linien des Telegraphennetzes.

Die Höhe der Küstengebühr unterliegt der Genehmigung der Regierung, der die Küstenstation untersteht, die Höhe der Bordgebühr der Genehmigung der Regierung, deren Flagge das Schiff führt.

Jede dieser beiden Gebühren soll nach dem reinen Worttarif auf der Grundlage einer angemessenen Entschädigung für die funkentelegraphische Arbeit festgesetzt werden, wobei die Bestimmung einer Mindestgebühr für jedes Funkentelegramm zulässig ist. Keine der beiden Gebühren darf einen von den Hohen vertragschließenden Teilen festzusetzenden Meistbetrag überschreiten.

Jeder der Hohen vertragschließenden Teile hat jedoch das Recht, höhere als diese Meistgebühren zuzulassen, wenn es sich um Stationen handelt, deren Reichweite 800 km übersteigt, oder deren Einrichtung und Betrieb infolge der tatsächlichen Verhältnisse außergewöhnlich hohe Kosten erfordern.

Für die im unmittelbaren Verkehr mit den Küstenstationen des Aufgabe- oder des Bestimmungslandes ausgewechselten Funkentelegramme werden die Hohen vertragschließenden Teile einander die für die Beförderung auf ihren Telegraphenlinien geltenden Gebühren mitteilen. Bei der Berechnung dieser Gebühren ist von dem Grundsatz auszugehen, daß die Küstenstation als Aufgabe- oder Bestimmungsanstalt zu gelten hat.

Art. 11. Die Bestimmungen des gegenwärtigen Vertrages werden durch eine Ausführungsübereinkunft ergänzt, welche die gleiche Gültigkeit hat und zu gleicher Zeit in Kraft tritt wie der Vertrag.

Die Vorschriften des gegenwärtigen Vertrages und

der zugehörigen Ausführungsübereinkunft können von den Hohen vertragschließenden Teilen im gemeinsamen Einverständnis jederzeit geändert werden. Von Zeit zu Zeit werden, je nachdem es sich um den Vertrag oder um die Ausführungsübereinkunft handelt, Konferenzen von Bevollmächtigten oder einfache Verwaltungskonferenzen stattfinden. Jede Konferenz wird den Ort und die Zeit der nächsten Zusammenkunft selbst festsetzen.

Art. 12. Diese Konferenzen werden aus Delegierten der Regierungen der vertragschließenden Länder gebildet.

Bei den Beratungen hat jedes Land nur eine Stimme.

Wenn eine Regierung für ihre Kolonien, Besitzungen oder Schutzgebiete dem Vertrage beitritt, so können die späteren Konferenzen bestimmen, daß die Gesamtheit oder ein Teil dieser Kolonien, Besitzungen oder Schutzgebiete als ein Land im Sinne der Bestimmung des vorhergehenden Absatzes anzusehen ist. Doch darf die Zahl der Stimmen, über die eine Regierung einschließlich der Stimmen ihrer Kolonien Besitzungen oder Schutzgebiete verfügt, sechs nicht übersteigen.

Vgl. Schlußprotokoll unter I.

Art. 13. Ein internationales Bureau wird beauftragt, die auf die Funkentelegraphie bezüglichen Nachrichten jeder Art zu sammeln, zusammenzustellen und zu veröffentlichen, die Anträge auf

Änderung des Vertrages und der Ausführungsübereinkunft in die Wege zu leiten, die angenommenen Änderungen bekanntzugeben und im allgemeinen sich mit allen Verwaltungsarbeiten zu befassen, mit denen es im Interesse der internationalen Funkentelegraphie betraut werden wird.

Die Kosten dieser Einrichtung werden von sämtlichen vertragschließenden Ländern getragen.

Die Obliegenheiten dieses Bureaus sind auf Grund des Art. XXXVII der Ausführungsübereinkunft dem internationalen Telegraphenbureau in Bern (Art. 14 des JTV., Nr. XXII) übertragen.

Art. 14. Jeder der Hohen vertragschließenden Teile behält sich das Recht vor, die Bedingungen festzusetzen, unter denen er Funkentelegramme von oder nach einer Bord- oder Küstenstation zuläßt, die den Bestimmungen des gegenwärtigen Vertrages nicht unterliegt.

Wird ein Funkentelegramm zugelassen, so kommen die gewöhnlichen Gebührensätze zur Anwendung.

Jedes von einem Schiffe herrührende Funkentelegramm, das von einer Küstenstation eines vertragschließenden Landes empfangen oder von der Verwaltung eines vertragschließenden Landes im Durchgang aufgenommen worden ist, ist weiterzubefördern.

Ebenso ist jedes für ein Schiff bestimmte Funkentelegramm weiterzubefördern, wenn die Verwaltung eines vertragschließenden Landes es zur Beförderung angenommen oder von einem dem Vertrage nicht beigetretenen Lande im Durchgang entgegengenommen hat, vorbehaltlich des Rechtes der Küstenstation, die Weiterbeförderung an eine Bordstation, die einem dem Vertrage nicht beigetretenen Lande untersteht, zu verweigern.

Art. 15. Die Bestimmungen der Artikel 8 und 9 dieses Vertrages finden auch auf andere als die im Artikel 1 bezeichneten Funkentelegraphenanlagen Anwendung.

Art. 16. Den Regierungen, die an dem gegenwärtigen Vertrage nicht teilgenommen haben, wird auf ihren Antrag der Beitritt gestattet.

Dieser Beitritt wird auf diplomatischem Wege derjenigen der vertragschließenden Regierungen, in deren Bereiche die letzte Konferenz abgehalten worden ist, und durch diese allen übrigen beteiligten Regierungen angezeigt.

Der Beitritt schließt von Rechts wegen die Zustimmung zu dem ganzen Inhalte des gegenwärtigen Vertrages und die Teilnahme an allen darin festgesetzten Vorteilen in sich.

Art. 17. Die Bestimmungen der Artikel 1, 2, 3, 5, 6, 7, 8, 11, 12 und 17 des internationalen Telegraphenvertrages von St. Petersburg vom 10./22. Juli 1875 finden auf die internationale Funkentelegraphie Anwendung.

Art. 18. Bei Meinungsverschiedenheiten zwischen zwei oder mehreren vertragschließenden Regierungen über die Auslegung oder Ausführung des gegenwärtigen Vertrages oder der im Artikel 11 vorgesehenen Ausführungsübereinkunft kann die streitige Frage im gemeinsamen Einverständnis der Entscheidung eines Schiedsgerichts unterworfen werden. In diesem Falle wählt jede der beteiligten Regierungen eine andere bei der Angelegenheit nicht beteiligte Regierung.

Das Schiedsgericht entscheidet nach absoluter Stimmenmehrheit.

Bei Stimmengleichheit wählen die Schiedsrichter zur Entscheidung der streitigen Frage eine andere bei der Angelegenheit gleichfalls unbeteiligte vertragschließende Regierung. Wird über diese Wahl eine Einigung nicht erzielt, so schlägt jeder Schiedsrichter eine unbeteiligte vertragschließende Regierung vor. Zwischen den vorgeschlagenen Regierungen wird gelost. Das Los wird von derjenigen Regierung gezogen, auf deren Gebiete das im Artikel 13 vorgesehene internationale Bureau tätig ist.

Art. 19. Die Hohen vertragschließenden Teile verpflichten sich, die Maßnahmen zu ergreifen oder bei ihren gesetzgebenden Körperschaften vorzuschlagen, deren es bedarf, um die Ausführung des gegenwärtigen Vertrages sicherzustellen.

Art. 20. Die Hohen vertragschließenden Teile werden sich die auf den Gegenstand dieses Vertrages bezüglichen Gesetze mitteilen, die in ihren Ländern bereits erlassen sind oder in Zukunft erlassen werden.

Art. 21. Die Hohen vertragschließenden Teile behalten ihre volle Freiheit bezüglich der im Artikel 1 nicht vorgesehenen Funkentelegraphenanlagen, namentlich bezüglich der Anlagen der Flotte und des Heeres; diese Anlagen sind lediglich den in den Artikeln 8 und 9 des gegenwärtigen Vertrages vorgesehenen Verpflichtungen unterworfen.

Wenn diese Anlagen jedoch am öffentlichen Verkehre teilnehmen, werden sie sich bei der Ausübung dieses Dienstes, soweit die Art der Übermittelung und die Abrechnung in Frage kommen, nach den Vorschriften der Ausführungsübereinkunft richten.

Art. 22. Der gegenwärtige Vertrag tritt mit dem 1. Juli 1908 in Kraft und bleibt auf unbestimmte Zeit bis zum Ablauf eines Jahres von dem Tage ab, an dem er gekündigt worden ist, in Gültigkeit.

Die Kündigung gilt nur für die Regierung, die sie ausgesprochen hat. Für die übrigen vertragschließenden Teile bleibt der Vertrag in Kraft.

Art. 23. Der gegenwärtige Vertrag soll ratifiziert, und die Ratifikationen sollen in möglichst kurzer Frist in Berlin niedergelegt werden.

Deß zu Urkund haben die Bevollmächtigten den Vertrag in einem Exemplar unterzeichnet, das in den Archiven der Kaiserlich Deutschen Regierung verbleibt, und von dem jedem Teile eine Abschrift zugestellt werden wird.

Geschehen zu Berlin, den 3. November 1906.

(Unterschriften.)

Zusatzabkommen.

Die unterzeichneten Bevollmächtigten der Regierungen von Deutschland, den Vereinigten Staaten von Amerika, Argentinien, Österreich, Ungarn, Belgien, Brasilien, Bulgarien, Chile, Dänemark, Spanien, Frankreich, Griechenland, Monaco, Norwegen, den Niederlanden, Rumänien, Rußland, Schweden, der Türkei und Uruguay verpflichten sich, vom Tage des Inkrafttretens des Vertrages ab die Bestimmungen der folgenden Zusatzartikel anzuwenden.

I. Jede der im Artikel 1 des Vertrages bezeichneten Bordstationen ist verpflichtet, mit jeder anderen Bordstation ohne Unterschied des von ihnen benutzten funkentelegraphischen Systems zu verkehren.

II. Die Regierungen, die dem vorstehenden Artikel nicht beigetreten sind, können jederzeit unter Einhaltung des im Artikel 16 des Vertrages angegebenen Verfahrens bekanntgeben, daß sie sich verpflichten, seine Bestimmungen anzuwenden.

Die Regierungen, die dem vorstehenden Artikel beigetreten sind, können jederzeit unter den im Artikel 22 des Vertrages vorgesehenen Bedingungen ihre Absicht bekanntgeben, seine Bestimmungen nicht mehr anzuwenden.

III. Das gegenwärtige Abkommen soll ratifiziert und die Ratifikationen sollen in möglichst kurzer Frist in Berlin niedergelegt werden.

Deß zu Urkund haben die Bevollmächtigten dieses Abkommen in einem Exemplar unterzeichnet, das in den Archiven der Kaiserlich Deutschen Regierung verbleibt, und von dem jedem Teile eine Abschrift zugestellt werden wird.

Geschehen zu Berlin, den 3. November 1906.

(Unterschriften.)

Schlußprotokoll.

Im Begriffe, den von der internationalen Konferenz für Funkentelegraphie in Berlin vereinbarten Vertrag zu zeichnen, haben sich die unterzeichneten Bevollmächtigten über folgendes verständigt:

I. Die Hohen vertragschließenden Teile sind darüber einig, daß auf der nächsten Konferenz die Zahl der Stimmen, über die jedes Land verfügt (Artikel 12 des Vertrages), zu Beginn der Beratungen festgesetzt werden soll, dergestalt, daß die Kolonien, Besitzungen oder Schutzgebiete, denen Stimmen bewilligt werden, ihr Stimmrecht im Laufe aller Arbeiten dieser Konferenz ausüben können.

Die Entscheidung soll sofort in Kraft treten und gültig bleiben, bis eine spätere Konferenz sie ändert.

Für die nächste Konferenz sind die Anträge auf Zuteilung neuer Stimmen an Kolonien, Besitzungen oder Schutzgebiete, die dem Vertrage beigetreten sind, mindestens sechs Monate vor dem Zeitpunkte des

Zusammentretens dieser Konferenz an das internationale Bureau zu richten. Diese Anträge werden sogleich den anderen vertragschließenden Regierungen mitgeteilt, die innerhalb einer Frist von zwei Monaten, von der Zustellung der Mitteilung an gerechnet, gleichartige Anträge stellen können.

II. Jede vertragschließende Regierung kann sich das Recht vorbehalten, nach Umständen gewisse Küstenstationen zu bezeichnen, die von der durch Artikel 3 des Vertrages auferlegten Verpflichtung ausgenommen sein sollen, unter der Bedingung, daß vom Zeitpunkte der Anwendung dieser Maßnahme ab auf ihrem Gebiet eine oder mehrere Stationen eröffnet werden, die der Verpflichtung des Artikel 3 unterworfen sind und den Funkentelegraphendienst im Wirkungskreise der ausgenommenen Stationen in einer den Bedürfnissen des öffentlichen Verkehrs genügenden Weise sicherstellen. Die Regierungen, die sich dieses Recht vorzubehalten wünschen, haben dies in der im zweiten Absatze des Artikel 16 des Vertrages vorgesehenen Form spätestens drei Monate vor dem Inkrafttreten des Vertrages oder, im Falle späteren Beitritts, gleichzeitig mit dem Beitritt bekanntzugeben.

Die nachbezeichneten Länder erklären schon jetzt, daß sie sich dieses Recht nicht vorbehalten werden:

Deutschland, Vereinigte Staaten von Amerika, Argentinien, Österreich, Ungarn, Belgien, Brasilien, Bulgarien, Chile, Griechenland, Mexiko,

Monaco, Norwegen, die Niederlande, Rumänien, Rußland, Schweden und Uruguay.

III. Die Art und Weise der Ausführung der Bestimmungen des vorhergehenden Artikels ist Sache der Regierung, die sich des Ausnahmerechts bedient; diese Regierung hat volle Freiheit, von Zeit zu Zeit nach eigenem Ermessen zu bestimmen, wie viele und welche Stationen ausgenommen werden sollen. Sie hat die gleiche Freiheit hinsichtlich der Art und Weise der Erfüllung der Bedingung, wonach andere der Verpflichtung des Artikel 3 unterworfene Stationen zu eröffnen sind, die den Funkentelegraphendienst im Wirkungskreise der ausgenommenen Stationen in einer den Bedürfnissen des öffentlichen Verkehrs genügenden Weise sicherstellen.

IV. Es besteht Einverständnis darüber, daß, um die Fortschritte der Wissenschaft nicht zu hemmen, die Bestimmungen des Artikel 3 des Vertrages die etwaige Anwendung eines Funkentelegraphensystems nicht hindern, mittels dessen ein Verkehr mit anderen Systemen nicht möglich ist, vorausgesetzt indes, daß dies in der besonderen Natur des Systems begründet und nicht die Folge von Einrichtungen ist, die lediglich zur Verhinderung des Verkehrs mit anderen Systemen getroffen sind.

V. Der Beitritt zum Vertrage seitens der Regierung eines Landes, das Kolonien, Besitzungen oder Schutzgebiete hat, schließt nicht den Beitritt seiner Kolonien, Besitzungen oder Schutzgebiete in sich, es sei denn, daß eine entsprechende Erklärung dieser Regierung vorliegt. Die Kolonien, Besitzungen und Schutzgebiete eines Landes können nach Maßgabe der Bestimmungen in den Artikeln 16 und 22 des Vertrages in ihrer Gesamtheit oder einzeln den Gegenstand eines besonderen Beitritts oder einer besonderen Kündigung bilden.

Es besteht Einverständnis darüber, daß Stationen an Bord von Schiffen, deren Heimathafen in einer Kolonie, einer Besitzung oder einem Schutzgebiete liegt, als dieser Kolonie, Besitzung oder diesem Schutzgebiet unterstehend bezeichnet werden können.

VI. Es wird von nachstehender Erklärung Kenntnis genommen:

Die italienische Delegation muß bei Unterzeichnung des Vertrages den Vorbehalt machen, daß der Vertrag von Italien erst zu dem Zeitpunkte des Erlöschens seiner Verträge mit Marconi und dessen Gesellschaft ratifiziert werden kann, oder zu einem früheren Zeitpunkte, wenn die Regierung des Königs von Italien einen solchen durch Verhandlungen mit Marconi und seiner Gesellschaft wird festsetzen können.

VII. Falls einer oder mehrere der Hohen vertragschließenden Teile den Vertrag nicht ratifizieren, gilt dieser gleichwohl für die Teile, die ihn ratifiziert haben.

Deß zu Urkund haben die unterzeichneten Bevollmächtigten das gegenwärtige Schlußprotokoll aufgenommen, das dieselbe Kraft und dieselbe Gültigkeit haben soll, als wenn seine Bestimmungen in den Text des Vertrages selbst, auf den es sich bezieht, aufgenommen worden wären, und sie haben dieses Schlußprotokoll in einem Exemplar unterzeichnet, das in den Archiven der Kaiserlich Deutschen Regierung verbleibt, und von dem jedem Teile eine Abschrift zugestellt werden wird.

Geschehen zu Berlin, den 3. November 1906.

(Unterschriften.)

XXVIII.

Verordnung,

betreffend die gebührenfreie Beförderung von Telegrammen.

Vom 2. Juni 1877.

(RGBl. S. 524.)

Geltung vom 1. Juli 1877 ab.

Wir **Wilhelm**, von Gottes Gnaden Deutscher Kaiser, König von Preußen ꝛc.

verordnen im Namen des Deutschen Reichs, auf Grund der Artikel 48 und 50 der Reichsverfassung, über die gebührenfreie Beförderung von Telegrammen, was folgt:

§ 1. Auf sämtlichen Telegraphenlinien des Deutschen Reichs genießen die Gebührenfreiheit:

1. Telegramme, welche von den regierenden Fürsten in den Staaten des Deutschen Reichs, sowie von den Gemahlinnen und Witwen dieser Fürsten aufgegeben werden. Diese Gebührenfreiheit erstreckt sich auch auf diejenigen Telegramme, welche im Auftrage der genannten Allerhöchsten und Höchsten Herrschaften von

den Beamten, der Umgebung, dem Gefolge oder den Hofstaaten zur Auflieferung gelangen;

2. Telegramme, welche von den Bevollmächtigten zum Bundesrat während ihrer Anwesenheit in Berlin in Bundesratsangelegenheiten aufgegeben werden, oder welche an diese Bevollmächtigten aus anderen Orten des Deutschen Reichs in Bundesratsangelegenheiten eingehen;
3. Telegramme von dem Reichstag und an denselben in reinen Reichsdienstangelegenheiten;
4. Telegramme von oder an Reichsbehörden in reinen Reichsdienstangelegenheiten;
5. Telegramme von oder an Militär- und Marinebehörden des Deutschen Reichs, mit Einschluß der solche Behörden vertretenden einzelnen Offiziere und Beamten, in reinen Militär- und Marine-Dienstanlegenheiten; im Falle einer Mobilmachung auch diejenigen Telegramme, welche von einzelnen mit dienstlichen Aufträgen kommandierten Militärpersonen oder Beamten der Militär- und Marineverwaltung des Deutschen Reichs in reinen Militär- und Marine-Dienstangelegenheiten ausgehen oder an solche Militärpersonen oder Beamte gerichtet sind;
6. Telegramme der Eisenbahnverwaltungen, Eisenbahnstationen und Eisenbahnbeamten an vorgesetzte Behörden über vorgekommene Unglücksfälle und Betriebsstörungen.

Welche Telegramme der Eisenbahnverwaltungen usw. außerdem gebührenfrei zu befördern sind, ist durch besondere Vereinbarungen festgesetzt.

a. Die Ausdehnung der Befreiungen von Telegraphengebühren ist nur durch Gesetz zulässig (TG., Nr. XVIII, § 7).

b. Die Bestimmungen über die gebührenfreie Beförderung von Telegrammen finden auch auf diejenigen Telegramme Anwendung, welche streckenweise oder ausschließlich durch den Bahntelegraphen befördert werden (vgl. Reglement v. 7. März 1876, ZBl. S. 155, § 10).

c. Zu 6 Abs. 2: vgl. Bundesratsbeschl. v. 21. Okt. 1868 (Handbuch für Post und Telegraphie, Berlin 1900, Deckers Verl. S. 293) Nr. 6.

§ 2. Die Gebührenfreiheit der Telegramme erstreckt sich nur auf die Telegraphierungsgebühren, nicht aber auf die baren Auslagen für Weiterbeförderung über die Telegraphenlinien hinaus.

Die baren Auslagen sind vielmehr nach den betreffenden verordnungsmäßigen Bestimmungen entweder von den aufgebenden Personen und Behörden oder von den Empfängern zu entrichten.

Stadttelegramme genießen die Gebührenfreiheit nicht.

Unter Stadttelegrammen sind Telegramme an Empfänger im Orts- und Landbestellbezirke des Aufgabe-Postorts zu verstehen. Vgl. TO. (Nr. XXI) § 7 II.

Gebührenfreiheiten, welche auf den mit dem Auslande abgeschlossenen Staatsverträgen oder Konventionen beruhen, bleiben aufrecht erhalten. Im übrigen findet bei den nach dem Auslande gerichteten Telegrammen eine Gebührenfreiheit für die Beförderungsstrecke innerhalb des Deutschen Reichs bzw. des Deutschen Reichs-Telegraphengebiets nicht statt.

Vgl. ITV. (Nr. XXII) Art. 11.

§ 3. Die zur Aufgabe gebührenfrei zu befördernder Telegramme befugten Behörden und Beamten haben sich zu ihrer amtlichen Korrespondenz nur in den wichtigsten und dringendsten Fällen der Telegraphen zu bedienen und die Telegramme in gedrängtester Kürze mit Vermeidung aller entbehrlichen Titulaturen usw. abzufassen.

§ 4. Zur Anerkennung der Gebührenfreiheit durch die Telegraphenanstalten ist erforderlich, daß die Telegramme:

a) mit amtlichem Siegel oder Stempel,

Auch Siegelmarken dürfen verwendet werden.

b) mit einer die Berechtigung zur Gebührenfreiheit ausdrückenden Bezeichnung als „Königliche Angelegenheit", „Großherzogliche Angelegenheit", „Reichsdienstsache", „Militaria", usw.

versehen sind.

Die von den Allerhöchsten oder Höchsten Herrschaften herrührenden Telegramme sind, auch wenn sie von Personen aufgegeben werden, welche zu dem Gefolge oder den Hofstaaten gehören, sofern über die Person des Aufgebers oder die Echtheit seiner Namensunterschrift bei den Telegraphenanstalten kein Zweifel obwaltet, ohne Beglaubigung durch Siegel oder Stempel, sowie ohne weitere Bezeichnung zur Beförderung anzunehmen.

Die gebührenfrei zu befördernden Telegramme von Zivilbehörden sind in der Regel mit dem Namen des Vorstehers oder eines der leitenden Beamten der Behörde zu unterzeichnen, können aber eintretendenfalls von dem mit der Anfertigung beauftragten Beamten dahin beglaubigt sein, daß sie von dem Vorsteher der Behörde ausgehen und in seinem Auftrage mit seiner Namensunterschrift versehen worden sind.

Bei den von den Militär- und Marinebehörden ausgehenden, gebührenfrei zu befördernden Telegrammen genügt neben der Bezeichnung „Militaria" und der Beidrückung des amtlichen Siegels oder Stempels als Unterschrift die Firma der absendenden Behörde, z. B. Garde-Füsilier-Regiment. Wenn der Aufgeber sich nicht im Besitze eines amtlichen Siegels oder Stempels befindet, so hat derselbe die „Ermangelung eines Dienststempels" mit Unterschrift des Namens und Beisetzung der Amtseigenschaft zu bescheinigen.

§ 5. In allen Fällen, in denen aus dem Telegramme hervorgeht, daß in materieller oder formeller Hinsicht eine mißbräuchliche Benutzung des Telegraphen vorliegt, müssen solche Telegramme von den Telegraphenanstalten an die vorgesetzte Ober-Postdirektion abschriftlich eingereicht werden. In dem Begleitberichte zu den Abschriften sind die Gründe der Einsendung näher zu erörtern.

§ 6. Auf die unter eigener militärischer Verwaltung stehenden Telegraphenlinien finden die Bestimmungen dieser Verordnung keine Anwendung.

§ 7. Gegenwärtige Verordnung tritt mit dem 1. Juli dieses Jahres in Kraft. Mit diesem Tage verliert die Verordnung des Reichskanzlers vom 8. November 1872 über die gebührenfreie Beförderung telegraphischer Depeschen ihre Gültigkeit. Die Bestimmungen dieser Verordnung finden auf den inneren Verkehr in Bayern und Württemberg keine Anwendung.

Urkundlich unter Unserer Höchsteigenhändigen Unterschrift und beigedrucktem Kaiserlichen Insiegel.

Gegeben Berlin, den 2. Juni 1877.

(L. S.) **Wilhelm.**

Fürst v. Bismarck.

Anhang.

Gerichtliche Entscheidungen hinsichtlich des Post- und Telegraphenwesens.

A. Zivilrecht.

I. Postwesen.

a) Reichsgericht.

1. Inwiefern haftet die Postverwaltung gegenüber demjenigen, welcher sich ihrer dazu bedient, gemäß § 20 der Postordnung vom 8. März 1879 im Wege des Postauftrages Wechsel an den Bezogenen behufs Einholung der Annahmeerklärung zu versenden, über das in § 20 XII der Postordnung bezeichnete Maß der Haftung hinaus für Handlungen eines Bediensteten der Postverwaltung.

Urt. v. 17. Juni 1887, Bd. 19 S. 101.

2. Ist der eine Postanweisung auf Grund eines Posteinlieferungsbuches annehmende Postbeamte verpflichtet, die Übereinstimmung des Buches und der Postanweisung in Ansehung der Adresse des Geldempfängers zu prüfen?

Ist die Postverwaltung, wenn eine solche Prüfung unterbleibt und infolgedessen die Auszahlung des

Geldes an eine andere als die im Einlieferungsbuche als Empfänger bezeichnete Person geschieht, dem Absender gegenüber schadensersatzpflichtig?

Die Postverwaltung ist dafür verantwortlich, daß die Postanweisungen an den richtigen Adressaten ausgezahlt werden.

Urt. v. 9. Mai 1898 Bd. 41 S. 102; Archiv, Jahrg. 1898 S. 756.

3. Hat der Adressat eines Geldbriefes gegen die Postanstalt nach Ankunft des Geldbriefes am Bestimmungsort einen Anspruch auf Auslieferung? Unverletzlichkeit des Briefgeheimnisses. Die Postordnung hat die rechtliche Natur und Wirkung einer allgemeinen Rechtsnorm. Kann der Anspruch des Adressaten eines Geldbriefes gegen die Postanstalt gepfändet werden?

Urt. v. 17. Febr. 1899 Bd. 43 S. 98; Archiv, Jahrg. 1899 S. 568.

4. Inwieweit haftet die Zollverwaltung dem Absender eines eingeschriebenen Briefes, der ihr nach seiner Ankunft am Bestimmungsorte von der Post zur zollamtlichen Behandlung übergeben worden und sodann bei ihr verloren gegangen ist? Ende der Postbeförderung mit der Übergabe eines Poststückes an die Zollverwaltung.

Urt. v. 14. Febr 1901 Bd. 48 S. 256.

5. Liegt eine gegen die guten Sitten verstoßende vorsätzliche Schadenszufügung vor, wenn jemand

zum Zwecke der Bekämpfung eines politischen Gegners und der von diesem ausgehenden Agitation bei der Postanstalt seines Wohnortes eine politische Zeitung unter einem gewissen Namen zum Postbetrieb anmeldet, bloß zu dem Zwecke, um dem Gegner den Gebrauch gerade dieses Zeitungsnamens, an dem derselbe aus vermögensrechtlichen Gründen ein besonderes Interesse hat, tatsächlich unmöglich zu machen, obwohl er in Wahrheit nicht beabsichtigt, eine Zeitung dieses Namens in einem größeren Leserkreise zu verbreiten?

Postalische Einrichtung, wonach nicht gleichzeitig mehrere in demselben Orte erscheinende Zeischriften gleichen Namens zum Postvertriebe zugelassen werden.

VI. Urt. v. 11. Dez. 1902 Bd. 3 Neue Folge (Bd. 53 der ganzen Reihe) S. 171.

6. An wen sind die unter der Aufschrift der gelöschten Firma einer aufgelösten offenen Handelsgesellschaft eingehenden Postsendungen auszuhändigen, wenn die Auflösung der Gesellschaft in der Weise stattfand, daß der eine der beiden bisherigen Gesellschafter das Geschäft mit Aktiven und Passiven übernahm, und der andere eine Abfindung in Geld erhielt, jedoch verabredet wurde, daß die Firma der Gesellschaft gelöscht werden solle? Was ist unter dem Gebrauch einer Firma zu verstehen?

Urt. v. 20. Juni 1903 Bd. 5 Neue Folge (Bd. 55 der ganzen Reihe) S. 121.

7. Ist eine Zeitung, welche die Zahl ihrer Wochenausgaben ändert, eine neue Zeitung im Sinne der Art. 1 III der Postgesetznovelle vom 20. Dezember 1899?

Urt. v. 21. Sept. 1903 Archiv, Jahrg. 1904 S. 55.

8. Haftet die Postverwaltung für den Schaden, der durch das Versehen des mit der Zustellung eines gerichtlichen Schriftstücks nach den Bestimmungen der Zivilprozeßordnung betrauten Beamten (Postboten) infolge der hierdurch herbeigeführten Ungültigkeit der Zustellung verursacht worden ist? Kann insbesondere die Haftbarkeit auf Art. 1384 code civil, soweit derselbe in Frage kommt, gegründet werden?

Urt. v. 1. März 1904 Bd. 7 Neue Folge (Bd. 57 der ganzen Reihe) S. 150.

9. Bedeutung des Vermerks „Nach einmaliger Präsentation zurück!" bei Post-Nachnahmesendungen.

Urt. v. 14. März 1904 Bd. 9 Neue Folge (Bd. 59 der ganzen Reihe) S. 299.

10. Ist, wenn ein Postbeamter in seiner amtlichen Eigenschaft eine Postanweisung unter der Adresse einer Person, der er Geld schuldet, abfertigt, ohne den angewiesenen Betrag bei der Postkasse einzuzahlen, der Postfiskus berechtigt, den an den Adressaten gezahlten Betrag von diesem wegen ungerechtfertigter Bereicherung zurückzufordern? Jede, auch nur analoge Anwendung des § 435 des Handelsgesetzbuchs ist ausgeschlossen. Es besteht kein selbständiger Auslieferungsanspruch des Adressaten einer Postsendung

gegenüber der Postanstalt. Der Postanweisungsvertrag begründet ein Schuldverhältnis nur zwischen dem Absender und der Post. Die Zahlung der Postanweisung an den Adressaten erfolgt von der Post im eigenen Namen für Rechnung des Absenders.

Urt. v. 12. Jan. 1905 Bd. 10 Neue Folge (Bd. 60 der ganzen Reihe) S. 24.

11. Hat der Inhaber eines Postschließfachs Ansprüche gegen die Post, wenn in das Schließfach einzulegende Gegenstände am Postschalter einer zur Abholung nicht ermächtigten Person ausgehändigt worden sind? Welche Ober-Postdirektion ist für Ansprüche gegen die Postverwaltung im Falle der Einräumung eines Postschließfachs zuständig?

Urt. v. 29. Mai 1906 Bd. 13 Neue Folge (Bd. 63 der ganzen Reihe) S. 337; Archiv, Jahrg. 1907 S. 251.

b) andere Gerichte.

12. Anwendbarkeit des Deutschen Postgesetzes vom 28. Oktober 1871 und des Weltpost-Wertbrief-Übereinkommens auf Wertbriefe des Weltpostvereins.

Wann ist im Sinne des Wertbrief-Übereinkommens die „Annahme" erfolgt bzw. die Postverwaltung von der Ersatzverbindlichkeit für den Inhalt befreit?

Unbeanstandete Annahme einer Sendung durch den Empfänger.

Urt. des Oberlandesgerichts in Frankfurt (Main) v. 18. Jun. 1890, Archiv, Jahrg. 1891 S. 72.

13. Ist die Ober-Postdirektion berechtigt, einen doppelt ausgezahlten, vom schuldigen Beamten ersetzten Postanweisungsbetrag kraft eigenen Rechts zurückzufordern?

Urt. des Landgerichts in H. v. 5. Nov. 1896, Archiv, Jahrg. 1898 S. 626.

14. Besteht ein Rückforderungsrecht der Postverwaltung, wenn infolge einer unrichtigen Eintragung einer Postanweisung in das Posteinlieferungsbuch ein Postanweisungsbetrag doppelt ausgezahlt worden ist.

Urt. des Landgerichts in D. v. 11. Mai 1900, Archiv, Jahrg. 1900 S. 933.

15. Ist die bloße Namensunterschrift des Prokuristen einer Firma, dem auch Postvollmacht erteilt ist, bei Postanweisungsquittungen, Ablieferungsscheinen usw. genügend?

Urt. des Oberlandesgerichts in Dresden v. 6. Juli 1903, Archiv, Jahrg. 1903 S. 723.

16. Von wann ab sind für Ersatzbeträge im Weltpostverein seitens der Postverwaltung Verzugszinsen zu zahlen?

Urt. des Oberlandesgerichts in Hamburg v. 6. Febr. 1904, Archiv, Jahrg. 1904 S. 481.

II. Telegraphie.

a) Reichsgericht.

17. Hat der Reichspostfiskus das Recht, die öffentlichen Straßen und Plätze der Städte ohne

Genehmigung der Stadtgemeinde mit Telegraphen- und Fernsprechdrähten zu überspannen?

Urt. v. 21. Sept. 1898, Bd. 42 S. 205.

18. Ist die Ersatzpflicht wegen schädlicher Einwirkung einer elektrischen Straßenbahn auf eine frühere Fernsprechanlage nur von den staatlichen Genehmigungsbedingungen und den Vorschriften des Reichstelegraphengesetzes (§ 12) von 1892 abhängig oder auch von den allgemeinen Grundsätzen über unerlaubte Handlungen.

Urt. v. 26. Jan. 1899, Bd. 43 S. 253.

19. Inwieweit ist nach § 12 des Gesetzes über das Telegraphenwesen vom 6. April 1892 der Unternehmer der späteren elektrischen Anlage verpflichtet, die Kosten verbesserter Sicherungsmaßregeln dem Unternehmer der älteren elektrischen Anlage zu ersetzen? Der § 12 enthält kein zwingendes Recht.

Urt. v. 9. Jan. 1902, Bd. 50 S. 83.

20. Ist nach § 12 des Gesetzes über das Telegraphenwesen vom 6. April 1892 der Unternehmer der späteren elektrischen Anlage verpflichtet, auch die Kosten der Unterhaltung der an der älteren elektrischen Anlage getroffenen Schutzeinrichtungen zu tragen?

Urt. v. 23. Juni 1902, Bd. 2 Neue Folge (Bd. 52 der ganzen Reihe) S. 63.

21. Sind, wenn wegen einer späteren in Abs. 2 des § 6 des Telegraphenwege-Gesetzes vom 18. Dez.

1899 bezeichneten gemeinnützigen Anlage des Wegeunterhaltungspflichtigen die schon vorhandene Telegraphenlinie mit Schutzvorkehrungen versehen werden muß, die Kosten sämtlicher zum Schutze der Telegraphenlinie erforderlichen Vorkehrungen von der Telegraphenverwaltung zu tragen.

Urt. v. 14. März Bd. 7, Neue Folge (Bd. 57 der ganzen Reihe) S. 364.

22. Zur Auslegung des § 6 des Telegraphenwegegesetzes vom 18. Dezember 1899.

Urt. v. 23. März 1906, Bd. 13 Neue Folge (Bd. 63 der ganzen Reihe) S. 88 und v. 18. März 1907 Stadtgemeinde Cöln gegen Reichsfiskus, „Postalische Rundschau" 1908 S. 126.

b) andere Gerichte.

23. Zur Auslegung des § 3 Ziffer 3 b des Telegraphengesetzes vom 6. April 1892 (Telegraphenanlagen zwischen mehreren zu einem Betriebe vereinigten Grundstücken).

Urt. des Oberlandesgerichts in Cöln, Archiv, Jahrg. 1900 S. 357, des Landgerichts in Mainz v. 8. Dez. 1902, Archiv, Jahrg. 1905 S. 616 und des Landgerichts in Breslau v. 16. April 1904, Archiv, Jahrg. 1905 S. 619.

24. Zur Bestimmung des Begriffs „Nebenanschluß" in den „Bestimmungen über Fernsprech-Nebenanschlüsse" vom 31. Januar 1900.

Entscheidung des Oberlandesgerichts in H., Archiv, Jahrg. 1902 S. 494.

B. Strafsachen.

a) Reichsgericht.

§§ 1 und 2 des Postgesetzes und Art. 2 der Postgesetznovelle v. 20. Dez. 1899.

Briefsendungen.

1. Merkmale eines dem Postzwange unterworfenen Briefes.

Urt. v. 15. Okt. 1887 Bd. 16 S. 284; v. 23./28. Mai 1891 Bd. 22 S. 22, Archiv, Jahrg. 1892 S. 457; v. 23. Mai 1898, Bd. 31 S. 153; v. 19. Okt. 1904 Bd. 37 S. 280.

2. Ist es verboten, verschlossene oder unverschlossene Briefe in einen Brief oder in ein Paket zusammengepackt durch die Post zu verschicken?

Urt. v. 14. Febr. 1887 Bd. 15 S. 328.

3. Was ist unter Verschluß eines Briefes bzw. Pakets zu verstehen?

Urt. v. 15. Okt. 1887 Bd. 16 S. 284, Archiv, Jahrg. 1888 S. 297.

4. Ist es nach den Bestimmungen des Gesetzes vom 28. Oktober 1871 einer Privatpostanstalt gestattet, gegen Bezahlung verschlossene Briefe zur Beförderung von einem mit Poststelle versehenen Orte an einen anderen Ort mit Poststelle zu übernehmen, dieselben gesammelt — wenn auch durch die Post — an eine mit ihr in Verbindung stehende Person oder Anstalt an jenem anderen Orte zu versenden und dort dem Adressaten zustellen zu lassen? Fällt dieses Verfahren unter die Begriffe des „Verschickens“ und

„Beförderns“ im Sinne der §§ 1, 27 Ziffer 1 des Postgesetzes vom 28. Oktober 1871?

Urt. v. 2. Juli 1888 Bd. 18 S. 45, Archiv, Jahrg. 1888 S. 513.

5. Was ist unter „expressen Boten“ zu verstehen?

Urt. v. 16. Dez. 1889 Bd. 20 S. 124, Archiv, Jahrg. 1890 S. 293; v. 3. Juni 1905, Archiv, Jahrg. 1906 S. 265.

6. Unterliegen Briefe, Postkarten, Telegramme, welche der Adressat, nachdem er sie empfangen und gelesen hat, ohne Beifügung selbständiger Mitteilungen einem anderen übersendet, damit auch dieser von dem Inhalt Kenntnis nehme, dem Postzwange? Ist es dabei von Bedeutung, daß die Korrespondenten Teilhaber derselben Handelsgesellschaft sind?

Wie ist zutreffendenfalls die Defraudationsstrafe zu berechnen?

Urt. v. 9. März 1893 Bd. 24 S. 28.

7. Ist eine Sendung als Brief auch dann anzusehen, wenn sie mit einer Adresse nicht versehen und die Bestimmung der Person, an welche die Sendung abzugeben ist, dem mit der Beförderung Beauftragten überlassen ist.

Urt. v. 8. Jan. 1894 Bd. 25 S. 20, Archiv, Jahrg. 1895 S. 428.

8. Sind Frachtbriefe, welche, zu einer Briefsendung vereinigt, von einem Spediteur dem anderen mittels der Post zugesandt werden, damit dieser Frachtgut und Frachtbriefe weiter befördere, als unter

Verletzung der Postzwangspflicht beförderte Briefe anzusehen?

Urt. v. 25. Mai 1895 Bd. 27 S. 256.

9. Sind Paketbegleitscheine, welche, zu einer Briefsendung vereinigt, von einem Paketbeförderungs-geschäfte an das andere gesandt und von letzterem einzeln mit den Paketen an die Adressaten abgeliefert werden, als unter Verletzung der Postzwangspflicht beförderte Briefe anzusehen.

Urt. v. 20. Juni 1895 Bd. 27 S. 302.

10. Wird die den Briefen an Soldaten in deren eigenen Angelegenheiten zugestandene Portofreiheit dadurch berührt, daß in einem solchen Brief eine Drucksache eingelegt worden ist?

Urt. v. 23. Mai 1898 Bd. 31 S. 153, Archiv, Jahrg. 1899 S. 692.

11. Unterliegt die Beförderung von Drucksachen (abgesehen von politischen Zeitungen) und Waren-proben in offenen, mit der Adresse verschiedener Personen versehenen Briefumschlägen dem Post-zwange, wenn diese in einem verschlossenen Pakete versandt werden?

Urt. v. 4. Jan. 1900 Bd. 33 S. 144 und v. 5. Juli 1901 Bd. 34 S. 337.

12. Liegt eine Portohinterziehung vor, wenn die Beförderung gedruckter Zirkulare an auswärtige Adressaten in der Weise bewirkt wird, daß die Zirkulare am Absendungsort in offene mit den

Adressen der Empfänger versehene Umschläge gelegt, demnächst als Eisenbahnfrachtgut an einen am Bestimmungsorte wohnhaften Spediteur gesandt, dort von einem Angestellten des Absenders in Empfang genommen, sodann verschlossen und durch eine am Bestimmungsorte befindliche Privatpostanstalt den Adressaten behändigt werden?

Ist bei Berechnung der verwirkten Geldstrafe das tarifmäßige Porto für Drucksachen oder für Briefe zugrunde zu legen?

Urt. v. 6. April 1900, Bd. 33 S. 241.

13. Fällt die gegen Bezahlung geschehene Beförderung von verschlossenen Briefen im Ursprungsorte durch im Dienste einer Privatbeförderungsanstalt stehende Boten unter die Strafbestimmung des § 27 Nr. 1?

Verhältnis der Bestimmungen des § 2a zu denjenigen des § 2.

Urt. v. 18. Juni 1902 Bd. 35 S. 290.

14. Zum Begriff „Beförderung", „Bezahlung", und „Mittäterschaft von seiten der Teilhaber offener Handelsgesellschaften" bei Portohinterziehungen.

Urt. v. 10. Sept. 1906, Archiv, Jahrg. 1907 S. 315.

15. Unterliegen Drucksachen in verschlossenen Umschlägen dem Postzwang? Ist der Umstand von Belang, daß die Briefumschläge keine Adressen tragen?

Urt. v. 2. Juli 1907, Deutsche Juristen-Zeitung Jahrg. 1907 S. 1323.

Zeitungen.

16. Wird in das Postregal dadurch eingegriffen, daß der Zeitungsspediteur, welcher an einem mit einer Postanstalt versehenen Orte wohnt, die Zeitungen von einem anderen Orte mit einer Postanstalt sich durch einen expressen Boten kommen läßt und sie an seine teils am Wohnorte des Spediteurs, teils auswärts wohnenden Abonnenten verteilen läßt?

Urt. v. 28. Sept. 1880 Bd. 2 S. 272 und Urt. v. 16. Febr. 1892 Bd. 22 S. 359.

17. Ist das in § 1 hinsichtlich der Zeitungen politischen Inhalts ausgesprochene Verbot der Beförderung gegen Bezahlung auf andere Weise, als durch die Post, auf die unmittelbare Beförderung an die Abonnenten beschränkt?

Bildet die Beförderung von Zeitungen politischen Inhalts als sog. Expreßgut mittels der Eisenbahn eine Beförderung durch expresse Boten oder Fuhren im Sinne des § 2? Irrtum entschuldigt nicht.

Urt. v. 27. Jan. 1881 Bd. 3 S. 300.

18. Was ist unter dem „zweimeiligen Umkreis des Ursprungsorts" zu verstehen?

Urt. v. 27. Juni 1881 Bd. 4 S. 337.

19. Ist es den Zeitungshändlern gestattet, dem Postzwange unterliegende Zeitungen auf der Eisenbahn als Handgepäck zu befördern und für eine das gewöhnliche Abonnement übersteigende Vergütung in die Wohnungen der Besteller zu schaffen?

Urt. v. 5. April 1889 Bd. 19 S. 108.

20. Unterliegt die Versendung einer wöchentlich mehrmals erscheinenden Zeitung aus der Druckerei an den Verleger dem Postzwange? Ist in dem Falle, wenn der Verleger die Zeitung nicht von seinem Wohnorte, sondern von einem anderen Orte aus an die Abonnenten ausgibt, für die Berechnung der zweimeiligen Entfernung dieser Ort oder der Wohnort des Verlegers maßgebend?

Urt. v. 19. April 1894 Bd. 25 S. 279; Archiv, Jahrg. 1894 S. 624.

21. Kann bei der Versendung von Zeitungen eine Zuwiderhandlung gegen § 1 bzw. § 27 Ziff. 1 des Postgesetzes durch Unterlassung der Beaufsichtigung von Gehilfen und Angestellten begangen werden? Gehört zum Tatbestand dieses Deliktes ein Verschulden? Ist Ersatz des hinterzogenen Portos durch das Strafurteil auszusprechen?

Urt. v. 12. April 1894 Bd. 25 S. 290.

22. Zum Begriff des postzwangspflichtigen Beförderns von Zeitungen.

Urt. v. 9. Jan. 1895 Bd. 26 S. 355.

23. Dürfen postzwangspflichtige Gegenstände, insbesondere dem Postzwang unterliegende Zeitungspakete durch einen expressen Boten in der Weise befördert werden, daß der Bote bei Benutzung der Eisenbahn sie als Handgepäck zu sich nimmt oder sie als Reisegepäck aufgibt?

Urt. v. 1. Mai 1902 Bd. 35 S. 220; Archiv, Jahrg. 1903 S. 293.

24. Gestattet das Reichspostgesetz die Beförderung postzwangspflichtiger Zeitungen in der Weise, daß ein expresser Bote in der Eisenbahn mit mehreren Fahrkarten reist und den im Abteile für die bezahlten aber mit Personen nicht besetzten Plätze bestimmten Gepäckraum mit den Zeitungspaketen belegt?

Urt. v. 9. April 1904 Bd. 37 S. 98; Archiv, Jahrg. 1904 S. 559.

25. Enthält die irrige Meinung des Angeklagten, daß eine ihm in allen tatsächlichen Einzelheiten bekannte Art der Beförderung postzwangspflichtiger Sendungen (Zeitungen) sich als Beförderung durch expressen Boten darstelle, einen außerhalb des Strafrechts liegenden Irrtum?

Urt. v. 14. Febr. 1905 Bd. 37 S. 389.

26. Wann ist ein expresser Bote nach § 2 des Postgesetzes von einem Absender abgeschickt?

Urt. v. 6. April 1906 Bd. 38 S. 408.

§ 27 des Postgesetzes.

27. Inwiefern kann die Strafbarkeit durch Irrtum ausgeschlossen werden?

Erfordert die Bestrafung aus § 27 Nr. 1 ein Handeln aus Eigennutz?

Urt. v. 27. Jan. 1881 Bd. 3 S. 300; auch Urt. v. 24. Nov. 1898 Bd. 31 S. 344 und v. 6. April 1900 Bd. 33 S. 241.

28. Ist der Tatbestand des in Nr. 4 vorgesehenen Deliktes davon abhängig, daß der übergebene Gegenstand dem Postzwange unterliegt?

Urt. v. 24. Jan. 1884 Bd. 10 S. 45.

29. Ist die Strafe der Portodefraudation unter Zugrundelegung des Portos für frankierte Briefe, oder unter Hinzurechnung des Zuschlagportos für unfrankierte Briefe festzusetzen? Können bei der Strafbemessung Eventualitäten berücksichtigt werden, wie der Defraudant verfahren sein würde, wenn er die postzwangpflichtige Sendung, statt auf andere Weise, durch die Post befördert hätte?

Urt. v. 27. Sept. 1886 Bd. 14 S. 332; Archiv, Jahrg. 1886 S. 641.

30. Wie ist die Defraudationsstrafe zu berechnen, wenn verschlossene oder unverschlossene Briefe in ein verschlossenes Paket verpackt zwischen Orten mit Postanstalt auf andere Weise als durch die Post verschickt werden?

Urt. v. 14. Febr. 1887 Bd. 15 S. 328; Archiv, Jahrg. 1889 S. 289.

31. Kann in der täuschenden Zusammensetzung der Bruchstücke verschiedener, ursprünglich echter und bisher unverwendeter Postfreimarken und in der Verwendung dieser den Anschein eines unverletzten Zeichens erweckenden Postfreimarken zur Frankierung postalischer Sendungen die Anfertigung „unechter" bzw. der Gebrauch falscher Postwertzeichen gefunden werden? Ist in der mißbräuchlichen Verwendung bereits einmal verwendeter Postwertzeichen unter geflissentlicher Beseitigung des Entwertungszeichens Urkundenfälschung zu erkennen?

Urt. v. 19. April 1888 Bd. 17 S. 394.

32. Berechnung der Strafe bei Portohinterziehungen.

Urt. v. 29. Dez. 1888; Archiv, Jahrg. 1889 S. 292.

33. Kann eine Reihe von Portodefraudationen zu einem Einheitsdelikte zusammengezogen werden?

Urt. v. 23./28. Mai 1891 Bd. 22 S. 22.

34. Ist von mehreren Mittätern jeder zur vollen gesetzlichen Strafe zu verurteilen, auch wenn sie Teilhaber einer offenen Gesellschaft sind und die Geldstrafen aus dem Gesellschaftsvermögen entrichtet werden?

Urt. v. 9. März 1893 Bd. 24 S. 28.

35. Was ist im Sinne der Nr. 4 unter dem verbotenen Übergeben von Briefen oder anderen Sachen an Postbeamte „zur Mitnahme" zu verstehen? Was gehört zum subjektiven Tatbestande des betreffenden Delikts?

Urt. v. 28. Sept. 1893 Bd. 24 S. 252.

36. Was ist unter den „ausschließlichen gewerblichen Interessen des Absenders" einer Sendung an eine Militärperson zu verstehen, deren Vorliegen ein Anspruch auf Portovergünstigung aufhebt?

Urt. v. 24. April 1896 Bd. 28 S. 327.

37. Macht sich einer Portodefraudation schuldig, wer in einem Orte Deutschlands mit einer Postanstalt eine größere Anzahl Briefe in einer Kiste verpackt und nach einem außerhalb Deutschlands in einem zum Weltpostvereine gehörigen Staate gelegenen Orte mit einer Postanstalt nicht mit der Post, sondern als Frachtgut versendet?

Urt. v. 24. Jan. 1898 Bd. 30 S. 424; Archiv, Jahrg. 1898 S. 553.

38. Wird die den Briefen an Soldaten in deren eigenen Angelegenheiten zugestandene Portofreiheit dadurch berührt, daß in einem solchen Briefe eine Drucksache eingelegt worden?

Urt. v. 23. Mai 1898 Bd. 31 S. 152.

39. Bedroht § 27 Abs. 1 Nr. 3 des Postgesetzes nur den mit Strafe, der wissentlich Postwertzeichen nach ihrer Entwertung zur Frankierung benutzt?

Urt. v. 4. Dez. 1903 Bd. 37 S. 12.

40. Erfordert der Tatbestand des § 27 Nr. 1 Vorsatz oder Fahrlässigkeit? Gehört zu dem „defraudierten Porto" das Zeitungsbestellgeld?

Urt. v. 6. April 1906, Bd. 38 S. 408.

§ 30 des Postgesetzes.

41. Ist in dem Urteil auf Ersatz des defraudierten Portos zu erkennen.

Urt. v. 12. April 1894 Bd. 25 S. 290.

§ 34 des Postgesetzes.

42. Führt die Nichtbeobachtung der Vorschrift des § 34 notwendig zur Aufhebung des eingeleiteten gerichtlichen Verfahrens?

Urt. v. 27. Jan. 1881 Bd. 3 S. 300.

Art. 3 der Postgesetznovelle.

43. Unter welchen Voraussetzungen kann die Bezeichnung einer Drucksache mit einer Nummer als Aufschrift eines bestimmten Empfängers im Sinne des Abs. 1 angesehen werden?

Urt. v. 25. Febr. 1901 Bd. 34 S. 176.

44. Fällt die gewerbsmäßige Verteilung von Druckschriften, die vor der Verteilung mit schriftlicher Bezeichnung des Empfängers versehen sind, unter das Verbot des Art. 3?

Urt. v. 13. Febr. 1902 Bd. 35 S. 123.

45. Zum Begriffe der im Art. 3 gedachten Anstalten.

Urt. v. 20. Febr. 1902 Bd. 35 S. 138 und v. 5. April 1902 Bd. 35 S. 191.

46. Fallen unter den Begriff „Drucksachen" im Sinne des Abs. 1 auch Zeitungen und Zeitschriften?

Urt. v. 10. Juni 1902 Bd. 35 S. 290.

47. Begriff einer Anstalt zur gewerbsmäßigen „Einsammlung, Beförderung oder Verteilung" von unverschlossenen Briefen, Karten, Drucksachen und Warenproben im Sinne des Art. 3 Abs. 1 der Postgesetznovelle vom 20. Dezember 1899. Begründet es eine Zuwiderhandlung gegen Art. 3, wenn eine solche Anstalt in der Weise betrieben wird, daß in ihr die in Umschlägen mit der Aufschrift bestimmter Empfänger aufgelieferten mehreren Exemplare der gleichen Drucksachen aus den Umschlägen entnommen, die Drucksachen und die Umschläge getrennt den bestellenden Boten ausgehändigt werden, und je eines der Drucksachenexemplare ohne Umschlag an einen der auf den Umschlägen angegebenen Adressaten bestellt wird?

Beihilfe zu dem Vergehen im Sinne des Art. 3 Abs. 2 desselben Gesetzes, begangen durch Auflieferung von Sendungen der bezeichneten Beschaffenheit. Vorsatz dabei.

Urt. v. 10. März 1903 Bd. 36 S. 148.

48. Was wird zur Gewerbsmäßigkeit des Betriebes einer Privatbriefbeförderungsanstalt erfordert?

Was versteht die Postgesetzgebung unter Brief?

Urt. v. 19. Okt. 1904 Bd. 37 S. 280.

b) andere Gerichte.

49. Zum Begriff „Ort" im Sinne des § 1 des Postgesetzes.

Urt. des Landgerichts I. in Berlin v. 21. Nov. 1890; Archiv, Jahrg. 1891 S. 499.

Sachregister.

(Die Zahlen bedeuten die Seiten.)

B.

C.

D.

E.

H.

J.

K.

N.

O.

P.

T.

Herrosé & Ziemsen, G. m. b. H., Wittenberg.

Verzeichnis

der

Guttentag'schen Sammlung Deutscher Reichs- und Preussischer Gesetze

Text-Ausgaben

mit Anmerkungen u. Sachregister

Guttentag'sche Sammlung

Deutscher Reichsgesetze.

Text-Ausgaben mit Anmerkungen. Taschenformat.

---

1. **Verfassung** des Deutschen Reichs. Von Dr **L. von Rönne.** Neunte Auflage von Landrat **Paul von Rönne.** 1904. 2 M. 40 Pf.

2. **Strafgesetzbuch** für das Deutsche Reich. Nebst den gebräuchlichsten Reichs-Strafgesetzen. Von Dr. **H. Rüdorff.** Zweiundzwanzigste Auflage von Dr. **H. Appelius,** Kammergerichtsrat. 1907. 1 M. 50 Pf.

   Die §§ 95—101, geändert durch Gesetz vom 17. Februar 1908, in neuer Fassung.

3. **Militärstrafgerichtsordnung** von Senatspräsident Dr. **Paul Herz.** 1902. Dritte Auflage. Aus dem Handel gezogen; — dafür Text-Ausgaben ohne Anmerkungen auf S. 24. 1 M. 50 Pf.

4. **Handelsgesetzbuch vom 10. Mai 1897** unter Ausschluß des Seerechts. Mit den ergänzenden Vorschriften des Bürgerlichen Gesetzbuchs und Erläuterungen von **F. Litthauer,** Justizrat. Dreizehnte Auflage herausgegeben von Geh. Justizrat Prof. Dr. **A. Mosse.** 1905. 3 M.

5. Allgemeine Deutsche **Wechselordnung.** Neunte Auflage von Justizrat Dr. **J. Stranz** und Rechtsanwalt Dr. **M. Stranz,** und das Reichsgesetz über die Wechsel-

stempelsteuer.*) Von Regierungsrat **P. Loeck.** Achte Auflage. 1906. 3 M.

*) Ist auch einzeln zu haben. Preis 1 M. 25 Pf.

6. **Gewerbeordnung** für das Deutsche Reich nebst allen Ausführungsbestimmungen. Ursprünglich herausgegeben von **T. Ph. Berger** und Dr. **L. Wilhelmi.** Siebzehnte Auflage bearbeitet von Oberverwaltungsgerichtsrat **H. Spangenberg.** 1907. 3 M.
   Ergänzungsband hierzu: **Preußische Ausführungsanweisung.** 1904. 2 M.

7. Die deutsche **Post- und Telegraphen-Gesetzgebung.** Nebst dem Weltpostvertrag und dem internationalen Telegraphenvertrag. Von Wirkl. Geh. Rat Dr. **Fischer.** Sechste Auflage bearbeitet von Geh. Ober-Postrat Dr. **M. König.** 1908. 4 M.

8. Die Reichsgesetze über den **Unterstützungswohnsitz** in der Fassung der Novelle vom 12. März 1894, **die Freizügigkeit, den Erwerb und Verlust der Bundes- und Staatsangehörigkeit,** nebst allen landesgesetzlichen Bestimmungen. Von Geheimrat Dr. **J. Krech,** Mitglied des Bundesamtes für das Heimatwesen. Sechste Auflage. 1907. 3 M.

9. Sammlung **kleinerer strafrechtlicher Reichsgesetze.** Mit den Entscheidungen des Reichsgerichts, bearbeitet von **M. Werner,** Geh. Ober-Regierungsrat. Zweite Auflage. 1903. 3 M.

(Inhalt ca. 25 verschiedene Gesetze.)

10. **Das Reichsbeamtengesetz** und seine Ergänzungen. Erläutert von **J. Pieper.** Zweite Auflage. 1901. 4 M. 50 Pf.
— In der Fassung von 1907 siehe Nr. 82.

11. **Zivilprozeßordnung mit Gerichtsverfassungsgesetz** in den neuesten Fassungen. Herausgegeben zunächst von **R. Sydow,** Staatssekretär im Reichsschatzamt, weiter bearbeitet von **L. Busch,** Reichsgerichtsrat. Zehnte Auflage. (In größerem Oktav-Format.) 1905. 6 M.

12. **Strafprozeßordnung und Gerichtsverfassungsgesetz** nebst den Gesetzen, betreffend die Entschädigung der im Wiederaufnahmeverfahren freigesprochenen Personen und die Entschädigung für unschuldig erlittene Untersuchungshaft. Von Dr. **A. Hellweg,** Reichsgerichtsrat. Vierzehnte Auflage. 1907. 2 M.

13. **Konkursordnung und Anfechtungsgesetz.** Von **R. Sydow.** Weiter bearbeitet von **L. Busch.** Zehnte Auflage. 1906. 2 M. 25 Pf.

14. **Gerichtsverfassungsgesetz** mit Einführungsgesetz. Herausgegeben von **R. Sydow** und **L. Busch.** Neunte Auflage. 1905. 1 M. 50 Pf.

15. Das **Deutsche Gerichtskostengesetz** nebst den Gebührenordnungen für Gerichtsvollzieher, Zeugen und Sachverständige. Herausgegeben mit Kosten-

tabellen von **R. Sydow.** Weiter bearbeitet von **L. Busch.** Achte Auflage. 1907. 2 M.

16. **Rechtsanwaltsordnung.** Von **R. Sydow.** Sechste Auflage von Justizrat **M. Jacobsohn.** 1907. 1 M. 20 Pf.

17. Die **Deutsche Gebührenordnung für Rechtsanwälte und das Preußische Gebührengesetz** vom 27. September / 6. Oktober 1899. Von **R. Sydow** und **L. Busch.** Siebente Auflage. 1903. 1 M. 60 Pf.

18. **Reichsstempelgesetz (Börsensteuer, Frachturkunde, Kraftfahrzeuge, Personenfahrkarte, Tantieme für Aufsichtsratsmitglieder).** Vom 3. Juni 1906. Nebst Ausführungsbestimmungen und Entscheidungen. Neunte Auflage von **P. Loeck,** Regierungsrat. (In größerem Oktav-Format.) 1906. 4 M. 50 Pf.

19. Die **Seegesetzgebung.** Von Dr. **W. E. Knitschky.** Vierte Auflage bearbeitet von Oberlandesgerichtsrat **Otto Rudorff** in Hamburg 1908. 6 M.

20. **Krankenversicherungsgesetz.** Von weil. Dr **E. von Woedtke,** Direktor im Reichsamte des Innern. Elfte Auflage bearbeitet von Dr. **G. Eucken-Addenhausen,** Geh. Reg.-Rat und vortr. Rat im Reichsamte des Innern. 1905. 3 M.

21. Die **Konsulargesetzgebung.** Von Professor Dr. **Ph. Zorn.** Zweite Auflage. 1901. 3 M.

22. **Patentgesetz.** Nebst Ausführungsbestimmungen, völkerrechtlichen Verträgen und der Patentanwalts-Ordnung unter eingehender Berücksichtigung der Rechtsprechung des Reichsgerichts und der Praxis des Patentamts. Bisher von Prof. Dr. **R. Stephan** herausgegeben. Siebente Auflage von **R. Lutter,** Geh. Reg.-Rat im Kaiserl. Patentamt 1908. 2 M. 80 Pf.

Gesetz zum **Schutz der Warenbezeichnungen.** Nebst Ausführungsbestimmungen. Siehe Seite 16 Nr. 87.

23. **Gewerbe-Unfallversicherungsgesetz.** Von weil. Dr. **E. v. Woedtke.** Neunte neubearbeitete Auflage von **Franz Caspar,** Direktor im Reichsamt des Innern. 1907. 2 M. 50 Pf.

24. **Aktiengesellschaft und Kommanditgesellschaften auf Aktien.** (Handelsgesetzbuch, II. Buch, Abschnitt 3 und 4). Mit Anmerkungen von Justizrat Dr. **H. Veit Simon** und Amtsrichter **L. Keyssner.** 1908. Sechste Auflage. Im Druck.

25. **Brausteuergesetz** vom 3. Juni 1906 mit Ausführungsvorschriften. Von **A. Düffe,** Obersteuerkontrolleur. 1907. 3 M.

26. Die Reichsgesetzgebung über **Münz- und Notenbankwesen,** Papiergeld, Prämienpapiere und Reichsschulden. Von Dr. jur. **R. Koch,** Präsident des Reichsbankdirektoriums. Fünfte Auflage. 1905. 3 M.

27. Die Gesetzgebung, betr. das **Gesundheitswesen** im Deutschen Reich für Behörden, Aerzte 2c. Von Dr. jur. **C. Goesch** und Dr. med. **J. Karsten.** 1888. 1 M. 60 Pf.

28. **Bau-Unfallversicherungsgesetz.** Vom 30. Juni 1900. Von **R. Chrzescinski,** Kaiserl. Regierungsrat. Dritte Auflage. 1900. 2 M.

29. Reichsgesetz, betr. die **Erwerbs- und Wirtschaftsgenossenschaften.** Von **L. Parisius** und Dr. **H. Crüger.** Zwölfte Auflage bearbeitet von Dr. **H. Crüger.** 1907. 1 M. 50 Pf.

30. **Invalidenversicherungsgesetz** vom 13. Juli 1899. Von weil. Dr. **E. v. Woedtke.** Zehnte Auflage von Regierungsrat **H. Follmann.** 1906. 4 M.

31. **Gewerbegerichtsgesetz.** Von Stadtrat **L. Mugdan.** Sechste Auflage bearbeitet von **W. Cuno,** Erstem Bürgermeister zu Hagen i. W. 1906. 2 M. 20 Pf.

32. Reichsgesetz, betr. die **Gesellschaften mit beschränkter Haftung.** Von **L. Parisius** und Dr. **H. Crüger.** Neunte Auflage von Dr. **H. Crüger.** 1907. 1,40 M.

33. **Vereins- und Versammlungsrecht** in Deutschland. Von Dr. **E. Ball.** Zweite Aufl. von Dr. **F. Friedenthal.** 1907. 2 M. 50 Pf.

Anm. Das neue Vereinsgesetz vom 19. April 1908 vide Nr. 88 — Seite 16.

34\. Reichsgesetz, betreffend die **Abzahlungsgeschäfte.** Vom 16. Mai 1894. Von **J. Hoffmann.** Zweite vermehrte Auflage besorgt von Dr. **E. Wilke,** Landgerichtsrat. 1901. 1 M. 20 Pf.

35\. Die **Reichs-Eisenbahngesetzgebung.** Von **W. Coermann,** Kaiserl. Amtsrichter. 1895. 2 M. 25 Pf.

36\. Gesetze, betr. die **privatrechtlichen Verhältnisse der Binnenschiffahrt und der Flößerei.** Dritte Auflage von **E. Löwe,** Landgerichtsrat. 1903. 3 M.

37\. Gesetz zur **Bekämpfung des unlauteren Wettbewerbes.** Vom 27. Mai 1896. Von Dr. **R. Stephan,** Geh. Regierungsrat. Dritte Auflage. 1903. 1 M.

38/39. **Bürgerliches Gesetzbuch nebst Einführungsgesetz.** Nach dem Tode des ursprünglichen Herausgebers Reichsgerichtsrats a. D. Dr. **A. Achilles** in Verbindung mit Professor Dr. **André,** Kammergerichtsrat **Ritgen,** Ober-Landesgerichtsrat **Strecker,** Ober-Regierungsrat Dr. **Unzner** herausgegeben von Geh. Ober-Justizrat **Greiff.** Fünfte Auflage. (In größerem Oktav-Format) 1906. 6 M. 50 Pf.

40\. Gesetz, betr. die **Pflichten der Kaufleute bei Aufbewahrung fremder Wertpapiere (Depotgesetz).** Mit Erläuterungen. Von **F. Lusensky,** Geh. Ober-Regierungsrat. Zweite Auflage. 1905. 1 M.

41. **Börsengesetz.** In der Fassung der Novelle vom 8. Mai 1908 nebst **Ausführungsbestimmungen** von **A. Wermuth** und **H. Brendel.** Neu bearbeitet von Wirkl. Geh. Ob.-Regierungsrat. **Th. Hemptenmacher,** Staatskommissar an der Berliner Börse. 1908. 2 M.

42. **Grundbuchordnung** nebst den preußischen Ausführungsbestimmungen. Mit Einleitung. Von Prof. Dr. **O. Fischer.** Vierte Auflage. 1906. 2 M.

43. Die Gesetzgebung, betr. die **Zwangsvollstreckung in das unbewegliche Vermögen** im Reiche und in Preußen. Mit Einleitung, Kosten- und Gebührentabellen. Von Dr. **J. Krech,** Kaiserl. Geh. Regierungsrat und Professor Dr. **O. Fischer.** Fünfte Auflage. 1907. 2 M.

44. Das Reichsgesetz über das **Auswanderungswesen** vom 9. Juni 1897 nebst Ausführungsverordnungen und Anlagen. Unter Benutzung amtlicher Quellen. Von Professor Dr. **Felix Stoerk.** 1899. 2 M. 25 Pf.

45. Das **Entmündigungsrecht** unter Berücksichtigung der für Preußen geltenden Vorschriften nebst der preußischen Justiz-Ministerial-Verfügung vom 28. November 1899. Text der zivil- und prozeßrechtlichen Bestimmungen mit Erläuterungen von Landgerichtsrat Dr. **P. Koll** in Cöln. 1900. 1 M. 50 Pf.

46. Die Gesetze des Reiches und Preußens über die **freiwillige Gerichtsbarkeit.** Mit Einleitung von **Herm. Jastrow,** Amtsgerichtsrat. Vierte Auflage. 1906. 3 M.

47. Das **deutsche Vormundschaftsrecht** und das preuß. Gesetz über die Fürsorgeerziehung Minderjähriger nebst den dazu gehörigen preußischen Nebengesetzen. Von **Max Schultzenstein,** Oberverwaltungsgerichtsrat und Amtsgerichtsrat Dr. **Paul Köhne.** Zweite Auflage. 1901. 3 M.

48. Gesetze und Verordnungen, betr. den **Drogen-, Gift- und Farbenhandel** außerhalb der Apotheken. Von Dr. **Broh,** Rechtsanwalt. 1899. 1 M. 25 Pf.

49. Deutsche **Kolonialgesetzgebung.** Von Professor Dr. **Philipp Zorn.** 1901. 4 M. 50 Pf.

50. Der **Viehkauf** (Viehgewährschaft) nach dem Bürgerlichen Gesetzbuche. Nebst Verordn. betr. die Hauptmängel und Gewährsfristen beim Viehhandel. Von Rechtsanwalt Dr **H. Stölzle** und **H. Weiskopf,** Königl. Kreistierarzt in Augsburg. Dritte Auflage. 1904. 3 M.

51. **Hypothekenbankgesetz** vom 13. Juli 1899. Von Dr. **H. Göppert,** Gerichts-Assessor. 1900. 1 M. 80 Pf.

52. Gesetz, betreffend die gemeinsamen **Rechte der Besitzer von Schuldverschreibungen.** Von Dr. **Heinrich Göppert,** Gerichts-Assessor. 1900. 2 M.

53. **Reichspreßgesetz** vom 7. Mai 1874 nebst den einschlägigen Bestimmungen des Strafgesetzbuchs, der Gewerbeordnung 2c. Kommentar von **A. Born**, Polizeiassessor. 1900. 1 M. 50 Pf.

54. Die Reichsgesetzgebung über den Verkehr mit **Nahrungsmitteln, Genußmitteln** und **Gebrauchsgegenständen.** Von Dr. **Georg Lebbin,** Nahrungsmittelchemiker. 1900. 2 M. 25 Pf.

55. Das Recht der **Beschlagnahme von Lohn- und Gehaltsforderungen.** Auf Grundlage der Reichsgesetze vom 21. Juni 1869 u. 29. März 1897 und der Zivilprozeßordnung. Von Justizrat **Georg Meyer.** Dritte Auflage. 1908. 2 M. 50 Pf.

56. Gesetz, betr. die **Bekämpfung gemeingefährlicher Krankheiten.** Nebst Ausführungsbestimmungen. Von Dr. **Bruno Burkhardt,** Regierungsrat, Mitglied des Kais. Gesundheitsamts. 1900. 1 M. 40 Pf.

57. **See-Unfallversicherungsgesetz.** Von **Dr. Max Mittelstein,** Oberlandesgerichtsrat in Hamburg. 1901 2 M.

58. **Das Recht der unehelichen Kinder** nach dem BGB. Von **Hermann Jastrow,** Amtsg.-Rat. 1901. 1 M. 80 Pf.

59. Reichsgesetz über die **Beurkundung des Personenstandes und die Eheschließung.** Von Dr. **F. Fidler,** Amtgerichtsrat. 1901. 1 M. 80 Pf.

60. Gesetz, betreffend das **Urheberrecht an Werken der Literatur und der Tonkunst.** Von Landrichter **Otto Lindemann.** Zweite Auflage. 1907. 1 M. 60 Pf.

61. Gesetz über das **Verlagsrecht.** Von Justizrat **Ernst Heinitz.** 1901. 1 M. 50 Pf.

62. Gesetz über die **privaten Versicherungsunternehmungen.** Von **H. Könige,** Reichsgerichtsrat. 2. Auflage in Bearbeitung.

63. **Gesetzestafel des Deutschen Reichsrechts.** Systematisch geordnete Nachweisung des z. Z. geltenden Reichsrechts. Ergänzungsband zu der Guttentag'schen Sammlung Deutscher Reichsgesetze. Von **Hugo Bruhns,** Syndikus. 1902. 8°. 2 M. 50 Pf.

64. Gesetzsammlung betr. den **Handel mit Drogen und Giften.** Reichsgesetzl. Bestimmungen und Anhang mit den landesgesetzl. Verordnungen sämtlicher Bundesstaaten. Von Rechtsanwalt **H. Sonnenfeld,** Syndik. d. Berl. Drogisten-Innung. 1902. 3 M.

65. Das **Weingesetz** vom 24. Mai 1901. Mit Ausführungsbestimmungen von Dr. **Georg Lebbin,** Handels- u. Gerichtschemiker. 1902. 1 M. 50 Pf.

66. Die **Eisenbahn-Gesetzgebung.** Von **W. Pietsch,** Geh. exp. Sekretär im Reichs-Eisenbahn-Amt. 1902. 5 M.

67. **Militär-Strafgesetzbuch** von Senats-Präsident Dr. **Paul Herz** und Kriegsgerichtsrat Dr. **Georg Ernst.** 1903. Aus dem Handel gezogen; — dafür Text-Ausgaben ohne Anmerkungen Seite 24. 1 M.

68. Das **Fleischbeschaugesetz.** Vom 3. Juni 1900. Mit Ausführungsges. u. Verordnungen im Reiche und in Preußen. Von Dr. **Georg Lebbin,** Gerichtschemiker und Rechtsanwalt Dr. **Georg Baum.** 1903. 4 M.

69. Reichsgesetz über die **Naturalleistungen der bewaffneten Macht im Frieden** nebst den zugehörigen in Preußen geltenden Bestimmungen. Von Regierungsassessor Dr. **Walter v. Hippel.** 1903. 1 M. 25 Pf.

70. Das **Reichs-Haftpflichtgesetz,** betr. die Verbindlichkeit zum Schadensersatz für die bei dem Betriebe von Eisenbahnen, Bergwerken, Steinbrüchen, Gräbereien und Fabriken herbeigeführten Tötungen und Körperverletzungen, vom 7. Juni 1871. Von Regierungsrat Dr. **G. Eger.** 1903. Preis 3 M.

71. **Kinderarbeit in gewerblichen Betrieben,** v. 30. März 1903. Nebst der Preuß. Ausführ.-Anw. v. 30. Nov. u. d. Bek. des Reichskanzlers v. 17. Dez. 1903. Von **H. Spangenberg,** Oberverwaltungsgerichtsrat. Zweite vermehrte Auflage. 1904. 1 M. 60 Pf.

72. **Unfallversicherungsgesetz für Land- und Forstwirtschaft** vom Wirkl. Geh. Rat Dr. **E. von Woedtke,** fortgesetzt von Dr. **Alfred Radtke,** Geh. Regierungsrat und Senatspräs. im Reichsversicherungsamt. Zweite Auflage. 1904. 4 M. 50 Pf.

73. **Entschädigung für unschuldig erlittene Verhaftung und Bestrafung.** Nebst Anhang, enth. die dazu gehörigen Nebengesetze über Schadensersatz. Von Dr. jur. **A. Romen,** Geh. Kriegsrat und vortr. Rat im Kriegsministerium. 1904. 2 M.

74. Die **Kaufmannsgerichte** nebst den preuß. Ausführungsbestimmungen. Von Dr. **Max Apt,** Syndikus der Korporation der Berliner Kaufmannschaft. Dritte Auflage. 1905. 2 M.

75. Reichsgesetz über die **Konsulargerichtsbarkeit.** Erläutert von Dr. jur. **A. F. Vorwerk,** Rechtsanwalt in Schanghai. 1905. 2 M.

76. **Die Rechtshilfe im Verkehr mit den ordentlichen Gerichten nach deutschem Reichsrecht.** Zusammenstellung aller in Betracht kommenden Gesetzesstellen. Von Landrichter Dr. **A. Friedländer.** 1906. 1 M. 80 Pf.

77. **Das Reichserbschaftssteuergesetz.** Vom 3. Juni 1906. Von **Ulrich Hoffmann,** Geh. Registrator im Kgl. Preuß. Finanzministerium. 1906. 2 M. 60 Pf.

78. **Zigarettensteuergesetz.** Vom 3. Juni 1906. Von Dr. **Cuno,** Gerichtsassessor. 1906. 1 M. 80 Pf.

79. **Die Militärpensionsgesetze** vom 31. Mai 1906 nebst Ausführungsbestimmungen. Zum Gebrauch für Heer, Marine und Schutztruppe von Dr. jur. **A. Romen,** Wirklicher Geheimer Kriegsrat.
a) I. Teil: Offizierpensionsgesetz. 3 M. 50 Pf.
b) II. Teil: Mannschaftsversorgungsgesetz. 3 M. 50 Pf.
Jeder Teil ist einzeln käuflich.

80. Reichsgesetzgebung über **gerichtliche Registerführung.** Textausgabe der einschlägigen Gesetzesbestimmungen mit Anmerkungen und Sachregister von **Otto Lindemann,** Landrichter. 1906. 3 M.

81. Gesetz, betr. **Urheberrecht an Werken der bildenden Künste und der Photographie.** Von Dr. **Ludw. Fuld,** Rechtsanwalt. 1907. 1 M.

82. **Reichsbeamtengesetz** in der Fassung vom 18. Mai 1907 und seine Ergänzungen von Prof. Dr. **Ad. Arndt.** 3 M.

83. **Reichsgesetz über den Versicherungsvertrag** nebst Einführungsgesetz mit Einleitung und ausführlicher Erläuterung von Dr. **Paul Hager** und Dr. **R. Behrend,** Regierungsräte im Kaiserl. Aufsichtsamt f. Privatversicherung. 5 M.

84. **Sammlung kleinerer privatrechtlicher Reichsgesetze** von Landrichter **Georg Müller.** 1908. 6 M. 50 Pf.
Enthält eine Fülle von Gesetzen, die anderweit fast garnicht oder nur schwer zu beschaffen sind.

85. **Scheckgesetz** mit Einleitung usw. Von Prof. Dr. **Max Apt.** 1908. 1 M. 50 Pf.

86. **Die Auslieferungsverträge des Deutschen Reiches** von Landrichter **A. Cohn.** Im Druck.

87. Gesetz zum **Schutz der Warenbezeichnungen.** Nebst Ausführungsbestimmungen. Von Geh. Reg.-Rat, Mitglied des Patentamts Dr. **Freund** und Rechtsanwalt **Magnus.** Fünfte Auflage. 1908. Im Druck.

88. **Vereinsgesetz** vom 19. April 1908. Unter Benutzung der amtlichen Quellen. Nebst einem Anhang, enth. die Vorschriften des BGB. über die Vereine. Bearbeitet von Dr. jur. **A. Romen,** Wirkl. Geh. Kriegsrat im Königl. Preuß. Kriegsministerium. 2. Auflage. 1908. 1 M. 50 Pf.

Guttentag'sche Sammlung

Preußischer Gesetze.

Text-Ausgaben mit Anmerkungen. Taschenformat.

1. Die **Verfassungs-Urkunde** für den Preußischen Staat. Mit Einleitung, vollständigem Kommentar. Von Prof. Dr. **Adolf Arndt.** Sechste Auflage. 1907. 3 M.

2. Preußische **Beamten-Gesetzgebung**. Enthaltend die wichtigsten Beamtengesetze in Preußen. Von **C. Pfafferoth.** Vierte, neubearb. Auflage. 1905. Mit Anhang: Abänderung vom 27. Mai 1907. 2 M.

3. **Die Aufnahme des Nottestaments** durch die bestellten besonderen Urkundspersonen. Anweisung vom 15. März 1904. Erläutert mit Musterbeispielen und einem Abriß des Erbrechts von Amtsgerichtsrat **C. Kurtz.** 1904. 1 M. 50 Pf.

4. **Gebührenordnung** für **Notare** vom 25. Juni 1895 nebst den einschlägigen Vorschriften des Preußischen Gerichtskostengesetzes. Von **R. Sydow.** Dritte Auflage bearbeitet von Justizrat Dr. **Rausnitz.** 1908. 1 M. 60 Pf.

5. Gesetz vom **24. April 1854 (betr. die außerehel. Schwängerung).** Von Dr **Schulze.** 1873. 75 Pf.
   Gültiges Recht siehe: Reichsgesetze Nr. 58.

6. Die Preuß. **Ausführungsgesetze und Verordnungen zu den Reichs-Justizgesetzen.** Von **R. Sydow.** Dritte vermehrte Auflage. 1895. 2 M. 40 Pf.
   Siehe Seite 23, Busch, Ausführungsgesetze.

7. Allg. **Gerichtsordnung** vom 6. Juli 1793 und Preuß. **Konkursordnung** vom 8. Mai 1885. Von **F. Vierhaus,** Geh. Ober-Justizrat. Vergriffen.

8. **Vormundschaftsordnung.** Von **F. Schultzenstein.** Gültiges Recht siehe: **Reichsgesetze** Nr. 47.

9. Die Preußische **Grundbuchgesetzgebung.** Von Prof. Dr. **Fischer.** Vergriffen. Siehe: Reichsgesetze Nr. 42.

10. **Einkommensteuergesetz.** Von **A. Fernow,** Geh. Ober-Finanzrat. Siebente Auflage. 1908. 3 M. 25 Pf.

11. **Gewerbesteuergesetz.** Von **A. Fernow,** Geh. Ober-Finanzrat. Vierte, vermehrte Auflage. 1905. 2 M.

12. **Allgemeines Berggesetz** für die Preußischen Staaten vom 24. Juni 1865 nebst den preußischen Berggesetznovellen, den einschläg. Nebengesetzen u. Ausführungsbestimmungen. Mit Einleitung, Erläuterungen und Sachregister bearbeitet von **W. Westhoff** und **W. Schlüter.** Zweite Auflage. 1907. 5 M.

13. **Ergänzungssteuergesetz** (Vermögenssteuergesetz). Von **A. Fernow,** Geh. Ober-Finanzrat. Vierte vermehrte Auflage. 1907. 2 M. 40 Pf.

14. **Kommunalabgabengesetz.** Vom 14. Juli 1893 und Gesetz wegen Aufhebung direkter Staatssteuern. Von Dr. **F. Adickes,** Oberbürgermeister. Vierte Auflage. 1906. 1 M. 50 Pf.

15. **Die Kreisordnungen** für den Preußischen Staat. Von **O. Kolisch,** Landgerichtsrat. 1894. 4 M.

16. **Konzessionierung gewerblicher Anlagen.** Preuß. Ausführungs-Anweisung zu §§. 16 u. ff der Gewerbe-Ordnung. Von Dr. **W. v. Rüdiger,** Geh. Regierungs- u. Gewerberat. Zweite Auflage. 1901. 2 M.

17. **Preußisches Gerichtskostengesetz.** Mit Kostentabellen. Von Dr. **P. Siméon,** Landgerichtsrat. Fünfte Auflage. 1908.

18. **Preußisches Stempelsteuergesetz** vom 31. Juli 1895. Mit den gesamten Ausführungsbestimmungen und vollständigen Tabellen. Von **P. Loeck,** Regierungsrat. Sechste Auflage. (In größerem Oktav-Format.) 1907. 6 M.

19. **Das Jagdscheingesetz.** Mit ausführlichen Erläuterungen. Von **F. Kunze,** Wirklichem Geh. Ober-Regierungsrat. Zweite Auflage. 1899. 2 M.

20. **Die preußischen Erbschaftssteuergesetze.** Unter Berücksichtigung der Novelle vom 31 Juli 1895. Von **U. Hoffmann,** Geh. Registrator im Königl. preuß. Finanzministerium. 1905. 4 M. (**Reichs**-Erbschaftssteuergesetz s. Reichsgesetze Nr. 77).

21. **Gesetz über die Handelskammern.** Vom 19. August 1897. Mit Erläuterungen von **F. Lusensky,** Geh. Regierungsrat. 1897. 3 M.

22. Gesetz, betr. **Anstellung und Versorgung der Kommunalbeamten.** Mit Ausführungsanweisung. Von Dr. **W. Ledermann,** Magistratsassessor zu Berlin. 1899. 1 M. 25 Pf.

23. **Ausführungsgesetz zum Bürgerlichen Gesetzbuche.** Von Landrichter Dr. **P. Siméon.** 2. Aufl. 1905. 1 M. 80 Pf.

24. Die **Hinterlegungsordnung** in der Fassung des Ausführungsgesetzes z. BGB. v. 20. Sept. 1899 nebst Ausführungsbestimmungen. Von Regierungsassessor Dr. **Georg Bartels.** 1900. 1 M. 50 Pf.

25. **Preußische Kommunalbeamtengesetzgebung.** Von Magistr.-Assess. Dr. **Fr. Kremski,** Berlin. 1901. 3 M.

26. Gesetze über das **Diensteinkommen der Lehrer und Lehrerinnen, Ruhegehalt und Fürsorge für Hinterbliebene.** Tabelle zur Berechnung der Ruhegehalts-, Witwen- u. Waisenbezüge. Von Dr. **Ed. Cremer,** Beigeordneter. 1900. 2 M. 40 Pf.

27. Gesetz, betreffend die **Warenhaussteuer.** Von Geh. Ober-Finanzrat Dr. **G. Strutz.** 1900. 1 M. 20 Pf.

28. Gesetz über die **Fürsorgeerziehung Minderjähriger.** Nebst Ausführungsbestimmungen. Von Landgerichtsdirektor Dr. **P. F. Aschrott.** Zweite umgearbeitete Auflage. 1907. 2 M. 80 Pf.

29. Gesetz, betr. **die ärztlichen Ehrengerichte, das Umlagerecht und die Kassen der Aerztekammern.** Von Amtsgerichtsrat Dr. **Fidler.** 1901. 1 M. 50 Pf.

30. Die das **Preußische Staatsschuldbuch** und **Reichsschuldbuch** betr. Gesetze nebst Ausführungsbestimmungen. Von Wirkl. Geh. Ober-Finanzrat **J. Mücke,** Mitglied der Staatsschuldenverwaltung. 1902. 2 M.

31a. **Die geltenden Preußischen Gesindeordnungen.** Herausgegeben in zwei Bänden von **Stephan Gerhard,** Rechtsanwalt in Berlin. 1902.

Band I: Gesindeordnung für die altpreußischen Provinzen vom 8. XI. 1810, mit Erläuterungen unter Berücksichtigung der Ergänzungsgesetze und der Rechtsverhältnisse der Gesindevermieter, sowie die Gesindeordnungen für Neuvorpommern und Rügen und für die Rheinprovinz. 2 M. 50 Pf.

31b. **Band II:** Gesindeordnungen für Hannover, Schleswig-Holstein, Hessen-Nassau und den Regierungsbezirk Hohenzollern. 2 M. 50 Pf.

32. **Die Städteordnung für die sechs östlichen Provinzen** Preußens vom 30. Mai 1853 nebst ihren gesetzlichen Ergänzungen. Von **Dr. jur. Walter Ledermann,** Magistrats-Assessor zu Berlin. (In größerem Oktav-Format.) 1902. 6 M.

33. **Rentenguts- und Anerbenrechts-Gesetzgebung in Preußen.** Von Landgerichtsrat **M. Peltasohn** und Rechtsanwalt **Bruno Peltasohn.** 1903. 3 M.

34. Sammlung der wichtigsten **preußischen Strafgesetze** nebst Anhang: Gesetz betr. polizeiliche Strafverfügungen vom 23. April 1883. Von **Otto Lindemann,** Amtsrichter. 1903. 2 M. 50 Pf.

Inhalt: Mobiliar-Feuerversicherung — Chausseegeld — Jagdpolizei — Jagdschein — Wild-Schonzeit — Fischerei — Versammlungs- u. Vereinigungsrecht — Belagerungszustand — Gesindedienstpflichten — Mineraliengewinnung und -Aneignung — Schlachthäuser — Dampfkesselbetrieb — Wandergewerbebetrieb — Reblausverbreitung — Forstdiebstahl — Wald- u. Wassergenossenschaften — Feld- u. Forstpolizei — Lotteriespiel — Verkehrsabgaben — Landestrauer.

35. **Geschäftsordnung für Gerichtsvollzieher.** Gerichtsvollzieherordnung und Gebührensätze von Amtsgerichtssekretär a. D. **Emil Exner.** 1904. 3 M. 50 Pf.

36. Die Gesetzgebung über **Polizeiverordnungen in Preußen** von **Otto Lindemann,** Amtsrichter in Köslin. 1904. 1 M. 50 Pf.

37. Gesetz über die **Enteignung von Grundeigentum** vom 11. Juni 1874. Von Landrichter **O. Meyer.** 1905. 2 M.

38. **Kreis- und Provinzial-Abgabengesetz.** Vom 23. April 1906. Von **Fr. Schmidt,** Gemeindevorsteher. 1906. 1 M. 25 Pf.

39. Gesetz betr. die **Unterhaltung der öff. Volksschulen.** Vom 28. Juli 1906. Von **Dr. A. Marcks,** Regierungsrat. 1906. 2 M.

40. Gesetz betr. das **Verwaltungsstrafverfahren** bei Zuwiderhandlungen gegen die Zollgesetze und die sonstigen Vorschriften über indirekte Reichs- und Landesabgaben, sowie die Bestimmungen über die Schlacht- und Wildpretsteuer vom 26. Juli 1897. Von **Dr. Richard Katzenstein,** Gerichtsassessor. 1907. 3 M. 60 Pf.

41. Die **preußischen Jagdpolizeigesetze.** Von **Fr. Kunze,** Wirkl. Geh. Oberregierungsrat und **R. Kühnemann,** Rechtsanwalt. Zweite gänzlich veränderte und verbesserte Auflage. 1908. 3 M. 60 Pf.

Erbenhaftung und Nachlaßkonkurs im neuen Reichsrecht. Von Professor Dr. Ernst Jaeger. 1898. gr. 8°. (117 S.) 3 M.

Fluchtliniengesetz. — Das Gesetz, betreffend die **Anlegung** und **Veränderung** von Straßen und Plätzen in Städten und ländlichen Ortschaften vom 2. Juli 1875. Des Kommentars von weil. Oberverwaltungsgerichtsrat R. Friedrichs sechste, völlig neubearbeitete Auflage. Von Senatspräsident Dr. jur. Hugo von Strauß und Torney. 1908. In Bearbeitung.

Die **freiwillige Gerichtsbarkeit** im Reiche und in Preußen. Ein Leitfaden von Dr. A. Nußbaum 1900. 8°. (268 S.) Geb. in Leinen 4 M.

Gewerberecht und **Arbeiterschutz.** Führer für Arbeitgeber und Arbeiter durch die Gewerbe- und Arbeiterschutzgesetze. Von G. Laurisch, Kgl. Gewerbeinspektor. 1901. 8°. (210 S.) Kart. 1 M. 80 Pf.

Die **Gläubigeranfechtung außerhalb des Konkurses.** Auf Grundlage des Gesetzes v. 21. Juli 1879. Von Prof. Dr. Ernst Jaeger. 1905. (356 S.) 9 M., geb. 10 M.

Die **Grundbuchordnung** nebst den preußischen Ausführungsbestimmungen mit Kommentar und systematischer Uebersicht über das materielle Grundbuchrecht. Von Reichsgerichtsrat Dr. Alex Achilles und Landrichter O. Strecker. 1901. Lex. 8°. (960 S.) 12 M., geb. in Halbfr. 14 M.

Die **Verfügungen in Grundbuchsachen.** Leitfaden für Grundbuchbeamte, Notare und Referendare. Von Amtsgerichtsrat Max Löwenherz. 1904. (115 S.) gr. 8°. 2 M., geb. in Leinen 2 M. 50 Pf.

Die **Haftpflicht der Beamten.** Nach Reichsrecht und dem Recht der deutschen Bundesstaaten unter Berücksichtigung der Haftpflicht des Staates (Gemeindeverbandes usw.). Von Landrichter Dr. H. Delius. 1901. 8⁰. (147 S.) Kart. 2 M.

Das Recht der Handlungsgehilfen und Handlungslehrlinge auf Grund des Handelsgesetzbuches, der Reichs-Gewerbeordnung, der Reichs-Versicherungsgesetze und des bürgerlichen Rechts dargestellt für Juristen und Kaufleute. Von Rechtsanwalt Hugo Horrwitz. 2. vollständig neubearbeitete Auflage. 1905. (203 S.) Geb. in Leinen 3 M.

Handelsgesetzbuch vom 10. Mai 1897 nebst Abdruck des Gesetzes über die Angelegenheiten der freiwilligen Gerichtsbarkeit und Gerichtsverfassungsgesetz (Titel 7, Kammern für Handelssachen). Zu praktischem Gebrauch dargestellt von Oberlandesgerichtsrat H. Könige. 1899. 8⁰. (410 S.) Geb. in Leinen 4 M. 50 Pf.

Das **Kommunalabgabengesetz** vom 14. Juli 1893. Für den praktischen Gebrauch mit einer geschichtlichen Einleitung und Erläuterungen versehen, sowie mit einem die Ausführungsanweisung berücksichtigenden Nachtrag. Kommentar von Oberbürgermeister Dr. Franz Adickes. 1894. 8⁰. (417 S.) Kart. 6 M.

Das **Absonderungsrecht im Konkurse** mit besonderer Berücksichtigung des preußischen und gemeinen Rechts, systematisch dargestellt von Oberlandesgerichtsrat Dr. Th. Wolff. 1892. gr. 8⁰. (542 S.) 10 M.

Konkursordnung mit Einführungsgesetz, Nebengesetzen und Ergänzungen in der Fassung des Gesetzes vom 17. Mai 1898. Kommentar von Oberlandesgerichtsrat Dr. Th. Wolff. 1900. gr. 8⁰. (555 S.) 11 M., geb. in Leinen 12 M.

Die Kurtaxe. Betrachtungen über ihre rechtliche Natur. Von Professor J. Kohler. 1902. gr. 8°. (52 S.) 1 M.

Das **Wohnungsmietrecht** nach dem Bürgerlichen Gesetzbuch. Zum praktischen Gebrauch für Juristen, Hausbesitzer und Mieter bearbeitet von Rechtsanwalt und Notar Th. Loomann. 1900. 8°. (144 S.) 2 M.

Der Raritätenbetrug. Von Dr. Hanns Gross, Universitäts-Professor. 1901. gr. 8°. (296 S.) 6 M.

Polizei und Publikum. Eine Darstellung der beiderseitigen Rechte und Pflichten an der Hand der grundlegenden Bestimmungen für die Ausübung der örtlichen allgemeinen Verwaltungspolizei in Preußen. Von Bürgermeister M. Koehne. 1897. 8°. (144 S.) Geb. in Leinen 2 M. 75 Pf.

Patentgesetz und Gesetz, betreffend den **Schutz von Gebrauchsmustern.** Von Justizrat Dr. A. Seligsohn. 2. Auflage. 1901. gr. 8°. (557 S.) 12 M., geb. in Leinen 13 M.

Die **Tätigkeit der Polizei in Strafsachen** auf Grund der Reichsjustizgesetze und des Preußischen Rechts für Polizeiverwalter und Polizeibeamte. Von Oberverwaltungsgerichtsrat St. Genzmer. 4. Auflage. 1900. 16°. (117 S.) Kart. 90 Pf.

Beschwerde und **Klage** sowie sonstige **Rechtsmittel** gegen polizeiliche Verfügungen und Zwangsmaßregeln. Gemeinverständlich dargestellt und durch Beispiele erläutert von Oberverwaltungsgerichtsrat B. von Kamptz. 1894. 12°. (93 S.) Kart. 1 M. 20 Pf.

Dienstunterricht für Polizei-Exekutiv-Beamte. 1. Teil. Strafgesetzgebung (Gerichtsverfassung, Strafprozeßordnung, Strafgesetzbuch). Von Polizeiinspektor J. Segger. 1900. 8°. (308 S.) Kart. 2 M.

Die Registratur. 2. Auflage. 1906. Von Hermann Kollrack, Kgl. Polizeisekretär am Berliner Polizeipräsidium. 8⁰. (84 S.) Kart. 1 M. 40 Pf.

Rechtsbrevier für deutsche Ehefrauen. 52 Merksprüche aus dem Bürgerl. Gesetzbuch mit Erläuterungen. Von Dr. jur. Emilie Kempin. 8⁰. (62 S.) Kart. 1 M.

Verwaltungs-Hygiene. Ein Handbuch der öffentlichen Gesundheitspflege für Verwaltungsbeamte. Von Dr. A. Pfeiffer. 1895. gr. 8⁰. (228 S.) 5 M., geb. in Leinen 6 M.

Handbuch des Vormundschaftsrechts. Unter Berücksichtigung der Ausführungsgesetze der deutschen Bundesstaaten. Von H. Schultetus, Landgerichtsrat in Rostock. 1899. 8⁰. (261 S.) 4 M., geb. in Leinen 4 M. 60 Pf.

Die Pflichten des Waisenrates. Ein praktischer Leitfaden für Waisenräte und Verwaltungsbeamte. Von F. Baum, Geh. Justizrat und Vormundschaftsrichter. Achte vermehrte und verbesserte Auflage. 1906. 8⁰. (46 S.) 60 Pf.

Wechselstempelsteuer und ihre Reform. Eine kritische Studie. Von Dr. jur. Eug. Jacobsohn. 1906. gr. 8⁰. (47 S.) 1 M.

Der Vormund, Gegenvormund, Pfleger u. Familienrat. Nach dem Bürgerlichen Gesetzbuch, dem Reichsgesetz über die Angelegenheiten der freiwilligen Gerichtsbarkeit und dem Ausführungsgesetz zum BGB. Ein praktischer Leitfaden. Von F. Baum, Geh. Justizrat und Vormundschaftsrichter. 1899. 8⁰. (64 S.) 50 Pf.

Gesetz zum **Schutz der Warenbezeichnungen** vom 12. Mai 1894, nebst Ausführungsbestimmungen. 2. Auflage, bearbeitet von Dr A. Seligsohn in Gemeinschaft mit Rechtsanwalt Martin Seligsohn. 1905. gr. 8°. (353 S.) 7 M., geb. 8 M.

Anleitung zur **Bildung öffentlicher Genossenschaften zur Ent- und Bewässerung** von Grundstücken für Zwecke der Landeskultur in den preuß. Provinzen nebst den in Betracht kommenden Gesetzen und Ministerialerlassen. Zugleich ein Handbuch des landwirtschaftlichen Wasserrechts für jedermann. Von Regierungsrat Dr. Bernh. Weddige. 1887. 8°. (300 S.) 4 M. 50 Pf.

Das **Wildschadengesetz.** Vom 11. Juli 1891. Kommentar von Dr. A. Holtgreven u. Dr. Th. Wolff. Vierte vermehrte und verbesserte Auflage. 1902. 8°. (224 S.) 4 M., geb. in Leinen 4 M. 50 Pf.

Belehrung über den Wucher. Ein Schutz gegen Schädigung mit Fingerzeigen für jedermann. Nach dem neuen Wuchergesetz bearbeitet von Carl Pfafferoth, Geh. Kanzleirat im Reichsjustizamt. 1893. 8°. (38 S.) 50 Pf.

Das **Reichsgesetz zur Bekämpfung des unlauteren Wettbewerbs** nebst den ergänzenden Bestimmungen des Bürgerlichen Gesetzbuchs. Kommentar von Justizrat Albert Pinner, 1903. gr. 8°. (189 S.) 5 M., geb. in Leinen 6 M.

Verfassung des Deutschen Reichs. Mit Einleitung und Kommentar. Dritte, stark vermehrte und verbesserte Auflage. Von Prof. Dr. A. Arndt. 1907. 8°. (436 S.) 4 M., geb. in Leinen 5 M.

Das **Preußische Versammlungs- und Vereinsrecht.** Systematisch dargestellt. Von Staatsanwaltschaftsrat Dr. Paul Caspar. 1894. 8°. (130 S.) 2 M.

Handbuch für Vereine bei Aufstellung, Beratung und Änderung der Vereinssatzung auf Grund der §§ 21—79 des Bürgerlichen Gesetzbuches. Mit erläuternden Anmerkungen, einer sachlichen Einleitung sowie einem Satzungsentwurf versehen von Paul Behrens. 1899. 8°. (57 S.) kart. 1 M.

Die **Rechtsverhältnisse der geschlossenen Gesellschaften und Vereine** nach preußischem Recht unter besonderer Berücksichtigung der Befugnisse der Polizeibehörden. Von Dr. H. Delius, Landrichter. 1902. 8°. (85 S.) kart. 1 M. 60 Pf.

Wie leitet man eine Versammlung? Geschäftlicher Handweiser für Vorsitzende. Von einem Mitgliede des deutschen Reichstages und des preußischen Abgeordnetenhauses. 12°. (88 S.) kart. 1 M.

Handbuch zum Verfahren der Zwangsversteigerung und Zwangsverwaltung nach dem Reichsgesetz v. 24. März 1897 (Fassung vom 20. Mai 1898). Ein Hilfsbuch für die Praxis und ein Lehrbuch für jüngere Juristen von Amtsgerichtsrat M. R. Samter. 1904. gr. 8°. (392 S.) 8 M. 50 Pf., geb. in Halbfr. 10 M.

Auf der Fahrt mit Landstreichern. Von J. Flynt. Aus dem Englischen. Uebersetzt von Lilli du Bois Reymond. 1904. 8°. (259 S.) 3 M.

Schlagwort-Register.

R. = Nummer der Sammlung Deutscher **Reichs**gesetze.
P. = Nummer der Sammlung **Preußischer** Gesetze.
S. = Seite.

Kolibri 360 GmbH
Ferdinand-Jühlke-Straße 7
99095 Erfurt, Deutschland
produktsicherheit@kolibri360.de